Reinhard Voß (Hrsg.)

Die Schule neu erfinden

Nichts ist wie es scheint:

Max
Frisch

„Jeder Mensch
denkt sich eine
Geschichte aus,
die er für sein
Leben hält“

Reinhard Voß (Hrsg.)

Die Schule neu erfinden

Systemisch-konstruktivistische Annäherungen an Schule und Pädagogik

Mit Beiträgen von:

S. v. Aufschnaiter, R. Balgo, E. Breuer, E. Brinkmann, H. Brügelmann, K. Cachay, H. Eberwein, G. Engel, H. v. Foerster, P. Gallin, J. Gieler, W. Holtmann, R. Huschke-Rhein, H. J. Kersting, E. W. Kleber, E. Kösel, H. Krüssel, T. Leeb, R. v. Lüde, K. Reich, U. Ruf, H. Scherer, A. Thiel, R. Voß, R. Werning, E. Ch. Wittmann, B. Woltmann-Zingsheim

3., durchgesehene Auflage

Luchterhand

Die Deutsche Bibliothek – CIP-Einheitsaufnahme

Die Schule neu erfinden:
systemisch-konstruktivistische Annäherungen an Schule und Pädagogik
Reinhard Voss (Hrsg.). Mit Beitr. von: S. v. Aufschnaiter ...–
3., durchges. Aufl. – Neuwied;
Kriftel: Luchterhand, 1999
ISBN 3-472-03723-7

Druck, Bindung: H. Heenemann GmbH & Co, Berlin
Printed in Germany, Mai 1999

♾ Gedruckt auf säurefreiem, alterungsbeständigem und chlorfreiem Papier.

Inhalt

Liebe Leserin, lieber Leser!

„So kam ich auf die Idee, ein Buch zu schreiben, das die Lehren des Taoismus durch Puh den Bären erklären sollte und Puh den Bären durch die Lehren des Taoismus. Als die Gelehrten von meinem Vorhaben erfuhren, schrien sie allesamt ‘Lächerlich!’ und dergleichen mehr. Andere wieder äußerten, das sei das Blödeste, was sie je gehört hätten, und ich sei wohl ein Spinner. Ein paar meinten, die Idee wäre nicht schlecht, aber es sei zu schwierig. ‘Schon der Anfang: Womit würdest du denn beginnen?’ fragten sie. Nun ja, ein alter taoistischer Spruch lautet: ‘Auch eine Reise von tausend Meilen beginnt mit einem Schritt.’“ (B. HOFF, Tao Te Puh)

An diese Kinderbuchzeilen mußte ich denken, als ich damit begann, die Konzeption dieser Publikation zu entwerfen. „Beginnen“ möchte ich damit, Sie herzlich einzuladen, mit mir bzw. uns den ersten Schritt in eine andere Richtung zu tun und uns ein Stück des Weges zu begleiten; ganz gleich ob Sie nun als StudentIn, ReferendarIn, als LehrerIn in der Schule oder Hochschule, als AusbilderIn im Referendariat, der Lehrerfortbildung oder als BeraterIn im Kontext von Schule, Familie und Gemeinde zu diesem Buch gegriffen haben. Falls Sie beim Lesen des Titels schon zu dem Schluß gekommen sein sollten, das kann doch nur das Werk von „Spinnern“ sein, die Schule neu erfinden, ein unmögliches Unterfangen, so möchte ich Ihnen gar nicht widersprechen, wenn Sie damit, im ursprünglichen Sinn, die Bedeutung des Wortes „spinnen“ als phantasievolles, kreatives Erzählen assoziieren. Im Gegenteil: Wenn Kreativität „das Ermöglichen neuer Wirkungseinheiten“ bedeutet, so die Definition des Experimentalphysikers Gerd BINNIG (1989, 86), dann wird Kreativität zu einem zentralen Phänomen im Rahmen unserer Zielvorstellung. Zurecht kritisiert BINNIG, daß wir in der Schule, wie in der Universität, Kreativität überhaupt nicht trainieren und es eine echte Rarität darstellt, wenn wir in Schule oder Universität aufgefordert werden zu „spinnen“, irgend etwas Neues zu schaffen.

Meine Geschichte, die ich Ihnen erzählen möchte, begann Anfang der 80er Jahre, als ich verärgert über die kind- und defizitfixierte Praxis im Umgang mit dem „störenden“ Kind nach anderen lebenswelt- und kompetenzorientierten Handlungskonzepten zu suchen begann. Von F. B. SIMON, den ich zu der Tagung „Helfen, aber nicht auf Rezept“ (vgl. VOSS 1991), nach Frankfurt eingeladen hatte, hörte ich von neuen Perspektiven, Ideen, Handlungsorientierungen, die mich derart neugierig gemacht haben, daß ich umgehend, als (Hochschul-)Lehrer, eine Ausbildung zum systemischen (Familien-)Therapeuten bei der Internationalen Gesellschaft für Systemische

Therapie (IGST) in Heidelberg begann. Was ich dort erfahren, gelernt habe, hat mein berufliches (wie privates) Leben auf verschiedensten Ebenen stark beeinflußt. Die Faszination dieses neuen Gedankengutes spiegelt sich seitdem in meinen Arbeiten wider.

Noch beeindruckender wurde dann für mich die Phase, als wir (ein Kinder- und Jugendpsychiater, eine Psychologin, ein Sonderpädagoge und ich als Schulpädagoge) in unserem „Zentrum für Bildung und Gesundheit e.V.", Dortmund, aufbauend auf diesen Ideen, ein Konzept systemischer Konsultation (consultare, sich gemeinsam beraten) nicht nur entwarfen, sondern das Praktisch-Werden dieser neuen Gedanken für Kinder, Eltern, LehrerInnen und die anderen „HelferInnen" der Gemeinde erlebten.

Entscheidend für die Konzipierung dieses Buches waren dann die aktuellen, sich häufenden Hiobsbotschaften aus den Schulen, die ich im Laufe der Zeit verstärkt als ein Gefangensein in der Negativität empfand. Somit möchte ich an dieser Stelle bewußt darauf verzichten, die Ihnen wohlvertrauten Titel wissenschaftlicher Publikationen oder die entsprechenden Leitartikel der Printmedien, die sich mit den verschiedenen Seiten der Schulkrise beschäftigen, zum x-ten Male vor Augen zu führen. In mir entstand der Wunsch, die faszinierenden Ideen und Erfahrungen des systemisch-konstruktivistischen Paradigmas auch in seiner Relevanz für die Schulpädagogik und den Alltag in den Schulen überprüfen zu können. Es wuchs die Überzeugung, daß diese Perspektiven (vom Abbild zur Konstruktion, von der Instruktion zur Perturbation, von der Wahrheit zur Wirklichkeit und vom Individuum zum Kontext, vom Defizit zur Kompetenz, vom Einzelkämpfer zum Team etc.) für die notwendige Neugestaltung der Schule von besonderer Bedeutung sein können. Diese Ideen werden den von Schule betroffenen Menschen neue (Wert-)Orientierungen und Lösungen, neue Begeisterung, wie Lern- und Lebensfreude, aber auch neue, schmerzhafte (Selbst-)Erfahrungen ermöglichen. Ich vertrau(t)e der Hoffnung, daß wir die Schule neu erfinden können und werden. Dies ist eine Reise von „tausend" Meilen. Sie erfordert gemeinsames Handeln aller von Schule Betroffenen und „beginnt mit einem Schritt".

Mein erster Schritt auf diesem Wege bestand darin, im Sinne der neuen Perspektive, den großen „Schatz" an vorhandenen Kompetenzen und Ressourcen der Kollegien, der in unseren Schulen weitgehend ungenutzt bleibt, zu sehen und für die Beratungsarbeit von berufs- und lebenserfahrenen LehrerInnen nutzbar zu machen. „A super vision!" Vision, abgeleitet von „sehen", verweist auf neue Sicht-weisen und An-Sichten und damit auch auf neue Einstellungen. Vielleicht ist dies der Kern des Paradigmawechsels: Vom Traum („I have a dream", M. L. KING) der 70er Jahre zur Vision, den veränderten Perspektiven, den „fremden Blicken" (RUMPF 1986) für pädagogische Innovationen an der Schwelle zum 21. Jahrhundert. Ermutigt durch die positiven Reaktionen der KollegInnen aus den Schulen habe ich dann damit begonnen, die, über die Bundesrepublik verstreuten, inzwischen zahlreicher gewordenen Ansätze systemisch-konstruktivistischer (Schul-)-Pädagogik zu erfassen (ohne jeden Anspruch auf Vollständigkeit) und einige ihrer VertreterInnen eingeladen, diesen Schritt einer gemeinsamen Publikation mitzugehen. Das Ergebnis liegt Ihnen vor. Praxisorientierte Theoretikerinnen und theorieorientierte PraktikerInnen geben Ihnen mit ihren Beiträgen die Möglichkeit, ihren je individuellen Einstieg in diese neue Ideenlandschaft zu finden. In diesem Buch gibt es kein Vorn oder Hinten, kein Wichtig oder Unwichtig, kein Primat der Theorie oder der Praxis. Beginnen Sie dort, wo Sie sich vor dem Hintergrund Ihrer je spezifischen Lern- und Lebenssituation angesprochen fühlen. Wege entstehen beim Gehen. Lassen Sie uns gemeinsam losgehen. Wie der „gute" Mensch nicht über Proklamationen, sondern im Vollzug des Lebens entsteht, so werden wir auch die Schule nicht durch Wehklagen, Proklamationen oder Forderungen an Dritte verändern, sondern allein über neue Visionen und gemeinsames Handeln.

Dieses Buch will darüber hinaus ein Forum initiieren, in dem ein intensiver Ideen- und Erfahrungsaustausch all jener Personen oder Gruppen stattfinden kann, die sich mit dem systemisch-konstruktivistischen Gedankengut auseinandersetzen. Es soll ein Angebot für einen Dialog beinhalten, das sich an all jene Menschen richtet, die mit ähnlichen Orientierungen nach Wegen aus der (Schul-)Krise suchen. Es soll jene KollegInnen ansprechen, die einen Ausbruch aus der durch Resignation und Problemfixierung bestimmten Grundstimmung wagen wollen. Die immer wieder beschworene (Schul-)-Krise (Gefahr und Chance) läßt sich immer auch über die Fokussierung auf vorhandene Kompetenzen und Ressourcen, über eine Orientierung an kreativen Ideen und Lösungen, der Freude an gemeinsamen Handeln, thematisieren.

Die Betroffenen, so die grundlegende These dieses Buches, die SchülerInnen, die LehrerInnen und Eltern, die StudentInnen und ReferendarInnen sind die Erfinder ihrer neuen, spezifischen Lern- und Lebenswelten. Vor diesem Hintergrund wäre ich Ihnen sehr dankbar, wenn Sie mich an Ihrer Erfahrung teilnehmen ließen. Über Berichte oder Informationen, wo es weitere Personen, Gruppen oder Institutionen gibt, die sich mit systemisch-konstruktivistischen Positionen in der (Schul-)Pädagogik beschäftigen oder auch auf anderen Wegen die Schule neu zu (er-)finden beginnen.

Die vielen Anfragen, die mich nach unserem Schulkongreß „die Schule neu erfinden" mit über 1 000 TeilnehmerInnen im Frühjahr 1996 in Heidelberg erreicht haben (vgl. Voß 1998), hatten eine zentrale Intention: Wo finde ich in meiner Nähe Kolleginnen und Kollegen, mit denen ich im Sinne des systemisch-konstruktivistischen Paradigmas kooperieren kann? Über die Zeitschrift „System Schule", Verlag Modernes Lernen, Dortmund, oder auch über noch zu erfindende Vernetzungen im Internet können hilfreiche Verbindungen geschaffen werden.

Reinhard Voß
Universität Koblenz, Fb. 1, Rheinau 1, 56075 Koblenz,
Fon/Fax: 02 61/91 19-1 24/1 20

In hoffnungsloser Lage bleibt ... die Hoffnung — eine Einleitung

Die Situation ist hoffnungslos verfahren: Das einzige, was uns bleibt, ist das Lachen, so das Resümee des Karikaturisten Richard ROGLER in seinem neuen Stück „Wahnsinn“, in dem er die gesellschaftliche Situation der BRD in der Mitte der 90er Jahre zeichnet.

Ähnlich düster ist auch das Bild, das nicht nur „Der Spiegel“, „Stern“ oder „Focus“, nicht nur VetreterInnen von Interessenverbänden der Wirtschaft, der LehrerInnen oder der Eltern, sondern auch der Erziehungswissenschaft von der Schule zeichnen. Die Schule, so die Analyse des Hamburger Erziehungswissenschaftlers Peter STRUCK (1994), ist trotz zweier großer Reformbewegungen in diesem Jahrhundert in der Krise. Sie sei nicht mehr zeitgemäß und nicht in der Lage, sich den veränderten Bedingungen unserer sozialen Wirklichkeit anzupassen. Hartmut VON HENTIG kritisiert das große und jetzt so offensichtliche Mißverhältnis von Aufwand und Erfolg, von Absicht und Ergebnis. Doch was ist wiederum Absicht und Ergebnis dieser Krisendiskussion? Ist die Situation der Schule Mitte der 90er Jahre wirklich hoffnungsloser als in den 70er oder den 20er Jahren? Stellt das öffentliche Gezeter vielleicht allein den Versuch dar, die Einschnitte der Rotstiftpolitik nicht zu schmerzhaft werden zu lassen? Ist es nicht das fehlende Eingeständnis von ErziehungswissenschaftlerInnen wie PolitikerInnen, daß der gewählte Weg der Reformen (roling reform) sich als Sackgasse herausgestellt hat, da die Fixierung auf lineares Denken und Handeln „das Gesetz der ungewollten Nebenwirkungen“ (SPRANGER) völlig außer acht gelassen hat? Stell(t)en die allzuoft halbherzig durchgeführten Reformen, die letztlich, bis auf wenige Ausnahmen, immer der Versuch einer Verbesserung, einer Neugestaltung von oben geblieben sind, nicht zu selten eine Konstruktion anderer Lern- und Lebensbedingungen durch die Betroffenen dar? Oder aber, viel radikaler: Ist die Krise der Schule nicht Ausdruck einer umfassenderen Krise, die sich inzwischen in allen zentralen Lebensbereichen des Menschen (Natur, Technik, Wirtschaft, Wissenschaft, Politik, Religion, Kultur, Bildung) widerspiegelt? „Mehr als nur die Schule“, so das Resümee von H. V. HENTIG „muß neu gedacht werden.“ (1993, 264)

Eine genauere Betrachtung der angebotenen Wege aus der (Schul-)Krise zeigt folgendes Bild: Da gibt es Appelle (die LehrerInnen sollten doch gefälligst mit ihrem wehleidigen Geschrei aufhören), Entwürfe (die „zeitgemäße“, die „humane“, die „gute“ Schule) oder politische Durchhalteparolen: „In schweren Zeiten müssen wir enger beieinander stehen.“ (Damit wir nicht deutlicher erkennen können, daß wir gestern schon das (Schul-)Geld ausgegeben haben, das wir heute erst verdienen müssen.) Da gibt es aber auch die Hoffnung H. V. HENTIGs, daß „allenthalben die Menschen bereit zu sein scheinen, zunächst einmal die hier (von ihm) vorgeschlagene Denkübung (Die Schule neu denken) mitzumachen" (1993, 10). H. v. HENTIG nehme ich ab, daß er wirklich mitmachen i. S. von gemeinsam denken, ausprobieren, handeln meint. Vielen anderen unterstelle ich, daß mit-machen für sie nur nach-machen bedeutet.

Bleibt das Lachen: Lachen ist sicherlich eine angemessene Reaktion für Karikaturisten oder auch für weise, spirituelle Menschen, die sich aus dem sozialen Leben zurückgezogen haben. Wobei die besondere Bedeutung des Lachens in allen pädagogischen Situationen nicht deutlich genug unterstrichen werden kann. Für alle Menschen in pädagogischen Berufen jedoch, die sich in der täglichen Auseinandersetzung mit Heranwachsenden befinden und eine Verantwortung nicht nur für das Morgen, sondern immer auch für das Hier und Jetzt sehen und leben, sollten andersartige Perspektiven gefunden werden.

Interessanterweise nennt ROGLER sein Stück „Wahnsinn". War es das berühmte Unbewußte, das dem hoffnungslosen Karikaturisten einen Wink gegeben hat? Die ursprüngliche Bedeutung des Wortes „Wahn" zielt auf ‚Hoffnung, Verdacht' und „Sinn", in seiner älteren Bedeutung auf ‚gehen', ‚reisen' hin. (Die Bedeutung „krankhafter Einbildung" hat sich erst in neuester Zeit ergeben.) Der Wahn-sinn steht also für die Hoffnung, die Hoffnung die mich begleitet, wenn ich mich auf die Reise begebe, um mit der Kunst des anderen Blickes meinen Alltag neu zu er-finden.

Es gibt inzwischen immer mehr Menschen, die erkennen, daß die uns traditionell vorgegebenen Wahrnehmungs-, Denk- und Handlungsmuster nicht mehr zur Bewältigung unseres Alltagslebens passend, „viabel" (V. GLASERSFELD) sind. Die über eine lang anhaltende Periode empfundene Angst, als Reaktion auf diese veränderte Situation, die die Menschen eher zu einem Verharren, Festhalten an „Vertrautem" veranlaßte, wird inzwischen von vielen auch als Chance entdeckt. Neben dem Gespür für den Verlust tritt die Neugier, die hoffnungsvolle Erwartung auf neue Erfahrungen mit sich und den anderen. Sie interessieren sich für andere Welt- und Lebensbilder, für neue theoretische Positionen (An-sichten), für andere Konstruktionen unserer gesellschaftlichen Lebenswirklichkeit, deren Faszination immer mehr Menschen be-wegt! Sie machen sich auf den Weg. Sie gehen neue Wege, Umwege. Andere gehen mit, folgen nach. Sie treffen (möglicherweise) nach verschiedenen Wegstrecken aufeinander. Entscheidend dabei ist, daß sie beim Gehen andere Dinge wahr-nehmen, auf andere Dinge treten, treffen (dies ist die ursprüngliche Bedeutung des Wortes finden), mit der Bereitschaft leben, noch einmal hinzuschauen, andere Unterscheidungen zu treffen, neue Be-deutungen zu schaffen und cokreativ neue Lebenswirklichkeiten er-finden. Auf einem solchen Wege wird auch die Schule neu gebzw. erfunden werden.

Die besondere Bedeutung dieser Entwicklung besteht in der Chance, ein neues Bekenntnis zur „öffentlichen Schule“ abgeben zu können. Denn, so unterstreicht POSTMAN (1995, 243) zurecht: Trotz aller Sorgen und Zweifel bleibt die Hoffnung, daß die Schule erhalten bleibt, „da noch niemand eine bessere Methode erfunden hat, die Kinder in die Welt des Lernens und des Wissens einzuführen“. Dies gilt für alle Kinder, so ist zu betonen, unabhängig davon, ob sie Junge oder Mädchen, arm oder reich, behindert oder nicht behindert sind, unabhängig von ihrer Nationalität, Kultur, Religion oder Lebensweise.

Die Schule neu erfinden

Mit Blick auf mögliche Mißverständnisse möchte ich vorab den gewählten Titel dieses Buches etwas ausführlicher diskutieren. Zunächst soll eines ganz deutlich unterstrichen werden: DIE Schule gibt es nicht, hat es nie und wird es auch in der Zukunft nicht geben. (K)eine Schule ist wie die andere. Die Schule steht für einen Typus, der uns sehr vertraut ist, aber zugleich von uns im Alltag nur in der jeweiligen Individualität der Personen, der Klassen und der Schulen erfahren wird. Zugleich steht die Schule für einen Platzhalter, ein Bild der Schule der Zukunft, das wir noch entwerfen müssen, da wir zur Zeit noch äußerst verschwommene Vorstellungen darüber haben, wie die Schule der Zukunft aussehen wird.

Ähnlich wie der Begriff „Postmoderne“, so könnte auch das Adjektiv NEU im Titel des Buches für einige LeserInnen irreführend sein. Wolfgang WELSCH unterstreicht zu Recht, daß die Postmoderne zwar die Moderne transformiert, diese aber nicht beendet. Die Schule ist eine zentrale Errungenschaft der Moderne, aber auch sie benötigt den „Pathos des radikalen Neuanfangs“ (WELSCH 1991, 70). Nicht, daß alles an der alten Schule falsch wäre, aber die traditionellen Wege der Reformen und Verbesserungen sind zu verlassen und durch einen radikalen Neubeginn zu ersetzen. Zugleich muß aber auch die Frage gestellt und diskutiert werden, inwieweit das Gute nicht neu und das Neue nicht gut ist. Die neuen Wege werden immer schon in der Lern- und Lebenspraxis der von Schule betroffenen Menschen erfunden, die wir jedoch bewußt wahr-nehmen müssen. Hier konturieren sich Visionen, die die Schule so dringend benötigt.

In dem gewählten Titel hat das Verb ERFINDEN eine besondere Relevanz. Die ursprüngliche Bedeutung des Wortes „finden“ beinhaltet „auf etwas treten, antreffen.“ Heinz VON FOERSTER (1985, 67) hat in anderen Zusammenhängen darauf hingewiesen, daß die Vorsilbe „ER“ immer etwas Schöpferisches beinhaltet. Erfinder sind in diesem Sinne also Menschen, die nicht nur über die Vernunft, sondern im Zusammenspiel zwischen Phantasie und Vernunft auf etwas stoßen, etwas Neues konstruieren. Allzuoft erstickt die Vernunft die Phantasie. Aber ohne Phantasie kann nichts wirklich Neues entstehen. Die Fähigkeit, „sich gehenzulassen" sollte nicht das Privileg von KünstlerInnen bleiben. „Um etwas Neues zu denken, müssen wir auch den Mut haben, uns gehenzulassen." (GARDNER 1993, 525) Für unser Thema hat dies zwei Implikationen: Wir sollten ohne festgefügte Zielvorstellungen über das, was eine zeitgemäße Schule zu sein hat (bzw. einmal war), uns von unserer Vernunft und Kreativität geleitet, gehen-lassen, d.h. los-lassen und los-gehen. Erfinden, als ein schöpferischer Akt hat immer auch ein Element des Zufälligen (auf etwas Neues stoßen). Zwischen Kommunikation und Zufall haben wir die Chance, gemeinsam, in einem cokreativen Prozeß, die neue Schul-wirklichkeit werden zu lassen.

In diesem Sinne stellt der gewählte Titel „Die Schule neu erfinden" ein umfangreiches Aktionsprogramm dar, das wir in der rekursiven Verknüpfung von veränderten Wahrnehmungen und Handlungen erfinden werden:

Es ist eine notwendige Re-aktion. Die erkennbaren „Antworten" der von Schule betroffenen Menschen auf die tiefgreifenden Veränderungen in unserer Gesellschaft, die sich gerade auch in der Schule widerspiegeln, erfordern dies.

- Es ist ein Plädoyer für einen Aufbruch aus der Schulkrise, das sich als Angebot an all jene richtet, die sich gegen Frustration, Resignation, Krankheit, Mißbrauch oder die unendliche Schleife wechselseitiger Schuldzuweisungen entscheiden. Es stellt eine Ermutigung dar, den traditionellen Weg der Angst zu verlassen, und kleinste Schritte in eine andere Richtung zu wagen.
- Es unterstreicht das Vertrauen, daß die Schule noch einmal erfunden werden kann. Diese Ermutigung ist für die vom (erfolglosen) Suchen Ermüdeten, denen immer vorgegeben wurde, in welcher Richtung sie zu suchen hätten, von besonderer Bedeutung. Diese durchaus berechtigte Hoffnung belegen immer mehr Menschen, die die Situation des eigenen und gemeinsamen (Er-)Findens in der Situation solidarischen Handelns genießen.
- Es stellt eine Orientierung dar, die zunächst nicht vorgibt, in welche Richtung der einzelne seinen individuellen Aufbruch ausrichten soll. Bekanntlich führen viele Wege nach Rom. Die Bejahung von Pluralität und die Akzeptanz der Vielfalt sinnvoll konstruierter neuer (Schul-)-Wirklichkeiten entspricht dem Verzicht auf eine lineare, eindimensionale Weltsicht und -erklärung, auf einen Machtanspruch des überholten Weltbildes (wie z.B.: unsere Konzeption von Schule ist die richtige).
- Es beschreibt eine gesellschaftliche Situation, in der an verschiedenen Orten und zu verschiedenen Zeiten, die Schule immer wieder neu erfunden wird. Das hohe Maß an Kreativität und die vorhandenen Kompetenzen und Ressourcen der von Schule betroffenen Menschen müssen wahr-genommen und in eine, auf eine andere Zukunft ausgerichtete Vision eingebunden werden.

Ein Beispiel: das Projekt KidS (Kreativität in die Schule)

„KidS verdankt seine Existenz einem Zufall. Vor etwa fünf Jahren besuchte ich mit einem Lehrer und seiner 'Ausländerklasse' das Atelier eines türkischen Bildhauers. Die Jugendlichen dieser Klasse galten als schwer erreichbar, zugleich waren sie permanent in Unruhe und Aggressionsbereitschaft. Während dieses Besuches jedoch entdeckte ich in den Gesichtern dieser Jugendlichen zunehmend wache, aufmerksame, ja neugierige Augen. Ich sah Hände, die selbstvergessen forschend über eine Plastik strichen, und ich hörte, wie diesen scheinbar völlig desinteressierten Jugendlichen echte Fragen entschlüpften wie diese: 'Und wenn Sie Probleme haben, können Sie die dann darstellen?' Entzündet wurde solches Interesse ganz offensichtlich durch die Anwesenheit dieses lebenszugewandten, energischen Mannes, der aus seiner Leidenschaft für Marmor, Granit und Feuerstein, für Werkzeuge wie Hammer, Meißel und Bohrer keinen Hehl machte. Sie begegneten hier einem Menschen, der sich selbst und andere ernst nimmt und nicht bereit ist, als Ausländer zu einem Opfer zu verknöchern. Sie erlebten einen Erwachsenen voll Neugierde und Fragen, aber auch voll Unruhe und Chaos, erfüllt von dem Willen und der Kraft zu gestalten und sich mitzuteilen ......
Das Projekt KidS (Kreativität in die Schule) wird an der Ferdinand-Freiligrath-Schule, einer Hauptschule in Berlin-Kreuzberg, seit dem Schuljahr 1990/91 durchgeführt. Im Rahmen einer abweichenden Schulorganisation wurden in der regulären Unterrichtszeit Wahlpflichtkurse eingerichtet, die von Künstlerinnen und Künstlern verschiedener Nationalitäten aus unterschiedlichen Bereichen mit pädagogischer Begleitung einer Lehrkraft geleitet werden. Es gab und gibt beispielsweise folgende Kurse: Akrobatik, Bildhauerei, Malen, Schreibwerkstatt, Tanz, Video, Fotografieren, Türkischer Folkloretanz, Schablonen-Graffiti, Musik, Zauberei." (KAGERER 1995, 10f.)

Systemisch-konstruktivistische Annäherungen an Schule und Pädagogik

Die Aufforderung „Die Schule neu erfinden" stellt zugleich, dies macht der gewählte Untertitel des Buches deutlich, EIN spezifisches Angebot einer Gruppe von theorieorientierten PraktikerInnen und praxisorientierten TheoretikerInnen dar, die ihre ersten Schritte auf dem Weg einer systemisch-konstruktivistischen (Schul-)Pädagogik gemacht haben. Ihre Beiträge zur Konstruktion einer anderen Schulwirklichkeit, sind das Ergebnis einer biographischen Entwicklung, in der sie, auf je individuellen Wegen, dem systemisch-konstruktivistischen Paradigma begegneten und sich diese neue Welt-sicht zu eigen machten. Das Adjektiv „systemisch" kennzeichnet eine allgemeine Sichtweise, die nicht unabhängige, voneinander getrennte und klar abgegrenzte Objekte voraussetzt, sondern „Systeme" zur Einheit ihres Denkens macht, mit denen sie sich konstruktivistisch als Erkenntnisgegenstand befaßt. Die erkenntnistheoretische Position des Konstruktivismus im Rahmen der Systemtheorien (Plural!) ist dabei keine Erfindung der Neuzeit. Sie hat eine lange Tradition in der Philosophie (z.B. VICO, KANT) wie auch in der Psychologie und Pädagogik (z.B. ROGERS, DEWEY). Die Arbeiten der chilenischen Biologen Humberto R. MATURANA und Francisco J. VARELA zur Autopoiesis (sich selbst erschaffen) wurden im Rahmen der Theorie lebender Systeme formuliert, aber auch über den Soziologen N. LUHMANN zum bestimmenden Merkmal einer Theorie sozialer Systeme gemacht.

Als konstruktivistisch wird dabei jene Einsicht bezeichnet, nach der jede Wirklichkeit in unmittelbarem Sinne die Konstruktion derer ist, die diese Wirklichkeit erfinden. Die AutorInnen folgen einem sehr breiten Verständnis dessen, was unter „systemisch-konstruktivistisch" zu verstehen ist. Dies entspricht der Situation auf der Theorieebene mit einer Vielzahl von Systemtheorien und konstruktivistischen Positionen, dies korrespondiert zugleich dem Entwicklungsstand in der (Schul-)Pädagogik, die sich, zeitlich verzögert, nach Psychologie und Soziologie, in ersten, noch unsicheren Schritten diesem Paradigma nähert. Zirkularität, Rekursivität, Selbstreferenz, Autopoiesis, biologische, ökologische, sozialdynamische Systemtheorien, radikaler, sozialer Konstruktivismus u.v.a.m. bilden den begrifflichen wie theoretischen Bezugsrahmen, den man zur Zeit eher mit einem rauschenden Fluß (kreatives Chaos) vergleichen kann. Systemische, systemökologische Pädagogik, andere Theorien des Lernens und Wissens, konstruktivistische Didaktik und Fachdidaktiken, kompetenz- und lösungsorientierte Methoden, systemische Ansätze in der Beratung, Supervision oder Organisationsentwicklung in der Schule u.v.a.m. stehen für eine Position, die auf der theoretischen Ebene, im besonderen aber auch auf der Praxisebene, die wissenschaftliche wie humane Relevanz in den folgenden Jahren erst noch unter Beweis stellen müssen.

Dieses Buch versucht, in einem ersten Zugang, einen groben Überblick über die verschiedenen Bereiche systemisch-konstruktivistischer Annäherungen an Schule und Pädagogik zu geben. Die kurzen Inhaltsangaben zu Beginn der einzelnen Beiträge sollen den LeserInnen als Orientierungshilfe dienen.

In den theoriebezogenen Sichtweisen werden konsequenterweise zunächst zentrale Themen bzw. Grundbegriffe im Sinne des neuen Paradigmas vorgestellt. Dabei versuchen die Autoren schwerpunktmäßig, die Position von Wissen, Lernen und Lehren als Konstruktionen aus systempädagogischer Sicht weiterzuführen. Hier knüpfen Beiträge an, in denen die AutorInnen beginnen, die Schul- und Unterrichtswirklichkeit anders zu sehen und zu gestalten. Die Konkretisierung dieser anderen Perspektive bezüglich des Schul- und Unterrichtsgeschehens erfolgt anhand von ausgewählten Einzelthemen, die nach Inhalt und Form der Darstellung ein breitgefächertes

Spektrum widerspiegeln. Es folgen Berichte von Kollegen aus der Schule, die das Praktisch-Werden der anderen Sicht aus der Perspektive je eines Grundschulleiters, eines Gymnasial- und eines Sonderschullehrers, sowie eines Gesamtschullehrers vorstellen. Das inzwischen umfangreiche Literaturangebot zum Thema systemisch-konstruktivistischer Konsultation, Beratung, Supervision und Organisationsentwicklung im Kontext von Schule begründet die Beschränkung im Rahmen dieser Publikation auf zwei Beiträge dieses Themenbereiches. Die ausgewählten Beiträge aus den Fachdidaktiken belegen abschließend den Diskussionsstand, den das systemisch-konstruktivistische Paradigma in den Didaktiken der Fächer Physik, Mathematik und Sport erreicht hat.

Bei der Gesamtschau der ausgewählten Beiträge wird offensichtlich, daß mit Blick auf den zu begrenzenden Gesamtumfang des Buches eine Vielzahl wichtiger Beiträge nicht berücksichtigt werden konnten. Beiträge, die sich mit historischen Bezügen (z.B. DEWEY, FREINET, GAUDIG u.a.), mit drän-genden Fragen der Lehreraus- und Lehrerfortbildung (z.B. BAUERSFELD u.a.) oder mit kritischen Positionen gegenüber dem systemisch-konstruk-tivistischen Paradigma (z.B. BÄTZ u.a.) beschäftigen. Die Gesamtbetrach-tung verdeutlicht zugleich aber auch, daß zentrale Themen einer neu zu erfindenden Schule noch nicht hinreichend im Blickfeld systemisch-konstruktivistischer Betrachtungen sind. Neben anderen Themen werden wir uns im besonderen der Mahnung von Baldur KOZDON stellen müssen. „Es mag vielversprechende Ansätze geben, das Renommée der Schule aufzubessern — aber sie alle sind an Fragen des Kanons, des Aufgabenkerns, des Verhältnisses von Obligatorischem und Fakultativem, der Bändigung der Stoffülle, gebunden. Jede „Antwort“ unter Umgehung solcher Fragen führt zur Fortschreibung eines substantiellen Defizits.“ (KOZDON 1993, 200)

Auch die notwendige Auseinandersetzung mit populären Themen wie Neurolinguistisches Programmieren (NLP), Kinesiologie, Suggestopädie u. v. a. m. bedarf einer eigenständigen und vor allen Dingen einer kritischen Würdigung (z.B. Voß, 1999)

Dieses Buch stellt einen ersten Schritt dar, dem andere folgen werden. Es eröffnet neue Standpunkte aus veränderten Perspektiven, es bietet die Chance, vom Suchenden zum Erfinder zu werden. Die in diesem Kontext (wiederentdeckten) Wert-Orientierungen, wie Autonomie, Eigenverantwortlichkeit, Akzeptanz des Anderen, Kooperation, Koevolution könnten, in einer die Schulwirklichkeit übergreifenden Ausrichtung, unserer Gesellschaft ein anderes Gesicht anbieten.

Literatur

Binnig, G. (1989): Aus dem Nichts. Über die Kreativität von Natur und Mensch. München

Foerster v., H. (1987²): Entdecken oder erfinden. Wie läßt sich Verstehen verstehen. In: Rotthaus, W. (Hrsg.): Erziehung und Therapie in systemischer Sicht. Dortmund

Gardner, J. (1993): Sophies Welt. München, Wien

Hentig v., H. (1993): Die Schule neu denken. München, Wien

Hoff, B. (1984): Tao Te Puh. Das Buch vom Tao und vom Puh dem Bären, Essen

Kagerer, H. (1995): „KidS" — Kreativität in die Schule. In: Pädagogik 4, S. 9-14

Kozdon, B. (1993): Schule in der Entscheidung. Über den Un-Ernst der überbuchten Schule, München

Postman, N. (1995): Keine Götter mehr. Das Ende der Erziehung, Berlin

Rumpf, H. (1986): Mit fremdem Blick. Stücke gegen die Verbiederung der Welt. Weinheim, Basel

Struck, P. (1995): Schulreport. Reinbek

Voß, R. (Hrsg.) 1998: Schul Visionen — Der 1. systemisch-konstruktivistische Schulkongreß

Voß, R. (Hrsg.) 1999: (Schein-)Lösungen — Vom Umgang mit (auffälligen) Kindern in „schwierigen Zeiten", (Publikation in Vorbereitung)

Welsch, W. (1991): Unsere postmoderne Moderne. Weinheim

I THEORIEbezogene Sichtweisen

Lethologie
Eine Theorie des Erlernens und Erwissens angesichts von Unwißbarem, Unbestimmbarem und Unentscheidbarem

Heinz von Foerster

Vom Lehrer wird erwartet, daß er weiß was er weiß, sonst könnte er ja nichts lehren; vom Forscher wird erwartet, daß er weiß was er nicht weiß, sonst könnte er nicht nach Antworten suchen. Im folgenden Aufsatz wird vorgeschlagen, den Lehrer zum Forscher werden zu lassen, der zusammen mit seinen Schülern versucht, die Schule — ja, das Wissen — neu zu erfinden.

„Die Schule neu erfinden!", der Stoßseufzer, der Wunschtraum, der mich fast über meine ganze Schulzeit gefangen hielt. Das ist leicht verständlich, wenn man bedenkt, daß ich fast immer in meiner Klasse der schlechteste Schüler war. In der kaiserlich-königlichen österreich-ungarischen Monarchie, unter der ich meine ersten Schulerlebnisse hatte, war es offenbar die pädagogische Tradition, Lernen dadurch zu ermutigen, Schüler gemäß ihrer Noten zu setzen: Vorzugsschüler auf die erste Bank, die weniger guten auf die Bänke dahinter, und die schlechtesten auf die letzte Bank. Dort saß ich. Aber meine Lehrer meinten, daß sogar das noch nicht die Tiefe meines Unwissens zum Ausdruck brächte, denn die Klassenzimmer wären für meinen Fall zu kurz.

Ich sah das eher als einen architektonischen, als meinen eigenen Mangel: also, die Schule neu erfinden![*]

Zu meiner Beruhigung traf ich im Laufe meines Lebens auch andere, die mit ähnlichen Stoßseufzern und Wunschträumen aufwuchsen. Und dann stieß ich auf wissenschaftliche Berichte und pädagogische Analysen, die darauf hinwiesen, daß das Problem „Schule" in den letzten Jahren tatsächlich zu einer wachsenden Problematik wurde.

Was ging fehl? Das Schulsystem? Der Unterricht? Die Lehrer? Der Lehrplan? etc. Das Spektrum der Symptome reichte von erschreckendem Schulausfall zu haarsträubender Inkompetenz der Absolventen, und so die entsprechenden Ätiologien und die empfohlenen Therapien.

---

[*] Gekürzte und überarbeitete Fassung des zunächst im Merve-Verlag, Berlin, erschienenen Aufsatzes mit dem Titel „Lethologie" (1993)

Ich kenne nur kleine Ausschnitte der erdrückenden Literatur, die sich mit dieser Fragestellung beschäftigt, aber ich finde dort zu meinem Erstaunen fast ausschließlich Hinweise auf Unzulänglichkeiten der Lehrprozesse, oder gar der Lehrer selbst, ohne je sich mit dem Phänomen des Lernens, oder der Rolle des Schülers ernstlich auseinanderzusetzen.

Ich fürchte, daß dieses ganze Dilemma aus der Bevorzugung einer Wissenschaftstheorie entspringt, die die kognitiven Prozesse von Entzücken, Faszination, Enthusiasmus, Neugierde, usw., die Voraussetzung des Lernens und Verstehens sind, kontraproduktiv, ja hemmend beeinflußt.

Zur Verdeutlichung könnte ich auf einen Bericht des California State Board of Education hinweisen (vgl. Curriculum Commission of the State Board of Education 1989). Auf seinen fast 200 Seiten steht kein einziger Satz darüber, wie Studenten lernen, was in den Köpfen der Lernenden stattfindet und worum es bei dieser gigantischen Maschinerie, genannt „Schule", überhaupt geht.

Und in der Tat, was ist Lernen wirklich?

Wenn diese Frage im akademischen Kontext, d.h. im Fachbereich der Psychologen oder der Pädagogen gestellt wird, erhalten wir viele Antworten. Wenn jedoch diese Frage in einem operativen Kontext gestellt wird, erhalten wir überhaupt keine Antwort: wir haben nicht die geringsten Vorstellungen darüber, was in uns vorgeht, wenn wir sagen, wir hätten etwas gelernt.

Ich will damit sagen, daß wir seit unserem zweiten Lebensjahr laufen und sprechen können, obwohl wir weder Kurse in unserer Muttersprache noch in der Kunst der Fortbewegung belegt haben. Für diese Fähigkeiten hat es niemals einen Lehrplan gegeben, und wir wissen nicht, wie wir sie erworben haben.

Die denotative Schule des Spracherwerbs wird behaupten, daß wir sehr gut darüber informiert sind, wie wir sprechen lernen, und zwar indem wir diejenigen imitieren, die mit dem Finger auf etwas deuten und dazu das entsprechende Geräusch machen. Aber ich habe von der Anthropologin Margaret Mead gelernt, der es nicht schwerfiel, sich die Umgangssprache vieler verschiedener Stämme, mit denen sie gearbeitet hat, anzueignen, daß dies keineswegs den Tatsachen entspricht. Sie benutzte einmal diese Methode, indem sie mit dem Finger auf verschiedene Sachen zeigte, um deren Namen zu erfahren. Zu ihrem Entsetzen erhielt sie immer die gleiche Antwort: „chu mulu". Anfangs glaubte sie, daß diese Leute eine sehr primitive Sprache besäßen, bis sie herausfand, daß „chu mulu" „mit dem Finger zeigen" bedeutet.

Die Schule Noam CHOMSKYS wird behaupten, daß wir über das Erlernen von Sprache sehr gut informiert sind, und zwar durch Aktivierung eines „Sprachorgans", das sich in unserem Körper entwickelt hat. Demzufolge würde ich vorschlagen, von einem „mathematischen Organ" zu sprechen, um unsere mathematischen Fähigkeiten zu erklären, vielleicht mit besonderen Organellen für die Addition, Subtraktion und Multiplikation.

Diese und ähnliche Gedanken fallen unter die Kategorie der „Erklärungsprinzipien“, eine Kategorie, die von Gregory BATESON erfunden wurde, um die „Was ist...?“-Fragen seiner Tochter zu beantworten (vgl. BATESON 1981). Als sie fragte: „Pappi, was ist ein Instinkt?“, antwortete er: „Ein Instinkt, mein Liebes, ist ein Erklärungsprinzip.“ Und als sie wissen wollte, was es erkläre, sagte er: „Alles — fast alles überhaupt. Alles was man damit erklären will.“ Als sie dagegen einwandte, daß es nicht die Schwerkraft erklären könne, entgegnete BATESON schlagfertig: „Das geschieht aber nur deshalb, weil niemand will, daß ‘Instinkt’ die Schwerkraft erklärt. Wollte man es, dann würde er auch das erklären. Wir könnten einfach sagen, daß der Mond einen Instinkt hat, dessen Stärke sich umgekehrt proportional zum Quadrat der Entfernung verändert...“ „Aber das ist Unsinn“, unterbricht sie ihn. Worauf er entgegnet: „Aber du hast doch mit ‘Instinkt’ angefangen, nicht ich.“

Ich überlasse es Ihnen, diesen charmanten „Metalogen“, wie sie BATESON nannte, nachzugehen; mir geht es in diesem Fall darum, Ihre Aufmerksamkeit auf derartige Forschungs-Notbehelfe zu lenken, von denen es, neben „Sprachorganen“, „Instinkten“ viele andere, wie z.B. „Triebe“, „Geist“, „Gedächtnis“ (vgl. ASHBY 1981) usw. gibt. Sie sind immer dann sehr nützlich, wenn wir nicht wissen, was vor sich geht.

Mit dem folgenden Beispiel möchte ich Sie jedoch bitten, mir bis zum Rand des Abgrunds unserer grundsätzlichen Unwissenheit zu folgen und staunend mit mir vor der Unermeßlichkeit dieser gähnenden Leere zu stehen.

Ich entnehme dieses Beispiel einem Buch des Psychiaters Oliver SACKS, „Der Mann, der seine Frau mit einem Hut verwechselte“ (SACKS 1988). Von den vielen Fällen über das erstaunliche Funktionieren eines „dysfunktionalen“ Verstands hat mich sein Bericht über ein Zwillingspaar, das er einst in einem staatlichen Krankenhaus kennengelernt hatte, fasziniert. Diese Zwillinge John und Michael, waren verschiedentlich als autistisch, psychotisch oder extrem retardiert diagnostiziert worden. Und so beschreibt er sie: „Auf den ersten Blick sind sie unattraktiv, fast wie Tweedledum und Tweedledee, ununterscheidbar, Spiegelbilder, haben identische Gesichter, Körperbewegungen, Persönlichkeiten, identischen Verstand, und sogar identische Gehirnstigmata und Gewebeschäden. Sie sind klein, Kopf und Hände sind stark disproportioniert, ihre Gaumen und Füße sind stark gewölbt, haben monoton quiekende Stimmen, diverse eigenartige Ticks und Gebärden, leiden unter extremer Kurzsichtigkeit und tragen aus diesem Grund derartig starke Brillen, daß ihre Augen völlig verzerrt sind und dadurch den Anschein erwekken, als ob sie kleine schrullige Professoren wären, die in deplazierter, obsessiver, kauziger Konzentration umherblicken und herumfuchteln.“

Als er sie kennenlernte, ging ihnen schon der Ruf voraus, daß sie ein bemerkenswertes „dokumentarisches“ Gedächtnis hätten, das ihnen z.B. ermöglichte, auf der Stelle sagen zu können, auf welchen Wochentag ein bestimmtes Datum in weit entfernter Vergangenheit oder Zukunft fallen würde.

Was mich bei diesem Bericht einer so erstaunlichen Fähigkeit beunruhigt ist, daß man ein solches Wunder ohne weiteres hinnimmt und mit der Bemerkung „Die können das eben!“ abfertigt.

Oliver SACKS dachte jedoch nicht mehr an die beiden, bis er ihnen ein anderes Mal wieder begegnete, und er schrieb: „Ich hatte sie vergessen, bis ich ein zweites Mal rein zufällig in einer spontanen, magischen Situation auf sie aufmerksam wurde.“

„Das zweite Mal saßen sie gemeinsam in einer Ecke mit einem mysteriösen, geheimnisvollen Lächeln auf dem Gesicht, einem Lächeln, das ich nie zuvor gesehen hatte. Scheinbar erfreuten sie sich ihres momentanen Glücks und Friedens. Langsam schlich ich mich an sie heran, um sie nicht zu stören. Anscheinend waren sie in eine völlig hermetische, vertraute Unterhaltung über Zahlen vertieft. John nannte eine Zahl, eine sechsstellige Zahl. Michael nahm die Zahl auf, nickte, lächelte und schien daran Gefallen zu finden. Anschließend sagte er eine sechsstellige Zahl, woraufhin nun John diese Zahl mit höchster Anerkennung aufnahm. Anfangs vermittelten sie den Eindruck zweier Weinkenner, die einen Tropfen kosten und seltene Kostproben gemeinsam genießen. Ohne von ihnen gesehen zu werden, verhielt ich mich ganz still. Ich war fasziniert und verwirrt.“

„*Was* taten sie? Was in aller Welt geschah hier?“, fragte sich Oliver SACKS. Da er jedoch nicht nur Psychiater, sondern auch ein Zahlen-Enthusiast ist, hatte er zumindest einen Anhaltspunkt: während die Zwillinge mit dem Zahlenspiel fortfuhren, schrieb er sich die Zahlen auf und verglich sie später zuhause anhand eines Buches, in dem alle Primzahlen bis zu neunstelligen aufgelistet waren. Primzahlen, diese eigenartigen Inseln, die in einem unendlichen Zahlenmeer schwimmen und durch keine ganze Zahl, außer durch sich selbst oder durch eins geteilt werden können. Zu seinem Erstaunen bestätigte sich seine Vermutung: *alle* sechsstelligen Zahlen, die die Zwillinge austauschten, waren Primzahlen! Dies ermutigte ihn, sich am nächsten Tag zu ihnen zu setzen. Ausgerüstet mit einem Primzahlenbuch, präsentierte er ihnen eine achtstellige Primzahl: „Beide schauten mich an, wurden plötzlich still. Ihr Blick verriet äußerste Konzentration, ihr Gesichtsausdruck war irgendwie voller Erstaunen. Es folgte eine lange Pause von Sprachlosigkeit — die längste, die ich je bei ihnen beobachtet hatte, mindestens eine halbe Minute oder länger — und dann plötzlich verzog sich ihr Mund ganz simultan und sie begannen, gleichzeitig zu lächeln.“

Nun spielten alle drei das Spiel mit den Primzahlen, die immer höher wurden, bis die Zwillinge Stellenwerte erreichten, die nicht mehr im Buch enthalten waren. Als sie bis zu zwanzigstelligen Zahlen avancierten, konnte Oliver SACKS nur noch völlig perplex danebensitzen, ein unergründliches Primzahlen-Ping-Pongspiel beobachten und über das Unergründliche meditieren.

Dieses Beispiel lehrte mich zumindest eins, und zwar, daß wir im allgemeinen unsere eigenen wunderbaren Fähigkeiten nicht wahrnehmen. Mit Selbstverständlichkeit produzieren wir die erstaunlichste geistige Akrobatik, blicken, zum Beispiel, minutenlang stumm auf ein weißes Blatt Papier, das mit Krähenfüßen über und über beschmutzt ist, springen dann plötzlich auf und überschütten einen gegenwärtigen Nachbarn mit Zisch- und Grunzlauten, die etwa durch die folgende Reihe von Krähenfüßen wiedergegeben werden könnten: „Hast Du das schon in der Zeitung gelesen!?"

Dagegen sind wir überrascht, wenn diese Fähigkeiten sich bei anderen anders als in den gewohnten Formen manifestieren. Da es nicht die geringsten Anhaltspunkte gibt, wie das rätselhafte Verhalten der Zwillinge zu fassen sei, wage ich die Behauptung, daß wir uns in der gleichen Situation befinden, wenn wir uns selber begreifen wollen.

Im Hinblick auf dieses Rätsel, im Hinblick auf unsere Unwissenheit und, paradoxerweise, im Hinblick auf unser Gefühl und unser Wissen, daß wir wissen, dachte ich an die Möglichkeit, eine Theorie des Wissens zu entwikkeln, die eingedenk der Unergründlichkeit unseres Unwissens bleibt und die, wie in der Metapher vom Eisberg, Wissen als nur die aus dem Wasser herausragende winzige Spitze sieht, die auf dem unergründlichen, in den Tiefen des Wassers verborgenen Bereich des Unwißbaren schwebt.

Vielleicht mag man dies als eine Entwicklung hin zu einem Kalkül von Unwißbarem oder einer Theorie des Nicht-Wissens bezeichnen. Mich stört dabei jedoch der negative Beigeschmack, der durch die Vorsilbe „un-" mitschwingt. Demzufolge suchte ich nach einem Wort, das den Mangel einer Fähigkeit auf eine positive Weise ausdrückt, wie Blindheit für „Nicht-Sehen" oder Taubheit für „Nicht-Hören".

Ich konnte weder im Griechischen noch im Lateinischen finden, wonach ich suchte, und wollte schon meine Suche aufgeben, als ich mich daran erinnerte, daß das Wort „Wahrheit", dem heutzutage von vielen eine positive Bedeutung zugemessen wird, im klassischen Griechenland eine negative Konnotation hatte: „Aletheia", oder „das, was *nicht* verborgen ist", mit der Vorsilbe „a" für „nicht" und „letheia" von „lanthano", „verbergen" oder „verdunkeln". Wie Sie sich erinnern, durchquert man den Fluß Lethe, um ins Elysium zu gelangen und verliert dabei das Gedächtnis. Bei der Durchquerung des Acheron werden dagegen alle Erinnerungen reaktiviert, bevor man den Hades betritt, so daß man bis in alle Ewigkeit von ihnen verfolgt wird.

Demzufolge bietet sich Lethe ganz von selbst an, um das Kalkül des Unwißbaren als „Lethologie“ zu bezeichnen, und ich werde dieses Kalkül als exakte Grundlage für eine Diskussion der vorliegenden Probleme benützen.

Dieses Unwißbare enthält zwei Komponenten: 1. Unbestimmbares und 2. Unentscheidbares, demzufolge werde ich in den folgenden zwei Punkten auf diese beiden Komponenten eingehen:

1. Wie geht man mit Systemen um, die prinzipiell unbestimmbar sind; und
2. Wie sind Fragen zu beantworten, die prinzipiell unentscheidbar sind?

1 Unbestimmbares

„Kausalität bestimmt den Fluß der Ereignisse im Universum“ ist einer der zentralen Glaubenssätze in unserer westlichen Kultur. Man glaubt, die Welt zu verstehen, wenn man die Gesetze der Natur versteht: deshalb sind wir bestrebt, diese Gesetze zu ermitteln.

Wie ich in diesem Abschnitt zeigen möchte, ist dieses Vorhaben nicht nur von Anfang an zum sicheren Scheitern verurteilt, sondern es verstellt auch jenen den Weg, die sich bemühen, die Schule neu zu erfinden.

Wie kann ich das sagen?

Es ist meine Absicht, die Grundfesten der „Westlichen Rationalen Tradition“, oder kurz der „WRT“, zu untergraben. Ich lade Sie daher ein, mich auf einem Weg zu begleiten, der mit Benutzung eines minimalen Formalismus, der die für andere Gelegenheiten so schöpferische Vieldeutigkeiten der Sprache umgeht und, wie ich hoffe, die unter tausendjährigem logischen Unkraut verborgene brüchige Architektur der WRT freilegt. Ich bitte Sie, auch dabei zu beachten, daß der diese Brüchigkeit freilegende Formalismus selbst oft als die „Krone der WRT“ gepriesen wird. Ein Paradoxon? Ja, in der Tat, ein kreatives Paradoxon!

Das Fahrzeug, das uns über den versprochenen Weg führen soll, ist die Idee einer „Maschine“, eine Idee, die von dem englischen Mathematiker und Logiker Alan TURING (vgl. TURING 1987) vor etwa einem halben Jahrhundert erfunden wurde. Gemeint hier ist nicht so sehr ein Apparat mit Hebeln und Zahnrädern oder einer mit Tasten und Chips, sondern eine Anordnung von Regeln und Gesetzen, den „Transformationsregeln“, durch die gewisse Zustände in andere verwandelt werden. Für unser Thema reicht es aus, zwei Arten solcher Maschinen zu unterscheiden: die „trivialen“ und die „nichttrivialen Maschinen“.

1.1 Triviale Maschinen

Wir sind unser ganzes Leben lang von trivialen Maschinen umgeben, von der Kaffeemühle über die Schreibmaschine zum Rechner, zum Internet, usw., und wenn diese Maschinen nicht trivial sind, dann wünschen wir, sie wären es. Was sind nun diese erwünschten Eigenschaften?

Das Wesentliche an diesen Maschinen ist, daß ihre Transformationsregeln verläßlich und unveränderlich gewisse Zustände in gewisse andere Zustände verwandeln. Bei der Kaffeemühle schüttet man Bohnen oben hinein (der „Input", die „Ursache", etc.), und unten kommt der gemahlene Kaffee heraus („Output", „Wirkung", etc.); beim Automobil drehen wir das Steuerrad nach links und — Oh! Wunder — der Wagen fährt nach links, usw., usw., usw.

Seit Aristoteles nennt man diese triadische Verknüpfung einer Ursache über ein Gesetz mit einer Wirkung das „Kausalprinzip". Es ist das epistemologische Rückgrat der WRT. Das sieht man schon daran, daß in den verschiedensten Fachbereichen die triadische Relationsstruktur zwar die gleiche bleibt, aber die einzelnen Komponenten verschiedene Namen tragen. Fachbereich Naturwissenschaft (wie schon erwähnt): Ursache/Naturgesetz/Wirkung; Computerwissenschaft: Input/Operation/Output; Mathematik: Unabhängige Variable *(x)*/Funktion *(f)*/abhängige Variable *(y)* *(y=f(x));* Psychologie: Reiz/Organismus/Reaktion; Logik: Untersatz/Obersatz/Schluß, und so weiter und so fort!

Lassen Sie mich das Wesen solcher Trivialmaschinen an einem besonders einfachen Exemplar vorführen.

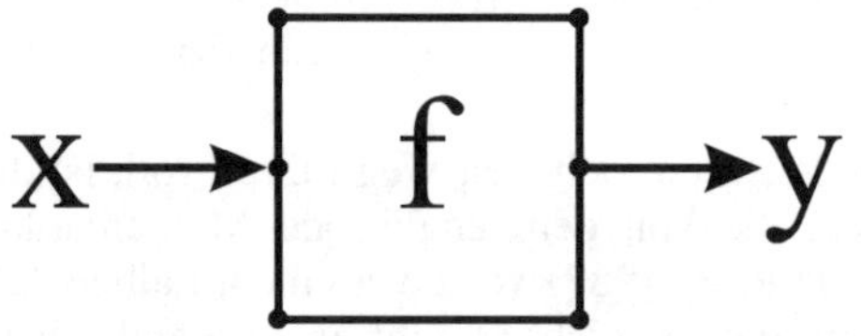

x	y
A	B
B	C
C	D
D	A

Paradigma der trivialen Maschine.

Hier ist ein Alphabet von vier Buchstaben (A,B,C,D), und hier eine Maschine, ein „Anagrammat" (Abb.1), der diese Buchstaben nach der folgenden Regel anagrammatisch verschlüsselt, etwa statt A ein B, Statt B ein C, statt C ein D, und schließlich statt D ein A.

Wir postulieren, daß dieser Anagrammat für alle Zeiten unverändert diese Transformationsregel beibehält. Wird er heute vergraben, und erst nach tausend Jahren hervorgeholt, so wird er verläßlich auf ein A mit einem B antworten, und mutatis mutandis!

Obwohl man mit vier verschiedenen Symbolen 24 verschiedene Anagrammaten konstruieren kann, sind nur vier Experimente notwendig, um die Identität eines vorliegenden Anagrammaten zu bestimmen, sollte die Verschlüsselung verloren oder unbekannt sein. Man braucht ja nur der Maschine die vier Symbole anzubieten und ihre Antworten zu notieren: die vier so erhaltenen Paare (wie oben, AB,BC,CD,DA) *sind* dann die Maschine. Das zeigt, daß das Identifikationsproblem trivialer Maschinen in der Tat trivial ist! Überdies, da die Transformationsregeln konstant bleiben, sind triviale Maschinen voraussagbar!

Es war offenbar diese Einsicht, die LAPLACE vor fast 200 Jahren dazu verführte, seine paradigmatische Behauptung aufzustellen (vgl. LAPLACE 1814), daß „... nichts ungewiß wäre, und die Zukunft und Vergangenheit an ihren Augen vorbeiziehen würde, wenn einer übermenschlichen Intelligenz die gegenwärtigen Zustände aller Partikel im Universum bekannt wären". Heutzutage würde Lapace mit Jubel ausrufen: „Das Universum: eine triviale Maschine!"

Mon cher Pierre Simon de LAPLACE, leider müssen wir Sie darauf aufmerksam machen, daß Sie sich zu früh gefreut haben.

Das ist vielleicht der Moment, um sich der nicht-trivialen Maschine zuzuwenden.

Die wesentliche Eigenschaft der nicht-trivialen Maschine besteht darin, daß ihre Transformationsregel nicht mehr konstant ist, sondern sich von Schritt zu Schritt, von Operation zu Operation ändern kann. Die Regel, nach der sich die Transformationsregel ändern soll, könnte man eine „Transformationsregel zweiter Ordnung" nennen. Eine nicht-triviale Maschine ist, sozusagen, eine Maschine in einer Maschine, eine „Maschine zweiter Ordnung."

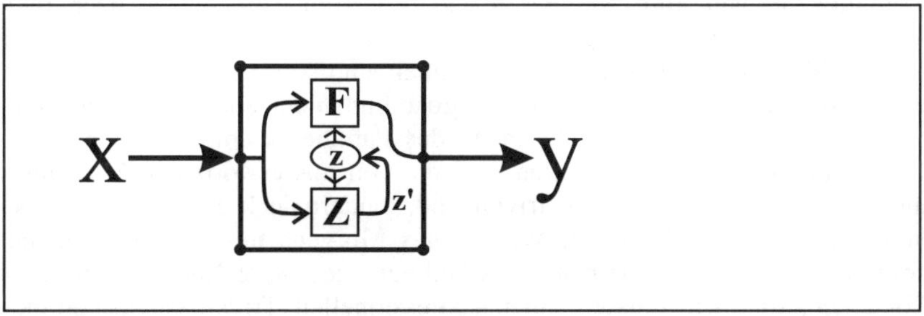

Paradigma der nicht-trivialen Maschine. (Eine Maschine in einer Maschine)

Denken wir zurück an unseren trivialen Anagrammaten von vorhin, der jetzt von unserem höheren Standpunkt aus so erscheint, als wäre er auf Anagramm No.10 „stecken geblieben", so kann man leicht einsehen, daß sein Verhalten sich außerordentlich bereichern würde, hätte er Zugang zu anderen Anagrammen. In der Tat läßt sich leicht zeigen, daß die Anzahl der verschiedenen 4-Buchstaben-Anagrammaten mit mehr zugänglichen Transformationsregeln (einem „reicheren Innenleben") rasch meta-astronomische Dimensionen annimmt, so daß schon die Unkenntnis, welche von den 24 möglichen Anagrammen im Repertoire dieser Maschine enthalten sind, etwa 10^{57} (eine 57-stellige Zahl) verschiedene nicht-triviale Anagrammaten möglich sind.

Das analytische Problem, oder das „Maschinen-Identifikationsproblem", ist jetzt nicht mehr trivial, denn man muß aus diesen 10^{57} Möglichkeiten die eine vorliegende Maschine ermitteln. Das Problem ist sogar jenseits der Errechenbarkeit oder, wie es im Fachjargon heißt, das Problem ist „transcomputational."

Dennoch behaupten Optimisten, daß uns früher oder später die theoretischen oder technischen Mittel zur Verfügung stehen werden, um dieses Problem in Angriff nehmen zu können. Leider ist diese Hoffnung jedoch unbegründet. Erwiesenermaßen (vgl. GILL 1962) gibt es Maschinenkonfigurationen, die prinzipiell nicht durch eine begrenzte Folge von Experimenten identifiziert werden können: das Maschinenidentifikationsproblem ist im Prinzip unlösbar!

Während nicht-triviale Maschinen synthetisch determiniert werden können, sind sie analytisch unbestimmbar, historisch bedingt und nicht voraussagbar.

Es dürfte geraume Zeit beanspruchen, bevor man sich dessen bewußt wird, zumal es allen intuitiven Vorstellungen widerspricht, die wir uns von der großartigen Ordnung der Natur, der Zuverlässigkeit unserer Freunde und einem kohärenten Verständnis von uns selbst gemacht haben. Sollten wir die Nicht- Trivialität all dessen in Zweifel ziehen?

Wenn ich meine Freunde frage, ob sie sich als triviale oder nicht-triviale „Maschinen" betrachten, entscheiden sie sich unzweideutig für Nicht-Trivialität, obwohl ihre Antworten anders ausfallen, wenn sie nach ihrer Meinung über andere befragt werden. Das sollte nicht überraschen, weil die triviale Maschine mit ihrer Zuverlässigkeit und Voraussagbarkeit im Vergleich zur unbeständigen, unvoraussagbar und nicht analysierbaren nicht-trivialen Maschine wie ein Geschenk des Paradieses anmutet. Wir zahlen Unsummen Geldes für Garantien, daß die von uns erworbenen Maschinen nicht zum Zeitpunkt des Kaufs trivial sind, sondern auch ihre Trivialität über lange Zeiträume beibehalten. Wenn eines Morgens unser Auto nicht anspringen sollte, so ist das historisch bedingt, die wahre Natur kommt zum Vorschein, und wir müssen einen professionellen Trivialisateur kommen lassen, der mit seinen Werkzeugen die erhoffte Trivialität des Wagens wiederherstellt.

Eindeutig sind wir als Kinder unserer Kultur in triviale Systeme vernarrt, und wann immer die Dinge nicht so funktionieren, wie man es erwartet, werden wir versuchen, sie zu trivialisieren: erst dann werden sie voraussagbar.

Ich habe dieses Thema recht ausgiebig behandelt, weil ich in manchen Stunden des Zweifels ahne, daß aufgrund mangelnden Verständnisses darüber, wie man mit einem der nicht-trivialsten, schöpferischsten, erstaunlichsten, unvoraussagbarsten Geschöpfen, die mir bekannt sind, nämlich unseren Kindern, umgehen soll, einige Ausbildungssysteme Lernen mit Trivialisierung verwechseln. Beim Lernen wächst die Anzahl interner Zustände und die semantische Relationsstruktur (das „Programm“) wird bereichert. Trivialisierung ist dagegen Amputation interner Zustände, Blockierung der Entwicklung unabhängigen Denkens und Belohnung von vorschriftsmäßigem, also voraussagbarem Verhalten: „6“ ist die Antwort auf die Frage „Was ist 2×3?“; unannehmbar wären die Antworten: „eine gerade Zahl“, „3×2“, „mein Alter“ und andere.

Ich war bei einer Familie zu Besuch, als ihr sechs Jahre alter Junge von der Schule nach Hause kam. Er war eine halbe Stunde zu spät und weinte: „Ich mußte nachsitzen“; „Warum, was ist passiert?“; „Die Lehrerin sagte, ich hätte eine freche Antwort gegeben“; „Was hast Du gesagt?“; „Sie fragte mich, was 3×2 wäre, und ich sagte, 2×3, und alle lachten; daraufhin mußte ich in der Ecke stehen“. Nun mischte ich mich ein: „Ich glaube, Deine Antwort war richtig, aber kannst Du es beweisen?“ Sofort zeichnete er auf ein Stück Papier drei nebeneinanderstehende Reihen aus je zwei Punkten und sagte:

„Das ist 3×2“:

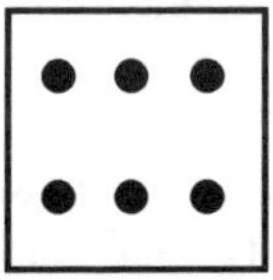

dann drehte er das Papier um 90° und sagte:

„Das ist 2×3“:

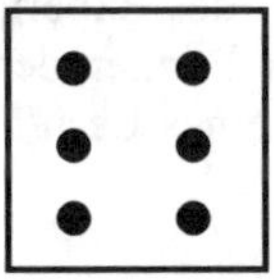

Damit sind wir bei der Frage nach der Bedeutung von „Tests“, „Prüfungen“. Werden Tests entwickelt, um das Denken anderer, das Denken der Studenten zu ermitteln? Dann würden Tests versuchen, Unmögliches zu erreichen, da — wie wir nun wissen — das Denken eines nicht-trivialen Studenten analytisch nicht bestimmbar ist. Werden Tests entwickelt, um den Erfolgsgrad zu ermitteln, den ein Ausbildungssystem bei der Trivialisierung seiner Studenten hatte? Dann würden sich die Resultate nicht auf die Flexibilität der Studenten beziehen, sondern auf das Ausbildungssystem und die von ihm entwickelten Tests. In anderen Worten:

Tests testen Tests
(und nicht diejenigen, die getestet werden sollten)

Prüfungen prüfen die Prüfer, nicht die Geprüften. Das wird offensichtlich, wenn wir bemerken, daß die Studenten Prüfungen studieren, um Prüfungen zu bestehen, was keinesfalls das Gleiche ist, wie das Studieren eines Gegenstandes, um den Gegenstand kennenzulernen. Aber dann stellt sich die Frage, woher wir wissen, was sie über den Gegenstand wissen? In der Tat, wie wissen wir überhaupt? Oder, in diesem Zusammenhang, was ist Wissen gegenüber Unwißbarem? Oder, im Hinblick auf nicht-triviale Systeme, was könnten wir über sie wissen, wenn wir nichts über ihre Arbeitsweise wissen können?

Vor 25 Jahren wurde diese Frage entweder nicht gestellt, oder man lehnte sie ab oder entwickelte Methoden der Trivialisierung. Dennoch änderte sich innerhalb dieses Zeitraums die Behandlung dieser Fragen grundlegend durch die Entwicklung zweier Gedanken. Einer dieser Gedanken entstand in der Mathematik, wo der Begriff der Nicht-Trivialität in den der Nicht-Linearität übersetzt wurde. Damit entstand ein bunter Strauß von Überraschungen und verblüffenden Ideen, der unter dem Namen „nicht-lineare Dynamik" und „Chaostheorie" läuft. Der andere Gedanke wurde von der Systemtheorie und Computerwissenschaft entwickelt, wo die kybernetischen Grundideen wie Zirkularität und Geschlossenheit eine Schatzkammer neuer Einsichten und Perspektiven erschloß.

Ich möchte zuerst auf die Begriffe Zirkularität und Geschlossenheit eingehen, weil insbesondere diese Begriffe von orthodoxer Wissenschaft gemieden wurden. Unter Zirkularität versteht man, daß das Ergebnis der Operation eines Systems die nächste Operation dieses Systems einleitet: Das System und seine Operationen sind ein „geschlossenes System". Dadurch ist es möglich, daß sich der Experimentator als Teil des Experiments verstehen kann; oder daß der Familientherapeut sich als Partner der Familie sehen kann; oder daß der Lehrer sich als Teilnehmer eines Lern/Lehrprozesses in seinem Klassenzimmer zuhause fühlt.

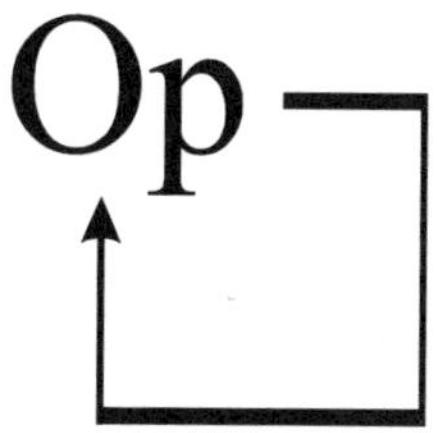

Paradigma der Rekursion. (Operationell geschlossenes System)

Um das Unorthodoxe der Geschlossenheit, d.h. die Einbeziehung des Handelnden in dessen Universum, zu verstehen, sollte man auf Laplace zurückgreifen, der sich nicht als Teil seines Universums verstand, sonst hätte er es nicht als Trivialmaschine bezeichnet. Oder denken wir nur an „Objektivität“: sie erfordert, daß die Eigenschaften des Beobachters nicht in die Beschreibung des Beobachteten eingehen. Ich frage mich, wie das vor sich geht. Ohne ihn gäbe es doch weder eine Beschreibung noch eine Beobachtung.

Ich möchte nun über das sich rapide entwickelnde Gebiet nicht-linearer Dynamik und ihre wesentlichen Bestandteile, die Zirkularität und Geschlossenheit berichten. Es gibt drei Ergebnisse, die diesbezüglich von grundlegender Bedeutung sind. Das eine besagt, daß, wenn man ein geschlossenes System an seinem eigenen Output operieren läßt (das heißt: Output wird zum neuen Input), konvergiert es früher oder später (im chaotischen Fall nie) zu einem stabilen Verhalten. Aufgrund ihrer kurzen Entwicklungsgeschichte werden diese dynamischen Gleichgewichte von verschiedenen Forschern mit verschiedenen Namen versehen: „Fixpunkte“, „Attraktoren“, „seltsame Attraktoren“ und „Eigenverhalten“ (vgl. v. FOERSTER 1984). Ich werde auf diese dynamischen Stabilitäten zurückkommen, nachdem ich kurz über andere faszinierende Resultate dieser Studien berichtet habe. Eines von ihnen besagt, daß die Anfangszustände für manche Systeme ihr weiteres Verhalten entscheidend bestimmen können: unter gewissen Anfangszuständen mögen diese Systeme zu ein, zwei, vier, etc. Eigenverhalten konvergieren; unter anderem erreichen sie nie eine dynamische Stabilität, sondern gehen von einem unvorhersagbaren Zustand zu einem anderen: sie verhalten sich chaotisch! Ein anderes von den überraschenden Ergebnissen hier ist, daß häufig die beiden Anfangszustände, bei denen unter einem das System zu stabilem Verhalten konvergiert, unter dem anderen aber zu chaotischem Verhalten degeneriert, beliebig nahe beieinander liegen können. Das bedeutet, daß sogar Systeme mit wohldefinierten Operationsregeln unvoraussagbar sein können.

Über „Chaotik“ ist letzthin so viel geschrieben worden, daß man die vielen faszinierenden Ergebnisse heute schon in den Tageszeitungen lesen kann. Darf ich Sie aber auf den Gegenpol der Chaotik, nämlich auf die — wenn sie wollen — „Kosmetik“ aufmerksam machen, das heißt, auf die Prinzipien der Entstehung von dynamischer Ordnung.

Vielleicht geben die folgenden zwei Beispiele, eines mit Zahlen, das andere mit Worten, einen Einblick in die überraschenden Konsequenzen operationeller Schließung.

Dank der weiten Verbreitung der kleinen Taschenrechner wird fast jeder, der diese Zeilen liest, sich an dem folgenden Experiment beteiligen können.

Geben Sie eine beliebige Zahl in Ihren Rechner ein (der „Input“) und wählen als „Transformationsregel“ das Ziehen der Quadratwurzel (oder auf Deutsch: drücken Sie auf die Wurzeltaste). Der so generierte „Output“ ist natürlich die Quadratwurzel des von ihnen gewählten Anfangswertes. „Operationelle Schließung“ erreichen Sie jetzt dadurch, daß Sie den erhaltenen Output zum neuen Input machen, das heißt, Sie drücken „rekursiv“, d.h., wiederum die Wurzeltaste; und dann wiederum, und dann wiederum, und dann wiederum, etc. Verfolgen Sie während dieser Operationen die jeweiligen Ergebnisse. Sie werden dann eine rasche Konvergenz zu der Zahl 1 feststellen, auch wenn Sie diesen rekursiven Prozeß durch willkürliche Änderung der Resultate zu stören versuchen. Im nachhinein wird man sagen, das muß wohl so sein, denn

$$\sqrt{1} = 1$$

In dieser Form bleibt die Dynamik des Entstehens diesen stabilen „Eigenwerts“ verborgen; aber weniger so in der folgenden Form:

$$1=\sqrt{\sqrt{\sqrt{\sqrt{\sqrt{\sqrt{\_}}}}}}$$

Eigenwert-Emergenz bei unbeschränkter Rekursion.

Die Operation *Quadratwurzel* „schält“, so zu sagen, aus den unendlichen Möglichkeiten der Zahlenwerte jene Werte heraus, die „konstant“, „stabil“, „invariant“, etc., gegenüber der Wurzeloperation bleiben: das sind die „Eigenwerte“, oder „Eigenverhalten“, der entsprechenden Operation.

Da aber nicht nur die Quadratwurzel, aber auch die dritte, die vierte, ja, die n-te Wurzel den gleichen Eigenwert „1“ herausschälen, ist es unmöglich von einem Eigenwert auf den ihn erzeugenden Operator zu schließen. Das heißt, kennt man nicht die operierenden Kräfte, so läßt sich zwar das „Was“ (die „1“) voraussagen, aber das „Wie“, (die Wurzeloperation) bleibt verborgen.

Als zweites Beispiel gebe ich eine Hausaufgabe:

„Finden Sie die Zahlenworte (Eigenwerte), die den folgenden Satz wahr machen:

‘IN DIESEM SATZ ZÄHLEN WIR ...... BUCHSTABEN’“

Der Satz hat drei Eigenwerte, einer davon ist „FÜNFUNDVIERZIG“. Bitte finden Sie die anderen zwei (der Versuch ist lohnend).

Bitte bemerken Sie auch, wie eine geschlossenen Semantik — der Satz bezieht sich auf sich selbst — aus der unendlichen Fülle der Möglichkeiten ein paar diskrete Formen herausschält, die Selbstbezüglichkeit ermöglichen und regenerativ stabilisieren.

Ich möchte nun diese Beobachtungen in drei Schritten verallgemeinern. Der erste ist, das Wesentliche eines Lehrsatzes, der diese Maschinen betrifft, allerdings hier ohne Beweis, Ihnen vorzustellen. Der Satz besagt, daß ein beliebig großes Netzwerk von rekursiv vernetzten nicht-trivialen Maschinen so behandelt werden kann, als wäre es eine einzige, rekursiv operierende nicht-triviale Maschine (so etwa, wie der Anagrammer in unserem früheren Beispiel). Diese Einsicht läßt auf den zweiten Schritt schließen, nämlich, das die Dynamik zwischen all den in diesem Netzwerk beteiligten Elementen zu einer stabilen Dynamik, dem Eigenverhalten des gesamten Systems, konvergiert.

Der dritte Schritt, oder sollte ich das besser einen Sprung nennen, ist der folgende. Ich schlage vor, das rekursiv vernetzte System als ein Sozialsystem und die beteiligten nicht-trivialen Elemente als die Teilnehmer an diesem sozialen Prozeß zu interpretieren, dann manifestiert sich ihr Eigenverhalten in der gesprochenen Sprache, der Benennung der Objekte, den praktizierten Bräuchen, den zu beobachtenden Ritualen. Eingebettet in dieses Netz sind die „Lehrer“ und die „Schüler“, für die durch ihren Dialog ein Verständnis erwächst, nicht von sich, sondern voneinander, wobei das Lehrfach als Vermittler dieses Verständnisses und des Lernens, wie zu lernen sei, dient.

Wie dies entsteht, entzieht sich unserer Kenntnis; daß es jedoch entsteht, verdanken wir unserem gemeinsamen rekursiven Dialog. An dieser Stelle möchte ich Martin BUBER zitieren (vgl. BUBER 1961):

„Betrachte den Menschen mit dem Menschen, und du siehst jeweils die dynamische Zweiheit, die das Menschenwesen ist, zusammen: hier das Gebende und hier das Empfangene, hier die angreifende und hier die abwehrende Kraft, hier die Beschaffenheit des Nachforschens und hier die des Erwiderns, und immer beides in einem, einander ergänzend im wechselseitigen Einsatz, miteinander den Menschen darzeigend. Jetzt kannst du dich zum Einzelnen wenden, und du erkennst ihn als den Menschen nach seiner Beziehungsmöglichkeit; du kannst dich zur Gesamtheit wenden, und du erkennst sie als den Menschen nach seiner Beziehungsfülle. Wir mögen der Antwort auf die Frage, was der Mensch sei, näher kommen, wenn wir ihn als das Wesen verstehen lernen, in dessen Dialogik, in dessen gegenseitig präsentem Zu-zweien-Sein sich die Begegnung des Einen mit dem Anderen jeweils verwirklicht und erkennt."

2 Unentscheidbares

Unter Lehrsätzen, Problemen, Fragen usw. gibt es jene, über die eine Entscheidung gefällt werden kann, und andere, die prinzipiell unentscheidbar sind.

Entscheidbar ist z.B., ob 3.536.712 ohne Restbetrag durch 5 teilbar ist. Die Antwort ist ein eindeutiges „Nein"; hätten wir jedoch „teilbar durch 2?" gefragt, wäre die Antwort ein eindeutiges „Ja". Man könnte natürlich weitaus schwierigere Fragen stellen, sehr schwere Fragen, außerordentlich schwere Fragen, die sich erst in mehreren Jahren lösen ließen, aber von deren Entscheidbarkeit durch die Erarbeitung einer Antwort wir überzeugt sind, aufgrund der Wahl der Regeln, wie wir von einem Knotenpunkt in dieser kristallinen Struktur logisch-mathematischer Relationen zum nächsten gelangen.

Aus diesem Grund sind z.B. Mathematiker nach 250 Jahren immer noch bemüht, eine Vermutung zu „beweisen", d.h. den Tüftlern exakte Anleitungen zu der Verfahrensordnung zu vermitteln, die Christian GOLDBACH 1742 in einem Brief an Leonard EULER erwähnt hatte. GOLDBACH hatte die Idee, daß jede gerade Zahl durch die Summe zweier Primzahlen dargestellt werden kann, wie z.B. 12=5+7 oder 16=13+3 usw.

In der Tat konnte jede gerade Zahl bisher in zwei Primzahlen zerlegt werden, aber das ist natürlich kein Beweis! Mit anderen Worten, die Frage „Ist Goldbachs Vermutung beweisbar?" ist bisher noch nicht entschieden. Indem man dem vorherigen Satz das Wort „bisher" hinzufügt, wird Entscheidbarkeit unterstellt. Seitdem jedoch Kurt GÖDEL (1931) die Beobachtung gemacht hat, daß in unserem mathematischen System unentscheidbare Sätze existieren, erhebt sich der Verdacht, GOLDBACHs Vermutung könnte einer von diesen sein. (Ich habe gehört, daß man mit dem Beweis der GOLDBACHschen Vermutung bedeutende Fortschritte gemacht hätte. Allerdings konnte ich zur Zeit der Niederschrift dieses Artikels dieses Gerücht nicht bestätigen.)

Es besteht jedoch keine Notwendigkeit, diesen logisch-mathematischen Purzelbäumen nachzugehen, um dem Auftreten prinzipiell unentscheidbarer Fragen zu begegnen, da Alltagssprache und überliefertes Wissen von ihnen durchwoben sind. Nehmen wir z.B. die Frage über den Ursprung unseres

Universums: wie ist es entstanden? Gewiß, diese Frage ist prinzipiell unentscheidbar, weil es keine Zeugen geben kann, und wenn ja, wer würde ihnen glauben? Dennoch gibt es zu dieser Frage viele Antworten. Einige sagen, daß all dies nur durch die Vereinigung von Chaos und Finsternis entstanden sei; andere berufen sich auf einen einmaligen Schöpfungsakt vor etwa 4000 Jahren; andere bestehen darauf, daß es weder Anfang noch Ende gebe, da sich das Universum in einem ewigen dynamischen Gleichgewicht befände, ein „Eigen-Universum" sei; wiederum andere behaupten, die ganze Sache hätte vor 10 oder 20 Milliarden Jahren mit einem Urknall begonnen, dessen Geräusch immer noch als flüsterndes Rauschen über große Radioantennen gehört werden kann. Ganz zu schweigen von den Antworten, die uns die Hindus, Arapesch, Massai, Nubas, Khmer, Buschmänner usw. usw. auf diese Frage geben würden. In anderen Worten, sag uns wie das Universum entstand, und wir sagen dir, wer du bist.

Der Unterschied zwischen entscheidbaren und prinzipiell unentscheidbaren Fragen sollte nun hinreichend geklärt sein, so daß ich ihnen die folgende These unterbreiten möchte (vgl. VON FOERSTER 1989):

„Nur die Fragen, die prinzipiell unentscheidbar sind, können wir entscheiden."

Warum?

Einfach, weil über entscheidbare Fragen schon immer durch die Wahl des Rahmens, in dem sie gestellt werden, entschieden wird. Der Rahmen selbst mag sogar eine Antwort auf die von uns gestellte prinzipiell unentscheidbare Frage sein. Diese Beobachtung verdeutlicht den Unterschied zwischen diesen zwei Arten von Fragen. Antworten auf entscheidbare Fragen sind von Notwendigkeiten diktiert, während Antworten auf unentscheidbare Fragen durch die Freiheit unserer Wahl bestimmt werden. Aber für diese Freiheit der Wahl müssen wir die Verantwortung tragen. Dies verdeutlicht zusätzlich den Unterschied zwischen diesen Fragen: Verfahrensweisen, durch die man eine Antwort auf entscheidbare Fragen erhält, mögen falsch sein, deshalb taucht in diesem Zusammenhang die Vorstellung von Wahrheit auf. Ethik ist jedoch der Bereich, in dem wir Verantwortung für unsere Entscheidungen übernehmen. Das Antonym für Notwendigkeit ist nicht Zufall (vgl. SEARL u.a. 1990), es ist vielmehr Freiheit, es ist Wahl.

Wie wird unsere Einstellung zu Kognition, zu Lernen und zu „Kognition als Lernen" durch derartige Betrachtungen beeinflußt? Ich glaube, in nicht unerheblichem Maße. Hier einige Beispiele:

Mathematiker leben in zwei gesonderten Welten, die sich aufgrund der unterschiedlichen Einstellung zu einer prinzipiell unentscheidbaren Frage, „Sind Zahlen, mathematische Formeln, Theoreme, Beweise usw. Entdeckungen oder sind sie unsere Erfindungen?", unversöhnlich gegenüberstehen.

Ich möchte an dieser Stelle die Ansicht eines Bürgers der Welt der Entdeckungen über das Wissen von Mathematik zitieren: „Eine Gottheit, die er liebevoll den obersten Faschisten nennt, hat ein transfinites Buch mit Theoremen, in dem die besten Beweise stehen. Und wenn er uns wohlgesonnen ist, überläßt er uns das Buch für einen Augenblick. Man sagt, daß sich ein guter Mathematiker — gleich dem Medium in einer Seance — durch seine besondere Befähigung auszeichnet, mit den platonischen Sphären kommunizieren zu können, in denen Abstraktionen und Symmetrien darauf warten, von einem wohltrainierten Verstand entdeckt zu werden." (vgl. JOHNSON 1990)

Und nun folgt das Bekenntnis eines Bürgers der Welt der Erfindungen: „Ich, für meinen Teil, glaube, (...) daß das, was der Mathematiker tut, nichts anderes ist, als die Herleitung von Aussagen mit Hilfe gewisser aufzuzählender (in verschiedener Weise wählbarer) Methoden aus gewissen aufzuzählenden (in verschiedener Weise wählbaren) Aussagen — und daß alles, was Mathematik und Logik über diese, einer Begründung weder fähige noch bedürftige Tätigkeit des Mathematikers aussagen können, in dieser simplen Tatsachenfeststellung besteht". (vgl. MENGER 1936)

Denken wir nur einmal an die Kinder, die in diesen zwei verschiedenen Welten aufwachsen: In der Welt der Entdeckungen müssen sie lernen, das zu wiederholen, was andere, mit Erlaubnis des Obersten Faschisten, flüchtig „Dem Buch" entnehmen konnten. In der Welt der Erfindungen werden sie zu einem Spiel ermutigt, in dem sie selbst die Regeln bestimmen, ihre eigene Mathematik erfinden, von der die Mathematiker das eine oder das andere lernen könnten.

Offenbar war die Lehrerin, in dem vorab genannten Beispiel, über die Wichtigkeit des wechselseitigen Gesetzes der Multiplikation, ein Resultat des wechselseitigen Gesetzes der Addition, nicht informiert. Durch die Anwendung einer rotierenden unveränderten Fläche, könnte dieser elegante Beweis der Wechselseitigkeit beim Multiplizieren als hervorragendes didaktisches Hilfsmittel eingesetzt werden.

Ein weiteres Beispiel:

Seitdem der französische Psychologe Alfred BINET vor einem Jahrhundert den Intelligenztest erfunden hat, ist der Glaube an die Möglichkeit, Intelligenz testen zu können, tatsächlich immer populärer geworden, und zwar erstaunlicherweise weitaus stärker in Großbritannien und den Vereinigten Staaten als in seinem Ursprungsland. Aus diesem Grund ist es verständlich, daß mit zunehmendem Raffinement der elektronischen Computer, die Frage, ob diese „Burschen" intelligent wären, und wie ihre Intelligenz festgestellt werden könnte, zuerst von einem Engländer gestellt wurde, unserem Freund Alan Turing, dem Erfinder der nicht-trivialen Maschine.

Der von ihm vorgeschlagene Test, ob Computer „denken" können, ist nun zum *Credo* derjenigen geworden, die an künstliche Intelligenz (KI) glauben. Der Test besteht aus einer Unbekannten (X), bei der es sich um eine hinter einem Vorhang verborgenen Menschen oder einem Computer handeln könnte. „X“ wird von Prüfern mit Fragen bombardiert, um herauszufinden, was sich hinter dem Vorhang befindet: ein Mensch oder eine Maschine? Falls die Prüfer irrtümlicherweise zu dem Resultat kommen, daß „X“ ein Mensch sei, oder wenn sie sich nicht entschließen können und aufgeben, dann soll der Computer den Turing-Test bestanden haben, d.h. dieser Computer ist intelligent, dieser Computer kann denken: KI ist gerechtfertigt (vgl. SEARL u.a. 1990).

Für mich ist es immer überraschend und amüsant, daß nicht allen offenkundig ist, daß nicht die Maschine den Test bestanden hat, sondern die Prüfer durchgefallen sind, weil sie entweder falsche Entscheidungen getroffen haben oder sich mit ihrer Niederlage zufrieden gaben. Dies erstaunt mich umsomehr, da das Problem „The Other Mind“, „Die Intelligenz des Anderen“, d.h. „Haben außer mir noch Andere Intelligenz?“ — mit wenigen kontinentalen Ausnahmen — der Insel vorbehalten bleibt (vgl. SHORTER 1967), und die Philosophen, die sich mit diesem Problem beschäftigen, den Turing-Test verwerfen, um diese Frage zu beantworten.

Wahrscheinlich haben Sie bereits erraten, daß ich hoffe, auch Sie würden „Die Intelligenz des Anderen“, und verwandte, als prinzipiell unentscheidbare Fragen betrachten, bei deren Beantwortung wir die Verantwortung für unsere Entscheidungen zu übernehmen haben.

Wenn Sie mir bis jetzt gefolgt sind, möchte ich Sie bitten, sich auch noch die weiteren Punkte anzuhören, die schmerzen, bevor sie Gestalt annehmen. Ich nehme das vorige Beispiel der unentscheidbaren Frage „Ist X intelligent?“, um zu zeigen, daß die Antworten zu den Fragen „Ist X inkompetent?“, „Ist X kriminell?“, „Ist X geisteskrank?“ usw. als Probleme der Verantwortung derjenigen zu betrachten sind, die über diese Fragen entscheiden: die Sachverständigen, die Geschworenen und die Richter, die Psychiater usw.

Vielleicht sieht man hier die ontologische Falle, bei der die Aufmerksamkeit bei der Frage „Ist X geisteskrank?“ auf das „Ist“ gelenkt wird, anstatt sie auf Y zu richten, der (allein für sich) entscheidet, was „Ist“.

Sowohl Ontologie als auch Objektivität werden von denjenigen als Notausgänge benutzt, die ihre Freiheit der Wahl verschleiern möchten, um sich dadurch der Verantwortung ihrer Entscheidungen zu entziehen. Ich möchte eine Beobachtung von ORTEGA Y GASSET zitieren:

„Kurz: der Mensch hat nicht Natur, sondern er hat ... Geschichte. (...) Der Mensch ist kein Ding, sondern ein Drama. (...) Aber der Mensch muß nicht nur sich selbst schaffen, sondern das Schwierigste, was er tun muß, ist entscheiden, was er will. (...) Ob Original oder Plagiator, der Mensch ist der Romandichter seiner selbst. Unter diesen Möglichkeiten (hat er) die Wahl. Infolgedessen (ist er frei). Aber wohlverstanden, (er ist) frei aus Zwang, ob (er) will oder nicht.“ (vgl. ORTEGA Y GASSET 1952)

In der Tat, wir sind verdammt, frei zu sein.

Literatur

Ashby, R. (1981): The Brain of Yesterday and Today. In: Conant, R. (Hrsg.): Mechanism of Intelligence. Seaside

Bateson, G. (1981): Metalog: Was ist ein Instinkt? In: Ökologie des Geistes. Frankfurt a.M.

Buber, M. (1961): Das Problem des Menschen. Heidelberg

Curriculum Commission of the State Board of Education, State of California (1989): Science Framework Field Review Draft. Science Subject Matter Committee, University of California

Foerster v., H. (1984): Objects: Tokens for (Eigen-)Behavior. In: Observing Systems. Seaside

Foerster v., H. (1989): Wahrnehmen wahrnehmen. In: Philosophien der neuen Technologien. Berlin

Gill, A. (1962): Introduction to the Theory of Finite State Machines. New York

Gödel, K. (1931): Über formal unentscheidbare Sätze der Principia Mathematica und verwandter Systeme I. In: Monatsh. Mat. Phys. 38, S. 173-193

Johnson, G. (1990): New Mind, No Clothes. In: The Sciences. New York, S. 45-48

Laplace, P. S. (1814): Essai philosophique sur les probabilités. Paris

Menger, K. (1936): Vorwort. In: Einführung in das mathematische Denken. Wien

Ortega y Gasset, J. (1952): Geschichte als System. Stuttgart

Sacks, O. (1988): Die Zwillinge. In: Der Mann, der seine Frau mit einem Hut verwechselte. Reinbek

Searl, J. R.; Churchland, P. M.; Churchland, P. S. (1990): Artificial Intelligence: A Debate. In: Scientific American, 262, S. 25-39

Shorter, J. M. (1967): Other Minds. In: The Encyclopaedia of Philosophy. New York, 6, S. 7-13

Turing, A. (1987): On Computable Numbers, with an Application to the Entscheidungsproblem, London. Dt. in: Intelligence Service. Berlin

Lernen, Leben, Überleben
Die Schule als 'Lernsystem' und das 'Lernen fürs Leben' aus der Perspektive systemisch-konstruktivistischer Lernkonzepte

Rolf Huschke-Rhein

Angeregt durch den alten Spruch: 'Wir lernen nicht für die Schule, sondern für das Leben' werden im folgenden Fragen an die Schule als Lernsystem gestellt, um am Ende neue Perspektiven für eine 'Schule der Zukunft' zu gewinnen. Nach einer (knappen) Systemanalyse der Schule als Lernsystem werden im Hauptteil wichtige Vertreter aus Systemtheorie und Konstruktivismus zu ihrem Verständnis von 'Lernen' befragt: MATURANA und VARELA, VON GLASERSFELD, BATESON und CIOMPI. Trotz des Systembegriffs der Schule ergeben sich starke Argumente für eine intensive Verbindung von 'Lernen und Leben', auch und gerade auf der Ebene des Lernens des einzelnen autopoietischen Systems. Besondere Beachtung schenke ich dabei dem integrierten Konzept von 'Lernen und Gefühl' sowie der ökologischen Dimension des Lernens, zwei Themen also, von denen oft zu Unrecht angenommen wird, daß sie nicht in den Kontext systemischen oder konstruktivistischen Denkens passen würden.

Drei Leitfragen

Der alte lateinische Spruch: Non scholae, sed vitae discimus (zu deutsch: wir lernen nicht für die Schule, sondern fürs Leben), der Generationen von Schülern in ihrem tristen Lernalltag trösten sollte, enthält eine Reihe von interessanten Fragestellungen, wenn wir ihn einmal unter systemischer Perspektive betrachten.

Zunächst scheint immer schon klar zu sein, was er positiv sagen wollte. Er war und ist ein Versprechen auf Zukunft — das ist angesichts des vieltönigen 'No future' der Postmoderne schon eine ganze Menge. Und er verspricht zugleich die Lösung des schwierigsten Systemproblems im Verhältnis von Schule und Leben: daß nämlich das Lernsystem 'Schule' und die Lebenswelt der Schüler systemische Verbindungen miteinander haben, nicht gänzlich verschiedene Systeme sind, daß vielmehr, um einen systemischen Terminus zu gebrauchen, das Lernsystem 'anschlußfähig' an die Lebenswelt bleibt.

Wir wollen im folgenden diese Anschlußfähigkeit des Lernsystems genauer betrachten. Denn mit ihr sind zugleich die anderen Kardinalprobleme gesetzt, vor allem dasjenige des Verhältnisses zwischen Lernsystem und Erziehungssystem, also zwischen Lernsystem und Sozialisationsprozeß, dann dasjenige des Verhältnisses zwischen Bildung und Erziehung, also zwischen Bildungssystem und Erziehungsprozeß, und schließlich das Problem des Verhältnisses zwischen Bildung und Beruf, also Bildungssystem und Berufsbildungssystemen.

Was kann das unter systemischer Fragestellung heißen: 'nicht für die Schule, sondern fürs Leben'? Für mich ergeben sich hierbei drei Schwerpunkte, die uns als Leitfragen im folgenden begleiten und leiten sollen.

'Nicht für die Schule, sondern fürs Leben', heißt:

1. fürs *eigene* Leben. Wir lernen auf der Schule nicht fürs Lernsystem, sondern für uns selbst, fürs eigene Leben. Es geht nicht um die Fremdbestimmung durch ein externes System, sondern um die Selbstbestimmung des Lernenden für sich selbst als System, mit einem üblichen systemischen Terminus können wir auch sagen: um die eigene *Autopoiesis* (s.u.) des Lernenden, d.h. um die Fortsetzung der eigenen Autopoiesis. Das Lernen in der Schule, so verspricht der Spruch, ist zugleich ein Beitrag zur Selbstorganisation des eigenen Lebens und nicht ein Beitrag zur Fremdbestimmung durch ein externes System.

'Nicht für die Schule, sondern fürs Leben', heißt:

2. fürs *spätere* Leben. Das Lernen geschieht zwar jetzt, erfüllt seinen Sinn jedoch erst später. Das setzt aber eine Gesellschaft voraus, in der solche Anschlüsse des Lernens gewährleistet sind, sonst wird der Spruch und sein Versprechen unglaubwürdig. Es muß für die Schüler Sinn machen, heute etwas zu lernen, das morgen auch noch Bedeutung hat, sei es für den späteren Beruf, sei es für ihr persönliches Leben. Wenn eine Gesellschaft solche zeitlichen Anschlüsse von der Gegenwart in die Zukunft bereithält, macht der Spruch Sinn. Wenn das jetzt Gelernte den Schülern später nichts mehr nützen würde, müßten sich die SchülerInnen fragen, ob das Lernsystem und dessen Anforderungen für sie Sinn macht. In der Postmoderne sind solche kontinuierbaren Inhalte prekär geworden. Reagieren die SchülerInnen darauf mit Lernverweigerung? Welches wären die Antworten, die die Schule in dieser schwierigen Situation hätte? Was kann das Lernsystem ihnen mitgeben, um ihnen Anschlüsse an eine nicht kontinuierbare Zukunft zu ermöglichen? Kann das Lernsystem überhaupt dafür aufkommen, die hier nötigen Anschlüsse ans Erziehungssystem zu leisten? Oder ist Erziehung, wie LUHMANN einmal gemeint hat, in dieser Situation per se „unmöglich"? (vgl. HUSCHKE-RHEIN 1994a) Kann denn die Schule, nachdem sie sich in der Moderne als Lernsystem ausdifferenziert hat, um gerade durch ihre Spezialisierung eine höhere Effektivität zu erreichen, was notwendig mit einer gewissen Trennung vom Erziehungssystem einhergegangen ist, kann also

die Schule jetzt plötzlich die Erziehungsfunktion wieder übernehmen, weil niemand für sie *als System* spezialisiert wurde, vor allem die Eltern nicht?

'Nicht für die Schule, sondern fürs Leben', heißt schließlich:

3. für das *Leben* überhaupt, und das Wort 'Leben' möchte ich hierbei so hören, wie es die Lateiner und die Humanisten sicher noch nicht gehört haben, nämlich in seiner ökologischen und evolutionären Bedeutung. Der Spruch erreicht hierbei eine Dimension, die er sich bei seiner Entstehung wohl nicht träumen ließ, die aber gerade unter systemischer Fragestellung unausweichlich ist. Ich kleide diese Dimension in eine These, die lautet: Jeder Lernprozeß hat auch eine Bedeutung für die Kontexte, in denen er geschieht. Ich definiere hier: Lernen ist (auch) eine Beziehung eines Lebewesens auf seine Umwelt, eine „Systemrelation" (HUSCHKE-RHEIN 1992, 9). Lernen ist nie folgenlos für seinen Kontext. Im Grunde ist dies schon eine Binsenweisheit, auch wenn wir das meistens nicht so sehen: Unser naturwissenschaftlich-technisches Wissen, das auf Schulen und Hochschulen gelernt wird, hat unsere Welt verändert und verändert sie noch weiter. Lernen hat damit auch einen 'evolutionären' oder, wie Erich JANTSCH (1982, 34ff.) gesagt hat, „ko-evolutionären" Aspekt, wir können auch sagen, daß die Evolution selber auf 'Lernprozessen' beruht (vgl. RIEDL 1986).

Unser Spruch macht uns, so möchte ich bis hierhin zusammenfassen, also auf drei Punkte aufmerksam, die für das Lernen und die Erziehung heute unter systemischer Perspektive wichtig sind; dies sind:

1. der *autopoietische (hier: individuelle)* Aspekt des Lernens und der Erziehung, den ich systemisch mit Selbstorganisation bzw. Autopoiesis des Lernenden bzw. des Educandus beschreibe;

2. der *kontextuelle* Aspekt des Lernens und der Erziehung, der die gesellschaftlichen und die sozialen Kontexte von Erziehung und Lernen einschließt; und

3. der *ko-evolutionäre*, ökologische Aspekt von Lernen und Erziehung, ohne den eine heutige Reflexion über die Erziehung nicht mehr auskommen kann.

Die Schule als Lernsystem

Der folgende Abschnitt gibt eine Annäherung an den Begriff des ausdifferenzierten Lernsystems, das die Schule nach dem Konzept der Systemtheorie ist (ausführlicher dazu HUSCHKE-RHEIN 1994a). Ich muß mit Rücksicht auf den hier zur Verfügung stehenden Umfang die folgenden Ausführungen sehr knapp halten und verweise deshalb auf ausführlichere Texte, die ich andersorts hierzu verfaßt habe (vgl. HUSCHKE-RHEIN 1992, 9-20, 62-90 und 1994, 35-54).

Die Schule ist eine Erfindung der Moderne. Das Ziel dieser Erfindung bestand darin, die Bildung nicht der Unzuverlässigkeit und der Zufälligkeit einzelner Familien oder ihrer Individuen zu überlassen, nicht der unkontrollierbaren Lebenswelt, die ja oft genug subjektiv aussichtslos und leidvoll war, nicht der Beliebigkeit von personalen Interaktionen, sondern der organisierten Verläßlichkeit und kontrollierten Planbarkeit der Bildung in der Verantwortung von Staat, Obrigkeit oder Kirche.

In einer *Typologie der Systeme* können wir unterscheiden zwischen linearen, stabilen Systemen (Typus 1), periodisch schwankenden Systemen (Typus 2) und chaotischen, non-linearen Systemen (Typus 3), denen jeweils charakteristisch unterschiedene Bildungs- und Erziehungsprozesse zugeordnet werden können (ausf. in HUSCHKE-RHEIN 1993, Kap. 6). Wenn wir diese Systemtypologie nun auf das System Schule anwenden, kommen wir zu folgender Zuordnung. Traditionell ist die Schule ein System, das dem Systemtypus 1 zuzuordnen ist. Das bedeutet, daß bei ihr die Organisation des erwartbaren, voraussehbaren Verhaltens überwiegt. Ja, es ist geradezu die Grundbedingung schulischer Systeme, daß ihre Organisation nicht nur selber planbar und kontrollierbar ist, sondern daß sie auch bei ihren Systemelementen, den SchülerInnen, zu eben solcher Organisation führt: zu verläßlichem, erwartbarem, voraussagbarem Verhalten. Dazu müssen eben auch die Bildungsinhalte einen hohen Grad von Gemeinsamkeit, ja von Allgemeinheit in diesem Sinne besitzen. Darum ist dann die Religion (als Konfession an einen Glauben) besser Privatsache, und so gesehen gehört sie überhaupt nicht in die Schule, denn sie ist nicht als System vom Typus 1 steuerbar.

Schule ist ein konservatives System in einem ganz neutralen Sinne: Es geht ihr primär — wie übrigens allen Systemen — um die, wie LUHMANN so schön formuliert hat, „Fortsetzung der Autopoiesis" (1986, 38), also um die Fortsetzung ihrer eigenen Existenz. Sie ist darum, ganz zu Recht, in gewissem Sinne gegenüber ihrer Umwelt abgeschlossen, gleichsam schwerhörig, sie läßt sich nicht gern durch sie 'perturbieren', wie MATURANA sagen würde, also nicht 'verwirren', wenn es nicht unbedingt sein muß. Systemtheoretisch haben wir hier auf der LUHMANNschen Betrachtungsebene den gleichen Fall wie bei den anderen Systemen: Systeme sind zuallererst in sich selbst verliebt, sie sind gleichsam von Geburt an narzißtisch oder gar autistisch. Sonst könnten sie nicht die Leistung erbringen, die ihre Organisatoren von ihnen erwarten: Stabilität und nochmals Stabilität, oder systemtheoretisch formuliert: die *Fortsetzung ihrer eigenen Autopoiesis*. Darum müssen wir zunächst sagen: *Schüler lernen für das System*. Sie helfen den Systemen zu überleben. Aus der Systemperspektive LUHMANNs (vgl. auch LUHMANN 1987) jedenfalls ist klar: Lernen prozessiert nur die Fortsetzung des Systems, was mit den Personen ist, die bei ihm ja nur vorkommen, wenn sie kommunizieren, wird nicht gesagt und ist dem System auch gleichgültig (vgl. HUSCHKE-RHEIN 1994, 138ff.)

Lernen nun die Schüler tatsächlich nur fürs 'System Schule'? Gibt es Gegenargumente, womöglich systemische, die diese Sicht relativieren können? Ich möchte hierzu zwei Argumente vortragen.

Das *erste* geht davon aus, daß die Akteure des Systems dieses unterschiedlich beobachten. Da ein System immer auch die (Re-)Konstruktion der jeweiligen Beobachter darstellt, gibt es nicht so etwas wie *das* System, auch nicht das System Schule.

Ich möchte darum nicht einfach, wie LUHMANN, sagen: das System beobachtet sich selbst. Dabei käme eigentlich nur immer dasselbe heraus, es gäbe keine unterschiedlichen Perspektiven aufs System. Und das wäre schon in der Schule wichtig. Es geht zunächst gar nicht um den Streit der Wissenschaftler um die 'objektiv richtige' Perspektive. Vielmehr geht es um die Tatsache, daß Schüler und Schülerinnen das Lernsystem anders beobachten können als die Lehrer und die Lehrerinnen. Das hat Konsequenzen für beide Seiten, und es ist wichtig für das Selbstverständnis der Akteure.

Ich sage also zunächst: Die PädagogInnen beobachten das System anders. Ihr Beobachtungsinteresse braucht nicht primär auf die Fortsetzung der Autopoiesis als solcher gerichtet zu sein, nicht primär auf die Stabilität einer bestehenden „strukturellen Koppelung" (MATURANA/VARELA 1987) zwischen System und Kontext (zwischen Schule und Gesellschaft), sondern kann sich auch auf Verhalten, Lernen, Leisten, Leben, Kommunizieren und Interagieren der Elemente des Systems richten, also der Kinder, der SchülerInnen und der Jugendlichen. Eine solche Beobachterperspektive ist für LehrerInnen deshalb interessant, weil sie wissen, daß sie selbst wiederum von den SchülerInnen beobachtet werden, und zwar aus deren Blickwinkel. PädagogInnen werden damit zu Beobachtern einer Differenz, nämlich der Differenz zwischen ihrer eigenen Perspektive und der Perspektive der Schüler und wieder der Differenz zwischen ihrer Reaktion auf die Schülerperspektive und der Schülerreaktion auf die Lehrerperspektive. Das läßt sich dann weiter fortsetzen, ein klassischer hermeneutischer Dialog ständiger Rekursionen entsteht (vgl. ANDERSEN 1991).

Ich möchte hierzu noch ein *zweites* Argument vortragen. Es erscheint mir wichtig zu sehen, daß die Schule in der Moderne auch ein Moment enthält, das keineswegs bloß die Richtung auf Stabilität konserviert, sondern ganz im Gegenteil eine Art autopoietischen Explosivstoff im System darstellt. Mit der Erfindung der Moderne ist untrennbar ein Ideal verbunden, das gar nicht notwendig die Stabilität der Traditionen und der vorhandenen Systeme fördert, sondern kritisch hierzu steht. Ich meine den Auftrag der Schule, jedem Individuum unabhängig von seiner Herkunft, unabhängig von Stand oder sozialer Schicht das Angebot einer Bildung zu machen, die ihm zu Autonomie, Selbstbestimmung und Mündigkeit verhilft. Autonomie ist aber immer nur um den Preis der Kritik von Traditionen zu haben. Es wäre ein Widersinn, jemanden zur Selbstbestimmung zu erziehen und ihm den Gebrauch der eigenen Vernunft zu empfehlen, um ihm gleichzeitig die Fremdbestimmung durch die traditionellen Systeme zu verordnen, ihn also wieder der Logik der traditionellen Institutionen zu überantworten.

Damit wird die Welt, wie BRUNER einmal sagte, von einer kollektiven zu einer individualistischen Welt. Die ehemals kollektive Welt der gemeinsamen Traditionen wird zum Material der jeweils individuellen Neubewertungen, sie wird, wie wir im vorangehenden Abschnitt sahen, dadurch ständig komplexer. Das ist der Ausgangspunkt für den Konstruktivismus: Das einzelne Individuum ist verantwortlich für seine eigene Konstruktion der Welt, die ihm keine Tradition mehr verbindlich vorschreiben kann, auch nicht die Schule. Diese kann höchstens Angebote formulieren und diese mit Hilfe ihrer Sanktionen, etwa durch Notengebung und Zertifikate, durchsetzen. Dennoch ist der innere Widerspruch nicht mehr aufhebbar.

Aktuelle Schulprobleme wie 'Lernverweigerung' oder 'Schulunlust' können in dieser Sichtweise dann auch bedeuten, daß die Schule als verwaltetes System eine andere Selbstbeobachtung von sich selber hat (etwa von Seiten der Schulverwaltung), verbunden mit einer anderen Konstruktion des Verhältnisse von Schule und Leben als die LehrerInnen oder die SchülerInnen. Das macht dann neue Anläufe zur strukturellen Koppelung zwischen Schule und Leben nötig oder neue Definitionen der Rahmungen der Lerninhalte. An dieser Stelle befinden wir uns m.E. in der gegenwärtigen Situation der Schule. Darum wollen wir im folgenden untersuchen, welches Verhältnis zwischen Lernen und Leben nach den Lernkonzepten des Konstruktivismus und der Systemtheorie besteht.

Konzepte des Lernens im Konstruktivismus und in der Systemtheorie

Im folgenden werden Ansätze oder Theorien des Lernens gemäß den Positionen wichtiger Vertreter des Systemansatzes und des Konstruktivismus ausgearbeitet. Erstaunlicherweise gibt es hierzu nur wenige Vorarbeiten. Im allgemeinen sind die Annahmen zum Lernen bei den Systemtheoretikern und Konstruktivisten eher versteckt vorhanden, also nur implizit und nicht elaboriert. Eine Ausnahme bildet nur BATESON, der einen thematischen Entwurf zum Lernen vorgelegt hat. Ich bin jedoch überzeugt, daß sich aus dem bearbeiteten Material lohnende Folgerungen für eine 'Schule der Zukunft' ziehen lassen.

1. Lernen bei Maturana und Varela

Nach MATURANA und VARELA ist Lernen die Organisation einer „strukturellen Koppelung“ des Menschen mit seiner Umwelt. Diese Formulierung vermeidet einen engen Begriff des Lernens, als sei Lernen bloß etwas, was im Kopf geschieht, und sonst nichts, oder eine Informationsübertragung von einem Kopf in den anderen. Nehme ich die ‘Umwelt’ eines lernenden Lebewesens mit in die Bestimmung des Begriffs hinein, so erhält der Lernbegriff eine neue eigene Dynamik, die es ‘in sich hat’, wie wir sehen werden. Indem er Bezug erhält auf die Kontextsysteme, wird er in eben diesem Sinne ‘systemisch’ oder, wie ich auch sagen könnte, ‘ökologisch’. Ich folge damit einer Richtung der Systemtheorie und des Konstruktivismus, die von Systemforschern unterschiedlicher fachlicher Herkunft eingeschlagen worden ist.

MATURANA und VARELA (1987, 186ff.) haben aus der Sicht der Systemtheorie eine einfache Bestimmung des menschlichen Lernens gegeben, die vom Ziel des menschlichen Lernens ausgeht: Lernen dient der „strukturellen Koppelung des Organismus mit seinem Interaktionsmilieu“, oder in anderer Formulierung: „adäquates Lernen“ sorgt dafür, daß eine „Verträglichkeit zwischen der Arbeitsweise des Organismus und des Milieus“ hergestellt und „aufrechterhalten“ wird.

Diese „strukturelle Koppelung“ eines Menschen mit seiner Umwelt ist aber kein statisches Verhältnis, sondern ist das immer vorläufige „Resultat“ wechselseitiger „*Interaktionen*“ zwischen beiden, die „gegenseitig als Auslöser für Strukturveränderungen wirken“, und zwar genauer dadurch, daß die „Neuronen“, vor allem die des Großhirns, ständig neue Antworten geben müssen, daß es eine „andauernde mikroskopische Transformation des neuronalen Netzwerkes während der Interaktionen des Organismus“ gibt, die dem Ziel dienen und dienen müssen, einem Organismus das „weitere Operieren (zu) ermöglichen“. Inhaltlich berührt sich diese Aussage mit der systemtheoretischen Aussage Luhmanns, daß es einem System zuerst um die „Fortsetzung seiner Autopoiesis“ geht, also seiner Selbstorganisation. Danach können wir eine erste Folgerung in einer These festhalten: Lernen dient der Fortsetzung der Selbstorganisation, d.h. der Fortsetzung der Autopoiesis eines Systems, es ermöglicht das „weitere Operieren“ des Systems.

Die folgende Überlegung kann diese These noch plausibler machen. Wenn die „strukturelle Koppelung“ eines Menschen mit seiner Umwelt aber kein statisches Verhältnis ist, sondern das vorläufige „Resultat“ von „*Interaktionen*“ mit den Kontexten, so scheint dies zunächst etwas biologisch zu klingen. Wir werden aber sehen, daß gerade damit das Spezifikum menschlichen Lernens recht angemessen beschrieben wird. Denn wenn wir uns vorstellen, daß bei einem einfachen Lebewesen, etwa einem Einzeller, eine strukturelle Koppelung dieses Organismus mit seinem Milieu nur sehr einfache Interaktionen erlaubt, die keineswegs mit „andauernden Transformationen des neuronalen Netzwerks" einhergehen, also systemtheoretisch formuliert: von niedriger Komplexität sind, und wenn wir dem dann die andauernde Notwendigkeit menschlicher Interaktionen mit ihrem Milieu — sowohl dem natürlichen Milieu als auch dem sozialen Mileu — gegenüberstellen, die sämtlich hochkomplex sind, dann wird deutlich, daß dieses ein andauerndes neuronales Tätigsein, ein neuronales „Operieren", wie MATURANA sagt, erfordert, das wiederum die andauernde Organisation von Lernprozessen erfordert.

Wesentlich für das Verständnis der Lerntheorie des Konstruktivismus ist die konstruktivistische Erkenntnistheorie mit ihrem „Kernaphorismus", wie MATURANA/VARELA (1987, 31f.) selber sagen: *„Jedes Tun ist Erkennen, und jedes Erkennen ist Tun"*. Ich übersetze darum den Kernsatz von MATURANA und VARELA: „Jeder Akt des Erkennens bringt eine Welt hervor" in die These: *'Jeder Akt des Lernens bringt eine Welt hervor'*. Denn jedes Lernen ist ein Erkennen, und jedes Lernen ist auch ein Tun. Darum kann die konstruktivistische Kernthese besonders gut im thematischen Kontext des Lernens expliziert werden. Auch wenn MATURANA und VARELA von der „Zirkularität" zwischen Wissen, Erfahrung und Handlung sprechen, so können wir dies nun übersetzen in die Unter-These, in die Hypo-these: *'Es gibt eine Zirkularität zwischen Lernen, Erfahren und Handeln'*.

Nach der konstruktivistischen Erkenntnistheorie hat alles Wissen und Erkennen schon einen 'operativen', also handlungsbezogenen Sinn. Es gibt kein Wissen, das folgenlos oder handlungsneutral wäre, auch wenn wir das vielleicht manchmal so finden oder uns wünschen. Jedes Erkennen ist eine „Operation" (wörtlich: Tätigkeit), eine Handlung des Systems, die konkrete Voraussetzungen und Folgen hat, oder, systemtheoretisch formuliert, die kontextuell operiert, die also, wie BATESON sagt, durch ihre „Rahmung" oder, wie WATZLAWICK sagt, durch ihre „Interpunktion des Kontextes" ihrerseits bestimmt wird. Diese These widerspricht der üblichen Trennung von Wissen und Handeln, der häufigen Vermutung, als hätte das Gewußte oder Gelernte keinen Einfluß auf unser Handeln und unser Leben. Wenn die Kinder ihre Hefte in der Schultasche nach Hause tragen, so verstärkt sich bei uns vielleicht der Eindruck, daß der Inhalt des Schulranzens wenig Bedeutung für das hat, was sie außerhalb der Schule zu Hause oder auf der Straße machen.

Ich meine aber, daß es eine nützliche Perspektive auf das schulische Lernen wäre, wenn wir es einmal unter der Fragestellung MATURANAS und VARELAS betrachten und fragen, welche Handlungen oder Tätigkeiten eigentlich aus den schulischen Lerninhalten folgen oder mit ihnen 'operational' verbunden sind: Was folgt aus dem mathematischen Lernen und Wissen? Was folgt aus dem physikalischen Lernen und Wissen? Was aus dem sprachlichen Lernen und Wissen? Was aus dem geschichtlichen

Lernen und Wissen? usw. — Dabei wäre es allerdings ebenso von Interesse festzustellen, welche Handlungen nicht folgen.

Ich möchte die Schule verstehen als einen Kontext oder als einen Rahmen, durch den bestimmte Lerninhalte interpunktiert werden und eine operationale Bedeutung erhalten. Wenn SchülerInnen im Mathematikunterricht Formeln lernen, die zwar im Rahmen der Schule eine Bedeutung haben, die aber im späteren Leben anders oder gar nicht mehr gerahmt werden, dann ist das Lernen folgenlos geblieben. Umgekehrt kann es sein, daß sie vielleicht im Englischunterricht sprachliche Ausdrücke gelernt haben, die ihnen später bei einer beruflichen Ausbildung oder im Alltag sehr nützlich sein werden. Über die Bedeutung von Inhalten bestimmt also auch beim Lernen der Kontext und seine Rahmungen, und es ergibt sich schon hier für die Schule die Aufgabe, über die spätere Rahmung von Lerninhalten möglichst im voraus nachzudenken, damit sie kontinuierbar werden und die Autopoiesis der Lernenden fortgesetzt werden kann. Diese Fragestellung werde ich nachher bei BATESON wieder aufnehmen.

Unser Wissen führt wieder zu weiteren Erfahrungen und Handlungen, es werden weitere Rahmungen gebildet: sowohl für das Wissen als auch für das Handeln. MATURANA und VARELA (1987, 56) sagen: „Das Sein und das Tun einer autopoietischen Einheit sind untrennbar." Beispielsweise enthält das Sein einer Biene ein Wissen darüber, wie ihr Tätigkeitsbereich, ihr Operationsbereich in der Umwelt organisiert ist: wie sie zu den Blüten kommt, was sie dort zu tun hat, wie sie in ihren Stock zurückkommt und wie sie sich dort zu ihren Artgenossinnen zu verhalten hat. Sie braucht das eben nicht zu lernen (jedenfalls nicht im anthropologischen Sinne). Für die Bienen gilt wie für die Menschen die Beschreibung von MATURANA und VARELA, daß alle autopoietischen Lebewesen mit ihrem Milieu „strukturell gekoppelt" sind. Diese Lebewesen sind aber nicht, wie MATURANA und VARELA (1987) gegen einen vulgären Darwinismus einwenden, von ihrer Umwelt „determiniert", sondern bestimmen auf Grund ihrer Organisation als autopoietische Lebenwesen die „Interaktionen" mit ihrem Milieu als „autonome Systeme" (55ff.), sie sind ihrer Umwelt gegenüber „operational unabhängig" (106), sie müssen dabei nur für „Verträglichkeit" sorgen, für die „Erhaltung" (187f.) der strukturellen Koppelung mit ihrer Umwelt, sie müssen darum „destruktive Interaktionen" (113) vermeiden, denn sonst gilt: „die Einheit löst sich auf" (106, 187). Da nun genau diese strukturelle Koppelung mit der Umwelt bei den Menschen nicht einfach fertig vorliegt — sagen wir mit einer gewissen Vergröberung: genetisch programmiert ist wie bei der Biene, sondern andauernd neu organisiert werden muß, sprechen unsere Autoren hier von der Notwendigkeit „adäquaten Lernens" (186). Man kann auch systemtheoretisch formulieren: Der hohe Grad von Autonomie des Menschen gegenüber seiner Umwelt führt zu hochkomplexen Umweltbeziehungen, und diese hohe Komplexität muß handhabbar, 'operationabel' gehalten werden, wenn sie verträglich für das Leben und das Überleben bleiben soll; und hierfür sind spezifische Lernprozesse erforderlich.

Ich formuliere das Ergebnis dieser Überlegungen in einer zweiten Hypo-These: *'Das Lernen organisiert nicht nur das Leben, sondern auch das Überleben der Gattung'.*

Abschließend wollen wir uns in diesem Abschnitt noch dem Instruktionsverdikt von MATURANA und VARELA zuwenden, das dem Lernkonzept der Autoren erst seine spezifische Konturierung verleiht. Es wird gelegentlich gar als ein Stück aus der Antipädagogik verstanden. Was bedeutet es? Der Ausgangspunkt für das Verständnis liegt in der prinzipiellen „autonomen" Verfassung eines autopoietischen Systems. Schon auf der Ebene der Zellorganisation erkennen die Autoren diese Autonomie. Ein Zellverband zum Beispiel werde nicht durch äußere Einflüsse dazu gezwungen, dieses oder jenes Element aus der Umwelt zu seiner Erhaltung aufzunehmen, sondern umgekehrt: die eigene Organisation (bzw. Struktur) entscheidet darüber, welche Einflüsse (Elemente; Stoffe) aus der Umwelt aufgenommen werden und welche nicht (welche schädlich oder tödlich sind). Das eben besagt der Begriff der 'Autonomie' eines autopoietischen Systems. MATURANA und VARELA (1987) halten nun genau diese Organisation der autopoietischen Systeme für „allgemein", sie sei ein „ganz alltägliches Phänomen" auch in der Menschenwelt, das „bei allen Interaktionen" auftritt (106). Es handelt sich hierbei gleichsam um die elementare Logik des Verhältnisses von autopoietischem System und Umwelt. Zwar seien autopoietisches System und Umwelt (Milieu) — aus der Perspektive eines Beobachters gesehen — „operational unabhängig" (106, 113, 128) und gleichwertig — jedes ist für das andere 'Umwelt'; dennoch gibt es — aus der Perspektive des jeweiligen Systems gesehen — faktisch einen Vorrang für die Autopoiesis als Tätigkeit des Systems gegenüber seiner Umwelt (entgegen der, wie MATURANA und VARELA es nennen, „populären" Evolutionstheorie, nach der das jeweilige Lebewesen durch die Umwelt weitgehend „determiniert" werde):

„Bei den Interaktionen zwischen dem Lebewesen und der Umgebung innerhalb dieser strukturellen Kongruenz determinieren die Perturbationen (d.h. Einflüsse, der Verf.) der Umgebung nicht, was dem Lebewesen geschieht; es ist vielmehr die Struktur des Lebewesens, die determiniert, zu welchem Wandel es infolge der Perturbation in ihm kommt. Eine solche Interaktion schreibt deshalb ihre Effekte nicht vor. Sie determiniert sie nicht und ist daher *nicht 'instruierend'*, weshalb wir davon sprechen, daß eine Wirkung 'ausgelöst' wird." (106)

Zunächst erscheint aus der Perspektive gewöhnlicher Didaktik und Pädagogik schwer nachvollziebar, daß es keine „Instruktionen" geben dürfe. Aber hier sollten die Ebenen der Beobachtung genau unterschieden werden: Natürlich 'darf' ein Lehrer oder eine Erzieherin 'Instruktionen' geben — ein Beobachter dieser Interaktion stellt die Tatsache der Instruktion fest. Aber:

wie das lernende autopoietische System damit umgeht, auf welche Weise es sie anschließt (oder nicht anschließt), das beobachtet das lernende autopoietische System anders, nämlich aus seiner eigenen Perspektive, die keinem Beobachter *direkt* zugänglich ist, dieser ist auf Hypothesen, Vermutungen usw. über den Lernerfolg angewiesen und läßt darum z.B. Klassenarbeiten schreiben.

MATURANA/VARELA lehnen darum auch den Begriff der 'Information' ab, weil er von der Logik autopoietischer Systeme her nicht anwendbar sei. Auf Grund der operationalen Geschlossenheit können das Nervensystem oder das Gehirn nicht so verstanden werden, als erhielten sie einfach eine 'Information' aus der Umwelt, die sie auf direktem Wege erreicht. Vielmehr wird jeder 'Input' (auch diesen Begriff lehnen die Autoren ab) vom System aus selektiv und autonom 'umgedeutet', 'verrechnet', quasi digital transformiert und auf seine Anschlußfähigkeit geprüft.

Hierfür gibt es ein weiteres gewichtiges Argument, das dem Forschungsbereich der Neurologen MATURANA und VARELA (1987) entstammt. Sie weisen darauf hin, daß Nervensystem und Gehirn sowohl „zirkulär" als auch „operational geschlossen" arbeiten, wobei jeder neuronale „Aktivitätszustand zu einem anderen Aktivitätszustand in derselben Einheit führt" (180, 182). Durch die Erfindung des Nervensystems gelingt es dem Organismus, Verbindungen zwischen verschiedenen anderen Zellgruppen (Organen) herzustellen, die sonst nur über den Kreislauf der Körpersäfte verbunden wären; sie werden auf diese Weise auf einem höheren, nämlich neuronalen Niveau als eigenes System organisiert, das sich selbst in jedem Augenblick zugänglich ist; dies ist die Form bzw. Vorform eines 'Selbst' und damit der 'Selbstbezüglichkeit' oder 'Selbstreferenz' des Systems. Nervensystem und Gehirn funktionieren, aber nicht „im Sinne einer Telefondraht-Verbindung" (177) zur Außenwelt, und MATURANA und VARELA verweisen darauf, daß auch die Netzhaut ja nicht etwa ein 'Bild' der Außenwelt ans Gehirn weitergibt (177f.): Das Bild müsse vielmehr als eine selbstproduzierte 'Eigenleistung' des Organs verstanden werden, nicht als 'Abbild' einer vorhandenen Realität, sondern als eine *Konstruktion* von Realität.

Derselbe Sachverhalt begegnet uns beim Vorgang des *Lernens*. Zu Unrecht, so meinen die Autoren, neigen die Leute dazu, „Lernen und Gedächtnis als Phänomene zu betrachten, die Verhaltensänderungen infolge eines 'Aufnehmens' oder 'Empfangens' von etwas aus dem Milieu darstellen". Das aber würde bedeuten, „daß das Nervensystem mit Repräsentationen arbeitet", daß gleichsam 'Abbilder' aus der Außenwelt ins Nervensystem gelangen können, was die Autoren ja ebenso wie die Begriffe 'Input', 'Instruktion' oder 'Information' ablehnen. Vielmehr sei eben das *Lernen „Ausdruck einer Strukturkoppelung" zur Aufrechterhaltung der „Verträglichkeit zwischen der Arbeitsweise des Organismus und des Milieus."* (188)

Wenn wir nun *resümieren*, warum Lernen, obwohl wir es als PädagogInnen ja oft mehr hoffen als glauben, eine Lebensbedeutung hat, so lassen sich von MATURANA her zumindest diese drei Argumente gewinnen:

1. Jedes Lernen bringt eine Welt hervor.
2. Jedes Lernen bedeutet (darum) eine Beziehung
   — zur sozialen Umwelt des Lernenden und
   — zur natürlichen Umwelt des Lernenden.
3. Das Lernen hat (darum)
   — eine Bedeutung für das Leben des Lernenden und
   — eine Bedeutung für das Überleben der Gattung.

Systemlogisch gesehen macht es keinen Unterschied, ob unter 'Umwelt' die natürliche oder die soziale Umwelt eines autopoietischen Systems verstanden wird. Beide Umwelten haben, aus der Sicht des autopoietischen Systems gesehen, jeweils den Charakter von autopoietischen Systemen, mit denen das System strukturelle Koppelungen eingehen muß, solange es die Fortsetzung seiner Autopoiesis aufrecht erhalten möchte. Diese Koppelungen mögen qualitativ recht unterschiedlich sein, und zwar um so unterschiedlicher, je höher die Autonomie des Systems entwickelt ist. Findet keine Koppelung des Systems mit seinem Milieu mehr statt — auf keiner Ebene mehr —, so sprechen wir von der „Auflösung", „Desintegration" des Systems, also von seinem 'Tod' (wie MATURANA und VARELA es in verschiedenen Formulierungen ausdrücken, vgl. 84, 113, 187).

2. Lernen bei von Glasersfeld

Der Konstruktivist VON GLASERSFELD (1987) unterscheidet zwei Arten des Lernens: Er unterscheidet das „Auswendiglernen", das auf „Wiederholung", auf „Iterierung" eines „festgelegten Weges" gerichtet ist, von einem Lernen als „Konstruktion eines solchen Weges". „Im ersten Fall gibt es einen Weg, der eine Anzahl von Elementen verbindet, und erlernt werden muß lediglich die Fertigkeit, sich entlang dieses Weges zu bewegen; im zweiten Falle gibt es einzelne Wegstücke sowie ein Ziel, und erlernt werden muß die Fähigkeit, Stücke so auszuwählen und aneinanderzufügen, daß ein Weg zum Ziel herauskommt. Diese zweite Art des *Lernens ist daher eine echte konstruktivistische Tätigkeit.*" (131f., Hervorhebung d. Verf.)

Bei VON GLASERSFELD, der sich für seine Ausgangspunkte auf die genetische Epistemologie Piagets beruft, steht das konstruktive Lernen, das Lernen als konstruktive Tätigkeit, im Dienste und im Kontext größerer evolutionärer Systemprozesse. Die Systembeziehung des Lernens mit den Lernkontexten, besonders aber den ökologischen Kontexten wird bei ihm zur eigentlichen Pointe seines Ansatzes. Dies folgt aber — und das macht den Rang seiner Konzeption aus — nicht einfach aus den ökologischen

Argumenten selber, sondern aus seinen erkenntnistheoretischen Prämissen, die er über PIAGET hinaus entwickelt hat.

Die konstruktivistische Erkenntnistheorie geht, wie wir sahen, davon aus, daß wir 'die Wirklichkeit' nicht einfach 'abbilden' können, sondern daß wir sie 'konstruieren' müssen. Das ist auch der Ausgangspunkt bei VON GLASERSFELD. Unser „Wissen" von der Wirklichkeit ist „als systemspezifische interne Konstruktion" zu verstehen. Und das „Kriterium für die Beurteilung des Wissens" kann darum nicht einfach die Genauigkeit der Abbildung sein — „nicht seine ikonische Übereinstimmung oder seine Isomorphie mit dieser Realität" —, sondern nur, daß es „in die einschränkenden Bedingungen unserer Erfahrungswirklichkeiten paßt" (213), daß es, wie VON GLASERSFELD meist sagt: „viabel", also 'gangbar' ist. Erkenntnis und Wissen werden danach „nicht mehr als Suche nach ikonischer Übereinstimmung mit der ontologischen Wirklichkeit, sondern als Suche nach passenden Verhaltensweisen und Denkarten verstanden." (212)

Dieses suchende, heuristische Moment ist mir wichtig. Es ist sowohl für das konstruktive Lernen als auch für die Methodik des Systemansatzes überhaupt wichtig, denn es fordert die aktive Mitarbeit des Subjekts als Konstrukteur der Wirklichkeit. „Wissen wird vom lebenden Organismus aufgebaut", denn „kognitive Konstrukte sind... das Resultat der aktiven Erfahrungsinterpretation" (121f.). Der lernende Organismus darf darum nicht „als passiver Empfänger angesehen" werden, „dessen Wahrnehmungen und kognitive Strukturen ihm kausal von der Außenwelt aufgezwungen werden, sondern... als ein schöpferisch tätiges Subjekt." (134)

Das Charakteristische ist bei VON GLASERSFELD, daß er eine Erkenntnistheorie mit einer Evolutionstheorie des Wissens und Verhaltens verbindet, ich kann auch sagen: mit einer Überlebenstheorie. Denn keineswegs konstruieren Menschen ständig ihr handlungsleitendes Wissen, weil sie alle mit philosophischen Neigungen ausgestattet wären, vielmehr umgekehrt: Sie philosophieren, weil sie ihre Wirklichkeit konstruieren müssen und nicht, wie die honigsammelnde Biene, je schon kennen. Sie müssen, um im Bild zu bleiben, ihren Honig gleichsam selber machen. 'Konstruktivismus' bedeutet darum nicht die Annahme, daß es keine Wirklichkeit außerhalb des Kopfes gibt, wie gelegentlich halbernst gegen ihn eingewendet wird. 'Konstruktivismus' schließt jedoch die Annahme ein, daß wir — um es in unserem Zusammenhang einmal anders zu sagen — schlicht anthropologisch gezwungen sind, mit der Wirklichkeit außerhalb unseres Kopfes konstruktiv lernend umzugehen, weil wir sonst nicht „überlebensfähig" wären. (136)

Pädagogik, v.a. Schulpädagogik und Didaktik, wären also, wenn wir dies auf unser Thema anwenden, gefragt, ob das von ihr in der Schule bereitgestellt Wissen zur 'Überlebensfähigkeit' beitragen kann. Mit VON GLASERSFELDS eigenen Worten: „In einer Erkenntnistheorie, die den erkennenden Menschen als aktiven Konstrukteur seiner Erfahrungswelt setzt, ist es sinnlos, die Struktur dieser seiner Welt als von einer ontologischen Realität determiniert anzusehen. Und dennoch können wir sagen, daß sie 'angepaßt' ist... Wenn wir sagen, daß ein Organismus an seine Umwelt angepaßt ist, dann sagen wir nicht weniger und nicht mehr, als daß der Organismus überlebt hat und daher ein 'überlebensfähiger', ein 'viabler' Organismus ist." (136)

VON GLASERSFELD stellt die Piagetsche genetische Konzeption mit ihren evolutionären Begriffen der 'Assimilation' und der 'Akkomodation' auf eine Stufe mit der Bedeutung der Theorie DARWINS (134), und er selbst verbindet diesen Ansatz mit der Systemtheorie (217). Dazu heißt es weiter: „Das System muß Aktivitäten entdecken, die es instandsetzen, sein Gleichgewicht aufrecht zu erhalten, oder es muß zugrundegehen. Dies ist ähnlich der Situation biologischer Organismen in der Evolutionstheorie insofern, als nur die *viablen* Strukturen überleben... Auf der kognitiven Ebene sind die Störeinwirkungen in der Regel natürlich nicht unmittelbar tödlich. *Die Ontogenese bietet Gelegenheiten des Lernens, die Phylogenese merzt aus.*" (217)

3. Lernen bei Bateson

Das besondere Interesse, das ich für unsere Fragestellung mit BATESON verknüpfe, liegt darin, daß er mit seiner obersten Lernstufe implizit ein Lösungsangebot für das aktuelle Problem der zunehmenden Enttraditionalisierung und Individualisierung der Gesellschaft macht, verbunden mit systemtheoretischen Überlegungen zur Bewältigung des Komplexitätsproblems. Damit sind gleichzeitig zwei wichtige Problembereiche der gegenwärtigen schulischen Sozialisation angesprochen. Und schließlich eröffnet sein Lernkonzept Perspektiven emotionalen Lernens, die auch bei CIOMPI eingefordert werden.

Es gibt die folgenden Stufen der Lerntypen bei BATESON:

„Lernen 0": Auf der Stufe 0 findet kein Lernen im eigentlichen Sinne statt. Dort handelt es sich um eine starre Koppelung von Reiz und Reaktion, wie es etwa bei Reflexen der Fall ist.

„Lernen 1": Auf der Stufe 1 gibt es Lernfortschritte von einem Zeitpunkt t1 zu einem nächsten Zeitpunkt t2, was aber nach einem festgelegten Kontext definiert ist. Hier findet Lernen nach dem Modell der Konditionierung statt, so wie es beim berühmten PAWLOWschen Hund der Fall ist. Insofern gehören Lernprozesse dieses Typus zum „mechanischen Lernen"; es geht um Lernen, das, wie BATESON (1983) etwas ironisch formuliert, „in den psychologischen Laboratorien ganz allgemein als 'Lernen' bezeichnet" wird (372). BATESON legt aber Wert darauf, daß in diesem Fall keine Wahlmöglichkeiten für die Interpunktion des Kontextes bestehen (vgl. 371, 379, 388).

„Lernen 2“: Die sog. „Interpunktion des Kontextes“, wie BATESON es nennt, ist nun die erste charakteristische Möglichkeit des menschlichen Lernens. Das bedeutet, daß der Kontext einer Handlung oder eines Reizes, bewußt verändert werden kann: daß vielleicht auf das Läuten einer Glocke nicht das Essen erscheint, sondern ein Theaterstück beginnt oder eine Schulstunde, oder daß vielleicht in der Kirche die Menschen beim Läuten einer Glocke niederknien, oder wenn die Mutter einem Kind beibringt, daß gegessen wird und nicht mehr gespielt werden darf, wenn die Mutter den Gong schlägt usw. Das nennt BATESON, den „Kontext interpunktieren“ (388), es bedeutet also: Gewohnheiten schaffen, Rituale erfinden, Verhaltensmuster ausbilden, neue Zusammenhänge konstruieren, die für das Verhalten von Menschen bedeutsam sind.

Das Charakteristische daran ist, daß solches Lernen auf der Basis desselben Typus wieder verändert werden kann, wenn der Kontext neu interpunktiert wird. So kann etwa auch die Schulstunde beginnen, wenn die Lehrerin kommt und keine Glocke läutet, und Gewohnheiten können allgemein verändert und in andere verwandelt werden. BATESON meint, daß das meiste von dem, was Menschen lernen, auf dieser Lernstufe und auf diese Weise gelernt wird. Dabei kann, logischerweise, statt des Kontextes auch die Reaktion selber geändert werden, wenn etwa das Läuten während der Schulzeit nur noch bedeuten würde, daß die Schule aus ist und man nach Hause gehen darf.

Für unser Thema besonders wichtig ist der Hinweis von BATESON (1983), daß das meiste, das wir durch Lernen 2 gelernt haben, „(a) aus der *frühen Kindheit* datiert und (b) *unbewußt* ist“, und außerdem werde dadurch „viel vom Beziehungsverhalten aller menschlichen Wesen bestimmt.“ (388) Darum „müssen wir damit rechnen, daß viele der wichtigen Charakteristika der Interpunktion von Erwachsenen ihre Wurzeln in der frühen Kindheit haben“. Gegen FREUDs Begriff des Unbewußten gerichtet meint BATESON: „Im Hinblick auf die Unbewußtheit dieser Interpunktionsgewohnheiten beobachten wir, daß das ‘Unbewußte’ nicht nur unterdrücktes Material, sondern auch die meisten Prozesse und Gewohnheiten der Gestaltwahrnehmung einschließt. Subjektiv sind wir uns dieser Abhängigkeit bewußt, aber unfähig, klar zu sagen, wie dieses Muster zustande kam oder welche Hilfsmittel wir bei seiner Erschaffung verwendet haben.“ (389) Die ‘Konstruktionsgeschichte’ unseres Ich in unserer Welt wird also weitgehend durch die Lernprozesse auf der Ebene des Lernens 2 bestimmt.

Gewohnheiten sind, so sagt BATESON, „selbstbestätigend“, und sie sind auch eine Form der „instrumentellen Lebensanschauung“ und des „Zweckdenkens“ (388f.). Das reduziert „die Menge der Alternativen, unter denen eine Auswahl getroffen wird.“ (379) Gewohnheiten sind gleichsam ‘Schemata’, wie PIAGET sagen würde, die wir konstruieren, um die Welt wahrzunehmen. Sie sind „eine Weise der Interpunktion von Ereignissen“, die immer nach „positiver Verstärkung“ suchen (388f.). Diese Schemata unserer Wahrnehmung sind einerseits 'kognitive' und 'operative' Schemata, andererseits sind sie mit starken emotionalen, 'affektiven Einfärbungen' verbunden, wie CIOMPI sagen würde, die meistens unbewußt mitlaufen.

Diese Lerntheorie umfaßt also nicht bloß das Konzept des sozialen Lernens oder des Normenlernens; sie betont vielmehr *die emotionale Rückbindung und die Unbewußtheit dieser Lernprozesse*, und das bedeutet, daß das Gelernte zugleich tief verankert ist und nicht so leicht zu verändern ist.

„Lernen 3": Die Veränderung von Gewohnheiten ist nun der eigentliche Lernvorgang auf der dritten Lernstufe. Damit ist aber bei BATESON nicht gemeint, daß nun anstelle der Gewohnheit A die Gewohnheit B tritt. Vielmehr geht es darum, über Gewohnheiten selbstbestimmt verfügen zu können, d.h. nicht von ihnen in einer entfremdeten, pathogenen Weise abhängig zu sein, sondern umgekehrt über sie bestimmen zu können. Ich habe an anderer Stelle '*Erziehung*' (1992, 201f.) als den zeitweise notwendigen Prozeß der 'Fremdsteuerung' durch andere bezeichnet, der zum Ziel hat, diese Fremdsteuerung allmählich durch Selbststeuerung zu ersetzen. '*Bildung*', so habe ich vorgeschlagen, ist dann 'Selbststeuerung' bzw. die Fähigkeit dazu. BATESON sagt: Solange wir im Kontext unserer Gewohnheiten operieren, sind wir von ihnen abhängig, ich kann auch sagen: fremdgesteuert. Es sind zwar *meine* Gewohnheiten, aber ich bin von *ihnen* abhängig. Ich bin nämlich dann festgelegt im Sinne einer elementaren Berechenbarkeit, ich verhalte mich nur noch so, wie es erwartet wird auf Grund meiner Gewohnheiten, und ich bin nicht zu einer neuen Bewertung oder Handlung fähig. Einerseits muß es gelernte Gewohnheiten im Sinne prognostizierbarer Handlungen geben: Es wäre nicht sehr sinnvoll, wenn Schüler das Läuten der Schulglocke jeden Tag anders und neu interpunktieren würden. Andererseits käme es aber gerade darauf an, über alte Gewohnheiten dann, wenn es nötig ist, neu und anders verfügen zu können — und das könnte sogar darin bestehen, die Stunde, wenn es spannend ist, nicht mit dem Pausenläuten zu beenden, oder auch darin, schon vor dem Pausenläuten zu schließen, wenn es zu langweilig ist. Im allgemeinen geht es aber um die Fähigkeit zu selbstbestimmtem, selbstgesteuertem Handeln und Denken, immer dann, wenn uns Gewohnheiten so blockieren, daß wir den Anforderungen neuer Situationen nicht mehr gerecht werden.

An dieser Stelle stellt sich mit BATESON eindringlich die Frage, wie die Schule ihrem Auftrag — oder sollen wir sagen: ihrem Zukunftsauftrag? — nach einer selbstbestimmten Bildung der Schüler, mit der sie ihr späteres Leben selber steuern können, gerecht werden kann.

BATESON selber sieht die Gründe für die zivilisatorische Krise der Menschheit in der Ausbildung ebensolcher „Gewohnheiten", über die wir nicht mehr flexibel verfügen können, sondern von denen wir zu unserem Schaden abhängig sind, wenn er sagt: „Ich glaube, daß diese massierte Ansammlung von Bedrohungen für den Menschen und seine ökologischen Systeme aus

Irrtümern in unseren Denkgewohnheiten auf tiefen und teilweise unbewußten Ebenen hervorgeht." (1981, 626)

Ein 'Ich' oder ein 'Selbst' — BATESON gebraucht beides konvertibel — hätte nur einen festgelegten „Charakter" auf der Stufe von Lernen 2; auf der Ebene von Lernen 3 hingegen kann es sich „im Rahmen der Kontexte von Kontexten wahrnehmen", es ist geöffnet für neue Rahmen und Erfahrungen, und in diesem Sinne versteht BATESON ja auch die Öffnung für die ökologischen Kontexte: als ein Hinausgehen über die Enge des Ich-seins auf der Stufe der Gewohnheiten, als eine Weitung des Selbst, ja als eine „Neudefinition": „Aber jede Freiheit von der Knechtschaft der Gewohnheit muß auch *eine tiefgreifende Neudefinition des Selbst* kennzeichnen." (393, Hervorhebung d. Verf.)

An dieser Stelle wird das Motiv des Systemtheoretikers BATESON deutlich, systemisch und kontextuell zu argumentieren: Er hat die Hoffnung, daß durch die Flexibilisierung von starren Gewohnheiten und durch die neue Rahmung von Lerneinheiten eine Fähigkeit erworben wird, die wir dringend zum Leben und zum Überleben unserer Kultur benötigen: die Weitung des Blicks über das einzelne Ich hinaus in die weiteren Kontexte, in die ökologischen Kreisläufe, in die vielfältigen Kontextsysteme. Dies wäre zugleich eine Fähigkeit, mit der hohen Komplexität dieser Systeme umzugehen. Darin sehe ich, in einer vorgreifenden Interpretation, *die eigentliche Pointe des Konzepts von BATESON: Lernen 3 ist eine Möglichkeit, mit der wachsenden Systemkomplexität umzugehen, und die Schule der Zukunft hätte insbesondere die Aufgabe, Lernen 3 anzubahnen* — oder soll ich sagen: zu 'lernen', einzuüben?

Ich meine, daß Lernen 3, auch wenn hiermit kindheitspsychologische und psychotherapeutische Problembestände verbunden sind, durchaus lernbar ist und keiner therapeutischen Sonderbehandlung bedarf. Im Grunde geht es um die Technik des — wie Therapeuten und Systemberater sagen — 'Reframing', d.h. ein Problem oder Thema in einen neuen Rahmen stellen. Genau dies ist aber die Zielsetzung, die BATESON mit seinem, von WATZLAWICK übernommenen, Begriff des 'Interpunktierens' verfolgt, denn dieses setzt ja, wie wir sahen, solche Rahmungen, die einer Mehrzahl von Möglichkeiten der Erfahrungskonstruktion jeweils einen festen, erwartbaren Rahmen geben, — eben so, wie es in der Kommunikationstheorie von WATZLAWICK heißt, 'einen Punkt setzen' und damit eine Phrase, ein Thema, einen Zusammenhang vorläufig erst einmal abzuschließen, um auf diese Weise einen Sinnzusammenhang verfügbar und entscheidbar zu halten. Wer den 'Punkt setzt', verfügt über die Macht, einen Zusammenhang so oder anders zu definieren, d.h. ja wörtlich: zu 'begrenzen'.

Im didaktischen Kontext möchte ich *die verschiedenen Unterrichtsfächer als unterschiedliche Rahmungen eines Themas verstehen*. Nehmen wir etwa das Thema Natur. 'Natur' wird ganz unterschiedlich gerahmt, je nachdem, mit welchem Fach wir es zu tun haben. In Physik anders als in der Biologie, in Chemie anders als im Deutschunterricht, wo vielleicht ein Goethegedicht besprochen wird. Oder das Thema Geld: Geld wird anders 'gerahmt' in Mathematik als in Sozialkunde und sicher wieder anders in Religion oder Philosophie.

Das Entscheidende dabei ist aber nicht, den SchülerInnen überhaupt unterschiedliche Perspektiven der Weltkonstruktion anzubieten, sondern dies mit dem Bewußtsein *kontextueller Systemrahmungen* zu verbinden, also *als Projekt des Umgangs mit Komplexität.* Das Entscheidende ist also nicht die Pluralität der Perspektiven als solche — davon haben wir ja, gerade durch die Tatsache des Vorhandenseins der vielen Fächer, schon genug und übergenug, sondern die *systemische Sicht als kontextuelle Sicht des Problems der Komplexität.* Es geht nicht einfach um Konstruktion oder immer mehr Konstruktion von Welt — das könnte auch noch nach VON GLASERSFELD so scheinen -, sondern um die bewußte Verfügung über den Zusammenhang der Kontexte, in denen die Themen erscheinen. Denn die Pluralität als solche ist noch nicht erziehend oder besser: bildend. 'Bildend' wäre, nach meiner obigen Definition, erst das selbstbestimmte Verfügenkönnen über die Themen in unterschiedlichen Kontexten, um jeweils gelernte und gebahnte Gewohnheiten, routinisierte Alltagsmuster aufzugeben, wenn sie nicht mehr produktiv für Leben und Überleben sind. Dies wäre ein weiterer Lernschritt in eine zukünftige Didaktik. Hierzu ist fächerübergreifende Projektarbeit allerdings ein erster wichtiger Schritt. Die neuen Muster in den neuen Rahmen müssen, das wäre das weiterführende Kriterium, eben „viabel" sein, wie VON GLASERSFELD sagt, viabel im Blick auf Leben und Überleben oder, wie ich BATESON hier übersetzen möchte: zukunftsträchtig. Denn Gewohnheiten verbinden mit der Vergangenheit, kontextuelles Neugestalten dagegen mit der Zukunft.

4. Lernen bei Ciompi

Im allgemeinen wird unter *'ganzheitlichem' Lernen* die Einbeziehung der Sinneswahrnehmungen und der Gefühle in den Lernprozeß verstanden (vgl. BUDDRUS 1992), verkürzend oft auch nur das Lernen im Sinnesbereich. Ich meine jedoch, daß es aus systemischer Sicht darum geht, Gefühl und Denken als zwei eigene Systeme zu verstehen, die jedoch in dem schon bei BATESON und bei VON GLASERSFELD aufgezeigten Sinn in einem operationalen und rekursiven Gesamtsystem menschlicher Welterfahrung zusammenwirken, und zwar sowohl ontogenetisch in der biografischen Geschichte jedes Individuums als auch phylogenetisch in der evolutionären Entwicklung von Wissen und Welterfahrung der Menschen. Hierzu möchte ich Überlegungen des Schweizer Psychiaters und Systemtheoretikers CIOMPI (1988, vgl. 1989) aufnehmen, der mit Bezug auf MATURANA und auf

PRIGOGINE *eine Systemtheorie der „strukturellen Koppelung" zwischen kognitivem System und affektivem System* entworfen hat. Ich hoffe, so zu einem einen präzisierten Begriff von Ganzheitlichkeit auf systemischer Grundlage zu kommen.

CIOMPI will mit seinem Entwurf nicht eine Zustandsbeschreibung zweier Systeme vorlegen; er sieht vielmehr eine Lernaufgabe, der wir nicht ausweichen können, und er vermutet, daß „die weitere Evolution" vor allem eine „bessere Integration" zwischen dem „Fühlsystem" und dem „Denksystem" erfordert (1988, 206f.). Denn nach der bisherigen „Entwicklung vom Fühl- zum Denkmenschen" sei es nun an der Zeit, eine Weiterentwicklung „zum äquilibrierten Fühl-Denk- oder Denk-Fühlmenschen zu erreichen" (191). Den von PIAGET übernommenen Begriff der Äquilibration, also der 'Ausgewogenheit' zwischen zwei Systemen oder zwei Entwicklungsrichtungen gebraucht CIOMPI hier, um mit Systembegriffen eine evolutionäre Lernaufgabe zu beschreiben. Diese Lernaufgabe beschreibt er als eine Anpassungsaufgabe, die aber wie bei VON GLASERSFELD nicht die passive Anpassung, sondern die aktive Konstruktionsaufgabe eines 'viablen' Weges meint, der in einer beiderseitigen, wechselseitigen Beziehungskonstruktion der beiden Systeme des Fühlens und des Denkens besteht, die CIOMPI hier schon zu Beginn als „Subsysteme" verstehen möchte:

„Meines Erachtens gibt es... ausgeprägte Wechselwirkungen zwischen den beiden Subsystemen, wie sie bei der Annahme einer reziproken strukturellen Koppelung ohnehin zu erwarten sind. Eine solche wird ja auch durch den Umstand wahrscheinlich gemacht, daß phylo- und ontogenetisch sich das jüngere 'Denksystem' dem älteren 'Fühlsystem' anzupassen hat, beziehungsweise daß beide sich aneinander assimilieren und akkomodieren müsssen. Reziproke strukturelle Koppelung aber bedeutet nach MATURANA gegenseitige Strukturmodifikation im Interaktionsbereich" (197).

Jedes System ist zunächst charakteristisch verschieden und evolutionär mit unterschiedlichen Funktionen ausgestattet, jedem System kommt darum zunächst eine *„Eigenwahrheit"* zu, die nicht auflösbar ist (93ff., 294ff.). Wie bei anderen Systemen gilt auch hier zunächst, daß es sich um „zwei in sich autonome, im Sinn von MATURANA et al. 'geschlossene' phänomenale Bereiche" handelt, aber hier eben um solche, die „untereinander reziprok strukturell gekoppelt sind" und darum „Wechselwirkungen" ausüben (279).

CIOMPI arbeitet zunächst die „Eigenwahrheit" beider Systeme heraus und unterstreicht damit die Aufgabe, die jedes für sich hat. Während das Fühlsystem eher mit Raumparametern arbeitet und so mit einer Tiefendimension und einer Gleichzeitigkeit, die in diesem Sinne als 'ganzheitlich' zu verstehen ist, arbeitet das Denksystem mit dem Zeitparameter und so eher oberflächig und sequentiell, so daß es in diesem Sinne „partikular" und „analytisch" zu nennen ist (vgl. 1988, 244):

Die 'Ganzheitlichkeit' liegt aber, systemisch gesehen, erst in der „strukturellen Koppelung" beider Systeme, wie CIOMPI (1988) mit MATURANA sagt (186ff.): „Denken heißt spalten, Fühlen heißt vereinigen, vereinfacht gesagt. Erst beides zusammen ist das Ganze." (265) 'Ganzheitlichkeit' dürfte darum genau genommen nicht schon einer Seite oder dem Fühlen allein zugesprochen werden (wie es CIOMPI selber nicht selten tut!), sondern erst der systemischen Synthese. Dabei geht es um mehr, als bloß die „Eigenwahrheit" jedes einzelnen Systems zu erhalten. Es handelt sich um eine *Integrationsaufgabe*, die für jedes System das Ziel einer *„integrativen Autonomie"* einschließt (vgl. HUSCHKE-RHEIN 1992, Kap. 4).

Ähnlich wie bei MATURANA und VON GLASERSFELD würde ein strukturell gekoppeltes Denk-Fühl-System sich zugleich auf einen 'operationalen', also handlungspraktischen Komplex beziehen. Dennoch ist ein solches System für sich selbst genommen noch nicht 'die Wahrheit', auch wenn es die Subsysteme integriert hat: „Nach dem Konzept der Affektlogik gibt es deshalb gar keine objektiven Wahrheiten, sondern bloß kontextgebundene 'operationale Stimmigkeiten' mit obligat kognitven und affektiven Komponenten" (177f.). Die Gefahr von „Eigenwahrheiten", und dies sieht wohl CIOMPI als Psychiater besonders scharf, liegt nämlich darin, daß sie, wie wir schon bei BATESONs Lernen 2 sahen, 'selbstbestätigend' sind und damit zu Zwangsvorstellungen oder zu Autismus entarten können. Es wäre nämlich „viel bequemer, die jeweils 'andere Seite' einfach zu negieren und zu verleugnen, statt sie zu integrieren." (265) Die Eigenwahrheiten der Subsysteme sind, wie natürlich weiterhin alle Systeme selber, rein praktisch in der Gefahr, sich nur noch selber zu akzeptieren, sie „befestigen sich selber", und zwar „rekursiv" (297), aber dies, so lautet die therapeutische Warnung, könne pathologisch entarten zu einem „Gefangensein in dem eigenen Bezugssystem" (294ff.). Einen „Ausweg" aus dieser Pathologie sieht CIOMPI, ähnlich wie BATESON, in einer höheren Stufe, auf der die Gegensätze der sich selbst bestätigenden Systeme „relativ" werden, aufeinander bezogen werden, „integriert" werden, „strukturell gekoppelt" werden (294).

CIOMPI (1988) entwirft schließlich das Konzept einer „Relativitätstheorie des Geistes" und verbindet dies mit einer „Feldtheorie". Denken und Fühlen sind danach „Bezugssysteme", die so aufeinander bezogen sind, daß sie zusammen eine „Verdichtung von Energie" darstellen, sich gegenseitig und ihre Umgebung „anziehen" und eine Art „Knotenpunkt" im Feld bilden: „Die 'Eigenwahrheit' eines jeden affektiv-kognitiven Bezugssystems beeinflußt und 'krümmt' also in der Tat das umliegende psychische und psychosoziale Feld prinzipiell gar nicht anders, als lokal verdichtete, materielle 'Bezugssysteme' benachbartes materielles Geschehen beeinflussen. Eine derartige 'Gravitationskraft' wird von psychischen Verdichtungen beliebiger Größenordnung ausgeübt, sowohl von einzelnen Begriffen oder ganzen Theorien, Ideologien, wie auch von einzelnen Menschen oder ganzen Gruppen, Staaten etc." (250f., 252).

Es ist zu wünschen, daß auch die Schulen der Zukunft solche Felder sind, in denen eine geistige-seelisch-körperliche Gravitationskraft gesammelt wird. Die einzige Vorbedingung wäre, daß dabei Denken und Fühlen in einer produktiven Synthese zusammenkommen.

Schluß

Was wollen wir unter einem systemisch und konstruktivistisch angeleiteten ‘ganzheitlichem’ Lernen verstehen? Schon bei der Ausarbeitung der Leitfragen für diesen Beitrag, zu denen ich mich von dem alten Spruch ‘Wir lernen nicht für die Schule, sondern für das Leben’ anregen ließ, zeigten sich drei Referenzbereiche des Lernens, die auch weiterhin im Mittelpunkt unserer Überlegungen standen:

— die *Autopoiesis* des Lernenden selbst,
— die *Lernkontexte*: die gesellschaftlichen oder institutionellen Rahmungen der Lerninhalte, und
— die *ko-evolutionäre* Bedeutung des menschlichen Lernens.

Die Fortsetzung der Autopoiesis sowohl der einzelnen Menschen wie auch der Gattung insgesamt wird nur möglich sein, wenn genau die obigen drei Referenzbereiche der Lerninhalte beachtet und geachtet werden. Dabei umfaßt das Kriterium des ‘Überlebens’ systemlogisch auch die beiden anderen Kriterien. Solange darum nicht das Bewußtsein dafür ausgebildet ist, daß alles menschliche Lernen eine ko-evolutionäre Bedeutung hat, wird es um die Autopoiesis der Gattung und der einzelnen nicht gut bestellt sein — und das Lernen keine Freude machen. Denn: *Die meisten Aspekte eines zukunftsbezogenen, konstruktiven und emotional eingebundenen Lernens werden schon mit dem Kriterium der ‘Überlebensbedeutsamkeit’ der Lerninhalte mitgesetzt und miterfüllt.*

Die ökologische Bedeutsamkeit von Lerninhalten reduziert einerseits die Komplexität der Inhalte und der möglichen Inhalte, sie erweitert andererseits den Geltungszeitraum und löst damit auch das Problem, daß wir bei vielen Lerninhalten ihre zukünftigen Rahmungen (noch) nicht kennen.

Ich behaupte nun, daß wesentliche Probleme des heutigen schulischen Lernens gelöst werden können, wenn wir die Anregungen aufnehmen, die wir aus den systemisch-konstruktivistischen Konzepten erhalten haben. Das Problem der *Anschlußfähigkeit* der schulischen Lerninhalte in späteren beruflichen oder persönlichen Rahmungen, das wegen der kurzen Prognosezeiträume in der Postmoderne und der enorm gestiegenen Komplexität prekär ist, kann zumindest stark gemildert werden, wenn die schulischen Lerninhalte grundsätzlich unter den genannten Kriterien selektiert werden, vor allem nach ihrer *‘Lebensbedeutsamkeit*’ und nach ihrer ‘*emotionalen Bedeutsamkeit*’, die schon per se eine Art von ‘Langzeitkriterien’ darstellen.

Diese Kriterien erfüllen auf ihre Weise also auch die Aufgabe, Überkomplexität zu reduzieren und Komplexität handhabbar zu machen. Das gilt besonders für die in meinen Augen wichtigste und vordringlichste Aufgabe, eine *Systembalance zwischen Denk- und Gefühlsystemen* auch auf der Ebene schulischer Lernprozesse anzusteuern. Auch durch emotionale Rückbindungen wird Komplexität reduziert und handhabbar gemacht.

Schon bei BATESON sahen wir eine Form des 'ganzheitlichen' Lernens darin, daß Lernen 2 mehr umfaßte als nur kognitive Inhalte im engeren Sinne: die gelernten Gewohnheiten, die interpunktierten Erfahrungen und Routinen reichen zurück in die Kindheit, sie sind meist unbewußt und sind begleitet von den ursprünglichen Gefühlen der Lern- und Entstehungssituation.

Bei VON GLASERSFELD umfaßte die Konstruktion der Welterfahrung alle 'viablen' Schemata und Strukturen, die dem Überleben dienen: Wissen, Handlungsschemata und die damit verbundenen Gefühle. 'Operationale' Schemata sind eben, wie der Begriff sagt, nicht bloß theroretisch, sondern zugleich handlungsbezogen, und damit haben sie auch eine emotionale Dimension. Das entspricht der konstruktivistischen Ausgangsthese MATURANAS: Erkennen ist Tun.

Ich möchte das Bisherige so *resümieren*, daß bei einem ganzheitlichen Lernen die folgenden Dimensionen beteiligt sind:

(Die Liste ist heuristisch-anregend gemeint, sie operiert mit zirkulären und rekursiven, nicht aber mit überschneidungsfreien oder strikt trennscharfen Definitionen. Überschneidungsfreiheit kann m.E. überhaupt nicht als Kriterium für systemisches Denken akzeptiert werden.)

1. Szientifisches Lernen: das 'Wissen' im engeren, herkömmlichen Sinne (Faktenlernen, Auswendiglernen);
2. operatives Lernen: ein Lernen, das die Handlungsbezüge des Wissens aufzeigt, das 'handlungsbezogen' ist;
3. emotionales Lernen: ein Lernen, das die emotionale Dimension von Wissen und Handeln pflegt und integriert;
4. konstruktives Lernen: ein Lernen, das zu produktiver Neukonstruktion von Wissen und Erfahrung führen kann;
5. kontextuelles Lernen: ein Lernen, das Lern- und Erfahrungsinhalte auf kontextuelle Rahmungen hin untersucht, sowohl für die Gegenwart als auch für spätere Zukünfte;
6. systemisches Lernen: ein Lernen, das Lern- und Erfahrungsinhalte nach ihrer Systembedeutung, insbesondere nach ihrer ko-evolutiven Systembedeutung beurteilen und entscheiden lernt.

Literatur

Andersen, T. (1990): Das reflektierende Team. Dialoge und Dialoge über Dialoge. Dortmund

Bateson G. (1983): Ökologie des Geistes. Frankfurt a.M.

Buddrus, V. (Hrsg.) (1992): Die 'verborgenen' Gefühle in der Pädagogik. Impulse und Beispiele aus der Humanistischen Pädagogik zur Wiederbelebung der Gefühle. Baltmannsweiler

Ciompi, L. (1988): Außenwelt Innenwelt. Die Entstehung von Zeit, Raum und psychischen Strukturen. Göttingen

Ciompi, L. (1989[2]): Affektlogik. Über die Struktur der Psyche und ihre Entwicklung. Stuttgart

Glasersfeld v., E. (1987): Wissen, Sprache und Wirklichkeit. Arbeiten zum radikalen Konstruktivismus. Braunschweig

Huschke-Rhein, R. (1992[2]): Systemtheorien für die Pädagogik. Umrisse einer neuen Pädagogik. (Systemisch-ökologische Pädagogik, Band III). Köln

Huschke-Rhein, R. (1993[3]): Systemisch-ökologische Wissenschaftslehre als Bildungslehre im Atomzeitalter. (Systemisch-ökologische Pädagogik, Band I). Köln

Huschke-Rhein, R. (1994[2]): Zur Praxisrelevanz der Systemtheorien. (Systemisch-ökologische Pädagogik, Band IV). Köln

Huschke-Rhein, R. (1994a): Erziehung, Sozialisation, Lernen und Umweltlernen. Zur Praxisrelevanz der Systemtheorie Luhmanns. In: Huschke-Rhein, R. (1994[2]): a.a.O., S. 132-149

Jantsch, E. (1982): Die Selbstorganisation des Universums. München

Luhmann, N. (1984): Soziale Systeme. Frankfurt a.M.

Luhmann, N. (1986): Ökologische Kommunikation. Opladen

Maturana, H.; Varela, F. (1987): Der Baum der Erkenntnis. Die biologischen Wurzeln des menschlichen Erkennens. Bern

Piaget, J. (1974): Der Aufbau der Wirklichkeit beim Kinde. Stuttgart

Riedl, R. (1984[2]): Evolution und Erkenntnis. München; Zürich

Watzlawick P. u.a. (1982[6]): Menschliche Kommunikation. Bern

Wenn das Lernen der Kinder zum Problem gemacht wird
Einladung zu einem systemisch-konstruktivistischen Sichtwechsel

Rolf Balgo, Reinhard Voß

Gewöhnlich gehen wir davon aus, daß ein Schüler oder eine Schülerin ein Lernproblem „hat" bzw. lerngestört „ist", oder wir suchen die Schuld hierfür in der Familie, der Schule, der Gesellschaft, etc. Dieser Beitrag hingegen lädt dazu ein, ein (Lern-)Problem als die Bewertung eines Beobachters aufzufassen, die andere akzeptieren, bestätigen und in einer Weise an sie anschließen, daß ein Problemsystem entsteht, dessen Mitglieder um das Thema (Lern-)Problem kommunizieren. In diesem Sinne „hat" weder der Schüler oder die Schülerin, noch die Schule ein (Lern-)Problem, sondern ein (Lern-)Problem schafft ein Problemsystem. Dieser Beitrag stellt den Versuch dar, einen Raum für einen Dialog darüber zu eröffnen, wie eine (Lern-)Welt erfunden werden kann, in der LehrerInnen mit ihren SchülerInnen leben wollen und in der Lernen nicht zum Problem gemacht wird.

Das „Schwarzer-Peter"-Spiel

In jüngster Vergangenheit wurden „Lernschwierigkeiten", „Verhaltensstörungen", die ansteigende „Gewaltbereitschaft", etc. verstärkt zum Thema der öffentlichen Diskussion gemacht. Dabei gleicht die Analyse der Ursachen für diese zunehmenden Probleme jenem „Schwarzen-Peter"-Spiel*, bei dem die Beteiligten (PädagogInnen, Eltern, SchülerInnen, PolitikerInnen, usw.) sich gegenseitig anschwärzen und die Schuld zuweisen. Ein außenstehender Beobachter dieses „Spiels" gewinnt hier nicht selten den Eindruck, daß die Karte des „Schwarzen Peters" so schnell in der Runde der TeilnehmerInnen kreist, daß sie diese eigentlich alle gleichzeitig in der Hand halten oder aber sie im Grunde niemand hat. Aus der Innenperspektive der von

*Für die Idee des Vergleichs dieses Sachverhalts mit dem „Schwarzen-Peter"-Spiel bedanken wir uns bei der Grundschullehrerin Renate GRÜNDER

Schule Betroffenen hingegen glaubt man dieses durchaus ernsthafte „Spiel" nur durch das Ausfindigmachen des einen „Schwarzen Peters" beenden zu können. Deshalb ist anzunehmen, daß die LeserInnen sich auch von diesem Beitrag, entsprechend Ihrer Erwartung nach einem gewohnten Muster, folgende Antworten erhoffen: a) eine objektive Diagnose der wirklichen Probleme, die im Zusammenhang mit der Schule stehen, b) eine Erklärung für ihre Ursache(n) und c) ein Patentrezept, das gemäß dem Werbeslogan „Sie haben Flecken, wir haben die Lösung", die Beseitigung der Probleme verspricht. Somit befinden sich die Autoren dieses Artikels in der Gefahr, mit ihrem Aufsatz einen Beitrag zum Thema „Schulprobleme" beizusteuern, der sie zu „Mitspielern" werden läßt, obwohl sie sich selbst als teilnehmende Beobachter verstanden wissen wollen. Sie beabsichtigen die „Spieler" insofern zu ver-stören, daß diese selbst für sich eine Möglichkeit (er-)finden, wie sie ihr „Spiel" durch Veränderungen zur Zufriedenheit aller Beteiligten nützlicher und lustvoller gestalten oder beenden können.

Dabei gehen wir weder von einer individuumzentrierten Sichtweise aus, die Probleme auf „Störungen" innerhalb eines Individuums (bspw. eines Schülers) zurückführt, noch von strukturellen Ursachen innerhalb sozialer Systeme (bspw. der Familie oder Schule), die dazu führen, daß diese Probleme haben. Demgegenüber entsteht ein Problem (bspw. Schulproblem) dadurch, daß ein Beobachter etwas als ein Problem bewertet, diese Bewertung durch Kommunikation soziale Relevanz erlangt und von jemand anderem akzeptiert, bestätigt, d.h. kommunikativ an diese angeschlossen wird (vgl. LUDEWIG 1987, 185f). Das Problem schafft damit ein soziales System, das „Problemsystem" (vgl. GOOLISHIAN/ANDERSON, 1988), dessen Mitglieder um das Thema „Problem" kommunizieren, beispielsweise indem sie es zu bekämpfen versuchen. Bezogen auf das schon erwähnte „Spiel" sind nicht SchülerInnen, die Familie, LehrerInnen oder die Schule, etc. der „Schwarze Peter", sondern dieser wird erst dadurch zum Thema eines Spieleabends, insofern er soziale Relevanz erlangt und die Spielhandlungen aller Beteiligten derart aneinander anschließen, daß eine Spielgruppe entsteht, die das Spiel „Schwarzer Peter" spielt. Unsere Sichtweise soll eine Abkehr von Fragen (nach dem „wirklichen" Problem und wer die Schuld an ihm trägt) ermöglichen, die weiterhin das Problem zum Thema machen und dadurch zur Aufrechterhaltung des Problemsystems beitragen. Sie öffnet den Blick für vorhandene Kompetenzen, Ressourcen und somit für mögliche (Auf-)Lösungen von einem Problem(system). Im folgenden möchten wir diese Öffnung des Blicks dadurch erreichen daß wir die LeserInnen dazu einladen, die erkenntnistheoretische „Brille", durch die wir in der Regel die Wirklichkeit betrachten, versuchsweise einmal gegen eine andere „Brille" auszuwechseln. Weil wir die „Brille", die wir üblichlicherweise schon seit Jahren auf unserer Nase tragen, gar nicht mehr wahrnehmen, möchten wir jedoch zunächst mit der Beschreibung ihrer Auswirkungen auf unsere Sichtweise beginnen.

Die Ansicht unserer gewohnten Sicht

„Schulen können als Betriebe aufgefaßt werden, deren Hauptaufgabe darin besteht, (Schüler—)Material zu veredeln. Diese Veredelung bedeutet einen langjährigen Bearbeitungsprozeß, der hauptsächlich durch systematisches Abwechseln von 50 Minuten-Spezialbehandlungen gekennzeichnet ist. Die Bearbeitung erfolgt unter ständiger Qualitätsbeobachtung und -prüfung und schließt mit einem Gütesiegel ab, der — je nach Art des Unternehmens — für eine bestimmte Weiterbehandlung in einem Spezialbetrieb qualifiziert." (KRAINER 1991, 61f.)

Gewöhnlich setzen wir die Existenz einer von uns unabhängigen Welt voraus, die wir als Beobachter wahrnehmen, erkennen und verstehen können. Durch unsere Sinnesorgane erhalten wir Informationen in Form von Reizen (Inputs) über die uns umgebende Welt, die im Gehirn verarbeitet werden, bis wir zuguterletzt ein „wahres Bild" der Welt gewinnen, ein „Abbild" der Wirklichkeit, das uns dazu verhilft, adäquat handeln und uns adaptiv verhalten (Outputs) zu können. Um ein objektives Wissen über die Welt zu erlangen, versuchen wir darüberhinaus möglichst alle subjektiven Faktoren, die uns täuschen könnten, aus unseren Beobachtungen auszuschließen, indem wir uns in Experimenten nur auf objektiv meßbare Fakten beschränken. Die Ergebnisse müssen sich, nach den Regeln der Logik, in widerspruchsfreien Modellen darstellen lassen. Auf diesem Wege, so glauben wir, gelangen wir zu einem „wahren" Wissen über die Wirklichkeit, mit dessen Hilfe diese beherrschbar wird. Deshalb, so meinen wir, ist es wichtig, daß alle Menschen dieses Wissen erlernen. Wir gehen davon aus, daß sich Wissen in Form von Informationen (Wissens-Stoff) von einem lehrenden Menschen auf einen lernenden Anderen übertragen und sich dessen Lernen (seine aufgenommene Menge von Wissensstoff) anhand seiner Verhaltensänderung (z.B. das Aufsagen eines Gedichts) ebenfalls messen läßt.

Unsere Auffassung, daß unabhängig von unserer Beobachtung eine uns allen gemeinsame Wirklichkeit existiert, die wir „wahr-nehmen" können, wie sie „wirklich" ist, um uns dann gemäß diesen Erkenntnissen richtig verhalten zu können, führt konsequenterweise zu der Annahme, daß Menschen, die diese anders erfahren und sich entsprechend anders verhalten, die Welt „falsch" wahrnehmen. Diese Menschen scheinen uns „gestört", „verrückt", „behindert", „krank" zu sein und sollten sonderpädagogisch behandelt bzw. therapiert werden. Neben diesen „unnormalen" Menschen scheinen aber auch die Kinder die Welt noch „fehlerhaft" wahrzunehmen und müssen erzogen bzw. belehrt werden. PädagogInnen als Wissende wissen, besser als das „nichtwissende" Kind, was für das Kind das „Beste" ist; das Kind „weiß (noch) nicht", was „wahr", „richtig" und „gut" ist und muß dies erst lernen. Es gilt so lange als „unmündig", bis es das für „wichtig" erachtete Wissen aus dem Mund des Pädagogen mit seinem eigenen Mund wiedergeben kann, um dann von ihm für mündig, selbstverantwortlich und selbstbestimmt erklärt zu werden. Lernt ein Kind dieses Wissen nicht, macht es „Fehler“, dann scheint es „faul“, „dumm“, mit „mangelnder Intelligenz“ ausgestattet, „unmotiviert“, „unwillig“ bzw. „böse“ oder eben „gestört“ zu sein und erhält schlechte Noten, bekommt Nachhilfe, wird nicht versetzt, zu einer Sonderschule geschickt, therapiert, medikamentisiert, etc.. PädagogInnen haben dabei die Aufgabe, Wissensstoff in die Köpfe der Lernenden zu transportieren, die rationalen Qualitäten der Kinder zu beurteilen und Regelungen in Gang zu setzen, die Abweichung verhindern. Ihr Aufmerksamkeitsfokus ist auf die Fehler der SchülerInnen gerichtet und defizitorientiert, ihre Erklärungen für das Versagen sind im Kind begründet und individuumzentriert. Das Beziehungsmuster (das durchaus auch partnerschaftlich sein kann) vermittelt die Botschaft: „Ich als Pädagoge weiß, was „richtig“ und „wichtig“ ist und habe die Verantwortung für dich, der du „(noch) nicht weißt“. Du bist, so wie du bist, (noch) nicht so, wie du sein solltest, also ändere dich und lerne das, was ich dich lehre, zu deinem eigenen Besten.“

Die Folgen der Auffassung, daß einige Menschen wahr-nehmen und andere „falsch-nehmen“, daß einige wissen und andere dieses Wissen nie lernen, führen darüberhinaus letztendlich zur Ausgrenzung. Aufgrund ihrer Unterschiede werden diese Menschen nicht gleich-wertig den anderen gegenüber behandelt, die gemäß der Definition „normal“ oder „intelligent“ sind. Das gilt nicht nur für „Wahrnehmungsgestörte“, „Verrückte“, „Behinderte“, „Verhaltensauffällige“, „Dumme“ sondern auch für Menschen einer anderen Nationalität bzw. einer anderen Kultur (wie z.B. „unzivilisierte“, „primitive“ Naturvölker, „Ausländer“), Menschen eines anderen Geschlechtes, eines anderen Glaubens, einer anderen, nicht der Mehrheit entsprechenden Meinung, einer anderen Lebensweise (wie beispielsweise homosexuelle Menschen, Süchtige, o.a.). Mit der oben beschriebenen dualistischen Sichtweise von *Wahr*-nehmen und *„Falsch“*-nehmen entsteht zwangsläufig die Auffassung von „wahr und falsch“, „normal und verrückt“, „krank und gesund“, „böse und gut“, „schlau und dumm“ sowie in deren Folge „reich und arm“, „Freund und Feind“ und somit der Kampf der Gegensätze. Es entstehen Kämpfe um den „richtigen“ Glauben, die „richtige“ politische Ideologie, die „richtige“ wissenschaftliche Theorie, die „richtige“ Lebensweise, Ordnung, Moral, kurzum: dem „richtigen“ Bild der Welt, wie sie ist. In bester Absicht bekämpfen wir die Unwahrheit, die Verrücktheit, die Dummheit, die Behinderung, die Störung, die Armut, die Ungleichheit, die Unordnung, die Unmoral, ...und notfalls ziehen wir — wie immer — nur für den Frieden in den Krieg. Wir erkennen nicht, daß wir die Probleme, die wir selbst konstruiert haben, dadurch aufrecht erhalten, daß wir sie definieren, diagnostizieren, erklären sowie bekämpfen und sie zu unserem beständigen Thema machen. „Erfahrung, das Geschehen des Lebens,“ so unterstreicht MATURANA (1991a, 203), „ist kein Problem für uns; unsere Probleme entstehen mit unseren Erklärungen unserer Erfahrungen und den Forderungen, die sie uns und jenen anderen Menschen, mit denen wir koexistieren, auferlegen.“

Wer weiß, wie die Welt ist, der weiß, was man selbst und was die anderen in dieser tun müssen, um sich „richtig“ zu verhalten („Wissen ist Macht“). Die Welt sagt uns, wie wir uns verhalten müssen und deshalb verhalten wir uns so, wie wir uns verhalten, weil die Dinge nun einmal so sind, wie sie sind. Wir wälzen die Verantwortlichkeit für unser Handeln auf die Dinge, wie sie sind und tun das, was wir tun, nicht weil *wir* es richtig finden, sondern weil es „richtig“ *ist*. Und mit dem Verweis auf Objektivität fordern wir dies auch von allen anderen. Fremdbestimmung wird dadurch legitimiert, daß man im Besitz der „Wahrheit“ ist, des „wahren Wissens“, des „richtigen“ Bildes der Wirklichkeit, dem alle anderen folgen sollen.

VON FOERSTER (1994) verweist darauf, daß das Zauberwort, mit dem wir unser „wahres“ Wissen zur Erklärung der Realität zu schaffen glauben, das Wort ‘Scienzia’ ist, das von der indo-europäischen Wurzel des Wortes ‘skei’, mit der Bedeutung ‘trennen, spalten, unterscheiden, separieren’, abgeleitet ist. Die klassische Naturwissenschaft, deren Wurzeln bis zu den antiken Griechen reichen, trennt zwischen dem Subjekt und Objekt, dem Beobachter und dem Beobachteten und (er-)findet auf diese Weise eine Welt voller Dualismen: Körper versus Geist, Idee versus Realität, Vernunft versus Erfahrung, Idealismus versus Materialismus, Solipsismus versus Repräsentationismus, Rationalismus versus Empirismus, Zufall versus Notwendigkeit, Kausalität versus Finalität, Energie versus Materie, Welle versus Teilchen, Ordnung versus Chaos, Mensch versus Natur, Individuum versus Gemeinschaft, Mann versus Frau, Emotion versus Kognition, Angeborenes versus Erlerntes, Reiz versus Reaktion, usf.. Sie zerschneidet damit das ursprünglich zusammenhängende seidene Möbiusband des Lebendigen in verschiedenste Einzelteile mit zwei sich gegenüberliegenden Seiten. Um der LeserIn dieses in kleine Stücke zerschnittene Band am Ende wieder in seiner Ganzheit vor Augen führen zu können, damit sie die Wirklichkeit und somit auch die Schule neu (er-)finden kann, möchten wir uns im folgenden der ‘Magie’ bedienen, ein Wort, das in früheren Zeiten, in Ermangelung des griechischen Begriffs ‘System’, das ‘Zusammensehen bzw. Zusammendenken von Dingen’ bedeutete (vgl. v. FOERSTER 1994). Der schon erwähnte Wechsel unserer erkenntnistheoretischen „Brille“ soll dieses ‘Zusammensehen von Dingen’, beispielsweise von Beobachter und Beobachteten, von Subjekt und Objekt und den sich daraus ergebenden Konsequenzen ermöglichen.

Die Betrachtung der *gewohnten Sichtweise* zeigt, daß wir gewöhnlich davon ausgehen, daß

— *die unabhängig von dem Menschen existierende Welt ihm durch seine Wahrnehmungen Informationen in Form von Reizen zugehen läßt, die er zum Aufbau eines „Abbildes“ dieser Wirklichkeit benötigt, um ein „adaptives“, „adäquates“ Verhalten erzeugen zu können*

— *„objektives“ Wissen möglich und in Form von Informationen (inputs) von einem Lehrenden auf einen Lernenden übertragen werden kann, wo-*

bei sich dessen Lernen anhand der Verhaltensänderungen (outputs) „objektiv" messen läßt

— *Kinder die uns allen gemeinsame Welt (noch) „falsch" wahrnehmen und deshalb erzogen und unterrichtet werden müssen*

— *die Ursache für „Lernprobleme" innerhalb der SchülerInnen verortet wird, indem ihr „Nicht-Lernen" entweder auf deren „Dummheit", „mangelnde Intelligenz", „Unmotiviertheit", „Böswilligkeit" oder auf eine „Behinderung", „Störung", „Krankheit" derselben zurückzuführen ist (Stichwort: „individuumzentrierte, defizitorientierte, lineal-kausale" Sichtweise).*

Das Sehen neuer Sichten

„Immer habe ich nach Erkenntnis gedürstet, immer bin ich voll von Fragen gewesen. Ich habe die Brahmanen befragt, Jahr um Jahr, und ich habe die heiligen Vedas befragt, Jahr um Jahr, und ich habe die frommen Samanas befragt, Jahr um Jahr. Vielleicht, o Govinda, wäre es ebensogut, wäre es ebenso klug und ebenso heilsam gewesen, wenn ich den Nashornvogel oder den Schimpansen befragt hätte. Lange Zeit habe ich gebraucht und bin noch nicht damit zu Ende, um dies zu lernen, o Govinda: daß man nichts lernen kann! Es gibt, so glaube ich, in der Tat jenes Ding nicht, das wir 'Lernen' nennen. Es gibt, o mein Freund, nur ein Wissen, das ist überall, das ist Atman, das ist in mir und in dir und in jedem Wesen." (HESSE 1982, 21f.)

Der Abschied von der Annahme, daß Wissenschaft unabhängig vom beobachtenden Wissenschaftler Wissen entdeckt, welches eine „objektive" Realität enthüllt, das universell gültig ist und für das der Wissenschaftler keine Verantwortung trägt, bedeutet jedoch keinesfalls den Abschied von Wissenschaft. Wir Autoren betrachten Wissenschaft als eine Kraft, die Wissen schafft (konstruiert), das untrennbar mit der Tätigkeit des beobachtenden Wissenschaftlers verbunden ist und für dessen Folgen er die Verantwortung zu übernehmen hat. In diesem Sinne ist der von uns angebotene Wechsel der Sichtweise, ebenso wie die oben beschriebene Ansicht unserer üblichen Sicht, weder „richtig" noch „falsch". Sie führt lediglich zu einer möglichen, von einem anderen erkenntnistheoretischen Standpunkt der Betrachtung ausgehenden Form des Sehens, die im folgenden durch den Blick durch die systemisch-konstruktivistische „Brille" an Kontur gewinnen soll.

Hierbei ist das Subjekt und das Objekt, der Beobachter (z.B. Wissenschaftler) und seine beobachtete Wirklichkeit untrennbar miteinander verbunden. Es gibt keine von dem Tun des Beobachters unabhängige Wirklichkeit (Uni-versum), sondern so viele Wirklichkeiten (Multi-versen), wie es Beobachter gibt. Wahrnehmen und Erkennen heißt nicht abbilden, sondern konstruieren, erschaffen, gestalten. Wir werden nicht (wie wir üblicherweise aus der Außenperspektive beschreiben) in eine bestehende, strukturierte Welt hineingeboren, sondern sind selbst eine Welt in der Weise, daß sich der Beobachter und das Beobachtete, das Ich und das Nicht-Ich, Innen und Außen gegenseitig hervorbringen. Menschen, Tiere, Pflanzen, Steine, d.h. „Dinge", „Gegenstände" bzw. „Objekte" existieren nicht unabhängig und getrennt voneinander. Ähnlich wie sich die Verschiedenheit zwischen Kopf, Augen, Hände, Magen, Beine, usw. zwar begrifflich darstellen läßt, sind sie doch das Merkmal eines nicht voneinander zu trennenden einheitlichen Prozesses. Die Welt wird als ein Gesamtorganismus betrachtet, in dem der Mensch mit einer Faser im Gewebe des Lebens vergleichbar ist. Das, was wir „Dinge" nennen, besteht nur in Beziehung zueinander und jedes sogenannte Teil ist lediglich in Beziehung zu allen anderen das, was es ist. Da es unmöglich ist eine klare Grenze zwischen den Einzelteilen und ihrer Umgebung zu ziehen, sprechen wir im folgenden nicht von „Dingen, Gegenständen, Objekten", sondern von „Systemen".

Wenn wir die Frage beantworten wollen, wie wir Wirklichkeiten konstruieren, müssen wir uns als Beobachter selbst beobachten und beschreiben. Dabei hängt es von uns als Beobachtern ab, wo wir die „Grenze" eines Systems ziehen, d.h. was wir als eine „Ganzheit" betrachten wollen und was wir als dessen „Teile" ansehen. Wir schlagen vor, den sich selbst beobachtenden und beschreibenden Beobachter als ein dynamisches „System", als ein in seinem Inneren aus „Teilen" bestehendes, sich ständig veränderndes „Ganzes" aufzufassen. Die Eigenschaften des Systems „sich selbst beobachtender Beobachter" sind das Ergebnis des zirkulären Zusammenwirkens aller seiner miteinander verbundenen „Teile". Dem System kommen dabei Eigenschaften zu, die mehr sind als die Summe der Eigenschaften seiner Teile; die Eigenschaften der „Teile" hingegen werden vom System als „Ganzes" (dem Beobachter, der sich selbst beschreibt) bestimmt. Wenn der Beobachter beobachtet, wie er beobachtet, d.h. wenn er beschreibt, wie er seine Wirklichkeit konstruiert, dann muß seine Beschreibung seine gesamte Wirklichkeit enthalten: seine Körperlichkeit, sein Wahrnehmen und Bewegen, sein Fühlen und sein Denken, die anderen Menschen, Tiere, Pflanzen und materiellen „Dinge". Der Beobachter als „Ganzes" bestimmt durch seine Beschreibung die Eigenschaften seiner „Teile", ebenso wie er selbst durch das zirkuläre Zusammenwirken dieser „Teile" hervorgebracht wird. In diesem Sinne sind wir immer teilnehmende Beobachter, die sich im anderen erkennen und das andere in sich: die innere und die äußere Welt sind ein untrennbar verknüpftes System von Beziehungen. In dieser kontextbezogenen Sicht bringen wir unsere Wirklichkeitskonstruktionen durch die zirkuläre Vernetzung unserer „Teile", d.h. unserer Körperlichkeit, unserem Wahrnehmen und Bewegen (bzw. unseres Verhaltens und Handelns), unseres Fühlens und unseres Denkens, unserer sozialen und natürlichen Mitwelt hervor. Unsere Wirklichkeit ist somit Ausdruck eines ganzen Netzes von Beziehungen (vgl. ausf. BALGO/VOSS 1995).

Wirklichkeitskonstruktionen können daher weder „richtig“ noch „falsch“ sein, im Sinne eines „richtigen“ Erfassens einer „objektiven“, unabhängigen Außenwelt. Ebenso sind sie weder beliebige, reine Konstruktionen in unseren Köpfen, noch entdecken wir sie außerhalb unserer Köpfe in der Umwelt. Die Welt, die jeder einzelne als Wirklichkeit erfährt, ist das Ergebnis der Kohärenz zwischen ihm als Beobachter und dem, was er beobachtet. Unsere Wirklichkeitskonstruktionen müssen an unsere vorherigen Wirklichkeitskonstruktionen anschließen können. Der „Schlüssel“ (unsere Konstruktionen) hierfür bildet nicht das „Schloß“ („die“ Wirklichkeit) ab, sondern muß lediglich in der Weise passen, d.h. „viabel“ sein (vgl. v. GLASERSFELD 1987, 137ff.), daß er das Schloß öffnen kann, um den (Erfahrungs-)Raum zu weiteren „Türen“ mit „Anschlußmöglichkeiten“ zu eröffnen. Unsere Wirklichkeitskonstruktionen sind daher das Ergebnis der Stimmigkeit zwischen uns und unserer je individuellen Lebenswelt und in dieser Perspektive lediglich möglich, gangbar, passend, viabel. Wahrnehmen (Objektivität) und „Falschnehmen“ sind Unterscheidungen bzw. Bewertungen eines Beobachters. Objektivität ist unmöglich, da wir unser Bild der Wirklichkeit niemals mit dem „wahren“ Bild einer von unserer Erfahrung unabhängigen Wirklichkeit vergleichen können.

Da niemand einen priviligierten Zugang zu *der* Wirklichkeit hat, ist „wahres“ Wissen ebenso unmöglich. „Wissen“ ist eine Beobachterkategorie, d.h. Wissen ist effektives Verhalten in einem Bereich bzw. Kontext, den ein Beobachter durch seine Fragestellung absteckt und in dem dieser eine Antwort erwartet. Über das, was „Wissen“ ist, stellen wir als Beobachter in der Weise einen Konsens her, in dem wir es als „Wissen“ gelten lassen. Wahrnehmen ist nicht ein „Abbilden“ der Welt, Verhalten nicht eine Re-Aktion auf diese Welt und Lernen nicht ein Phänomen der Anpassung an diese Welt durch das Reproduzieren von „wahrem“ Wissen. Wahrnehmen, Verhalten, Lernen ist das Ergebnis der Kohärenz zwischen dem Menschen *und* seiner individuellen Lebenswirklichkeit (der System-Umwelt-Beziehung), ein sich gegenseitiges Hervorbringen und ein sich miteinander Verändern. Beobachterkategorien wie „Lern- und Verhaltensprobleme“ sind Ausdruck des gesamten Netzes von Beziehungen zwischen SchülerInnen (als körperliche, wahrnehmende, sich bewegende, fühlende und denkende Wesen) und ihrer individuellen Lebenskontexte (ihrer materiellen und sozialen Mitwelten), in dem diese für sie viable Wirklichkeitsbeschreibungen darstellen. „ [...] Individuelle Erkenntnisprobleme sind keine Probleme „fehlerhafter“ Realitätsauffassung, sondern [...] vorwiegend soziale Probleme.“ (SCHEFFER 1990, 86)

Zudem ist nach der Auffassung, die Welt als einen Gesamtorganismus zu betrachten, die Beherrschbarkeit dieser Ganzheit durch einen Teil von ihr (z.B. den wissenden Beobachter) ebenso unmöglich wie die Ansicht, das Gehirn oder der Geist könne den Rest des Körpers beherrschen. Der Glaube der Beherrschbarkeit der Natur durch unser Wissen wird von der Tatsache ihrer Zerstörung in einem bisher noch nicht dagewesenen Ausmaß eindeutig widerlegt.

Wir glauben, daß der Wunsch, andere Menschen an unserem Wissen, das wir für nützlich halten, teilnehmen zu lassen, durchaus legitim ist, nicht jedoch die Auffassung, dieses Wissen für sie verbindlich zu machen. Die verschiedenen Sichtweisen von Wirklichkeit sind ein legitimer Ausdruck von unterschiedlich möglichen, gleichwertigen Konstruktionen von Wirklichkeiten, die nicht für jedermann gleichermaßen wünschenswert sein müssen. Unser Wissen läßt sich jedoch nicht in der Form übertragen, wie wir Flüssigkeit von einem Glas in ein anderes gießen. Metaphorisch ausgedrückt ist jeder Mensch ein mit Erfahrungen angereichertes Glas, zu dessen Inhalt niemand sonst einen Zugang hat. Lediglich über Kommunikation, mit Hilfe von Sprache, können wir mit einem anderen Glas „anstoßen" und einen Klang von Resonanz erzeugen, wobei aber in Abhängigkeit von den unterschiedlichen Erfahrungsinhalten jedes Glas seine eigenen Schwingungen produziert. Einem außerirdischen Wesen, das niemals das Element „Wasser" erfahren hat, könnte sprachlich nicht diese Erfahrung vermittelt werden. Auch wenn sich zwei Menschen über „Wasser" unterhalten, aktiviert ein jeder seine eigenen Erfahrungen, die er im Umgang mit diesem erlebt hat.

Die Erklärungen für das Scheitern des Versuchs, Wissen in einen Schüler „umzufüllen", lassen sich, wenn wir bei dem obigen Bild bleiben, nicht auf ein zu „kleines Glas" des Schülers („Dummheit", „mangelnde Intelligenz"), auf einen „Sprung in seinem Glas" („Störung", „Behinderung") oder seine „Unwilligkeit", sich etwas „in sein Glas gießen" zu lassen, zurückführen. Wenn der „Anstoß" des Lehrenden mit dem Lernenden so an dessen Erfahrungswelt ankoppeln kann, daß dieser dazu angeregt wird, etwas Neues zu tun oder neue gedankliche Operationen auf der Basis seiner bisherigen Wirklichkeitskonstruktionen zu vollziehen, dann führt dies durch das Treffen neuer Unterscheidungen zum Aufbau einer neuen Konstruktion von Wirklichkeit. Der alten Wirklichkeitskonstruktion wird nichts an einem „Mehr" von Wissen hinzugefügt, sonder es entsteht eine völlig andere Wirklichkeitskonstruktion, die nicht „richtiger" oder „falscher" ist, als die davor. Ein Mensch kann nicht „mehr" wissen als ein anderer Mensch; er kann nicht seine Konstruktion von Wirklichkeit als Maßstab an die Wirklichkeitskonstruktionen eines anderen Menschen anlegen. Ein Mensch entwickelt sich nicht *zum* Menschen, indem ihm ein „mehr" hinzugefügt wird, sondern indem er *als* Mensch in seiner Entwicklung voranschreitet. Hierdurch dürfte deutlich werden, daß sich Lernen nicht mit der Aneignung von Wissen im Sinne eines Addierens von „Wissensstoff" vergleichen läßt, der meßbar ist. In seinen erfundenen „Metalogen" mit seiner Tochter beschreibt BATESON (1983, 58f.) die Unmöglichkeit „Wissensstücke" zu addieren und somit zu messen:

„V: [...] Ich meine — wenn Ideen Zahlen sind, und du willst zwei verschiedene Arten verbinden, dann mußt du sie miteinander multiplizieren. Oder sie durcheinander dividieren. Und dann wirst du eine neue Art Idee erhalten, eine neue Art Quantität. Hast du Meilen im Kopf und daneben Stunden, und du dividierst die Meilen durch die Stunden, dann kriegst du 'Meilen pro Stunde' — das ist eine Geschwindigkeit.

T: Ja, Pappi. Und was würde ich bekommen, wenn ich sie multipliziere?

V: Oh — hm — ich nehme an, das wären Meilen-Stunden. Ja. Ich weiß, was das ist. Es ist das, was man dem Taxifahrer bezahlt. Sein Taxometer mißt Meilen, und er hat eine Uhr, die Stunden mißt, und der Taxometer und die Uhr arbeiten zusammen und multiplizieren die Stunden mit den Meilen, und dann multipliziert er die Meilen-Stunden mit etwas anderem, das aus Meilen-Stunden Dollars macht.

T: Ich habe mal ein Experiment gemacht.

V: Ja?

T: Ich wollte rausfinden, ob ich zwei Gedanken gleichzeitig denken kann. Also dachte ich 'Es ist Sommer', und ich dachte 'Es ist Winter'. Und dann versuchte ich, die beiden Gedanken gleichzeitig zu denken.

V: Und?

T: Aber ich merkte, daß ich nicht zwei Gedanken hatte. Ich hatte nur einen Gedanken *darüber*, zwei Gedanken zu haben.

V: Genau, das ist es. Du kannst Gedanken nicht vermischen, du kannst sie nur verbinden. Und letzten Endes bedeutet das, daß man sie nicht zählen kann. Denn Zählen ist nichts anderes, als Dinge zu addieren. Und das geht meistens nicht.

T: Haben wir dann *in Wirklichkeit* nur einen großen Gedanken, der aus vielen kleinen Verzweigungen besteht — vielen, vielen Verzweigungen?

V: Ja, ich glaube, aber ich weiß es nicht. Jedenfalls halte ich das für eine klarere Ausdrucksweise. Ich meine, es ist klarer, als über Wissensstücke zu reden und den Versuch zu machen, sie zu zählen."

Dies erklärt, warum *nicht* der Lehrer von James WATT die Dampfmaschine erfunden hat, warum die Menschen früher nicht „weniger wußten" als wir, warum „unterentwickelte" Kulturen oder „noch nicht entwickelte" Kinder nicht „dümmer" sind als sogenannte zivilisierte Erwachsene. Die Annahme einer objektiven Realität läßt uns glauben, daß Unterschiede zu anderen Kulturen und deren Sichtweisen durch verschiedene Arten der Bearbeitung dieser Realität zustande kommen, die mit ihrem historischen Ursprung zusammenhängen. Oftmals tolerieren wir zwar diese Verschiedenheit, akzeptieren sie jedoch lediglich unter der Perspektive „besseren“ Wissens, die sie uns „Zivilisierte“ weiterhin als „primitive“ Kulturen verstehen läßt und ihnen die Anerkennung als gleichberechtigter, legitimer Ausdruck unterschiedlicher Wirklichkeitskonstruktionen verweigert (vgl. MATURANA 1982, 300). Gleiches gilt für unsere Auffassungen über Kinder, die sich erst noch durch das Erlernen von „objektivem“ Wissen zu einem „vollwertigen“ Menschen entwickeln müssen. Es gibt weder kulturelle, noch geschlechts- oder altersabhängige Beschränkungen hinsichtlich des kognitiven Zugangs zu einer vermeintlich „objektiven“ Realität. Ebenso gibt es keinen „objektiven“ Maßstab, eine Kultur oder Altersgruppe als „adäquater“ zu bewerten. Eine Kultur oder Altersgruppe aus der Perspektive einer anderen Kultur oder Altersgruppe als „erfolglos“ oder „unmündig“ zu erklären ist unpassend. In dieser Hinsicht ist die Bewertung von Kindern in der Schule kein Messen ihres Wissens, sondern im wahrsten Sinne des Wortes eine Zensur ihrer legitimen Wirklichkeitskonstruktionen (auch wenn TheoretikerInnen und PraktikerInnen der Schule das Gegenteil immer wieder beschwören).

Aus systemisch-konstruktivistischer Sicht ist es unmöglich „objektiv“ „Fehler“ (bzw. „objektiv“ „Richtiges“) zu machen, da wir in unserer Erfahrung nicht zwischen Wahrnehmung und „Täuschung“, „wahr“ und „falsch“ unterscheiden können. Von einer „Täuschung“ oder einem „Fehler“ können wir nur dann sprechen, wenn wir darauf bestehen, eine von unseren Erfahrungen unabhängige Welt von einer zweiten trennen zu können, die von unseren Erfahrungen abhängig ist. Die Unterscheidung zwischen „wahr“ und „falsch“, Wahrnehmung und „Täuschung“ ist immer erst im nachhinein und in bezug auf eine andere Erfahrung möglich, von der wir aber im Moment, in der sie stattfindet auch nicht sagen können, ob sie „wahr“ oder „falsch“, Wahrnehmung oder „Täuschung“ ist, weil wir niemals auf eine von uns unabhängige Realität Bezug nehmen können (vgl. MATURANA 1991b). Etwas „falsch“ gemacht zu haben bedeutet, etwas nicht so getan zu haben, wie man es hätte tun können. Doch im Moment des Tuns handelt jeder Mensch in Abhängigkeit seiner aktuellen Befindlichkeit und, von seinem Bezugsrahmen aus betrachtet, nach seinem Sinn. Dieses Tun als „Fehler“ bewerten zu wollen setzt die Unmöglichkeit voraus, es an einem anderen Bezugsrahmen mit „objektiven“ Kriterien messen zu können. Die Konsequenzen dieser Sichtweise für die Schule formuliert MÄDCHE (1995, 190): „Es gibt kein ‘falsches’ Wissen des Schülers; alles, was er weiß, kann vielmehr als Ausgangspunkt für einen Entwicklungsprozeß dienen, in den dieses Vorwissen konstruktiv miteingebaut wird. Das setzt aber voraus, daß der Lehrer in der Lage ist, sich selbst für dieses Vorwissen zu öffnen, weil er bereit ist, den Schüler in seiner Lebenswirklichkeit ernstzunehmen.“ Der Aufmerksamkeitsfokus eines solchen Lehrers ist auf die Stärken und Kompetenzen des Schülers gerichtet, ist kontextbezogen an dem Schüler in seiner individuellen Lebenswelt orientiert, und er respektiert die Integrität,

Autonomie und Selbstbestimmung seiner SchülerInnen. Das Beziehungsmuster vermittelt die Botschaft: „Du weißt selbst, was für dich „richtig", „wichtig" und „gut" ist und ich als PädagogIn werde dich, wenn du danach fragst, mit meiner Konstruktion von Wirklichkeit, meinem Wissen unterstützen. Du bist so, wie du bist, liebenswert und *mußt* dich nicht verändern." Da Lernen „sich verändern" bedeutet, führt die Auffassung, daß Kinder lernen müssen dazu, daß diese in ihrem So-Sein nicht akzeptiert werden und sie selbst ein Selbstwertgefühl entwickeln, das ihnen sagt, daß sie so, wie sie sind, nicht so sind, wie sie sein sollen. Selbstrespekt und Selbstannahme ermöglichen jedoch erst die Annahme und den Respekt anderen Menschen gegenüber. Lernen als „sich verändern" geschieht ohnehin fortwährend als lebenslanger Prozeß: „Lernen = Leben" (vgl. PORTELE 1990, 42). Lernen wir hinzu, indem wir neue Unterscheidungen treffen, so wird dies zu einer anderen Wirklichkeitskonstruktion von uns selbst werden, die nicht mit unserer vorhergehenden vergleichbar ist. Metaphorisch beschrieben gehen wir gewöhnlich davon aus, daß wir zu Fuß, indem wir lernen, ein Ziel, das „wahre Wissen", erreichen müssen und daß der Lehrer die kürzesten und besten Wege dazu vermittelt. Systemisch-konstruktivistisch betrachtet gibt es auf unserer Reise nicht „das" Ziel, sondern nur erfahrungsbegründete Ziele; die Wege dorthin entstehen beim Gehen, sind weder „richtig" noch „falsch" und zeigen uns lediglich, ob sie passend, gangbar, möglich, viabel sind.

Aus dem Blickwinkel der *systemisch-konstruktivistischen Sicht* zeigt sich, daß

— Menschen und ihre Welten (Multiversen) untrennbar miteinander verbunden sind und sich gegenseitig hervorbringen, indem ihre Wirklichkeitskonstruktionen den Ausdruck eines ganzen Netzes von Beziehungen zwischen ihrer Körperlichkeit, ihren Wahrnehmungen und Bewegungen (bzw. ihres Verhaltens und Handelns), ihrer Emotionen und ihres Denkens, ihrer sozialen und materialen Mitwelt darstellen. Diese sind weder „richtig" noch „falsch", sondern lediglich möglich, gangbar, passend, viabel.

— Wissen eine Beobachterkategorie und Lehren ein kommunikativer Vorgang ist, bei dem der Lehrende so an die Erfahrungswelt des Lernenden ankoppeln muß, daß dieser zu neuen Operationen „angestoßen" bzw. angeregt wird, die zum Treffen neuer Unterscheidungen und zum Aufbau neuer Wirklichkeitskonstruktionen führen.

— Kinder keinen altersabhängig beschränkten Zugang zu einer vermeintlich „objektiven" Realität haben und sich nicht zum Menschen, sondern als Menschen entwickeln, wobei ihre Sichtweisen von Wirklichkeit ein legitimer Ausdruck von unterschiedlich möglichen, gleichwertigen Wirklichkeitskonstruktionen sind.

Multi-versen

— Beobachterkategorien wie „Lernprobleme“ Ausdruck des gesamten Netzes von Beziehungen zwischen SchülerInnen (als körperliche, wahrnehmende, sich bewegende, fühlende und denkende Wesen) und ihren individuellen Lebenskontexten (ihrer materialen und sozialen Mitwelt) sind und diese für die SchülerInnen viable Wirklichkeitsbeschreibungen darstellen (Stichwort: „kontextbezogene, kompetenzorientierte, zirkuläre“ Sichtweise).

Ausblick oder: der Blick in den Spiegel

Der Anspruch auf einen priviligierten Zugang zu „Wahrheit“, „Realität“, „Objektivität“ entlarvt sich aus systemisch-konstruktivistischer Perspektive als ein „Anspruch auf Gehorsam“ (vgl. MATURANA 1991b). Menschliche Entscheidungen beruhen nicht auf „Wahrheit“ bzw. darauf, im „Recht“ zu sein, sondern auf Präferenz, d.h. auf unseren eigenen Wünschen. Folgerichtig sind wir immer für die Konsequenzen, die sich aus unseren Handlungen oder Unterlassungen ergeben, verantwortlich. Nicht die „Unwahrheit“, die „Verrücktheit“, die „Dummheit“, die „Behinderung“, die „Störung“, die „(Lern—)Probleme“, die „Armut“, die „Ungleichheit“, die „Unordnung“, die „Unmoral“, der „Krieg“ rechtfertigen unser Handeln, sie zu bekämpfen. Sprache hat mit „Koordinationen von Koordinationen von Handlungen“ (MATURANA) zu tun, d.h. Koordinationen wie Gesten, Laute, etc., die auf andere Verhaltenskoordinationen Bezug nehmen. Die Benutzung des Wortes „kämpfen“ bringt all diejenigen Handlungen hervor, die mit „kämpfen“ assoziiert werden, also auch die Voraussetzung, einen „Feind“ (bspw. „Lernprobleme“) zu haben, den man bekämpfen kann. Wir tun nicht die Dinge, die die oben aufgeführten Phänomene vermeiden, sondern tun gerade das, was diese hervorbringen, so daß sie bekämpft werden können (vgl. MATURANA 1991b). Unsere Welt, in der wir leben und lernen, ist somit keine vorgegebene „Realität“, sondern eine von Menschen gestaltete Wirklichkeit, deren Betrachtung sich wie ein Blick in den Spiegel erweist.

Aus systemisch-konstruktivistischer Perspektive ist es nicht möglich zu wissen, wie die Dinge sind und daher unmöglich einen Entwurf darüber vorzulegen, wie die Menschen, beispielsweise LehrerInnen und SchülerInnen, die Eltern, etc. miteinander leben und lernen *sollen*. Es würde bedeuten, daß sich diese ändern müßten, um dieser Ordnung gerecht zu werden. Der vorgelegte Beitrag stellt lediglich den Versuch dar, einen Raum für einen Dialog darüber zu eröffnen, wie (Lern-)Welten erfunden werden können, in der die von Schule Betroffenen leben *wollen* und in der Lernen *nicht* zum Problem gemacht wird. Das (Er-)Finden neuer (Lern-)Welten entsteht im Prozeß des Redens und der Erarbeitung von Handlungsübereinkünften, wozu dieser Aufsatz ein ganz kleines Stück beizutragen versucht.

Literatur

Balgo, R.; Voß, R. (1995): Kinder, die sich auffällig zeigen — Die systemisch-konstruktivistische Wende in der Psychomotorik. In: Kiphard, E. J.; Olbrich, I. (Hrsg.): Psychomotorik und Familie. Dortmund

Bateson, G. (1983²): Ökologie des Geistes. Anthropologische, psychologische, biologische und epistemologische Perspektiven. Frankfurt a.M.

Foerster v., H. (1994): Über Bewußtsein, Gedächtnis, Sprache, Magie und andere unbegreifliche Alltäglichkeiten. Vortrag an der Goethe-Universität Frankfurt. Heidelberg (Autobahnuniversität,Toncassette)

Glasersfeld v., E. (1987): Wissen, Sprache und Wirklichkeit. Braunschweig

Goolishian, H. A.; Anderson, H. (1988): Menschliche Systeme. Vor welche Probleme sie uns stellen und wie wir mit ihnen arbeiten. In: Reiter, L.; Brunner, E. J.; Reiter-Theil, S. (Hrsg.): Von der Familientherapie zur systemischen Perspektive. Berlin, Heidelberg, New York

Hesse, H. (1982¹⁸): Siddharta. Eine indische Dichtung. Frankfurt a.M.

Krainer, K. (1991): Schulen als Betriebe — ein Beispiel für eine Verfremdung. In: Peschl, M. F. (Hrsg): Formen des Konstruktivismus in Diskussion. Materialien zu den „Acht Vorlesungen über den Konstruktiven Realismus“. Wien

Ludewig, K. (1987): 10 + 1 Leitsätze bzw. Leitfragen. Grundzüge einer systemisch begründeten Klinischen Theorie im psychosozialen Bereich. In: Zeitschrift für systemische Therapie. 5 (3), S. 178-191

Mädche, F. (1995): Kann Lernen wirklich Freude machen? Der Dialog in der Erziehungskonzeption von Paulo Freire. München

Maturana, H. R. (1982): Erkennen: Die Organisation und Verkörperung von Wirklichkeit. Braunschweig

Maturana, H. R.; Varela, F. J. (1987): Der Baum der Erkenntnis. Bern, München, Wien

Maturana, H. R. (1991a): Wissenschaft und Alltag. Die Ontologie wissenschaftlicher Erklärungen. In: Watzlawick, P.; Krieg, P. (Hrsg.): Das Auge des Betrachters. Beiträge zum Konstruktivismus. München, S.167-208

Maturana, H. R. (1991b): Das Auge des Betrachters. Eigener Interviewmitschnitt im WDR 3, (zu beziehen durch „Futurum Media Lab“, Sülzburgstr.113, 50937 Köln)

Portele, H (1990): Lernen=Leben, Leben=Lernen? In: Rusch, G.; Schmidt, S. J. (Hrsg.): DELFIN. Eine deutsche Zeitschrift für Konstruktion, Analyse und Kritik. Siegen, Stuttgart, 7. Jg., Heft 2, S. 42-56

Scheffer, B. (1990): Wie wir erkennen. Die soziale Konstruktion von Wirklichkeit im Individuum. In: Deutsches Institut für Fernstuduien der Universität Tübingen (Hrsg.): Medien und Kommunikation. Konstruktionen von Wirklichkeit. Funkkolleg, Studienbrief 2. Weinheim, Basel

Systemisch-konstruktivistische Didaktik Eine allgemeine Zielbestimmung

Kersten Reich

Im Zentrum des hier vorgelegten Ansatzes einer systemisch-konstruktivistischen Didaktik stehen Postulate einer konstruktivistischen Didaktik, die dem Konstruktivismus als Beobachterperspektive für die Didaktik Rechnung tragen. Dabei wird der konstruktivistische Ansatz auf drei Perspektiven konzentriert: Didaktik als Konstruktion, als Rekonstruktion und als Dekonstruktion. Zusammenfassende Thesen zur systemisch-konstruktivistischen Didaktik schließen den Beitrag ab.[*]

1 Grundpostulate einer systemisch-konstruktivistischen Didaktik

Eine Didaktik aus systemisch-konstruktivistischer Sicht verändert traditionelle Positionen pädagogischer und didaktischer Argumentationen erheblich (vgl. dazu ausf. REICH 1996a). Aus systemischer und konstruktivistischer Sicht ist Didaktik insbesondere

1. nicht mehr eine Theorie der Abbildung, der Erinnerung und der wichtigen Rekonstruktion von Wissen und Wahrheit, die nach vorher überlegten und klar geplanten Mustern zu überliefern, anzueignen, anzusozialisieren sind, sondern ein konstruktiver Ort der eigenen Weltfindung;

2. nicht mehr eine sichere Theorie der Aufklärung, der Emanzipation, die zu verkünden weiß, wer wie zu emanzipieren und mit welchen Inhalten aufzuklären ist, sondern eine Beobachtertheorie, die die konstruktiven Akte des Aufklärens und der Reflexion an die Schüler als auch Lehrer in möglichst hoher Selbsttätigkeit zurückgibt;

3. nicht mehr eine erhoffte Selbstbestimmung, eine Mitbestimmung, die die Lehrer oder Didaktiker organisieren, planen und mit soziologischer Fantasie und organisatorischem Talent vorgeben können, sondern allenfalls eine Konstruktion, die in Beziehungen ausgehandelt, im Nach- und Nebeneinan-

[*]Viele Ideen dieses Aufsatzes sind in enger Zusammenarbeit mit Heike REICH entstanden.

der verschiedener Beobachter betrachtet und analysiert werden kann, die sich jedoch ad absurdum führt, wenn sie dies mit klarem Auftrag *vor* jedem Prozeß, mit bestimmtem Ziel *vor* jedem Weg, mit klar vorgeschriebener Hierarchie zwischen Lehrern und Schülern tun soll;

4. nicht mehr bloß eine Theorie der Schülerorientierung, die schließlich die Lösung aller didaktischen Probleme darin findet, daß sie den Schüler als Welt- und Angelpunkt jeder Didaktik sich erfindet, weil Schülerorientierung in einem System mit Lehrern eine bloße Leerformel bleibt, in die konstruktive Ansprüche nicht nur inhaltlich, sondern immer auch über die wechselseitigen Beziehungen zwischen Lehren und Schülern längst eingegangen sind. Gerade diese „Eingänge" sind zu reflektieren — und zwar nicht nur von Lehrern -, wenn es Ausgänge aus einem Muster von Bildung geben soll, das sich selbst in die Krise zunehmender inhaltlicher Unübersichtlichkeit und beziehungsmäßiger Unentschlossenheit gestellt sieht.

Warum fällt es bis heute schwer, diese konstruktivistischen Einsichten zuzulassen, die wir teilweise schon aus Klassikern der Reformpädagogik, wie z.B. John DEWEY, recht deutlich ablesen können, die wir andererseits aus systemischen Theorien besonders der Psychologie und Therapie gewinnen? Was verlieren wir, konstruktivistisch gedacht, wenn wir diese vier Postulate in das Schulleben umsetzen?

Zu 1.) Nehmen wir den ersten Punkt. Hier ist zu bedenken, daß der Konstruktivismus als eine neuere erkenntnistheoretische Richtung zwar wie eine Mode in die Auseinandersetzungen um die Moderne bzw. Postmoderne eingetreten ist, sich in dieser aber gegenwärtig noch schwer durchsetzen kann. Was aber schreckt viele vom Konstruktivismus ab? Das konstruktivistische Erkenntnisideal scheint gegenüber den symbolischen Vorräten der Moderne, dem angehäuften Wissen, das nun wirklich wesentlich ist, den relativen Wahrheiten, die unbedingt zu besprechen sind, den vorzüglichen Analysen, die keiner übersehen sollte, wie die Axt im Wald zu wirken. Alles wird umgehauen, was nicht in das Schema des Konstruktivisten zu passen scheint, das da lautet: Die Wirklichkeit und in ihr die je behauptete Wahrheit ist eine bloße Konstruktion von Beobachtern. Was ist an dieser Behauptung so schrecklich?

Sie ist bei näherer Betrachtung längst durch die Philosophie des 20. Jahrhunderts hinreichend vorbereitet. Implizit ist sie zudem vielen Denkrichtungen eigen (vgl. dazu ausführlich REICH 1996b). In der Behauptung der Konstruktion von Wirklichkeit ist eingeschlossen, daß solche Konstruktionen jeweils zeitgebunden sind, von den spezifischen Beobachtern und deren Verständigungsgemeinschaft abhängen, daß sie keine ewigen Wahrheiten festschreiben können, daß sie allen Beobachtern hinreichend Chancen an den Wirklichkeitskonstruktionen bieten sollten. Dies ist nur eine einfache Beschreibung einer konstruktivistischen Verständigung über Wirklichkeiten. Diffenziert man sie, so wird eine Fülle re- und dekonstruktiver Tätigkeiten sichtbar. Das Dilemma ist hier nämlich, daß, wenn die konstruktivistische These der Erfindung von Wirklichkeiten stimmt, alle bisherigen Theorien vom Konstruktivismus als konstruktivistische überrascht werden. Dann aber hat der Konstruktivist auch kein klares Abgrenzungskriterium mehr, sich mit ihnen nicht auseinanderzusetzen, denn als solche Konstruktionen hatten oder haben sie ihre Bedeutungen für bestimmte Menschengruppen. Wendet man dies gegen den Konstruktivismus, so kann er übrigens keineswegs sinnvoll einer biologischen Theorie wie der MATURANAs entspringen, die gerade die geisteswissenschaftliche, die soziale und gesellschaftliche Konstruktion von Wirklichkeit vernachlässigt. Auch kybernetische Inspirationen kognitivistisch reduktiver Theorien können kaum hinreichend pädagogische Perspektiven in ihrer kulturellen Lebendigkeit, individuellen Emotionalität, in ihrer Kreativität bestimmen helfen. Dies drückt im Grunde DEWEY als Vorläufer einer konstruktivistischen Pädagogik aus, wenn er seinen Schülern sowohl Selbsttätigkeit mit vielen Perspektiven als 'experience' ermöglichen will, zugleich aber auch erkennt, daß dies ohne Selbstbestimmung, d.h. je eigene Wahl der Beobachtungs- und Handlungspositionen sich nie wird erreichen lassen. Biologie, Kybernetik oder andere Theorien sind dann aber nur *eine* der vielen Möglichkeiten.

Der Schrecken gegenüber einer konstruktivistischen Didaktik entsteht wohl vor allem an der Stelle, wo sie die Macht wahrer Abbildungen bestreitet. Wozu studieren denn die Lehrer, wenn nicht, um ein 'wahres' Wissen zu erwerben und Mehrwisser zu werden? Wozu hat die Wissenschaft Orte der Begrenzung, der Absonderung und Absonderlichkeiten entwickelt, wenn nicht, um über das zu entscheiden, was in den Fächern als 'wahres' Wissen bewahrt wird? Der „Homo academicus", wie BOURDIEU (1992) ihn nennt, hat es unternommen, sich seine Wahrheiten im Gestrüpp von Institutionen zu errichten, die längst mehr sind als Orte der reinen Forschung nach relativer Wahrheit. Es sind Orte, die durchquert sind von Macht, wie die Analysen FOUCAULTS (1978, 1992) treffend herausgearbeitet haben, es sind Orte der Selbstbeschäftigung der Wissenschaft mit sich, wie es BOURDIEU beschreibt. Wer als Lehrer in diesen Orten ausgebildet wird, der mag sich je an seinem Ort besser fühlen als an anderen, aber gerade hier wird er in ein Dilemma hineingezogen, das sehr schön Heinz VON FOERSTER beschrieben hat. VON FOERSTERS erstes Theorem sagt: „Je tiefer das Problem, das ignoriert wird, desto größer die Chancen für Ruhm und Erfolg." (VON FOERSTER 1993, 161) Wissenschaft reduziert Komplexität durch Ausschließungen, und die Einfachheit einer Lösung scheint der Schlüssel zum Erfolg zu sein. Dies fördert lineares, kausales Denken, das wenig an der Vernetzung von Wirklichkeit, an Wechselwirkungen und möglichen Folgelasten interessiert ist. Je komplexer jemand zu denken versucht, desto geringer sind seine Karrierechancen in solcher Wissenschaft. Sein zweites Theorem lautet: „Die 'hard sciences' sind erfolgreich, weil sie sich mit den 'soft problems' beschäftigen, die 'soft sciences' haben zu kämpfen, denn sie haben es mit den 'hard problems' zu tun." Illustrationen für die beobachtbare Gültigkeit dieser Theoreme lassen sich besonders dort anführen, wo es um vernetzte Wirklichkeiten, um interdisziplinäre Probleme geht, in denen nicht auf ein Objekt Natur, nicht auf isolierte Gegenstände oder Dinge, sondern Vermittlungen mit Menschen geschaut wird. Ein Beispiel, das heute gerne in den Vordergrund gerückt wird, ist das Ökosystem, ein anderes, das besonders Pädagogen und Didaktiker betrifft, sind Bildungssysteme. Hier haben wir zu lernen, daß es keine einfachen, bloß inhaltlichen Prozesse gibt. Pädagogen bewegen sich in Beziehungswirklichkeiten, und dies sind allemal 'hard problems'. Aber weil hier sichtbare, vordergründige, am technischen Fortschritt gemessene Erfolge ausbleiben, weil die Komplexität der Prozesse schon verhindert, kausalen Erfolg festzustellen oder lineare Ableitungen zu treffen, scheinen die Wissenschaften, die 'soft science' betreiben, insbesondere die Pädagogik, nicht so wichtig zu sein. Deshalb spart eine Gesellschaft, die auf hergebrachte Modelle der Moderne setzt, hier am falschen Fleck. Andererseits sind wir durch die Beobachtungen postmoderner Kritiker skeptisch geworden, ob der vermeintliche Fortschritt halten kann, was er verspricht. Die 'hard sciences' hinterlassen immer mehr 'hard problems', mit denen sich dann auch Pädagogen rumzuschlagen haben. Immer mehr wächst die Skepsis gegen vordergründige Erfolge der Naturwissenschaften und Technik, denn sie produzieren unberechenbare Folgewirkungen. Sie sind ein Ausdruck zunehmender Unsicherheit in den Wissenschaften, wenn wir postmodern schauen: Wahrheit relativiert sich, systemische Wechselwirkungen bedingen unschärfere Theorien, Beobachtungen lassen sich nicht mehr unabhängig von Eingriffen und Werturteilen der Beobachter begreifen.

Eine konstruktivistische Didaktik kann solchen Unsicherheiten nicht entfliehen. Zugleich aber ist es das Ziel von Didaktik, Lehr- und Lernprozesse so zu organisieren, daß Wissen angeeignet, Fähig- und Fertigkeiten erworben werden, daß meß- und beurteilbare Leistungen entstehen. So scheinen wir auf zunehmend unsicherem Untergrund Werke und Konstrukte zu errichten, deren Wert wir nur begrenzt hinterfragen können: Wie denn sollten wir, wenn wir alles hinterfragen, noch sicher unterrichten können? Daraus entsteht ein konstruktives Dilemma: Als Konstruktivisten wollen wir zwar Schülern wie Lehrern ermöglichen, je ihre Konstruktion von Wirklichkeit zu finden, und zwar in möglichst freien Perspektiven und auch aus ihren je unterschiedlichen Blickwinkeln, die eingewoben in unterschiedlichste Lebensformen und Weltbilder sind, aber wir können diese autonom erscheinende konstruktive Tätigkeit nicht verabsolutieren, weil wir immer auch gesellschaftlich vermittelte Rekonstruktionen von Wirklichkeiten zu verantworten haben. Und in den Rekonstruktionen lauern eben die unterschiedlichsten Sprachspiele, die schon gegen uns gespielt wurden, bevor wir zum Zuge kommen.

Insoweit mag sich der Schrecken vor einer konstruktivistischen Didaktik mildern. Auch Konstruktivisten müssen zugeben, daß es Kulturgüter gibt, daß z.B. Sprache zu erlernen ist, Mathematik nicht überflüssig wird, wissenschaftliche Fächer nicht einfach verschwinden sollen. Jede Konstruktion von Wirklichkeit wird durch Beobachter vollzogen, die schon beobachtet haben. Jeder Beobachter hat in sich Formen der Beobachtung errichtet, die ihn leiten. Dies mag zur Beruhigung möglicher Kritiker beitragen. Aber dennoch sitzt uns ein postmoderner Stachel im Fleisch: Eine konstruktivistische Didaktik wehrt sich dagegen, hieraus den sehr einseitigen Schluß zu ziehen, daß damit die gegenwärtigen Siegertheorien, die anerkannten wissenschaftlichen Lehrmeinungen, das, worauf sich Karriere und Erfolg verständigt haben, sinn- und maßgebend für ein ausschließliches Wissen, für ein Curriculum sein sollte, das nun doch sein 'wahres' — wenn auch zeitlich begrenztes — Credo findet. Oberstes Ziel einer systemisch-konstruktivistischen Didaktik ist es hingegen, Beobachtervielfalt zu entwickeln, indem eine theoretische und methodische Freude entwickelt wird, bei einem für notwendig erachteten Stand von Rekonstruktion, von symbolischer Klarheit von Welt, neue Blicke zu riskieren. Und den Stand der geltenden Rekonstruktionen festzulegen, sollte weder allein Aufgabe der Wissenschaften, der Schulbürokratie oder der Lehrer sein, sondern setzt stets die Vermitttlung mit den Sichtweisen der Schüler voraus. Zu bedenken ist, daß sich ja auch nicht die Fächer, die Bürokraten oder die Lehrer über den notwendigen Stoff einig sind, sondern immer nur einige Auserwählte von ihnen, die ihren Blickwinkel festlegen, indem sie Siegertheorien bestimmen. Solche Bestimmung aber sollte zurück an die Basis, an die Orte, in denen auch schon Schüler verantwortlich schauen könnten, wenn man es denn erwarten würde. Da es aber zu selten erwartet wird, verzweifeln Lehrer oft an der sogenannten Passivität ihrer Schüler.

Und wie soll dies gehen? Ist 1 und 1 nicht mehr 2, sondern vielleicht ein neuer Blick? Zunächst ist die einfache Formel, die hier die Gegenfrage leitet, eben nur ein Blick, ein möglicher, mitunter ein notwendiger. Doch wo ist die Welt schon 1 und 1? Ist es nicht bereits ein neuer Blick, eine weitere Frage zu stellen? Eine Rekonstruktion, die in ihrer symbolisch heilen Welt verharrt, weil sie meint, daß sich nur so eine klare Welt des Wissens, eine wohlgeordnete Harmonie ergibt, gaukelt uns ein Konstrukt von Welt vor, das selbst auf lange Traditionen verweist. Solche Traditionen machen unangreifbar, weil sie Erfolg nur über die Aneignung langer Wissensketten garantieren. Aber was nützt z.B. einem Primarstufenlehrer ein universitäres Curriculum, das ihm Stoff anbietet, das nach dem Abitur ansetzt, um ihn so möglichst seinen künftigen Schülern zu entfremden? Wie soll er später seinen Schülern beibringen, wie sie z.B. mathematisch eine Welt von Logik und Kombinatorik konstruieren können, die bis hin zu ästhetischer Schönheit reicht, wenn er zuvor nur seine Grenzen an immer höheren Zielen finden mußte und so gar keinen Gefallen am eigenen Fach finden konnte? Dies höre ich immer wieder von Primarstufenlehrern in NRW, die gezwungen sind, Mathematik zu studieren. Sie müssen ständig Beobachterperspektiven einnehmen, die sie fort von jenen Gebieten führen, die das Einmaleins beschreiben, das sie mit Leben füllen müßten. Nun mag man mir entgegenhalten, daß die höhere Mathematik sie ja erst befähigt, die Relativität ihrer späteren Künste zu erfassen. Dann aber setze ich entgegen, daß die didaktische Konstruktivität der späteren Kunst so aber nicht verloren gehen darf, sondern vorrangig einzusetzen ist. Lehrer sollten dabei nicht nur wissen, daß 1 und 1 gleich 2 ist, sondern dies aus der Beobachterperspektive ihrer Schüler mit Bedeutungen — also einem didaktischen Begehren und psychologischen Erkenntnissen — füllen können. Aber genau diese Ausbildungsteile werden unterschätzt. Oder was nützt ein Germanistikstudium, wenn es schwierige Texte minutiös interpretieren hilft, aber den Lehrer nicht befähigt, seine Schüler zum eigenständigen Lesen zu bringen, weil es an Texten ansetzt, die sie gar nicht interessieren? Entscheidend ist auch die Frage, ob sich die Lehrerstudenten hierfür interessieren. Fragt man sie? Viele Fragen, viele Berichte ließen sich hier anschließen und sie verweisen alle auf das gleiche Dilemma: Wissenschaft hat als Ort der Rekonstruktion für seine Studenten eben auch kaum jenes Labor praxisnaher Ausbildung und der Entfaltung vielseitiger Perspektiven, von dem z.B. John DEWEY als Entfaltung möglichst großer Kreativität schwärmte. Wie aber soll dann jener Funke überspringen, der die konstruktive Arbeit, das konstruktive Sprachspiel, eine konstruierende Ästhetik, Musik, Kunst, Sport usw. als Aufbruch in eigene Möglichkeiten erfahrbar werden läßt? So kann uns ein Kinofilm wie „Der Club der toten Dichter" heute exemplarisch darüber belehren, wie es sein könnte, wenn ein Lehrer in der Allgewalt der von ihm verlangten Rekonstruktionen auf die Konstruktion seiner Schüler, auf die eigene Kraft setzt, die überhaupt erst verstehbar werden läßt, was andere konstruiert und damit erreicht haben. Gerade deshalb hat dieser Film vielen gefallen, die sich einen solchen Lehrer auch in ihrer Schulzeit gewünscht hätten. Die Schule unseres Alltags kann dies gewiß auch in Momenten, aber sie ist andererseits so organisiert, daß diese Momente eher unwahrscheinlich sind. Sie ist weit von einer Schule entfernt, in der die Konstruktionen der Schüler und Lehrer den Grundstock für ein Lebensverständnis legen könnten, das durch und durch auf die eigenen konstruktiven Fähigkeiten vertraut. Demgegenüber vermitteln die Didaktiken der Gegenwart zumeist noch Traditionelles, das immer zweifelhafter wird: Sie pochen auf Symbolvorräte, die zu vermitteln sind, weil sie den Gewohnheiten einer Lehrerausbildung und von Fachwissenschaften und in ihnen vermeintlichen Siegertheorien folgen, in denen es unvorstellbar scheint, daß die unwissenden Schüler sich ihr Wissen selbst erarbeiten. Stimmt ja auch: In diesem System kann das kaum gehen. Kommen diese Schüler aber nach Abschluß der Schule in die Hochschule, dann klagen die Hochschullehrer mittlerweile immer häufiger darüber, daß sie nicht gelernt hätten, eigenständig zu arbeiten. Sie vergessen dabei, wie die Lehrerstudenten ausgebildet werden, sie vergessen den Zirkel einer

Ausbildung, die sich ihr Dilemma selbst produziert. Noch viel zu wenige erkennen, in welchem Paradox von Aussagen sie so gefangen sind.

Fassen wir zusammen: Wenn früher die Wissenschaften als Garanten und Hoffnungsträger einer Einheitlichkeit der Bildung und einer klaren propädeutischen Stufung allen Wissens galten, so sind sie am Ende des 20. Jahrhunderts selbst in eine Unübersichtlichkeit, Widersprüchlichkeit und Vielfalt zerfallen, die in kein Curriculum mehr sinnvoll als Einheit eingefügt werden kann. So gesehen ist es die wichtigste Aufgabe des Bildungssystems geworden, Schüler und Lehrer zu einer konstruktiven Herangehensweise an mögliche widersprüchliche, singuläre und lokale, ethnozentrische Wissens- und Bildungsstoffe zu veranlassen, die sie befähigen, exemplarisch mit Methoden eigener Erarbeitung und Konstruktion umzugehen und ihre eigenen Interessen auch gegen die Interessen der allmächtig erscheinenden Fachdisziplinen geltend zu machen. Schon von der Primarstufe an ist ein selbsttätig forschendes Interesse und ein selbstbestimmtes Lernen anzusetzen, wenn es späterhin zu einer eigenständigen, kritischen Verarbeitung von Wirklichkeit kommen soll. Dazu aber sind Voraussetzungen erforderlich, die eine systemisch-konstruktivistische Didaktik zu beschreiben versuchen will. Sie können Hilfe, Anregung sein, aber diese Didaktik wird nur aus den Konstruktionen derjenigen, die sie anwenden, leben können. Dieser Gedanke läßt sich übrigens auf die didaktischen Exerzitien selbst anwenden. Wir sind gegen den Einsatz eines didaktischen, für alle verbindlichen Kategoriensystems, nach dem Stunden bundesweit geplant und vortrefflich analysiert werden sollten. Wir sind aber für Kategoriensysteme, sofern sie bei der Planung und Analyse helfen: Aber genau dies ist jeweils vor Ort selbsttätig und selbstbestimmend von jenen festzusetzen, für die es in der Ausbildung — also hier insbesondere im Referendariat — Sinn macht. Und dies sind in erster Linie die Referendare selbst.

Zu 2.) Aber verlassen wir mit solch einer Einstellung nicht eine politische Aufgabe? Entpolitisieren wir die Schule und verraten wir die Möglichkeiten einer Emanzipation der Welt hin zu einem Besseren? Ich komme damit auf das zweite Postulat zurück.

Viele werden sich noch an die emanzipative Wende in der bundesdeutschen Didaktik der 70er Jahre und ihre Ausklänge in den 80er Jahren erinnern, in der Wolfgang KLAFKI als Hauptvertreter der Bildungstheorie sich entschloß, für Schlüsselphänomene wie Frieden, Umwelt, soziale Ungleichheit, Möglichkeiten und Gefahren der Technik, Demokratisierung, Arbeit und andere mehr einer kritisch-konstruktiven Didaktik zu optieren und Wolfgang Schulz kritisch-emanzipative Strategien in den Feldern Kompetenz, Autonomie und Solidariität festzulegen suchte. Beide Ansätze klangen stellenweise wie Parteiprogramme mit hoher Allgemeinheit von Aussagen und wurden allenfalls als Symbolvorrat bei Prüfungen im ersten Staatsexamen und teilweise in kognitiver Auslegung auch im Referendariat aufgenommen, aber kaum mit wirklichen Leben in den Schulen erfüllt. Schon in den 60er Jahren hatten Paul HEIMANN und Wolfgang KLAFKI diese für sie selbst unbefriedigende Wirkungsweise beklagt. Immerhin hatte besonders HEIMANN auf die Notwendigkeit einer höheren Praxisorientierung in der Lehrerausbildung verwiesen. Aber selbst dieser offenere Ansatz scheiterte dadurch, daß die Didaktik allein auf die Inhaltsseite zurückwechselte und dann noch ein Wissen um richtige Aufklärung bereitstellen wollte. Damit kamen solche Didaktiker von außen in die Schulpraxis, und sie unterschätzten jenen Alltag in den Schulen, der mit viel profaneren, aber eben auch widersprüchlichen, lebendigen Problemen der Beziehungen zwischen Lehrern und Schülern belastet ist. Hier ist es interessant festzustellen, daß das Buch „Menschliche Kommunikation" von WATZLAWICK und anderen (1985) — wie auch andere psychologische Ratgeberliteratur — in den 80er Jahren vielfach die didaktische Standardliteratur besonders in den Haupt- und Fachseminaren von Referendaren verdrängte, weil man merkte, daß die Lehrerstudenten in den Universitäten immer noch als sogenannte Fachidioten herangezogen wurden, denen die kommunikative Beziehungswelt mit ihren Schülern ein fernes Rätsel blieb. Und schärfer noch: Wenn man jahrelang als Lehrer arbeitet, dann kommt es bei einem großen Teil dieser Lehrer zu starken psychischen Belastungen, die offenbar damit zusammenhängen, daß einerseits viel zu spät nach der Ausbildung bemerkt wird, welch hohem Beziehungsdruck Lehrer ausgesetzt sind, daß andererseits aber auch kein professsionelles Setting zur Bewältigung dieser Aufgabe bereitgestellt wird. Entscheidend ist hier nämlich die auf Gregory BATESON zurückgehende Unterscheidung einer Inhaltsebene — auf der die herkömmlichen Didaktiken stets angesiedelt blieben — und einer Beziehungsebene, mit der die psychologischen Beziehungen von Lehrern und Schülern thematisiert werden können. Hier nun wird deutlich, wo die neueren Didaktiken allesamt versagt haben: Sie haben sich stets auf die Inhalte so sehr konzentriert, daß die Beziehungsseite immer Opfer des inhaltlichen Auftrags wurde. Zwar hatte immerhin die lerntheoretische Didaktik in ihren Anfängen, motiviert durch Aufgaben der Entnazifizierung, dabei auch psychologische Fragen thematisiert und sogar ein theoriegeleitetes Praktikum errichtet, das semsterbegleitend auch das Verhalten der Lehrer problematisierte (HEIMANN 1976), aber im Laufe der Entwicklung entschwand die Praxis mit ihren Beziehungsproblemen zusehends durch die abgehobene Verwissenschaftlichung der Lehrerbildung. Die didaktischen Profis zogen sich an universitäre Orte zurück und überließen die schulpraktische Ausbildung in der Regel der Schulbürokratie. Rekonstruiert man die didaktischen Theorien der 70er Jahre, dann wird die Rolle des Praktikums oder schärfer noch die Notwendigkeit einer Einphasigkeit der Lehrerausbildung zum Wendepunkt in der Entwicklung der Didaktik und in ihrem Versagen — außer in einigen Modellversuchen — seitdem: Die Abkopplung von der Praxis ließ die didaktische Diskussion sofort dann in eine Krise geraten, als die politisch-emanzipativen Erwartungen zweifelhaft wurden. Die didaktische Veröffentlichungspraxis minimierte sich seitdem, die Fachdidaktiken wurden zunehmend durch Fach-zu-Fach-Zuordnungen von den Fachwissenschaften aufgesogen, viele Pädagogische Hochschulen durch Integration in Universitäten ihres Auftrags einer engeren didaktischen Anbindung an die Schulpraxis beraubt. Das Ansehen der Didaktik sank auf einen neuen Nullpunkt. Sie wird in der Pädagogik meist eher als eine technische Disziplin mit vordergründigen Rezept- oder Regelerwartungen aufgefaßt, denen man sich nur widerwillig zuwendet, weil es wichtigere, grundsätzlichere Fragen zu geben scheint. So verrät auch die Pädagogik ihre mögliche praktische Basis, weil sie sich als wissenschaftliches System eher mit dem Berg von Lehrer- und Diplomstudenten rein theoretisch beschäftigt, eine Fülle von Theorien, die ihren Ort der 'Praxis von Symbolvermittlungen' abgibt, um den Ort späterer Praxis ihrer Absolventen zu vergessen. So hat sich die deutsche Erziehungswissenschaft munter in unterschiedlichste Teilbereiche differenziert und spezifiziert, die alle für sich wichtig und begründenswert erscheinen. Ihr praktischer Nutzen ist meist einer der theoretischen Beschäftigung mit irgendeiner Theorie-Praxis, die sich im Studium vorwiegend als Beschäftigung mit Literatur entpuppt. Dies ist übrigens nicht nur ein Problem der Pädagogik oder Didaktik, sondern, wie BOURDIEU es nahelegt, überhaupt ein Problem wissenschaftlicher Systeme: Je differenzierter sie entwickelt werden, desto mehr stehen sie in der Gefahr einer zunehmenden Beschäftigung mit sich selbst.

Eine systemisch-konstruktivistische Didaktik muß hier eine klare Gegenposition beziehen. Dabei scheinen mir folgende Punkte vorrangig zu sein:

— Eine inhaltliche Orientierung wird in jedem Studium notwendig bleiben, aber gerade Lehrer- und Pädagogikstudenten müssen vorrangig kommunikative Kompetenzen erwerben, die durch die Beziehzungsseite jeder Kommunikation ausgedrückt sind. Hier können wir von anderen konstruktivistischen Ansätzen lernen, die sich insbesondere in der Ausbildung systemischer Therapeuten bewährt haben. Keiner dieser Therapeuten kann bloß über theoretische Seminare ausgebildet werden, weil er so nur über Beziehungen redet, statt sich in ihnen zu erleben. Es bedarf einer steten konstruktiven Aktivität in verschiedenen Rollen und unter unterschiedlichsten Beobachterperspektiven, es bedarf einer Reflexion nicht nur auf kognitive Inhalte, sondern auch auf Gefühle, Einstellungen, Wertmuster usw., also einer Kommunikation über die Beziehungsseite selbst. Will man aber über die Beziehungsseite forschen und lehren, dann kommt auch der Selbsttätigkeit und Selbstbestimmung eine auszuweisende Aufgabe zu, die wir vor der Umsetzung in die Schule zunächst für die Hochschule, für die Lehrer- und Pädagogikausbildung fordern müssen. Gerade die Hochschule als Ort von Konstruktionen darf diese nicht den Studenten verweigern, sondern muß sie dazu stets anhalten, ermutigen, ihnen Strukturen und Hilfen hierfür bieten. Wir würden durch Nutzung der Ressourcen der Studenten in Form von aktiver, kreativer Mitarbeit in Forschung und Lehre mit einer konstruktivistisch orientierten Hochschuldidaktik eine Reform erreichen können, die auch den Hochschulen wieder didaktisches Leben und Lebendigkeit von Beobachtungen in Beziehungen einhauchen könnte. Allerdings werden wir hier auch eine Supervision von außen erfahren müssen, weil erfahrene Systemiker, die nicht in das System Universität verstrickt sind, besser in der Lage sein werden, uns gerade hier — im Trott der universitären Gewohnheiten — unsere blinden Flecken zu verdeutlichen.

— Dabei ist allerdings zu bedenken, daß Inhalte und Beziehungen miteinander vermittelt sind. So mag es zwar sinnvoll sein, stärker reine Inhalts- oder Beziehungsseminare mit jeweils unterschiedlichen Methoden abzuhalten, aber im Regelfall sollte überlegt werden, ob und inwieweit sich nicht eine stete reflexive und emotionale Durchdringung beider Ebenen erreichen ließe. Entsprechende Anregungen hierzu finden sich in REICH (1996a).

Zu 3.) Alle Konzepte von Mit- und Selbstbestimmung scheitern, wenn sie inhaltlich *vor* die Beziehung gerückt werden, weil sie so Gruppen bloß manipulieren. In einem hierarchisierten System jedoch fällt es schwer, Gruppenprozesse möglichst demokratisch zu organisieren, auf die Selbstverantwortungskräfte in Gruppen zu vertrauen. Und ein solches System stößt auch regelmäßig an die Grenzen, wenn es um kontrollierende Beurteilungen von Teilnehmern geht, weil ihnen hier letztlich jede eigene Kompetenz abgesprochen werden muß. Eine konstruktivistische Didaktik steht dabei vor dem Problem, zunächst einmal den Ort ihrer konstruktiven Bemühungen rekonstruieren zu müssen, um sich selbst in den Paradoxien inhaltlicher Dominanzen und beziehungsmäßiger Reflexionen hierüber situieren zu können. Wesentlich wird es sein, hierbei eine didaktische Fantasie zu entwickeln, die das Paradoxe der Situation selbst für die Beziehungen der jeweiligen Teilnehmer auf ihrer Entwicklungsstufe reflektierbar und fühlbar hält, um die Macht, die das didaktische System mit Notwendigkeit durchdringt, nicht immer bloß als Abstraktum zu erleben und auf andere zu projizieren, sondern in sich selbst zu erkennen und zu konkretisieren, wo und wann man wie und anders handeln könnte. Geht man so weit, dann ist Mitbestimmung kein Prozeß, der jemals von außen an Gruppen und Individuen herangeführt werden kann, sondern immer in ihnen zu entscheiden. Und lassen sich in diesem System Machtkontrollen nicht vermeiden, dann lernen wir als Beobachter in diesem System zugleich etwas über das System. Lehrer sollten sich dann nicht inhaltlich hinter einer abstrakten Macht verstekken, sondern offen ihre möglichen Wirkungen auf der Inhaltsseite dokumentieren. Zugleich aber müßte die Folgewirkung für die Beziehungsseite offen angesprochen werden und hierbei könnten Regeln gefunden werden, mit denen möglichst alle sich auseinandersetzen sollten. Von außen mögen Impulse und Ideen kommen, aber sie werden sofort dann zu einem Dogma von außen, wenn die Individuen in ihrem jeweiligen Bezugssystem sich nicht mehr in relativer Freiheit für oder gegen sie entscheiden können. Aus möglichst großer Freiheit der Schüler mögen andererseits Entscheidungen entstehen, die die Lehrer nicht gutheißen wollen. Aber dann sind es eben auch Stellen, an denen sie offen den Kampf aufnehmen können, um zu verdeutlichen, warum sie anderer Auffassung sind. Allerdings setzt dies kompetente Beziehungspartner voraus: Sie müssen eben auch jene Theorien kennen oder eigene entwickeln, nach denen ihre Konstrukte von Wirklichkeit sich situieren und organisieren. Insbesondere Lehrer bedürfen hier einer qualifizierten Ausbildung, indem sie sich stärker darin bilden, den Widerstreit der Theorien zu erfahren, als sich an gängige Siegertheorien bloß anzuschließen.

Als Fazit bleibt für diesen Punkt, daß jeder beliebige Inhalt, der im Unterricht vermittelt wird, immer auch in einer Beziehung zu den Individuen im System Schule steht. Dies gilt doppelt: in einer Beziehung einerseits zu ihnen, weil man gerade zielbezogen und methodisch diesen Inhalt überhaupt für wichtig hält, andererseits weil er nur über Beziehungen im Lernprozeß überhaupt vermittelt werden kann. Wenn man nun aber nur die psychologische Seite der Beziehungen des Unterrichts thematisiert, wie es heutzutage insbesondere durch Rekurs auf konstruktivistische Kommunikationstheorien oder systemische Theorien schon geschieht, dann übersieht man leicht die andere Seite: Beziehungsreflexion bedeutet eben auch, die inhaltliche Seite jeden Unterrichts (re)konstruktiv für die Schüler aufzuschließen und Selbsttätigkeit und Selbstbestimmung nicht nur gelegentlich in einzelne Stunden einzubauen. Dann aber käme man dem sehr nah, was auch schon etlichen Reformpädagogen vorschwebte: Schüler und Lehrer (re)konstruieren die für sie wesentlichen Inhalte, indem sie möglichst umfangreich ihr eigenes Arbeitsmaterial über diese Wirklichkeit erstellen und auf äußere Bezugssysteme (z.B. Schulbücher oder andere von außen gefertigte Materialien) nur dann und insoweit zurückgreifen, wie sie es unabdingbar zur eigenen (re)konstruktiven Bewältigung benötigen. Diese Idee der französischen Arbeitsschule Célestin FREINETS z.B. ist eine Kernidee einer konstruktivistischen Didaktik, in der Schüler und Lehrer gemeinsam Arbeiten mit Spielcharakter und Spiele mit Arbeitscharakter konstruktiv realisieren, um nicht bloß die Symbolvorräte der Moderne in sich aufzusaugen, sondern konstruktivistisch abzuarbeiten und dabei das wichtigste in einem solchen Lernprozeß überhaupt erfahren zu können: Sich selbst als maßgeblichen Konstrukteur von Wirklichkeit zu erleben und zu bemerken, daß auch die anderen Konstruktionen — so groß und so absolut sie je erscheinen mögen — vom Menschen gemachte sind.

Zu 4.) Nun könnte es so scheinen, daß eine konstruktivistische Didaktik in dieser notwendig angelegten Schülerorientierung aufgeht und den Lehrer bloß noch als Moderator zuläßt. Dagegen jedoch steht, daß wir prinzipiell die herkömmlichen Zuschreibungsmuster von Lehrer und Schülern systemisch auflösen wollen. Zusammen bilden Lehrer und Schüler ein zirkuläres Beziehungssystem, das vielgestaltiger, differenzierter und lebendiger ist, als daß wir es auf die ewig alte und für die traditionelle Schule mit ihrer Lehrerdominanz geltende Dualität nach dem vertrauten Schema von Herr und Knecht reduzieren könnten. In all den Diskussionen um Schülerorientierung scheint es, systemisch betrachtet, deshalb fälschlicherweise auch viel zu wenig um Lehrer, wenn nicht um ihre Entmachtung, sondern vielmehr nur noch um Schüler zu gehen. Demgegenüber will ich postulieren, daß jegliche effektive und tatsächlich realisierte Schülerorientierung einen mächtigen Lehrer voraussetzt, der ebenso selbsttätig und selbstbestimmt agieren können muß, wie man es idealtypisch von seinen Schülern erwartet. Dies gründet sich auf sehr einfache Annahmen:

— Nur ein Lehrer, der den Sinn und die Relevanz von Selbsttätigkeit für sich erfahren hat, wird sie auf Dauer und möglichst umfassend seinen Schülern zugestehen und bei ihnen fördern. Nun dient aber gerade die bisherige universitäre Ausbildung einer Vereinseitigung solcher Selbsttätigkeit, indem vor allem individualisierte Leistungskontrollen Teamarbeit, inhaltliche Dominanzen Reflexionen auf Beziehungen, zersplitterte Teilerkenntnisse ein Verständnis von Zusammenhängen verhindern. Selbsttätigkeit aber ist dort besonders intensiv, wo in einem Projekt ein interdisziplinärer Zusammenhang mit einer zeitbezogenen Ziel- und Realisierungsperspektive durchgeführt wird. Solange die Hochschulen nicht hinreichend Räume und Zeit für solche Erfahrungen schaffen, werden wir kaum darauf vertrauen können, daß sich dieses Grundpostulat einer konstruktivistischen Didaktik wird effektiv in die Schulen umsetzen lassen. Es fehlen ganz einfach massenhafte Vorbilder. Und dennoch haben wir hier ein Ziel, mit dem die Hochschulen und Schulen reformiert werden müßten. Nur Beispiele helfen weiter, dies zu realsieren.

— Und solche Realisation gilt auch für die Selbstbestimmungsseite. Schulen unterliegen nicht bloß Bürokratien, sondern sind selbst bürokratische Systeme. Sie sind dabei durch und durch hierarchisch angelegt und unterliegen in unzumutbarer Weise einem Denken in Parteienproporz bei der Besetzung von Kontrollstellen — mehr als einer Suche nach pädagogischer Motivation oder Innovation. Ein bürokratisches System ist auf Funktionieren ausgelegt, was bedeutet, daß es alle Krisen und Schwächen verdecken wird, ggf. bis es letztlich zusammenbricht. Aber solcher Zusammenbruch wird nun gerade verhindert, weil die Bürokratie durch stete Modifikation versucht, die Krisen zu verschleiern und den Schein von Effektivität zu wahren. Dies führt notgedrungen zu immer mehr Pseudoaufgaben und einer aufgeblähten Verwaltung, die sich mit Schule beschäftigt, ohne noch aktiv in der Schule in direkter Unterrichtsgestaltung mitzuwirken. Deshalb benötigen wir Grundsätze einer sich selbst verwaltenden Schule, in der demokratische Prinzipien in direkter Wahl von zeitbegrenzten Gremien unter direkter Mitverwaltung von Schülern umgesetzt werden, was für die deutschen Schulen einer Revolution gleich käme. Rotationsprinzipien, Teamleitungen unter Beteiligung von Schülern, in größtem Ausmaß Selbstverwaltung bis hin zur eigenen verantwortlichen Verausgabung von Mitteln und ästhetischer und pflegerischer Gestaltung der Schulgebäude als Lebensraum, dies alles wären Kriterien, den Schulen ein notwendiges Eigenleben zurückzugeben. Hier könnten sich Lehrer, Schüler oder Eltern nicht mehr auf die Position zurückziehen, daß sie in diesem System ja doch zu wenig Kreatives machen können. Aber gegenwärtig ist es kennnzeichnend für die gebremste Kreativität an deutschen Schulen, daß in ihnen — wenn überhaupt! — weniger Weiterbildung, weniger Schulungen in Kommunikation, in Team- und Führungsfähigkeiten durchgeführt werden, als in beliebigen Unternehmen in der Wirtschaft. Offenbar erwartet man, daß ein Lehrer, der mit 30 Jahren in den Schuldienst als Beamter auf Lebenszeit übernommen wird, die nächsten Jahrzehnte ohne jede weitere Förderung und Veränderungen in seinen Einstellungen auskommen wird. Seine Leistungen stehen ebensowenig zur Disposition wie die von Hochschullehrern, solange einigermaßen die Funktionalität des Systems im Rahmen seiner Bürokratie gewahrt bleibt. Eine hinreichende Lerneffektivität eines solchen Systems zu erwarten, scheint mir die größte Illusion einer Institution zu sein, die sich selbst als starres System und ohne Supervision ihrer Inhalts- und Beziehungsseite behauptet. In ihr agieren Mehrwisser, die dann zu Besserwissern werden, wenn sie ihr Mehr an Wissen auf der Beziehungsseite gegen die Schüler ausspielen und deren Fähigkeiten und konstruktive Möglichkeiten im Sinne von „das werdet ihr erst sehr viel später verstehen“ entwerten. Ihre überwiegende inhaltliche Deutung, mit der sie sich von den vermeintlich Unwissenden absetzen, verhindert einen Blick auf die Bedürfnisse der Schüler und auf veränderte Bedingungen unserer Kultur. Ihr pädagogisches Handeln ist zugleich in einer ständigen Krise, weil sie nirgendwo gelernt und erfahren haben, wie sich Beziehungen mit Schülern intensiv und erfolgreich konstruktiv gestalten ließen. Nur eine radikale Reform des Schulsystems könnte hier Abhilfe schaffen. Nur Beispiele von Lehrern und Kollegien werden hierzu Mut machen können.

— Und solche Beispiele könnten zunächst vielleicht vor allem an jenen praktischen Nahtstellen ansetzen, wo die herkömmliche Didaktik die Lehrerausbildung verraten hat: in der praktischen Referendarausbildung. Etliche der dort arbeitenden Dozenten sehen die Schwierigkeiten der Lehrerbildung und sind zugleich mit der ihnen zugemuteten Rolle überfordert. Je mehr sie sich aus dem Konstrukt der überlieferten Didaktiken jedoch lösen, desto mehr mag ihre eigene Kompetenz zur Geltung kommen, wenn sie sich nicht über die Referendare stellt, sondern mit ihnen neue Konzepte erarbeitet. Über persönliche Kontakte könnte dies dann auch zurück eine Brücke in die Hochschulen schlagen, um durch produktive Beispiele die Misere der gegenwärtigen Lehrerausbildung nicht bloß zu charakterisieren, sondern aktiv zu verändern.

2 Drei Beobachterperspektiven einer konstruktivistischen Didaktik

Aus diesen sehr kurzen und zugegebenermaßen auch oft pauschalen Erläuterungen meiner vier Postulate einer systemisch-konstruktivistischen Didaktik läßt sich ablesen, daß dieser Ansatz durchaus Vorläufer in der Reformpädagogik hat und an diese sinnvoll anknüpfen kann. Aber er steht damit — wie diese in ihrer Zeit — auch in der Gefahr einer Verfehlung der Praxis, weil die Forderungen im gegebenen System utopisch erscheinen und nach einer radikalen Neubesinnung verlangen, die vielen zu weit gehen wird. Gleichwohl fordert gerade der konstruktivistische Denkansatz zu einer gewissen Radikalität heraus, denn die hier postulierte Erkenntnistheorie will sich nicht damit abfinden, bloß einige methodische Feinheiten der Unterrichtspraxis zu ändern, sondern muß grundsätzlicher nach einer Neuorientierung fragen. Ein wesentliches Ziel ist es dabei, Lehrern und Schülern Selbstvertrauen und Mut für die eigene konstruktive Erkenntnistätigkeit und für die Gestaltung ihrer Beziehungen nach einem von ihnen selbst auszuhandelnden Muster zu geben. Dabei setzt die konstruktivistische Einstellung aber nicht auf ein neues ganzheitliches Muster, auf einen klaren ideologischen Ansatz, der Versprechen ausspricht, die andere halten müssen. Als Konstruktivisten sollten wir eine Pädagogik und Didaktik vor allem nach drei sehr offenen Perspektiven, nach drei Denk- und Handlungsweisen ausrichten, die didaktisch in vielfältiger Form, ohne Einsatz von Rezepten oder Dogmen, aber mit Einsatz von Fantasie, Kreativität und Handlungswillen umgesetzt werden könnten (genauer in REICH 1996a):

2.1 Perspektive einer konstruktivistischen Didaktik: Konstruktion

Schüler und Lehrer konstruieren ihre Wirklichkeit in der Schule, die sich, sofern es möglich ist, auch dem Alltag und außerschulischen Systemen öffnet. Es ist ein Grundzug einer konstruktivistischen Didaktik, daß sie sowohl ihre Inhalte als auch die zwischenmenschlichen Beziehungen im Unterricht, in Arbeitsgemeinschaften und allen möglichen Lebensformen möglichst konstruktivistisch ausrichten will: Selbst erfahren, ausprobieren, experimentieren, immer in eigene Konstruktionen ideeller oder materieller Art überführen und in den Bedeutungen für die individuellen Interessen-, Motivations- und Gefühlslagen thematisieren. Ihr Grundmotto lautet: *„Wir sind die Erfinder unserer Wirklichkeit."*

Seit PIAGET wissen wir, wie wichtig die konstruktive Tätigkeit für den Aufbau von Weltbildern ist, aber zusätzlich zu seinem Ansatz haben wir auch die interaktive Seite solcher Tätigkeiten stärker zu berücksichtigen. Insoweit greifen Selbsttätigkeit und Selbstbestimmung notwendig ineinander. Eine konstruktivistische Didaktik, die sich auf bloße kognitive Konstruktionsarbeit reduzieren läßt, würde ihr eigenes Postulat der wechselnden Beobachter, die ihre je wechselnde Konstruktion von Wirklichkeit finden, schnell unterlaufen und auch die Beziehungsseite und eine systemische Sicht im Unterricht wieder vernachlässigen. Wir erfinden uns eben auch die Beziehungen, in denen wir existieren. Erleben wir hierin die Macht unserer Konstruktionen, dann werden wir Selbstvertrauen gewinnen können, solche Beziehungen auch als veränderbar zu erfahren.

Didaktisch nun bedeutet dies, daß jeder Stoff immer auch eine konstruktive Seite einschließt. Er ist etwas Neues für den Schüler und mithin etwas, was er für sich zu konstruieren hat, wenn er ihn verstehen und anwenden will. Die Aufgabe der Lehrer ist es, konstruktive Möglichkeiten solchen Verstehens und Anwendens bereitzustellen, in Zusammenarbeit mit den Schülern zu erstellen oder ggf. durch geeignete Vorarbeiten ein konstruktives Erfahrungsfeld für die Schüler zu schaffen.

2.2 Perspektive einer konstruktivistischen Didaktik: Rekonstruktion

Zeit, Raum und soziale Welt, unsere Lebensformen in unserer Kultur, werden zwar nur angeeignet, indem wir sie — psychologisch betrachtet — konstruktiv verarbeiten, aber hierbei erfinden wir nicht alles neu. Immer mehr Lernzeit wird darauf verwendet, die Erfindungen anderer für uns nachzuentdecken. Das Motto der Rekonstruktion lautet: „*Wir sind die Entdecker unserer Wirklichkeit.*“

Zwar sind wir als Entdecker immer auch Erfinder, aber unsere Erfindung ist dadurch abgewertet, daß es sie schon gibt. Die älteren Wissenden belächeln unsere Unschuld und unser Selbstvertrauen, wenn wir so tun, als hätten wir das alles selbst allein für uns gefunden. Und je wissender man in den Symbolsystemen der Moderne wird, desto kleinlauter mag der eigene Ansatz vertreten werden: Unübersichtlichkeit, Bedeutungslosigkeit, Ohnmacht vor dem Wissen anderer verführen viele dazu, sowohl die eigene Erfindungs- als auch Entdeckungsgabe zu vernachlässigen und bedeutungslos werden zu lassen. Was können wir dagegen konstruktivistisch tun? Auch eine konstruktivistische Didaktik in der gegenwärtigen Lebensform wird es sich nicht zur Aufgabe machen können, für wichtig erachtete Rekonstruktionsaufgaben in der Sozialisation der Gesellschaftsmitglieder zu vernachlässigen. Aber sie wird Lehrer wie Schüler in jedem Einzelfall bei der Auswahl aktiv beteiligen wollen. Und sie wird notwendig die Methode der Rekonstruktionen verändern müssen, indem sie sie nicht überbetont, sondern dem ersten Prinzip der Konstruktion an die Seite stellt und beide immer miteinander vermittelt sieht. Entscheidend hierbei ist die Markierung der Beobachterposition. Da heißt es z.B. aus der Sicht unserer Didaktik: „Dies sehen wir aus unseren Augen konstruktiv so; jetzt schauen wir aus den Augen von X rekonstruktiv, was er oder sie gesehen hat." Damit wird die immer noch übliche Rekonstruktion verschwinden, die etwa behauptet, „damals war es *wirklich* so oder so", „es ist *gewiß*, daß die Menschen gar nicht anders konnten als so oder so zu handeln", „das Ereignis Y mußte *genau so und nicht anders* eintreten." Eine konstruktivistische Didaktik wird unter der Perspektive der Rekonstruktion ihre Schüler anders fragen lassen: „Wer hat es damals so, und wer hat es anders gesehen? Welche Handlungsmöglichkeiten haben Beobachter damals festgestellt und welche fallen uns hierzu ein? Was veranlaßt wissenschaftliche Beobachter der Gegenwart dazu, ein Ereignis kausal so zu bestimmen, daß es notwendig erscheint?" In der Rekonstruktion erscheinen wir immer schlauer als in den Konstruktionen, weil wir im Nachhinein schauen und nun interpretieren können, was andere noch nicht gesehen haben. Wir können also auch fragen: „Was wurde damals unberücksichtigt gelassen? Was denken wir, was man noch nicht gesehen hat?"

Zugleich wird es konstruktivistisch wichtig, daß wir in Prozessen der Rekonstruktion verstehen lernen, was die damaligen oder jetztigen Beobachter dazu veranlaßt haben könnte, ihre Beobachtungen so und nicht anders festzulegen. Wir fragen nach Motiven und wollen nicht bloß Fakten lernen. Wir behaupten, daß wir Fakten dann sinnverstehend besser behalten, wenn wir etwas über die Motive — und in diesem Zusammenhang immer auch über unsere Motive — erfahren.

Als Einwand gegen eine solche Methodik drängt sich sofort die unendliche Stoffülle auf, die es zu verbieten scheint, solche weitergehenden Bedeutungen gegenüber dem wesentlichen inhaltlichen Kultur- und Wissenschaftserbe anzuführen. Schon jetzt sind die Symbolvorräte, die in die Pipeline Schule eingepumpt werden, viel zu groß. Und genau hier setzt eine konstruktivistische Didaktik an. Wer behauptet denn die Notwendigkeit dieser Vorräte? Bemerken nicht gerade jetzt die Hochschulen, daß die von ihnen als Voraussetzungen für ein Studium geforderten und angeblich vermittelten Vorräte gar nicht im Gedächtnis der Schüler gelagert werden? Dies ist ein durchaus altes Problem didaktischer Reflexion, dem sich früher insbesondere Martin WAGENSCHEIN widmete. Er erkannte bereits, daß nur exemplarisch gelernt werden kann. Aber wer hat sich um das Exemplarische bemüht? Heute gibt es an immer mehr Universitäten Vorkurse, um die Studierenden angeblich studierfähig zu machen. Vielfach sind Klagen zu hören, daß die Schule nicht hinreichend auf die berufliche Welt vorbereite und zugleich viel zu lange dauere. Doch nicht die Breite eines oberflächlich angeeigneten Wissens und die Fähigkeit zu zeitlich begrenzter Reproduktion von Faktenwissen macht studierfähig oder orientiert die Schüler besser auf Berufe und auf den Alltag hin. Eine praxisbezogene Hilfe könnte hier nur ein System des Lernens schaffen, in dem Eigenverantwortlichkeit, Selbstvertrauen und Motivation von Lernern durch Selbsttätigkeit und Selbstbestimmung gestärkt wird, in dem die Aufgaben der Rekonstruktion in das

Spannungsfeld zur eigenen Konstruktion zurückgeholt und hierbei gezielt verarbeitet werden. Gerade in einer durch Unübersichtlichkeit, Widersprüchlichkeit und medialer Vervielfältigung ausgezeichneten Kultur wird es immer deutlicher, daß es keine klare Auffassung von verbindlichen Rekonstruktionen in dieser Kultur gibt, sofern sie sich nicht mit den konstruktiven Bedeutungen für die Heranwachsenden verbindet. Aus diesen Konstruktionen heraus aber werden Rekonstruktionen interessant, eben weil sie als Beobachterposition eine Distanz zur gegenwärtigen Verwicklung erlauben, weil sie dabei etwas konstruktiv herleiten, das als Denkform vergangener Ereignisse für uns Bedeutungen gewinnt.

Die Lehrer finden ihre fachliche Stärke in der Rekonstruktion von Fachinhalten. So zumindest werden sie ausgebildet. Aber ihre Schwäche besteht schon in der Umsetzung in die Konstruktion für die Schüler, weil sie selbst im Lehrerstudium viel zu wenig die eigene Konstruktion an den Rekonstruktionen erproben durften. So lange es als akademisches Ziel gilt, daß man erst dann konstruktiv mit Forschung umgehen darf, wenn man alle rekonstruktiven Prüfungen als Dokumentation, daß man dazugehört, abgelegt hat, so lange also die forschend-konstruktive Seite im Studium der heutigen Massenuniversität unterbelichtet bleibt, bedarf es eines besonderen Lehrerengagements, um diese Defizite auszugleichen. Und dies nicht nur in inhaltlicher Sicht, sondern gerade auch für die Beziehungsseite im Unterricht.

2.3 Perspektive einer konstruktivistischen Didaktik: Dekonstruktion

Aber diese beiden Positionen reichen nicht aus. Der zufrieden zu einer Übereinstimmung mit sich und anderen gelangte Beobachter wird vor ein weiteres Motto gestellt: „*Es könnte auch noch anders sein!*"

Hier ist nicht einfach ein skeptischer Zweifel an allem gemeint, was andere und man selbst hervorbringen, damit vor allem nicht ein neues zynisches Besserwissertum. Vielmehr geht es bei der Dekonstruktion vor allem um die Auslassungen, die möglichen anderen Blickwinkel, die sich im Nachentdekken der Erfindungen anderer oder in der Selbstgefälligkeit der eigenen Erfindung so gerne verstellen. Je mehr auf klare Linearität und Kausalität in der Wissenschaft gesetzt wird, um so mehr wird der Dekonstruktivist verabscheut, weil er zirkulär denkt und alles durcheinander bringt. Er ist jener respektlose Chaot, der das System verstört, weil er bei den selbstverständlichsten Funktionsweisen innehält und dumme Fragen stellt. Sehr oft ist die Wissenschaft dann zu dumm, um darauf antworten zu können. In einer konstruktivistischen Didaktik aber sollen alle zu Dekonstruktivisten werden können, um dann in den Zirkel der Konstruktion und Rekonstruktion zurückzufinden. Wenn ich als Beobachter etwas in Zweifel ziehe, wenn ich nach Auslassungen frage, Ergänzungen einbringe, den Blickwinkel verschiebe, den Beobachterstandpunkt fundamental wechsle und so andere Sichtweisen gewinne, dann kann ich zugleich thematisieren, inwieweit ich daraus für mich konstruktive Schlußfolgerungen ziehen kann und wie dies andere vor oder neben mir schon gesehen haben.

Wann immer ein Unterrichtsstoff möglichst konstruktiv erarbeitet und rekonstruktiv in die Auswahl von Wissensmöglichkeiten zurückübersetzt wurde, dann kommt es zum Abschluß dieses Unterrichts darauf an, dekonstruktiv an den Stoff heranzugehen. Hier werden neue Fragen entstehen: „Wieso ist es uns selbstverständlich, die Dinge so und nicht anders zu sehen? Gibt es nicht auch Sichtweisen — bei anderen Völkern, anderen Gelehrten, anderen Menschen oder insbesondere hier bei uns —, die unsere Re/Konstruktionen erweitern, aus einem anderen Blickwinkel erscheinen lassen? Was ändert sich, wenn wir die Beobachterposition nur ein wenig wechseln?" Mit solchen Fragen treten wir immer auch in den Zirkel eigener Konstruktionen und in die Rekonstruktionen von anderen zurück, ohne uns jedoch je mit dem Erreichten zufrieden geben zu können und der Illusion unterliegen zu dürfen, daß wir nun die schlüssige letzte Wahrheit gefunden hätten.

Diese Position mag Lehrer besonders verunsichern, denn sie streitet gegen die rekonstruktiven Bemühungen. Man mag auch einwenden, daß ja jeder Quatsch gegen jede wohlbegründete Theorie eingebracht werden kann, um damit Dekonstruktivismus zu behaupten. Aber dieses Gegenargument begreift nicht, daß es uns darum ja gerade geht: In der Postmoderne wird ja unablässig Quatsch produziert, der z.B. in Lichtgeschwindigkeit in nahezu alle Wohnzimmer abgestrahlt wird. Aber wie soll Quatsch von jenem Wissen und Wollen unterschieden werden, wenn nicht die Konsumenten selbst, also hier Schüler und Lehrer, sich gemeinsam de/re/konstruktiv hierüber verständigen, auch wenn sie dabei nicht zu der *einen* neuen Wahrheit kommen, was Quatsch *an sich* sei. Sie werden aber für sich durchaus Grenzen definieren können und müssen, die sie als ihre Grenzen kennen*lernen.* Und dieser dekonstruktive Lernprozeß wird zunehmend wichtiger in einer Kultur, die ihre Mitglieder mit klischeehaften Rekonstruktionen überschwemmt.

3 Ausgangsthesen einer konstruktivistischen Didaktik

Um diese drei Grundperspektiven herum, so scheint es mir, ließe sich eine systemisch-konstruktivistische Didaktik aufbauen, die als offene Theorierichtung dem Schulleben wieder mehr Selbstvertrauen und Selbstwert zurückgeben kann. Die dabei zwangsläufig produzierten Paradoxien werden hier auch nicht ausgeschlossen und von den Lehrern verborgen, sondern sind selbst Thema einer Selbstreflexion und -erfahrung über Inhalte und

Beziehungen. Vielen Teilnehmern jener Seminare, in denen wir versucht haben, diesen Perspektiven nachzukommen und sie zu entwickeln, wurde genau dies zu einer Erfahrung, die ihre Einstellung zu Schule und Unterricht wesentlich veränderte: Warte nicht auf den Durchblick, den dir andere vermitteln, hoffe nicht auf ein Geleit durch andere, um den Praxisschock zu überwinden, vertraue nicht auf Reformen, die irgendwann einmal kommen sollen, sondern fange bei dir selbst und deinen re/de/konstruktiven Fähigkeiten an, die du schon heute, hier und jetzt, einbringen kannst.

Im Zusammenhang mit diesen drei Grundperspektiven und den zuvor gegebenen Erläuterungen lassen sich erste Thesen für eine systemisch-konstruktivistische Didaktik aufstellen:

1. Im Blick auf die Aneignung der Beobachtungsvorräte der kulturellen Welt der Postmoderne fordert die konstruktivistische Didaktik eine möglichst offene Herangehensweise, die sowohl Schülern als auch Lehrern eine re/de/konstruktive eigene Erarbeitung ihrer Wirklichkeiten ermöglichen will. Dazu gehören mindestens zwei Pole der Verwirklichung: Eine hohe Selbsttätigkeit im Lernprozeß, weil nur über die eigene Anwendung und umfassende Erfahrung und ihre Reflexion Lernen effektiv, und d.h. vor allem motiviert, organisiert werden kann; zum anderen ist dabei jedoch eine Selbstbestimmung insbesondere der Motive entscheidend, weil nur so ein Selbstwertgefühl und eine Erfahrung von Konstruktion erreicht wird, die den ethischen Implikationen an eine konstruktivistische Weltsicht gerecht wird. In anderer Weise ausgedrückt: Konstruktionen von Wirklichkeit sind keine beliebige Spielerei, sondern wir verantworten sie durch unser Handeln und hinterlassen sie anderen, die uns zur Rede und Verantwortung stellen können und sollten. Eine solche Denk- und Handlungsweise aber müßte im didaktischen Prozeß selbst verankert sein, indem alle in diesem Prozeß darüber Kommunikation betreiben.
2. Konstruktivistische Didaktik ist damit interaktionistisch orientiert. Wir sollten sie im Grunde interaktionistisch-konstruktivistische Didaktik nennen. Denn die inhaltlichen Verkürzungen enden nur dort, wo verschiedene Beobachter ihre Sichtweisen in einen Prozeß der Wirklichkeitskonstruktion einbringen können. Warum aber sollten die Lehrer hier alles besser wissen? Könnten sie nicht immer auch von ihren Schülern lernen, was sie nicht wissen, ohne gleich darüber in Belustigung oder wissendes Lächeln zu verfallen? Nach unserer Sicht relativiert sich die rekonstruktive inhaltliche Stärke des Lehrers durch die konstruktiven und dekonstruktiven Möglichkeiten seiner Schüler ebenso wie durch die Bedeutung der Beziehungsebene, auf der es nicht den besseren Lehrer und die schlechteren Schüler gibt. Oder umgekehrt: Können die Schüler nicht immer auch von den Lehrern verlangen, daß sie sehr viel mehr wissen müßten, um ihnen die Zugänge zu ihren Wirklichkeitskonstruktionen zu erleichtern, ihnen die Sprachspiele hierüber interessanter und motivierender zu eröffnen, sie mehr herauszufordern und zu fördern? Konstruktivistische Didaktik fordert zu einem Sprach- und

Konstruktionsspiel auf, das seine eigenen Regeln exponiert, indem alle Beteiligten von ihrer Beobachterperspektive aus das darlegen können, was sie zu ihrer Wirklichkeitskonstruktion veranlaßt. Das Ergebnis wird als zeitbezogener Konstruktionsgewinn festgehalten, aber nicht als universelle Wahrheit gegen andere abgegrenzt. So entsteht für die Schüler und Lehrer ein neuer Wahrheitsbegriff, der die Veränderungen an den Wahrheitskonstrukten stets mitreflektieren hilft. Und diese Konstrukte sind stets in ihrer Blickrichtung verdoppelt und hierin vermittelt: Es werden nicht nur Inhalte gelernt, sondern mit diesen auch Beziehungen, es werden nie nur Beziehungen gelebt, sondern in diesen auch Inhalte.

3. Konstruktivistische Didaktik verlangt deshalb neue Techniken der inhaltlichen Vermittlung und der konstruktiven Bearbeitung der Beziehungen. Sie intendiert eine methodische Offenheit, in der alle Methoden und Techniken, die bekannt sind, eingesetzt werden können, sofern sie helfen

— die konstruktiven Verarbeitungsmöglichkeiten jedes Beteilgten zu stärken,
— die dabei entwickelten Blickweisen als Möglichkeiten einer Wirklichkeitskonstruktion zu akzeptieren,
— weitere Blickweisen und andere Möglichkeiten hierzu herauszufordern,
— das dadurch erzeugte Spannungsverhältnis von symbolischer Sicherheit (das jeweils Gewußte) und Unsicherheit (das jeweils noch Mögliche) altersgemäß erfahrbar werden zu lassen, indem vorrangig die Schüler die Reflexion ihrer Wirklichkeitskonstruktion beschreiben und erklären lernen,
— die Lehrer flexibel im Blick auf die Lernbedürfnisse ihrer Schüler zu halten,
— den Schülern Chancen zu geben, die Lern- und Lehrbedürfnisse ihrer Lehrer zu verstehen.

Ein gezielter Medieneinsatz sollte diese methodischen Intentionen verstärken, indem die Medien dazu genutzt werden, Inhalts- als auch Beziehungsprozesse zu veranschaulichen und für alle zu dokumentieren. Dabei sollten Medien vorwiegend nicht rezeptiv, sondern aktivierend und im Sinne eigener Nutzung und Herstellung eigenen Dokumentationsmaterials eingesetzt werden. Damit könnte die konstruktivistische Didaktik im Kampf gegen die mediale Überflutung mit Klischees und virtueller Belanglosigkeit Heranwachsenden in einer zunehmend medialen Kultur Alternativen im Sinne eines eigenen Schöpfertums bieten.

4. Dazu aber muß die Lehrerbildung grundlegend verändert werden, denn nur wenn die Lehrerstudenten eine eigene konstruktivistisch orientierte Hochschuldidaktik — zumindest in einigen Studienabschnitten — erfahren und mitgestalten können, werden sie eine Einstellung und konkrete Verhaltensweisen sich aneignen, die überhaupt erst eine hinreichende methodische und mediale Umsetzung auf lange Sicht in die Schulpraxis wahrscheinlich werden lassen. Dies gilt insbesondere für die Verbindung von Inhalts- und

Beziehungsseiten im Unterrichtsprozeß und den Einsatz von systemischen Arbeitstechniken.

5. Systemische Arbeitstechniken, wie sie in der systemischen Familientherapie praktiziert werden, lassen sich nicht einfach auf Unterrichtsprozesse übertragen. Dennoch können sie teilweise das vorhandene und traditionelle Methodenreservoir der Didaktik gezielt erweitern helfen. Insbesondere, wenn es um die Veränderung von Beobachterstandpunkten, die Erweiterung von Blickweisen, die Artikulation der Bedeutungs- und Beziehungsseite geht, helfen vor allem folgende Techniken weiter (vgl. genauer REICH 1996a, 235ff.):

— Zirkuläres Fragen, um Beziehungsprozesse und gruppendynamische Aspekte ebenso wie individuelle Gefühlslagen in ihnen zu reflektieren. Solche Fragen können im realen Gruppenprozeß selbst gestellt werden, aber sich auch an imaginäre Gesprächspartner richten, wenn die Schüler und der Lehrer z.B. Rollen von Beobachtern einnehmen, die durch Inhalte begründet sind.
— Skulpturen, um Beobachterpositionen zu veranschaulichen, Verstrickungen zu bemerken, Veränderungen in den Beziehungen zu reflektieren oder zu forcieren, aber auch um Inhalte in ihrer Beobachtungssetzung zu veranschaulichen.
— „Reflecting teams“, um den Lehrer von seiner dominanten Beobachterrolle im Beziehungssystem zu befreien und Schüler verantwortlich in Beobachterpositionen einzuüben und einzusetzen.

Aber solche doch eher bescheidenen Übertragungen helfen nicht hinreichend, eine systemisch-konstruktivistische Didaktik zu begründen. Es wird in jedem Einzelfall darauf ankommen, auch bei inhaltlichen Vermittlungen systemische Sichtweisen in konkreter Vielfalt einzuführen und beispielhaft auszuweisen.

6. Dazu erscheint eine systemische Weiterbildung von Lehrern, in der konkrete Konzepte erprobt und simuliert und Methoden geübt werden können, als unerläßlich. Hier wäre eine interdisziplinäre Zusammenarbeit z.B. mit systemischen Therapeuten und systemisch arbeitenden Weiterbildungsexperten dringend erforderlich, um sich aus der oft inhaltlich vorhandenen Festgefahrenheit von Konzeptionen zu befreien.

7. Supervisionsgruppen, die auf freiwilliger Basis eine gegenseitige Stütze von konstruktivistisch arbeitenden Lehrern und Hilfen im Prozeß der Durchführung und Reflexion solcher Durchführungen — bis hin zu Live-Supervisionen — geben, müßten dieses Konzept flankieren. Dabei allerdings wäre es wünschenswert, weitreichend systemisch vorzugehen, und die Schüler nicht aus dem Prozeß auszuschließen, sondern sie aktiv in ihn einzubeziehen.

8. Beispiele. Beispiele. Beispiele. Publizierung und Austausch mittels Gründung von regionalen Gruppen, Anschriftenverzeichnissen, gemeinsamen Tagungen. Hier treten Gefahren einer traditionellen Abgeschlossenheit

(z.B. wir machen alles besser) oder der Beliebigkeit (z.B. jeder nimmt sich, was er braucht) als vertraute Typen traditioneller Didaktik wieder auf. Die Dekonstruktion möglicher Fallen, die wir uns selber stellen, wird zu einem unabschließbaren Prozeß.

9. Deshalb auch keine Publikation, die die für gültig gehaltenen Beispiele sammelt, sondern Abschied von der *einen* Beobachtertheorie, die alles wieder zum Stillstand bringen würde.

Literatur

Bourdieu, P. (1992): Homo academicus. Frankfurt a.M.

Foerster v., H. (1993): KybernEthik. Berlin

Foucault, M. (1978): Dispositive der Macht. Über Sexualität, Wissen und Wahrheit. Berlin

Foucault, M. (1992^{10}): Überwachen und Strafen. Die Geburt des Gefängnisses. Frankfurt a. M.

Heimann, P. (1976): Didaktik als Unterrichtswissenschaft. Hrsg. von Reich, K.; Thomas, H. Stuttgart

Reich, K. (1972^{2}): Systemisch-konstruktivistische Pädagogik. Neuwied

Reich, K. (1998): Die Ordnung der Blicke. Perspektiven eines interaktionistischen Konstruktivismus. Neuwied (2 Bd.)

Watzlawick, P. u.a. (1985^{7}): Menschliche Kommunikation. Bern u.a.

Unterricht als Konstruktion

Hermann Krüssel

Die konstruktivistische These „Jede Erkenntnis ist (individuelle und soziale) Konstruktion von Wirklichkeit“ dient als Folie, um den Ertrag dieses Paradigmas für die didaktische Theoriebildung zu erörtern. Der Beitrag beschäftigt sich mit der Frage, inwieweit bisherige Positionen von „Lernen als Konstruktion“ und „Lehren als Konstruktion“ weitergeführt werden können.

1 Leitlinien des Konstruktivismus

Ernst VON GLASERSFELD hat über die unterrichtliche Praxis folgendes Statement formuliert: „Auch wenn ein guter Lehrer nicht lange braucht, um zu entdecken, daß es nicht ausreicht, etwas zu sagen, um es tatsächlich 'rüberzubringen', gibt es wenig oder keine theoretische Erklärung dafür, warum sprachliche Kommunikation nicht das leistet, was sie leisten soll.“ (v. GLASERSFELD 1987b, 276) Der Konstruktivismus bietet *einen* Erklärungsansatz hierzu.

Fester Bestandteil des alltäglichen wie des wissenschaftlichen abendländischen Denkens ist die Vorstellung, daß der Mensch der äußeren Welt, der Natur als unabhängiger Betrachter gegenübersteht.

Im Gegensatz zu diesem traditionellen Sprachgebrauch vertritt der „Konstruktivismus“ die Ansicht, daß wir an die vermeintlich objektiv bestehende Wirklichkeit *immer* mit gewissen Grundannahmen herangehen, d.h. die Möglichkeit einer strikten Subjekt-Objekt-Trennung und damit die Möglichkeit einer unmittelbaren Bezugnahme des Erkenntnissubjekts auf den Gegenstand der Erkenntnis wird *grundsätzlich* bezweifelt. Deshalb wird auch häufiger vom Radikalen Konstruktivismus gesprochen. Jede Erkenntnis ist demnach als eine Konstruktion aufzufassen und die Beurteilung eines möglichen Erkenntisgewinnes über die Welt muß daher notwendigerweise den Erkennenden mit einschließen. Die Mainstream-Fragestellung bisheriger Epistemologie: „*Was* wissen wir *wie*?“ wird durch die Leitfrage ersetzt: „*Wie* wissen wir *was*?“

Eine provokante, wenn auch ideengeschichtlich nicht neue Behauptung. Mit diesem Ansatz, Erkenntnistheorie als Kognitionstheorie zu formulieren, wird KANTs transzendentalphilosophische Argumentation, daß die Welterkenntnis an Voraussetzungen gebunden ist bzw. daß wir die Welt so erkennen, wie *wir* sie sehen, bestärkt und damit der Anschluß an die idealistische Philosophietradition hergestellt. Auf der anderen Seite wird an kognitive Theorien innerhalb der Psychologie (z.B. J. PIAGET) und der Soziologie (z.B. BERGER/LUCKMANN 1980) angeknüpft, in denen die Idee der individuellen und gesellschaftlichen Konstruktion von Wirklichkeit entwickelt worden ist.

Der moderne Konstruktivismus geht jedoch insofern über bisherige Positionen einer „Erkenntnis als Konstruktion" hinaus, als er deren Implikationen radikalisiert. Nicht mehr *die* Realität kann demnach den Bezugspunkt für die Erkenntnisbildung darstellen, sondern konstituierte *Wirklichkeiten.* Auf drei Argumentationsstränge dieser kognitiven Epistemologie möchte ich kurz eingehen.

1. „Experimentelle Basis" des modernen Konstruktivismus bilden neurophysiologische Untersuchungen, die Ende der 60er Jahre durch eine Forschergruppe um den chilenischen Neurobiologen Humberto MATURANA durchgeführt wurden. Messungen von Erregungszuständen der Nervenzellen hatten belegt, daß die Sinneszellen nur die Quantität eines erfahrbaren Reizes erfassen, nicht aber die physikalische Qualität. Wenn diese Messungen stimmen, stellt sich die Frage, wie denn Wirklichkeit erkannt wird. Die Antwort liegt in einer Verschiebung des Blickwinkels von den Sinnesorganen zum Gehirn. *Demnach sieht das Gehirn, nicht die Sinnesorgane.* ROTH beschreibt demgemäß Wahrnehmung als die „Selbstbeschreibung des Gehirns" (zit. bei SCHMIDT 1987b, 16).

Das menschliche Gehirn ist demnach kein umweltoffenes Reflexsystem, sondern ein funktional geschlossenes rückbezügliches System, das nur mit seinen eigenen inneren Zuständen umgehen, also nur seine eigene „Sprache" verstehen kann.

MATURANA sieht in diesem Selbstbezug ein Kennzeichen des Lebendigen überhaupt. Die *Autonomie des Lebendigen wird von ihm als „Autopoiese", als „Selbst-Machen"* bezeichnet. Autopoietisch ist die zusammenfassende Bezeichnung für lebende Systeme, die selbsterzeugend, selbstorganisierend, selbsterhaltend und selbstreferentiell arbeiten (vgl. MATURANA/VARELA 1987, 55). Dieser Zusammenhang wird auch als Strukturdeterminiertheit bezeichnet; das heißt: lebende Systeme beziehen sich nur auf ihre eigene Struktur. Diese These von der Strukturdeterminiertheit beinhaltet, daß ein autopoietisches System autonom gegenüber der Umwelt operiert; es kann *„pertubiert" (angeregt), nicht aber determiniert* werden (vgl. MATURANA/VARELA 1987, 27).

Neben dieser funktionalen Eingebundenheit des „realen Gehirns“ in die operationale Geschlossenheit des lebenden Systems schafft sich dieses durch Selbstbeschreibung und Selbstexplikation eine eigene Welt, die *kognitive Wirklichkeit* (vgl. ROTH 1987a, 1987b). Als kognitives System operiert es *selbstreferentiell* (vgl. HEJL 1987).

Das menschliche Gehirn *und* das kognitive System operieren nach konstruktivistischem Verständnis nicht mit Repräsentationen und *ver*arbeiten keinerlei „Informationen“, sondern sie *er*arbeiten *Beschreibungssysteme*. Der Ursprungsort von Wahrnehmung, Denken und Theoriebildung ist bei MATURANA die immaterielle Instanz „Beobachter“ (vgl. RIEGAS/VETTER 1990, 330).

2. Diese Perspektive des individuellen Konstruktivismus ist von den Wissenssoziologen BERGER/LUCKMANN auf die Ebene der sozialen Interaktion übertragen worden. Der „soziale Konstruktivismus“ stellt heraus, daß jeder Mensch in einer von anderen Menschen vorstrukturierten und damit sinnhaften Wirklichkeit aufwächst.

Jeder Mensch schafft sich seine „inneren Landkarten“ (STIERLIN) als Teil sozialer Systeme, deren spezifische Referenzform von HEJL (1987) als *synreferentiell* beschrieben worden ist.

Wenn der Konstruktivismus von Systemen spricht, sind damit Interaktionen innerhalb intersubjektiv erzeugter Wirklichkeiten gemeint und nicht abgebildete Realitätsausschnitte. Systeme werden als ein Orientierungssystem und damit als formale Modelle betrachtet und systemisches Denken bedeutet *kontextualisierendes Denken*: „Kontextualisierendes Denken ... entfernt sich grundsätzlich vom Konzept der Kausalität. Linear-kausales Denken wird durch zirkuläres Denken abgelöst. Die systemische Denkweise betrachtet einzelne Teile eines kontextuellen Systems nicht für sich, in den Blickpunkt rückt vielmehr die Gesamtheit der interagierenden Komponenten einer Einheit.“ (BÖSE/SCHIEPEK 1989, 94)

Gleichwohl wird das Subjekt vom systemisch-konstruktivistischen Ansatz gegenüber der funktionalistischen Systemtheorie sensu LUHMANN in unvergleichlicher Weise rehabilitiert. Die Dekomposition sozialer Systeme führt bei einer konstruktivistischen Betrachtungsweise nicht zu Handlungen, sondern zu Subjekten. Dementsprechend kann auch bei einer systemischen Analyse durchaus der Begriff ‘Person’ Verwendung finden, insofern damit das individuelle Wissen um Selbstreferenz gemeint ist.

3. Die konsensuellen Prinzipien der Wirklichkeitskonstruktion werden — wie Sprachwissenschaftler seit langem behaupten — vor allem durch Sprache vermittelt und im Subjekt internalisiert. Verwiesen sei in diesem Zusammenhang auf die verschiedenen Untersuchungen und Anlaysen von Heinz VON FOERSTER und Paul WATZLAWICK, die davon handeln, daß die sogenannte Wirklichkeit das Ergebnis von Kommunikation ist.

Damit wird das traditionelle Modell, demzufolge Kommunikation als Informationsvermittlung zwischen einem Sender und einem Empfänger zu verstehen ist, fragwürdig. Der Konstruktivismus lenkt denn auch den Blick auf die *Voraussetzungen* von Sprache. Um sprachlich kommunizieren zu können, müssen Individuen zuvor einen Bereich konsensueller Interaktionen aufgebaut haben. Die Funktion von Sprache besteht demnach nicht primär darin, auf sprachunabhängige Einheiten zu verweisen, sondern darin, Orientierungshandeln im kognitiven Bereich des zu Orientierenden auszulösen. Sprache dient damit nach konstruktivistischem Verständnis *nicht primär der Informationsübertragung, sondern der Orientierung* (vgl. MATURANA 1982, 55ff.; MATURANA/VARELA 1987, 223ff.; SCHMIDT 1987b, 26ff.).

Das heißt jedoch nicht, daß in diesem Modell allein den Vorstellungen des *Ich* Realität zugesprochen wird oder dieses *Ich* beliebig verfahren könne bei der Konstruktion von Wirklichkeit. Die Begrenzungen der wirklichkeitserschließenden Aktivität des Subjekts bestehen zum einen im Erkenntnisvermögen selbst sowie in der Struktur der Umwelt, die das *Ich* erfährt, wenn ihm und seinen Konstruktionen etwas entgegensteht, eben ein *Gegen-stand.*

Es wird zwischen 'Welt' und 'Wirklichkeit' differenziert; nicht das Vorhandensein einer objektiven Welt wird geleugnet — wie im Solipsismus -, sondern die Möglichkeit einer objektiven Erkenntnis feststehender unabhängiger Realität in Frage gestellt. Wege der Erkenntnisbildung — auch der wissenschaftlichen — produzieren letzten Endes nicht „ikonisches", sondern „viables" Wissen (Ernst VON GLASERSFELD). „Viabilität" bedeutet soviel wie „Gangbarkeit einer Erkenntnis". Der Wert einer Erkenntnis als Konstruktion wird daran gemessen, wie weit sie den Bedürfnissen des Erkennenden bzw. der Erkenntnisgemeinschaft entgegenkommt.

2 Unterricht als Konstruktion

Überträgt man die systemisch-konstruktivistische Betrachtungsweise auf den Phänomenbereich 'Unterricht', so wird der Unterricht als ein soziales System, das synreferentiell organisiert ist, und werden die im Unterricht Agierenden als kognitive, selbstreferentiell operierende Systeme angesehen. Im folgenden möchte ich einige Implikationen dieses Modells für die Phänomenbereiche Kommunikation, Lernen und Lehren entwickeln.

2.1 Kommunikation als Orientierungshandeln

Mit der Übernahme der Theoreme des Konstruktivismus, die beinhalten, daß Wirklichkeiten, und damit auch die Wahrnehmung von Unterrichtssituationen im gewissen Sinne „selbstgemacht" sind, und der Mensch als kognitives

System selbstreferentiell operiert, wird die systemtheoretische Perspektive in der Didaktik (z.B. KÖNIG/RIEDEL 1973), in der — trotz gegenteiliger Bekundungen — die Individualität resp. Subjektivität ausgeblendet worden ist, verschoben auf das Subjekt und dessen Wirklichkeitskonstruktionen: „Muster und Realitätskonstruktionen bedingen/bestätigen/erhalten sich in einem rekursiven Prozeß. (...) Das Zusammenspiel der genannten Wirklichkeitskonstruktionen und Muster bringt sich in der jeweiligen Beziehungsrealität, genauer: der jeweils von den Systemmitgliedern konstruierten und gestalteten Realität zum Ausdruck." (STIERLIN 1988, 54f.)

Praktisch bedeutet dies, daß z.B. Etikettierungen, Charakterisierungen von Schülern nicht unabhängig von der systemischen Dynamik verstanden werden können, hier ihren „Sinn" haben.

Die konstruktivistische Auffassung von Kommunikation legt für die Betrachtung des unterrichtlichen Kommunikationsprozesses nahe, daß Verstehen und Verständigung im Unterricht im Unterschied zur alltagssprachlichen Semantik nicht als ein Vorgang des Sich-hinein-versetzen, sondern als Orientierungshandeln interagierender Kommunikationspartner anzusehen ist.

Die Qualität des Verstehens kann nach konstruktivistischem Verständnis nicht von der Zielvorgabe einer Übereinstimmung zwischen dem von Verstehenshandelnden Rekonstruierten und dem tatsächlich Gemeinten definiert werden, sondern ist im Kontext der Interaktionshandlungen zu beantworten.

2.2 Lernen als Konstruktion

Es gilt als unstrittig, daß in den didaktischen Konzeptionen zugleich bestimmte Vorstellungen vom Phänomen des Lernens enthalten sind.

Das Phänomen des Lernens wird in den diversen lerntheoretischen Konzepten recht unterschiedlich bestimmt und zugleich werden bestimmte Bilder vom Menschen akzentuiert: Der Mensch als eine Art Reiz-Reaktions-Verknüpfungscomputer, als sensibler Auswerter und Deuter von Verhalten anderer Personen, als Wissenschaftler (reflexiv-epistemologisches Subjektmodell, GROEBEN/SCHEELE 1977) oder schließlich als aktiver (Um-)Gestalter der Umwelt nach eigenen Handlungsabsichten und -plänen (vgl. WEIDENMANN 1989, 996).

Bezugspunkte für das konstruktivistische Verständnis bieten die „kognitiven Lerntheorien". Bei den kognitiven Ansätzen innerhalb der Lehr-Lern-Theorie lassen sich lern*psychologische* (GAGNÉ, AEBLI) und *unterrichts*psychologische (AUSUBEL, BRUNER) unterscheiden (vgl. BONNE 1980). Gemeinsam ist diesen kognitiven Lerntheorien ein Modell des produktiv realitäts*ver*arbeitenden Subjekts; das Phänomen des Lernens wird etwa wie folgt beschrieben: Der Mensch lebt in einem ihn umgebenden Medium, das als Welt angesehen wird, in der er existiert und handeln muß. Die Welt liefert dem Menschen Informationen, Daten und Bedeutungen, die er für den aktiven Aufbau einer Repräsentation der Welt benötigt, um adäquates und sinnvolles Verhalten zu erzeugen. Lernen wird damit als konstruktive Aneignung von Realität begriffen (vgl. MATURANA 1983, 60).

Demgegenüber wird Lernen „im Rahmen konstruktivistischer Theoriebildung als Selbstentwicklung eines kognitiven Systems“ (V. AUFSCHNAITER u.a. 1992, 385) beschrieben. Lernen wird als konstruierende Tätigkeit aus der Perspektive des lernenden Systems beschrieben, das, eingebunden in soziale Interaktionen, Anschlußmöglichkeiten für kommunikativ vermittelte „Inhalte“ bildet. Lernen gründet hiernach nicht auf einer „Einschleusung von Fremdwissen in ein System“, sondern beruht auf der „Mobilisierung von Prozessen, die dem lebenden System selbst inhärent sind, zu seinem eigenen kognitiven Bereich gehören.“ (JANTSCH; zit. bei BÖSE/SCHIEPEK 1989, 71) Motor für die Entwicklung eines neuen „subjektiven Erfahrungsbereiches“ (BAUERSFELD 1983) sind die Diskrepanzen, die auftreten, wenn Deutungen neuartiger Wahrnehmungen bisherigen Erwartungsstrukturen widersprechen.

Schule, Unterricht und Lehrpersonen erscheinen unter dieser Perspektive als Rahmenbedingungen beim Aufbau des individuellen Wissenssystems, die in spezifischer Weise Möglichkeiten präformieren bzw. kanalisieren. „... Alle Hinweise, Aufforderungen, Bewertungen usw. des Lehrers (stellen) nur *Orientierungen* für einen bestimmten Schüler dar, wie die Handlungen seiner Mitschüler und die Angebote des verfügbaren Unterrichtsmaterials. In welche Richtung sich alle diese Angebote orientieren, wird jedoch allein vom Orientierten, also dem Schüler entschieden.“ (AUFSCHNAITER u.a. 1992, 388, Hervorh. i. O.)

Diese Auffassung des Lernens als einer konstruktiven Tätigkeit verschiebt andererseits hinsichtlich der Lehr-Lern-Situation „den Schwerpunkt von der ‘korrekten’ Wiederholung des vom Lehrer Gebotenen durch den Schüler auf die erfolgreiche Organisation der Erfahrung *des Schülers* durch diesen selbst.“ (V. GLASERSFELD 1987b, 281, Hervorh. i. O.)

Im Unterschied zu anderen kognitionspsychologischen Theorien, die einen vergleichbaren Lernbegriff beinhalten, ist der konstruktivistische Ansatz zugleich zurückhaltend in der Formulierung allgemeingültiger Entwicklungsstrukturen des kognitiven Systems, aus der unterrichtliche Lehre Handlungsstrategien ableiten könnte. Damit bleibt die Theorie offen für pädagogische Inhaltsbestimmungen und Strukturierungsleistungen.

2.3 Lehren als Konstruktion

Als Annäherung an die Frage, inwieweit konstruktivistische Denkmuster in Theorien des Lehrens formuliert worden sind, sei an die Auseinandersetzung um das Verhältnis von Didaktik und Methodik erinnert (vgl. hierzu Terhart 1983, 18ff.).

In diesen verschiedenen Interpretationen zum Verhältnis von Didaktik und Methodik — „Primat der Didaktik" versus „Interdependenzthese" — wird trotz der Heterogenität ein vergleichbares Methodikverständnis erkennbar. Methode wird als Relationierungskonzept zwischen subjektiv-individueller und objektiv-gegenständlicher Seite des Lehr-Lern-Prozesses begriffen. Die methodische Leitfrage hat Blankertz zufolge eine Art Passungsverhältnis zwischen dem immer noch vorab didaktisch zu analysierenden Inhalt einerseits und der jeweiligen Verfaßtheit der Schüler andererseits herzustellen. Der methodischen Vorgehensweise fällt die Aufgabe zu, den jeweiligen Gesichtspunkt des Inhalts — das Thema — mit den subjektiven Lernvoraussetzungen zu verbinden.

Für die Auseinandersetzung zwischen Bildungstheoretischer und Lehrtheoretischer Didaktik markiert diese Position eine Art Kompromißformel und damit quasi den Endpunkt der Denkbewegung.

Kaiser (1972) sowie Menck (1976) greifen die Blankertzsche Argumentation der methodischen Leitfrage demgegenüber in der Form auf, daß sie auf die *gegenstandskonstitutive Funktion von Unterrichtsmethode* hinweisen. Wenn Kaiser/Menck von „der Methode" sprechen, so meinen sie damit nicht den alltäglichen Sprachgebrauch, „sondern die den Unterricht als solchen konstituierende Methode." (Menck 1976, 797) Damit wird *Methode* einmal als Werkzeug der Erzeugung von Wissen, andermal *als Instrument der Konstitution von Unterrichtswirklichkeit* konzeptualisiert.

Loser (1967, 62) hat diese Argumentation folgendermaßen verdeutlicht: „Vor Hallers Gliederung der deutschen Geschichte gab es *diese* „Epochen deutscher Geschichte" nicht, und vor Galileis Fallgesetzen gab es die in strengen „mathematischen Lettern" gefaßte Abhängigkeit von Weg und Zeit im freien Fall nicht, wiewohl es sowohl eine deutsche Geschichte gab als auch frei fallende Körper."

In Erweiterung dieses Gedankenganges, daß methodische Entscheidungen sich nicht aus Sachstrukturen ableiten lassen, sondern vielmehr umgekehrt Sachen allererst durch Lehre zu Sachen werden hat Loser (1966, 1967, 1975, 1977) auf die *subjekterschließende Funktion von Unterrichtsmethode* hingewiesen. Damit wird das bei Kaiser/Menck deutlich werdende veränderte Methodikverständnis um die anthropologische Dimension erweitert. Die Unterrichtsmethode wird nicht nur im Hinblick auf die Konstitution der Unterrichtsinhalte, sondern auch auf die Konstitution des Kindes *als* Schüler betrachtet: „Schule und Unterricht richten sich in ihrer Form nicht an der menschlichen Entwicklungsgesetzlichkeit aus, sondern sie bestimmen die Anthropogenese in einer ganz unersetzbaren Weise." (LOSER 1967, 66)

Im Rahmen dieser als „Generative Didaktik" bezeichneten Position ist — so kann als Zwischenfazit festgehalten werden — der Konstitutionsgedanke von Methode nach zwei Dimensionen hin angelegt:

1. Das Lehren bestimmt die Sache.
2. Das Lehren ermöglicht das Lernen.

Diese Überlegungen verdeutlichen, daß es keiner Einführung konstruktivistischen Gedankengutes in die didaktische Theoriebildung bedarf. Es stellt sich jedoch die Frage, inwieweit mit der Übernahme der modernen konstruktivistischen Position bisherige Positionen von „Lehren als Konstruktion" weitergeführt werden.

Ein erster Vorteil besteht meines Erachtens in der erweiterten Perspektive. Der Konstruktivismus erweitert und relativiert m.E. die Thesen von der gegenstands- und subjekterschließenden Funktion von unterrichtlicher Lehre; der Konstitutionsgedanke wird nicht nur auf Methodik, sondern auf den unterrichtlichen Kommunikations- und Interaktionsprozeß insgesamt bezogen: Wenn Wirklichkeit(en) stets als Konstruktionen aufzufassen sind, und wenn vor allem Sprache das Denken sowie die intersubjektive Wirklichkeitserschließung bestimmt, dann ist die der unterrichtlichen Methodik zugeschriebene gegenstands- und subjekterschließende Funktion als ein Spezialfall des allgemeinen Erkenntnisprozesses anzusehen. Auf der anderen Seite wird jedoch zugleich das Besondere unterrichtlicher Methodik deutlich: die intentionale, unter einem pädagogischen Impetus stehende Wirklichkeitserschließung. Methodik gerät damit als spezifisch pädagogische Form der allgemeinen gegenstandskonstitutiven Funktion von Erkenntnisbildung in den Blick.

Es stellt sich jedoch die Frage, ob darüber hinaus auch Leitlinien für die Vorbereitung und Durchführung von Unterricht zur Verfügung gestellt werden können. Damit würde die bisherige Position einer generativen Didaktik, die primär als ein Analyseinstrumentarium angesehen werden kann, erweitert.

3 Praxisbezogene Schlußfolgerungen

Mit dem Konzept von Lernen als Aufnehmen von Informationen korrespondiert ein Verständnis von Lehren als Informationsvermittlung. Was aber bedeutet es für Lehren, wenn Lernen als „Selbstentwicklung eines kognitiven Systems" beschrieben wird?

Die Frage nach der Möglichkeit von Lenkung, Beeinflussung oder Instruktion eines Menschen und dessen Grad an Autonomie ist *ein* traditionelles

Thema der pädagogischen Theoriebildung. Wenn das kognitive System als selbstreferentiell und operational geschlossen bezeichnet wird und soziale Systeme konsensuell Wirklichkeiten konstruieren, so hat dies Konsequenzen für ein Verständnis von instruktiver Interaktion: „Obwohl wir über Unterricht in Ausdrücken von „Instruktion" sprechen, ist diese Instruktion nicht lineal. Der Professor kann nicht einseitig das Verständnis der Studenten bestimmen." (DELL 1986, 96)

Diese Behauptungen von Erkenntistheoretikern stehen auf den ersten Blick im Widerspruch zu den Erfahrungen des pädagogischen Praktikers. Aus dieser Perspektive nämlich macht es durchaus Sinn zu behaupten, daß der Lehrer dem Schüler oder der Klasse „etwas beibringt" oder auch, daß der Vortrag eines Professors das Verständnis des Studenten „bestimmt".

Wie kann dieser „Knoten" in der Kommunikation zwischen konstruktivistischen Erkenntnistheoretikern und Praktikern gelöst werden? Im Hinblick darauf schließe ich mich der Argumentation von DELL (1986, 112f.) an, *eindeutiger zwischen Erfahrung, Beschreibung und Erklärung zu differenzieren:* „Erfahrung ist konstitutiv instruktiv oder lineal. Phänomenologisch ist es immer klar, daß wir unsere Erfahrungen nicht schaffen oder konstruieren — sie sind eben da." Wenn ich über meine Erfahrungen sprachlich reflektiere, dann werden meine Erfahrungen nicht als solche direkt wiedergegeben, sondern als Beschreibung repräsentiert. „Erklärung liefert den Grund oder die Ursache für die Erfahrungen, die wir beschrieben haben."

Mit einer derartigen begrifflichen Präzisierung wird m.E. von Paul DELL das entscheidende Argument für die Brauchbarkeit *beider* Sichtweisen vorgetragen. Pädagogische Praktiker benutzen mithin den Begriff „lineale Kausalität" als Beschreibung, während Erkenntnistheoretiker ihn als Erklärung verwenden (vgl. DELL 1986, 113).

Wird mit dieser Differenzierung der Dialog zwischen pädagogischen Praktikern und konstruktivistischen Epistemologen wieder möglich, so hat die Annahme der Thesen von der zirkulären Kausalität und der Strukturdeterminiertheit gleichwohl Konsequenzen für das Verständnis von Lehren. Die These von der „Unmöglichkeit" instruktiver Interaktion beinhaltet zwar keine Resignation im Hinblick auf pädagogisches Wirken, macht dieses jedoch stets zu einem „Versuchshandeln" (vgl. OELKERS 1982, 177).

Wenn Lernen als „Selbstentwicklung eines kognitiven Systems" bestimmt wird, dann kann die Rolle des Lehrers nicht darin bestehen, feststehende Wissensstrukturen (z.B. abgeleitet aus der Struktur einer Naturwissenschaft) und Wissensinhalte zu *übertragen*, sondern seine Aufgabe ist vielmehr „die Unterstützung und Lenkung eines Schülers bei der begrifflichen Organisation bestimmter Erfahrungsbereiche." (vgl. v. GLASERSFELD 1987b, 291)

Vergleichbare Schlußfolgerungen hat HAGE (1979, 193) für den Unterricht formuliert: „Lehren wird verstanden als Bereitstellen von Erfahrungsmöglichkeiten, als Konstruktion von Umwelten, in denen das Lernen *möglich, aber nicht notwendig* ist." Es *gibt* demnach keinen *vor*liegenden Wissensstoff, der vermittelt werden kann, sondern Wissen „konstituiert" sich allererst *im* Verlauf des Unterrichts (vgl. HAGE 1979, 193).

Schule, Unterricht und Lehrpersonen erscheinen unter dieser Perspektive als Rahmenbedingungen beim Aufbau des individuellen Wissenssystems, die in spezifischer Weise Möglichkeiten präformieren bzw. kanalisieren. Entprechende Strategien für die Planung des Unterrichtsgeschehens haben V. AUFSCHNAITER u.a. (1992, 420ff.) vorgeschlagen:

— Unterricht sollte berücksichtigen, „daß Lernprozesse nur dann stattfinden, wenn beim Schüler oder bei der Schülerin im rekursiven Prozeß der Wahrnehmungsentwicklung eine optimale Diskrepanz zwischen Erwartung ... und aktueller Wahrnehmung in einer Situation entstanden ist."
— „Unterricht (sollte) so organisiert werden, daß der/die Schüler/in die Möglichkeit hat, intensiv eigene Handlungsziele ... zu verfolgen."
— Es sollten verstärkt verschiedene Möglichkeiten „lernanregender Umgebungen" organisiert werden.
— „(Dem) Prozeß des Aushandelns von Bedeutungen im Unterricht (sollte) besondere Beachtung geschenkt werden."
— Es sollte die Unterrichtsplanung daraufhin befragt werden, inwieweit Schülereigenaktivität eingebunden werden kann.

Der Konstruktivismus legt darüber hinaus folgende Orientierungen nahe:
— Aufforderung zu einer Haltung, die die eigenen Beurteilungen stets mit einem „es könnte auch anders benannt werden" konfrontiert;
— Respekt vor den Wirklichkeitsdefinitionen der Schüler;
— Bescheidenheit bezogen auf anregbare Veränderungen des Sozialverhaltens und der Wissensstruktur („Ethik der Bescheidenheit");
— Lehrer sollten sensibel für die Problementwicklung und Problembearbeitung der Schüler werden.

Das Wissen und die Kenntnisse eines konstruktivistisch orientierten Praktikers sind darüber hinaus einem relativistischen Standpunkt verpflichtet. Er geht davon aus, daß es kein „wirkliches" Bild von der Welt gibt, sondern daß Wirklichkeit stets eine gedachte und konstruierte Wirklichkeit ist (vgl. BRUNNER 1988, 91). Er weiß, daß zwischen Lehren und Lernen eine grundsätzliche „Asymmetrie" besteht und daß man deshalb den Prozeß der Wissensvermittlung *nicht* optimal strukturieren, sondern vielfältig anregen kann.

Mit den Worten MACHADOs möchte ich diese Orientierung pointiert skizzieren: Wanderer, es gibt keinen Weg. Du machst den Weg, indem du ihn gehst.

Literatur

Aufschnaiter v., S.; Fischer, H. E.; Schwedes, H. (1992): Kinder konstruieren Welten. Perspektiven einer konstruktivistischen Physikdidaktik. In: Schmidt, S. J. (Hrsg.): a.a.O., S. 380-424

Bauersfeld, H. (1983): Subjektive Erfahrungsbereiche als Grundlage einer Interaktionstheorie des Mathematiklernens und -lehrens. In: IDM-Reihe Band 6, Untersuchungen zum Mathematikunterricht, Lernen und Lehren von Mathematik. Köln, S. 1-56

Berger, P.; Luckmann, T. (1980): Die gesellschaftliche Konstruktion der Wirklichkeit. Frankfurt a.M.

Blankertz, H. (1975): Theorien und Modelle der Didaktik. München

Bonne, L. (1980²): Lernpsychologie und Didaktik. Zur Integration der kognitiven Lerntheorie in die Didaktik. Weinheim; Basel

Böse, R.; Schiepek, G. (1989): Systemische Theorie und Therapie. Ein Handwörterbuch. Heidelberg

Brunner, E. J. (1988): Einige Überlegungen zu einer Theorie und Methodologie systemischer Therapie. In: Schiepek, G. (Hrsg.): a.a.O., S. 90-95

Dell, P. F. (1986): Klinische Erkenntnis. Zu den Grundlagen der systemischen Therapie. Dortmund

Foerster v., H. (1984): Das Konstruieren einer Wirklichkeit. In: Watzlawick, P. (Hrsg.): a.a.O., S. 39-60

Foerster v., H. (1985a): Entdecken oder Erfinden. Wie läßt sich Verstehen verstehen? In: Gumin, H.; Mohler, A. (Hrsg.): a.a.O., S. 27-68

Foerster v., H. (1985b): Sicht und Einsicht. Versuche zu einer operativen Erkenntnistheorie. Braunschweig

Glasersfeld v., E. (1984a): Einführung in den radikalen Konstruktivismus. In: Watzlawick, P. (Hrsg.): a.a.O., S. 16-38

Glasersfeld v., E. (1984b): Konstruktivistische Diskurse. Siegen

Glasersfeld v., E. (1985): Konstruktion der Wirklichkeit und des Begriffes des Objektivität. In: Gumin, H.; Mohler, A. (Hrsg.): a.a.O., S. 1-26

Glasersfeld v., E. (1987a): Siegener Gespräche über Radikalen Konstruktivismus. In: Schmidt, S. J. (Hrsg.): a.a.O., S. 401-440

Glasersfeld v., E. (1987b): Wissen, Sprache und Wirklichkeit. Arbeiten zum radikalen Konstruktivismus. Braunschweig; Wiesbaden

Groeben, N.; Scheele, B. (1977): Argumente für eine Psychologie des reflexiven Subjekts. Darmstadt

Gumin, H.; Mohler, A. (Hrsg.) (1985): Einführung in den Konstruktivismus. München

Hejl, P. M. (1987): Konstruktion der sozialen Konstruktion: Grundlinien einer konstruktivistischen Sozialtheorie. In: Schmidt, S. J. (Hrsg.): a.a.O., S. 303-339

Kaiser, H.-J. (1972): Erkenntnistheoretische Grundlagen pädagogischer Methodenbegriffe. In: Menck, P.; Thoma, G. (Hrsg.): Unterrichtsmethode. München, S. 129-144

Klafki, W. (1976): Zum Verhältnis von Didaktik und Methodik. In: Zeitschrift für Pädagogik, H. 1, S. 77-94

König, E.; Riedel, H. (1973): Systemtheoretische Didaktik. Weinheim; Basel

Krüssel, H. (1993): Konstruktivistische Unterrichtsforschung. Frankfurt a.M. u.a.

Loser, F. (1966): Die anthropologische Betrachtungsweise einer Geschichte des Lehrens und Lernens. In: Zeitschrift für Pädagogik, H. 12, S. 425-443

Loser, F. (1967): Die Notwendigkeit einer pädagogischen Theorie des Lehrens und Lernens. In: Neue Sammlung, 7/1, S. 58-70

Loser, F. (1975): Artikel: „Methode". In: Hopf, H.; Heise, W. (Hrsg.): Lexikon der Musikpädagogik. Düsseldorf

Loser, F. (1977): Artikel: „Lehren". In: Wörterbuch der Pädagogik, Bd. 2. Freiburg u.a., S. 209-214

Luhmann, N.; Schorr, K. E. (Hrsg.) (1988): Reflexionsprobleme im Erziehungssystem. Frankfurt a.M.

Maturana, H. R. (1982): Erkennen: Die Organisation und Verkörperung von Wirklichkeit. Braunschweig; Wiesbaden

Maturana, H. R. (1983): Reflexionen: Lernen oder ontogenetische Drift. In: DELFIN II, Jg. 1., H. 2, S. 60-71

Maturana, H. R. (1987): Kognition. In: Schmidt, S. J. (Hrsg.): a.a.O., S. 89-118

Maturana, H. R.; Varela, F. J. (1987): Der Baum der Erkenntnis. Bern u.a.

Menck, P. (1976): Anmerkungen zum Begriff der Didaktik. In: Zeitschrift für Pädagogik, H. 4, S. 793-801

Molnar, A.; Lindquist, B.; Hage, K. (1985): Von der Möglichkeit der Veränderung problematischer Unterrichtssituationen — Unterricht als selbstreferentielles System. In: Zeitschrift für systemische Thearapie, 10/85, S. 216-223

Oelkers, J. (1982): Intention und Wirkung: Vorüberlegungen zu einer Theorie pädagogischen Handelns. In: Luhmann, N.; Schorr, K. E. (Hrsg.): a.a.O., S. 139-194

Riegas, V.; Vetter, C. (Hrsg.) (1990): Zur Biologie der Kognition. Frankfurt a.M.

Roth, G. (1987a): Erkenntnis und Realität: Das reale Gehirn und seine Wirklichkeit. In: Schmidt, S. J. (Hrsg.): a.a.O., S. 229-255

Roth, G. (1987b): Autopoiese und Kognition: Die Theorie H. R. Maturanas und die Notwendigkeit ihrer Weiterentwicklung. In: Schmidt, S. J. (Hrsg.): a.a.O., S. 256-286

Schiepek, G. (Hrsg.) (1988): Diskurs systemischer Methodologie. Themenheft der Zeitschrift für systemische Therapie, Heft 2, April 1988

Schmidt, S. J. (1986): Selbstorganisation, Wirklichkeit, Verantwortung. Der Wissenschaftliche Konstruktivismus als Erkenntnistheorie und Lebensentwurf. Braunschweig

Schmidt, S. J. (Hrsg.) (1987a): Der Diskurs des radikalen Konstruktivismus. Frankfurt a.M.

Schmidt, S. J. (1987b): Der radikale Konstruktivismus. Ein neues Paradigma im interdisziplinären Diskurs. In: Schmidt, S. J. (Hrsg.): a.a.O., S. 11-88

Terhart, E. (1983): Unterrichtsmethode als Problem. Weinheim; Basel

Watzlawick, P. (1978): Wie wirklich ist die Wirklichkeit? Wahn, Täuschung, Verstehen. München

Watzlawick, P. (Hrsg.) (1984a): Die erfundene Wirklichkeit. Wie wissen wir, was wir zu wissen glauben? Beiträge zum Konstruktivismus. München

Watzlawick, P. (1984b): Selbsterfüllende Prophezeiungen. In: Watzlawick, P. (Hrsg.): a.a.O., S. 91-110
Watzlawick, P. (1984c): Bausteine ideologischer „Wirklichkeiten". In: Watzlawick, P. (Hrsg.): a.a.O., S. 192-228
Watzlawick, P. (1988a): Münchhausens Zopf oder Psychotherapie und Wirklichkeit. Aufsätze und Vorträge über menschliche Probleme in systemisch-konstruktivistischer Sicht. Bern u.a.
Watzlawick, P. (1988b): Der Wandel des Menschenbildes in der Psychiatrie. In: Watzlawick, P.: a.a.O., S. 34-58
Watzlawick, P. (1988c): Wirklichkeitsanpassung oder angepaßte Wirklichkeit? Konstruktivismus und Psychotherapie. In: Watzlawick, P.: a.a.O., S. 103-116
Watzlawick, P. (1988d): Münchhausens Zopf und Wittgensteins Leiter. Zum Problem der Rückbezüglichkeit. In: Watzlawick, P.: a.a.O., S.135-154
Weidenmann, B. (1989): Artikel: „Lernen — Lerntheorie". In: Lenzen, D. (Hrsg.): Pädagogische Grundbegriffe, Bd. 2. Reinbek bei Hamburg, S. 996-1010

Konstruktionen über Wissenserwerb und Lernwege bei Lernenden

Edmund Kösel, Helios Scherer

Lernende werden im Sinne der Systemtheorie und des Konstruktivismus als geschlossene Systeme verstanden, die Informationen aus ihrer Umwelt (Milieu) nach ihrer je eigenen Struktur aufnehmen und verarbeiten. Sie konstruieren sich also jeweils ihre eigene Wirklichkeit, wie auch jeder Lehrende aus seiner subjektiven Wirklichkeit heraus denkt und handelt. Lehrende bilden Anreizstrukturen (didaktische Morpheme), Lernende entfalten ihre subjektiven Lernwege (Chreoden). Mit Hilfe einer vielschichtigen Chreodenanalyse ist es möglich, diese Lernwege zu verstehen und so ein authentisches und sinnvolles Lernen zu ermöglichen.

„Lehrende", „Lernende" und „Schule" stellen operational geschlossene Systeme dar, die eine jeweils spezifische Systemgeschichte und eine rekursive Systemstruktur haben. Sie weisen zwar in konkreten Situationen viele Driftmöglichkeiten auf, grundsätzlich aber sind sie durch die je eigene Strukturdeterminiertheit gebunden. Es bleibt uns nichts anderes übrig, als im Strom der Evolution des Bewußtseins zu bleiben und darin Wege und Konstruktionen zu versuchen, die anschlußfähig („viabel") und gesellschaftlich akzeptabel sind, und so zu versuchen, diese personalen und sozialen Systeme allmählich umzugestalten. Edmund KÖSEL (1995[2]) hat eine Theorie der Subjektiven Didaktik auf der Grundlage von Systemtheorie und Konstruktivismus entwickelt, die ein neues Verständnis von Lehren und Lernen ermöglicht.

1 Theorien und Strategien zum Wissenserwerb (nach Mandl u.a. 1995)

Wissenserwerb kann betrachtet werden als ein aktiver, selbstgesteuerter, konstruktiver, situativer und sozialer Prozeß.

— Die *aktive* Beteiligung des Lernenden wird durch seine Motivation und sein Interesse am Prozeß oder an dem Gegenstand des Wissenserwerbs charakterisiert.
— Der Wissenserwerb wird dabei bis zu einem gewissen Grad vom Lernenden *selbst gesteuert* und kontrolliert.
— Jeder Wissenserwerbsprozeß ist *konstruktiv*, da die verschiedenen Formen des Wissens nur dann erworben und genutzt werden können, wenn sie in bestehende Wissensstrukturen eingebaut und vor dem Hintergrund individueller Erfahrungen des Einzelnen interpretiert werden.
— Der Erwerb des Wissens ist *situativ*, weil er an einen spezifischen Kontext gebunden ist, der sich aus den kontextuellen Bezügen des Wissens ergibt.
— Aus der Eingebundenheit des Einzelnen in eine Gemeinschaft resultiert auch Wissen, das aus sozialen Aushandlungsprozessen erwachsen ist.

Die genannten Prozeßmerkmale bilden die Grundlage, nach der verschiedene Ansätze zur Förderung des Wissenserwerbs geordnet werden können.

Wissenserwerb als aktiver Prozeß

Neuere Ansätze beschäftigen sich vor allem mit den kognitiven Komponenten des Motivationsgeschehens. Sie rücken die Konstrukte *Ziel*, Zielorientierung, Zielauswahl und *Selbstregulation* in den Vordergrund.

Effektives Lernen ist auf *intrinsische Motivation* angewiesen. Diese beruht nach der Selbstbestimmungstheorie auf den grundlegenden psychischen Bedürfnissen nach Selbstbestimmung und Kompetenz. Intrinsisch motivierte Handlungen können als Prototyp selbstbestimmten Verhaltens betrachtet werden (DECI/RYAN 1985; KRAPP 1993).

Die Sicherstellung eines optimalen Anforderungsniveaus, positives Feedback und informative Rückmeldungen unterstützen Kompetenz- und Autonomieerfahrungen bei den Lernenden. Wenn diese sich sozial eingebunden fühlen und realistische Kompetenzerwartungen ausbilden, sind konkrete Gestaltungsprinzipien verwirklicht, die intrinsisch motiviertes Lernen fördern.

Vorhandenes Interesse erleichtert kognitive Aktivitäten wie Verstehen und Lernen (KRAPP 1992). Interessengeleites Lernen kann mit positiven emotionalen Erlebnisqualitäten, z.T. auch mit sogenanntem Flow-Erleben verbunden sein.

Wissenserwerb als selbstgesteuerter Prozeß

Zum selbstgesteuerten Lernen gehören kognitive, emotionale und motivationale Komponenten. Der Lernende überwacht den Lernprozeß eigenständig, indem er selbstbestimmt Steuerungsmaßnahmen ergreift. Bei der Lernförderung kann selbstgesteuertes Lernen prinzipiell als Voraussetzung, Ziel und Methode des Unterrichts betrachtet werden. Lernen enthält stets selbstregulative Komponenten und ist ohne Beteiligung des Selbst nicht denkbar.

Jeder Lernende ist im Rahmen seiner Möglichkeiten für seine internal ablaufenden Prozesse selbst verantwortlich (PRENZEL 1993).

Ein erforderliches Mindestmaß an Fremdsteuerung soll sicherstellen, daß der Lernende, der noch nicht selbstgesteuert lernen kann, mit der Selbststeuerung als methodischem Zugang zurechtkommt. Selbst- und Fremdsteuerung sind so betrachtet keine unversöhnlichen Gegensätze.

Beim „prozeßorientierten Lehren" (PRENZEL 1993) zeigt der Lehrende dem Lernenden in einem ersten Schritt, wie er selbst lernsteuernde Aktivitäten übernehmen kann, nimmt dann seinerseits diese Aktivitäten allmählich zurück und aktiviert die Selbststeuerung des Lernenden durch entsprechende Aufgaben und Aufträge. Der Lernende übernimmt auf diese Weise schrittweise die Rolle des sich selbst Lehrenden.

Wissenserwerb als konstruktiver Prozeß

Nach Ansicht von Vertretern des Radikalen Konstruktivismus (z.B. V. GLASERSFELD 1985), gibt es keine Realität, die von menschlicher geistiger Aktivität unabhängig wäre. Wissen ist demnach keine Kopie der Wirklichkeit, sondern eine „Konstruktion" von einzelnen Menschen. Beim Lernen wird also Wissen nicht einfach rezipiert, sondern es wird vom Lernenden aktiv in einem bestimmten Handlungskontext konstruiert (DEWEY 1902; PIAGET 1954; KNUTH/CUNNINGHAM 1993).

Sie bauen neue Wissensstrukturen auf, vernetzen diese untereinander, verknüpfen sie mit bestehenden Konzepten und verwenden sie immer wieder in verschiedenen Situationen, wobei sie sie dann mit neuen Kontexten verbinden.

In diesem Sinne führt Lernen zu immer elaborierteren und vernetzteren Wissensstrukturen („generatives Lernen": COGNITION AND TECHNOLOGY GROUP AT VANDERBILT 1993).

Einerseits können Lernende erkennen, daß es nicht eine richtige, sondern stets mehrere mögliche Wahrheiten gibt. Sie lernen neue Sichtweisen einer Sache kennen und können sie unter verschiedenen Perspektiven ansehen.

Auf der anderen Seite müssen Lehrende eine möglichst weite Interpretationserlaubnis geben.

Wissenserwerb ist immer abhängig vom Vorwissen einer Person. Ein umfangreiches Vorwissen stellt eine optimale Grundlage für weiteres Lernen dar. Paradoxerweise aber besteht das Risiko, daß sich inadäquate Konzepte gebildet haben, die sich nur schwer auflösen lassen.

Folgende praktische Konsequenzen ergeben sich für die Gestaltung von Lernumgebungen (KNUTH/CUNNINGHAM 1993):

- — Wissenschaftliche Konzepte sollen stets deutlich und anschaulich dargestellt und erklärt werden.
- — Die Lernenden sollen die Möglichkeit haben, in authentischen und komplexen Situationen eigene Erfahrungen zu machen und ihre Konzepte zu erweitern. (Ein instruktionspsychologischer Ansatz ist die cognitive-flexibility-Theorie nach SPIRO, COULSON, FELTOVICH/ANDERSON 1988.)
- — Entscheidend ist, daß die Lernenden selbst erfahren, daß die neuen konzeptuellen Modelle bestimmte Phänomene besser erklären als die eigenen Überzeugungen.

Wissenserwerb als situativer Prozeß

Wissen und Fertigkeiten werden in Kontexten erworben, die die realen Anwendungsmöglichkeiten des Gelernten widerspiegeln. Aus konstruktivistischer Sicht ist das die entscheidende Möglichkeit, um das häufig auftretende Problem der mangelnden Anwendung neuen Wissens zu vermeiden (BRANSFORD, SHERWOOD, HASSELBRING, KINZER/WILLIAMS 1990). Bei der Einbettung des Lernens in spezifische Situationen („Kontextualisierung") erwerben die Lernenden nicht nur Wissen, sondern sie erfahren auch gleichzeitig die Anwendungsbedingungen dieses Wissens.

Abstraktion und Vereinfachung von Umwelten, wie sie in schulischen Situationen häufig praktiziert werden, sind völlig ungeeignet, um anwendbares Wissen zu vermitteln oder zu erwerben. Die Komplexität und die Authentizität des Umweltkontextes muß aufrechterhalten werden (KNUTH/CUNNINGHAM 1993).

Anregungen für die Praxis:

- — Den Lernenden sollen mehrere Beispiele und Kontexte für die Wissensanwendung geboten werden: Prinzip der multiplen Kontexte
- — Sie sollen die Inhalte unter verschiedenen Gesichtspunkten betrachten: Prinzip der multiplen Perspektiven
- — Schulisches Lernen soll stärker an nicht-schulischen Alltagssituationen angebunden werden („bridging": PEA 1987)

— Die Lernenden sollen darin unterstützt werden, zwischen der Symbolebene — in der schulischen Situation — und der Realität Verbindungen herzustellen

Wissenserwerb als sozialer Prozeß

Wissenserwerb ist kein rein individueller Vorgang, sondern bezieht immer auch soziale Prozesse mit ein (RESNICK 1991). Wir unterscheiden dabei Vorgänge auf der Makroebene und solche auf der Mikroebene.

Auf der *Makroebene* stellt die Kultur für menschliches Denken und Handeln und damit auch für den Wissenserwerb den Rahmen bereit. (MANDL/GRUBER/RENKL 1993) Wissen und Bedeutung werden sozial ausgehandelt und vermittelt (JONASSEN u.a. 1993).

Die Lernenden „enkulturieren" sich in Gemeinschaften verschiedener Art, in deren sozialen Gewohnheiten, Überzeugungen, Kommunikationsstilen und Konventionen. Der Anfänger erwirbt von und mit Fortgeschrittenen wie auch von und mit anderen Lernenden Wissen, Fertigkeiten und Einstellungen, wird immer aktiver und entwickelt sich zu einem „vollwertigen" Teilnehmer der Expertengemeinschaft. (LAVE 1991: „legitimate peripheral participation"; MANDL/GRUBER/RENKL in press b) Diese Gemeinschaften, mit denen sich die Lernenden identifizieren, können soziale, familiäre, schulische oder andere Arbeitsgemeinschaften sein.

Wichtige Aspekte des sozialen Lernens auf der Makroebene sind:

— Expertenmodeling

— aktives Beobachten

— Lenkung durch erfahrene Partner

— gemeinsame Partizipation an Lernaktivitäten

Auf der *Mikroebene* steht beim Wissenserwerb als sozialem Prozeß das kooperative Lernen im Vordergrund.

Unter positiven Kontaktbedingungen entwickeln sich soziale Kompetenzen, und interpersonale Beziehungen werden gefördert, wodurch sich die Motivation und das Selbstwertgefühl der Lernenden verbessern können. Die Zusammenarbeit mit anderen Lernenden ist geeignet, verschiedene Perspektiven zu entwickeln und zu erkennen, daß im allgemeinen vielfältige Sichtweisen gegenüber einem Problem möglich sind. Kooperation fördert den freien Gedankenaustausch und bietet die Möglichkeit, gemeinsam neue Ideen zu testen, bisherige Annahmen zu überprüfen und damit auch die Entwicklung von Fehlkonzepten zu vermeiden (DAMON/PHELPS 1989).

Bei der Förderung kooperativen Lernens kommt der Aufgabengestaltung besondere Bedeutung zu. Die Aufgaben oder Probleme müssen so beschaffen sein, daß sie Kooperation ermöglichen und nötig machen (HUBER 1987) und reziproke Interdependenz schaffen.

Kooperatives Lernen ist keine Episode, die sich in jeder Situation leicht einführen ließe, sondern es stellt einen komplexen Prozeß dar, der langfristig zu planen und umzusetzen ist. Hierzu ist die Unterstützung von seiten der entsprechenden Organisation wie z.B. der Schule unabdingbar (SHACHAR/SHARON 1993).

Um Lernen zu verbessern, muß man also auch die soziale Praxis (ENGESTRÖM 1991) und die Lernkultur (Kösel 1995[2], Teil V) reorganisieren, damit Potentiale kooperativen Lernens genutzt, intrinsich motiviertes und selbstreguliertes Lernen ermöglicht und die Entwicklung kooperativer Fertigkeiten bei den Lernenden unterstützt werden.

Weiterhin müssen wir versuchen, zu verstehen und zu beschreiben, wie eine Person lernt, wie sie Wissen aufbaut und in ihr System integriert.

Das wollen wir im folgenden untersuchen.

2 Zur Strukturgeschichte des Lernenden

Die Chreode als Entwicklungslinie

Wir wissen eine ganze Menge darüber, welche Arten von Lerntypen es gibt, aber kaum etwas darüber, in welchem Driftbereich ein Schüler oder Auszubildender seinen Lernweg z.B. im Fach Mathematik oder Deutsch im Laufe seiner Schul- bzw. Berufskarriere einschlägt. Wir gehen davon aus, daß solche Lernwege das Ergebnis der jeweils „autopoietischen Struktur" des Lernenden in seinem bisherigen Milieu darstellt und daß Wissenserwerb keineswegs ein Prozeß des Abbildens der Wirklichkeit ist, sondern eine jeweils vom Subjekt konstruierte Wirklichkeit.

Alle Wahrnehmung ist Konstruktion und Interpretation. Die Behauptung von absoluter „Objektivität" und subjektunabhängiges Denken und Verstehen sind unmöglich.

Wissenserwerb und Lernen sind gebunden an die Biographie des Subjekts und seine entsprechenden Möglichkeiten der Konstruktion in seinen jeweiligen Milieus, ist also gebunden an seine Strukturgeschichte.

In der Schulpädagogik ist die Strukturgeschichte des Subjekts kaum bekannt, noch viel weniger wissenschaftlich elaboriert. Zwar haben eine Reihe von Autoren aus anderen Disziplinen diese Perspektive bereits differenziert erarbeitet. (DEWEY 1910; KERSCHENSTEINER 1911; MEAD 1934; PIAGET 1976; HAFERKAMP 1985; KRAPPMANN 1988) Diese Ansätze sind aber erst neuerdings in der Allgemeinen Didaktik (HUSCHKE-RHEIN 1992; KÖSEL 1995[2]) oder in der Fachdidaktik (V. AUFSCHNAITER 1992) weiterentwickelt worden.

In unserem Versuch, die Strukturgeschichte des lernenden Subjekts nachzuzeichnen, haben wir den Begriff der Chreode (nach der Idee von SHELDRAKE) eingeführt. Wir bezeichnen ihn als topologischen Begriff, der die Entwicklungslinie des lernenden Subjekts mit seiner autopoietischen Struktur in der Interaktion mit seinem jeweiligen Milieu beschreibt.

„Diese Entwicklungslinien haben zunächst, sozusagen im voraus, für ihre weitere Entwicklung bestimmte Variationsbreiten (Kontingenzen). Die endgültige Linie oder das Driften in eine bestimmte Richtung ist das Ergebnis der Interaktion des einzelnen autopoietischen Systems mit vielen Aspekten und situativen Faktoren des umgebenden Milieus. Entscheidend ist, daß diese Entwicklung sich nur in dem individuellen Verhalten, Denken und Handeln zeigt, das dem einzelnen System zu diesem Zeitpunkt möglich ist — gemäß der Strukturdeterminiertheit von lebenden Systemen." (KÖSEL 1995², 240)

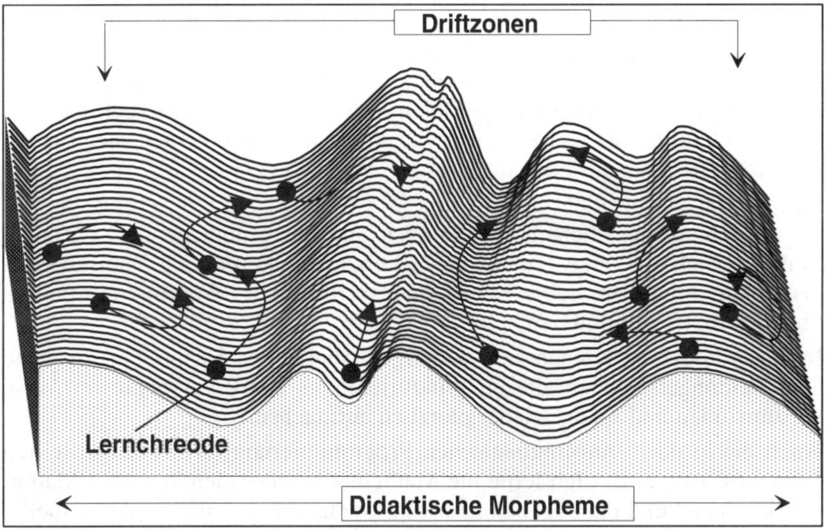

Chreodenentwicklungen in der didaktischen Landschaft

Die Analyse von Chreoden ist der Versuch zu verstehen, wie Menschen ihre eigenen Lern-Gestalten im Laufe ihrer Lebensgeschichte entwickelt haben und sie in konkreten Situationen inmitten einer organisierten Lern-Umwelt im Hier und Jetzt konstruieren (vgl. dazu ausf. KÖSEL 1995²).

Theoretische Grundlagen dazu sind die Theorie der Autopoiesis und die des Radikalen bzw. Sozialen Konstruktivismus.

Postulatshierarchien als Grundlage für die Bildung von Chreoden

Verhaltensmuster werden durch innere Handlungsimperative aktualisiert, die uns angeben, was wir tun müssen, um die Situation zu überstehen.

Für die Chreoden-Analyse ist es wichtig, zu untersuchen, in welchem Wertsystem, aus welchen Gewohnheiten und innerhalb welcher Postulats-Hierarchien diese Handlungsimperative organisiert sind.

Wir unterscheiden Postulate 1., 2. und 3. Ordnung , die sich darin unterscheiden, wie früh sie geprägt wurden und wie stark oder schwach sie dem Alltagsbewußtsein zugänglich sind. Daraus folgt auch, wie schwer oder leicht sie durch Anreize und Perturbationen zu verändern sein werden.

Postulate 1. Ordnung entsprechen in etwa den in der Transaktionsanalyse umschriebenen Skripts, geheimen Lebensplänen, in denen Kinder gewöhnlich zwischen drei und sieben Jahren ihr zukünftiges Leben vorausplanen. Das Skript ist aus den Verhaltensweisen, Einstellungen, Einschärfungen und nonverbalen Botschaften entstanden, die das Kind von seinen frühen Bezugspersonen aufgenommen und dann inkorporiert hat. Dazu gehören auch Überlebens-Schlußfolgerungen: Sie sind mit Hilfe des a-logischen Verstandes des Kindes aus den Ersatzgefühlen hervorgegangen. Ersatzgefühle sind unechte Gefühle, die das Kind entwickelt, wenn es die echten, ursprünglichen Gefühle nicht ausleben darf.

Skripts prägen vor allem die Art und Weise der Zeitstrukturierung, die Art der zwischenmenschlichen Beziehungen und das grundlegende Lebensgefühl: Darf ich z.B. eine grundlegende Lebensfreude und den Wunsch nach lustvollem, kreativem Leben haben, oder werde ich der Welt und mir gegenüber destruktiv sein müssen?

In der Adoleszenz können sich wichtige Aspekte des Skripts ändern, neue Entscheidungen können alte umstrukturieren, es können Aspekte zeitweise verschwinden und später wieder plötzlich auftauchen.

Auch die in der Neurolinguistischen Programmierung (NLP) festgestellten Glaubenssätze, z. B. „Ich lerne nie Mathematik" oder „Ich kann gut Mathematik lernen" und die sogenannten Repräsentationssysteme — das visuelle, auditive, kinästhetische, olfaktorische, gustatorische Repräsentationssystem — kann man zu den Postulaten 1. Ordnung rechnen.

Postulate 2. Ordnung sind Vortheorien, die mehr an der Oberfläche des Bewußtseins liegen und daher schneller und leichter bewußt gemacht werden können.

Sie sind aufgrund bewußter Erfahrungen über sich selbst, über die Umwelt und über die Wechselwirkung zwischen Selbst und Umwelt gebildet worden.

Die Konzeption im Rahmen der Integrierten Persönlichkeitstheorie nach EPSTEIN/KÖSEL (siehe Abbildung) ist zu diesen Postulaten 2. Ordnung zu rechnen.

Diese Postulate besagen beispielsweise, ob ich mich in einer Sache kompetent fühle oder nicht, ob ich z.B. die Welt als einziges Chaos sehe oder ob ich annehme, daß sie sich zu immer höherer Komplexität und Ordnung organisiert.

Diese Postulate haben in einer bestimmten Situation ebenfalls Aufforderungscharakter und lösen entsprechende Verhaltensmuster aus, die aber zusammen mit den dahinterliegenden Handlungsimperativen deutlicher erkennbar sind als bei den Postulaten 1. Ordnung.

Postulate 3. Ordnung sind schließlich fach- und situationsspezifische Handlungs-Imperative, die nur in bestimmten Kontexten wirksam werden. Sie sind, unter dem Aspekt der Zeit gesehen, nahe an der Gegenwart.

Ganz typisch sind bestimmte schulische Situationen, in denen immer dieselben Verhaltensweisen als operative Muster auftreten. Diese Verhaltensmuster erscheinen dem Handelnden als selbstverständlich und werden von ihm nicht in Frage gestellt. Sie haben mehr episodischen Charakter, d.h. sie dienen dazu, die einzelne Situation zu bewältigen; sie tragen dazu bei, Ordnung und Stabilität in der Welt-Konstruktion eines Lernenden im Hier und Jetzt zu erhalten.

Postulate sind als umfassende Gewohnheiten zu verstehen, die die Welt ordnen und eigenes sowie fremdes Verhalten für ihren Träger besser vorhersagbar machen. Diese gewohnheitsmäßigen „Handlungsanweisungen" sind zirkulär, d.h. mit allen anderen Handlungen und Anweisungen gleichzeitig verbunden, und sie sind rekursiv, d.h. immer sich selbst bestätigend und verfestigend.

Daher sind Postulate im allgemeinen nur schwer zu verändern.

Chreodenanalyse mit Methoden humanistischer Konzepte

Im Ansatz der Subjektiven Didaktik sind als notwendige Folge für eine Neuorganisation einer postmodernen Lernkultur neben den Basistheorien der Autopoiesis, des Konstruktivismus und des systemischen Ansatzes auch die humanistischen Konzepte von hoher Relevanz, weil sie den grundlegenden Prinzipien lebender Systeme, nämlich der Selbstorganisation, der Selbsterhaltung, der Selbstreferentialität und der Selbstdifferenzierung in unterschiedlicher Weise entsprechen. Dabei sind einige Ansätze mehr für den Handlungsbereich des Lehrenden und Lernenden geeignet, z.B. Psychodrama, Suggestopädie, Kinesiologie, Bioenergetik, TZI, Gestaltpädagogik, systemische Konzeptionen, wie z.B. Zirkuläres Fragen.

Andere Konzepte tragen mehr zur Analyse von Lehr- und Lernstrukturen und der Entwicklungslinie des Lernenden als Strukturgeschichte bei: Transaktionsanalyse (TA), Neurolinguistische Programmierung (NLP), hypnotherapeutische Elemente nach M. ERICKSON, die Integrierte Persönlichkeitstheorie nach EPSTEIN/KÖSEL.

Die **Transaktionsanalyse (TA)** dient als Denkmodell, das durch seine Persönlichkeitstheorie intra-psychische Prozesse und Aspekte aufzeigen hilft. Das Interaktionsmodell der Transaktionsanalyse ermöglicht es, interpersonale Gegebenheiten zu reflektieren. Durch die Spielanalyse kann man unbewußte Strategien deutlich machen, und die Skriptanalyse hilft, verallgemeinerte Kindheitsentscheidungen aufzudecken, die im Erwachsenenleben und auch in der Lernsituation einschränkend wirken. Bei „Interventionen" muß sich der Lehrende jedoch an der Stabilität des Lebensskripts des Lerners orientieren, um dessen Selbstorganisation nicht zu zerstören.

Das Psychodrama (PD) von MORENO dient als Methode zur Entwicklung der Biographischen Selbstreflexion, die Anwendung findet bei sozialen Problemen, aber auch bei der Bildung von Morphemen und Lern-Chreoden wichtig ist. Das im Psychodrama entwickelte Stegreif-Spiel, das Protagonisten-Spiel und das Soziodrama bieten einen Platz für die Erprobung des Lebens, eine Möglichkeit für die Erkundung unserer subjektiven Wahrheit und ein Feld für die Aktivierung verschütteter Spontaneität.

Die Themenzentrierte Interaktion (TZI) von Ruth Cohn dient im Konzept der Subjektiven Didaktik zur Bereitstellung wichtiger Basiskomponenten, der Sache (dem Thema), dem Ich und dem Wir. An Prinzipien, die sich aus den Basistheorien ergeben, wird die Dynamik des Lernprozesses ausbalanciert. Durch die zirkuläre und rekursive Prozeßsteuerung ergibt sich eine didaktische Spirale.

Im Aufbau der Wissensstruktur verweist die TZI auf den untrennbaren Zusammenhang zwischen subjektiver und sozialer Abhängigkeit während des Lernprozesses.

Die Neuro-Linguistische Programmierung (NLP) ist ein Modell der menschlichen Erfahrung, der Wahrnehmung mit den fünf Sinne und der Kommunikation. Sie ist aus der Beobachtung des Gesprächs-Verhaltens bedeutender Therapeuten entwickelt worden. Beobachtet wird, wie der Lernende seine Informationen auswählt, welche seine bevorzugten Sinneskanäle sind und wie er sein Bild von der Welt zusammensetzt.

Die NLP hat eine Reihe von Analysemethoden entwickelt bzw. aus anderen Therapiemethoden adaptiert, die erkennen lassen, mit welchen Repräsentationssystemen (das sind die Sinnes-Systeme sowie die „Inneren Landkarten") die einzelnen Menschen arbeiten und welche der drei Gestaltungs-Prozesse: Generalisierung, Tilgung, Verzerrung, für ihre Probleme verantwortlich sind.

Für didaktische Fragestellungen, insbesondere für die Chreodenentwicklung und die Morphembildung, damit ist die didaktische Formgestaltung des Lehrenden gemeint, ist diese neue humanistische Richtung in Lehr- und Lernprozesses sehr hilfreich.

Die Integrierte Persönlichkeitstheorie (EPSTEIN/KÖSEL) als Integration vieler Ansätze zeigt, wie der Mensch Theorien bildet, um im Informations-Chaos Ordnung zu schaffen.

Sie ermöglicht dem Lehrenden, aber auch — nach einer gewissen Schulung — den Lernenden die Biographische Selbstreflexion über die jeweilige eigene Chreodenentwicklung und Chreodenstruktur. Sie ist den Postulatsebenen 1 und 2 zuzurechnen.

Die Integrierte Persönlichkeitstheorie soll als Beispiel einer humanistisch orientierten Konzeption für die Chreodenanalyse nachfolgend ausführlicher dargestellt werden.

Aus Platzgründen können Beispiele aus der TA und NLP leider nicht ausgeführt werden.

3 Die Integrierte Persönlichkeitstheorie nach Epstein/Kösel als Basis zur Rekonstruktion von Chreoden

Nach EPSTEIN muß jeder Mensch schon ab dem ersten Tag seiner Existenz eine Theorie über sich selbst, über die Umwelt und über die Wechselwirkung dieser beiden Theorien entwickeln, um nicht im Chaos von Eindrükken, Informationen, Erlebnissen usw. unterzugehen. Wir Menschen sind dabei bestrebt, durch unser Verhalten Positives zu erleben und Schmerz zu vermeiden.

Doch wie die Welt tatsächlich ist und wie wir sie haben möchten, dazwischen ist oft ein himmelweiter Unterschied. Wir konstruieren daher eine Realitätstheorie, die unser „Inneres Universum" bildet und zugleich Kontakt zu der Außenwelt erlaubt. Wir bilden im Laufe der Zeit ein festes konzeptionelles Gerüst unserer Person, oft unbewußt und nur teilweise nach den Prinzipien wissenschaftlicher Theoriebildung.

Epstein nennt dieses Gerüst die Realitätstheorie des Ich.

Diese Theorie umfaßt auch eine hierarchische Ordnung von Postulaten.

Postulate sind Werte im Sinne der Selbsterhaltung des Ichs. Sie sind von entscheidender Bedeutung dafür, welche Erfahrungen wir aufsuchen, welche wir vermeiden, wie wir sie interpretieren, und schließlich dafür, wie wir lernen.

Die Theorie eines Individuums über die Wirklichkeit umfaßt nach EPSTEIN Subtheorien:

— Selbst-Theorie	— über die eigene Person
— Umwelt-Theorie	— über die Außenwelt
— Wechselwirkungs-Theorie	— über die Wechselwirkung dieser beiden Subtheorien

Unsere Selbst-Theorie ist uns normalerweise kaum bewußt, und wir — in unserer Ganzheit von Geist, Seele und Körper — bilden sie allmählich in der Interaktion mit der Umwelt heraus.

Die Konstruktion unserer Selbsttheorie stellt nach EPSTEIN keinen Selbstzweck dar, sondern liefert ein stabiles Gerüst mit der Funktion, Erfahrungsdaten zu assimilieren, die Lust/Unlust-Balance über vorhersehbare Zeiträume zu maximieren und das Selbstwertgefühl aufrechtzuerhalten.

Je weniger uns diese Theorie bewußt ist, umso mehr glauben wir, unser Leben sei unser Schicksal, wir würden von außen kontrolliert und könnten die Situation nicht beeinflussen. Diese Schicksalsgläubigkeit wird von einem Bedürfnis nach einer vertrauten Umwelt bestimmt, die mit unseren eigenen Annahmen übereinstimmt. Dies wird gerade in Sozial-Berufen oft zum Teufelskreis.

In einer Biographischen Selbstreflexion, die z.B. Lernende über ihre Lerngeschichte üben, können sie erkennen, welche Postulate sie fördern oder behindern, und die Lehrenden können dabei feststellen, welche ihrer eigenen Postulate dazu passen oder nicht. So stellen sie fest, ob sie den jeweiligen Schüler in seiner Struktur überhaupt erkennen können.

Segmentierung der Realitätstheorie einer Person

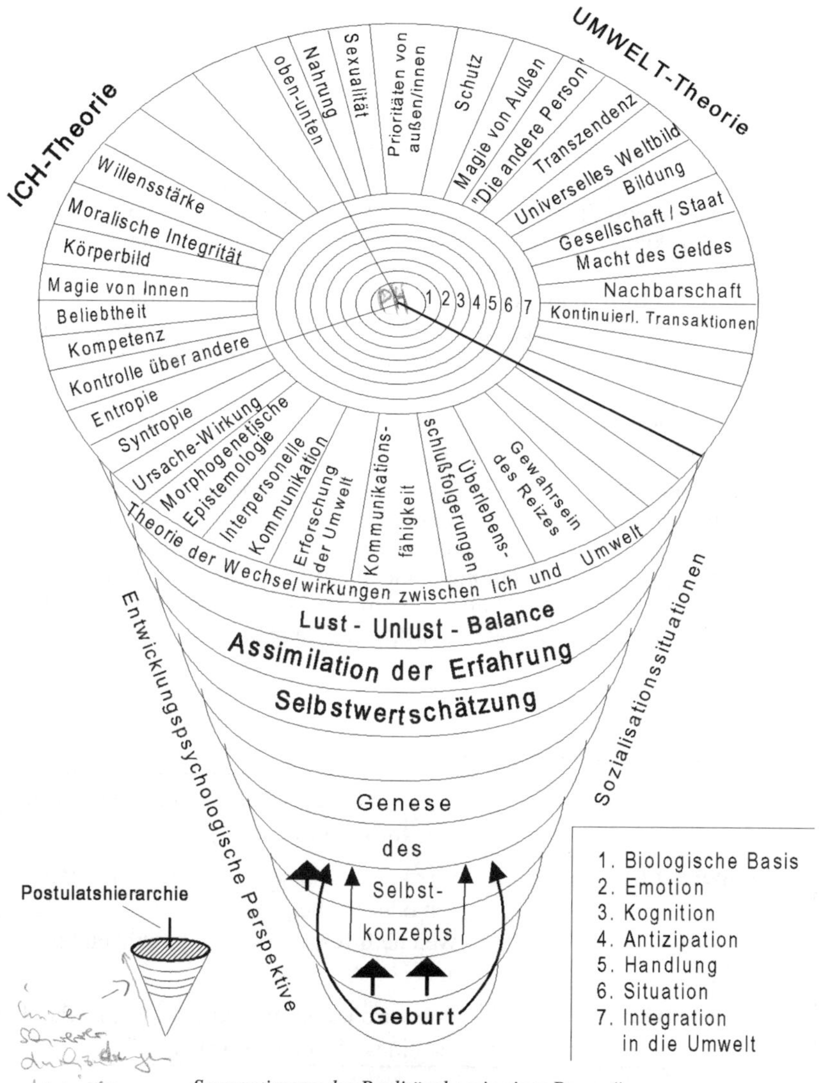

„Segmentierung der Realitätstheorie einer Person",
in: KÖSEL 1995[2]: Die Modellierung von Lernwelten, S. 82

Das Bild, das der Mensch im Laufe seines Lebens aus seinen Person-Umwelt-Bezügen als Summe seiner Erfahrungen über sich selbst entwickelt hat, wird in der Selbstkonzeptforschung als kognitive Repräsentation der eigenen Person bzw. als **Selbstkonzept** bezeichnet.

Das Selbstkonzept wirkt sich auf das Verhalten im Sinne der „sich selbst erfüllenden Prophezeiung" aus. In einer Subjektiven Didaktik ist es für die Verständigung wichtig, daß die Personen, die am Lernvorgang beteiligt sind, jeweils das Selbstkonzept des anderen verstehen.

Gerät das Selbstkonzept unter Druck, weil es seine drei Funktionen, nämlich die Lust/Unlust-Balance zu optimieren, die Assimilation von Erfahrungen zu ermöglichen und die Aufrechterhaltung des Selbstwerts zu gewährleisten, nicht erfüllen kann, entwickelt das Individuum Abwehrmechanismen. Eine allgemeine Form stellt die Einengung des Selbstkonzepts dar. Das Individuum wehrt neue Informationen ab, reduziert Erfahrungen, bringt keine emotionale Spontaneität auf, verhält sich konform usw. Wird das Selbstkonzept bestätigt, so erhöht das die Offenheit, Spontaneität und positive Emotionalität der Person.

In unserem Zusammenhang ist es daher entscheidend, welche Erfahrungen Schule und Betrieb für den Lernenden bereithalten.

Ein unangemessenes Selbstkonzept, das mit meinen Erfahrungen nicht übereinstimmt, kann mich seelisch erheblich beeinträchtigen. In Krisen wird oft ein rigides Selbstkonzept „mit Gewalt" aufrechterhalten. Es assimiliert Erfahrungen nicht, um die momentane Identität nicht zu gefährden. Das führt zu Verzerrungen der Wahrnehmung. Es ist also wichtig, zu einem erwünschten und flexiblen Selbstkonzept zu gelangen.

Die ICH-Theorie

DIMENSIONEN DER ICH-THEORIE	
Beliebtheit	◆ Bin ich beliebt, wenn ich über diese oder jene Information verfüge?
Kompetenz	◆ Wie kompetent sehe ich mich einer Person oder Sache gegenüber? Welche Informationen unterstützen mich dabei?
Willensstärke	◆ Wie wird meine Willensstärke z. B. durch die eines Filmhelden verstärkt?

Die UMWELT-Theorie

DIMENSIONEN DER UMWELT-THEORIE	
Schutz	• Welche Theorien habe ich über generelle Bedrohung von außen? • „Hier-und-Jetzt“-Orientierung. • Welche subjektive Distanz habe ich z.B. bei Informationen über einen möglichen oder verhinderbaren Atomkrieg entwikkelt?
Oben-Unten-Grammatik	• Welche Realitätstheorie hat z.B. die junge Generation hinsichtlich sozial hochbewerteter Positionen entwickelt? • Welche Informationen über Gewalt sind mit meiner Theorie konkordant, welche dissonant? • Welche subjektive Distanz entwickelt sich daraus?
Universelles Weltbild	• Welche Theorien habe ich über die Welt? • Welche subjektive Distanz habe ich zu meiner Theorie bei konträren/widersprüchlichen Informationen entwickelt?

Die Theorie der WECHSELWIRKUNG

DIMENSIONEN DER THEORIE DER WECHSELWIRKUNG	
Kommunikations-Fähigkeit	• Fühle ich mich als Vermittler zwischen meiner Welt und der Welt „da draußen”? • Welche Fähigkeiten setze ich dabei ein?
Überlebens-Schlußfolgerungen	• Welche Theorien habe ich seit meiner frühen Kindheit zum Überleben entwickelt? (überleben sowohl gegenüber internen Bedrohungen und Vernichtungsängsten als auch gegenüber äußeren Bedrohungen) • Welche Spannung entsteht bei ich-nahen bzw. ich-fernen Überlebens-Informationen?

4 Beispiel: Deutsch
Ein Interview: Die Realitätstheorie von Johanna zum Fach Deutsch

Zur Illustrierung, wie sich einige der in der Integrierten Persönlichkeitstheorie dargestellten Segmente der Realitätstheorie einer Person in der Praxis wiederfinden lassen, geben wir Ausschnitte aus einem Interview mit einer Schülerin wieder.

Selbsttheorie: Kompetenz

Fragen:
— Wie kompetent sehe ich mich einer Sache gegenüber?
— Was kann ich, was kann ich nicht?

B.: Und, wie hat´s Dir heute gefallen?

J.: Besser als sonst. Mir war nicht so langweilig. Weil, Noten interessieren mich, und sonst, Grammatik kann ich eigentlich ganz gut. Und wenn man dann halt nur ganz klare Antworten geben kann und nicht, daß die Lehrerin dann stundenlang ´was erklärt.

B.: Warst du da aufgeregt, als sie die Noten vorgelesen hat? Hast Du sie schon vorher gewußt?

J.: Ich hab mir so ´ne Note selber gemacht. Das Schlechteste, was sie mir hätte geben können, das Beste und den Mittelwert.

B.: Und was hat sie Dir gegeben?

J.: Den Mittelwert. (Leise) Das hab´ ich mir schon gedacht. ...

B.: Was gibt Dir das jetzt für ein Gefühl für Dich selber, wenn Du eine Zwei hast? Z.B. ja, das hab' ich verdient, oder es könnte besser sein, oder ist es Dir egal?

J.: Ich finde, manchmal liegt´s auch am Lehrer.

B.: Und in Deinem Fall?

J.: Also, eigentlich stimmt die Note. Aber wenn sie freundlich gewesen wäre, hätte sie mir auch ´ne Zwei geben können.

B.: Du glaubst, sie war unfreundlich zu Dir?

J.: Manchmal, im Vergleich zu anderen. Es muß nicht gerade jetzt sein. Also, ich war eigentlich zufrieden mit der Note ...

B.: Kannst Du Dir das vorstellen, Johanna, wie das wäre, wenn Du jetzt ´ne Fünf hättest?

J.: Dann tät´ ich zum Lehrer gehen und mich beschweren.

B.: Warum?

J.: Weil ich nie ´ne Fünf hab!

B.: Das ist für Dich ganz klar?

J.: Höchstens wenn ich mich nicht mehr — ne, ich kann´s mir nicht vorstellen. Drei, oder vielleicht sogar ´ne Vier, aber nicht mehr. ...

J.: (...) Nach dem Noten-Vorlesen hat sie uns dann noch ´was zu merken gegeben über Groß- und Kleinschreibung, so Wörter, die Ausnahmen sind und so. Das find´ ich schon gut, vielleicht so fürs Diktat. Das hätt´ ich so wirklich nicht allein gewußt. Wenn ich wirklich mal ´was Neues dazulerne, was ich wirklich nicht weiß, ja, und sie das auch nicht Stunden hinauszögert, sondern ganz normal macht, dann find´ ich´s okay.

Postulate

1. Ordnung: Noten sind für mich sehr wichtig.
2. Ordnung: Ich bin zufrieden mit der Note.
3. Ordnung: Ich hab´ nie ´ne Fünf. Ich bin gut in Grammatik.

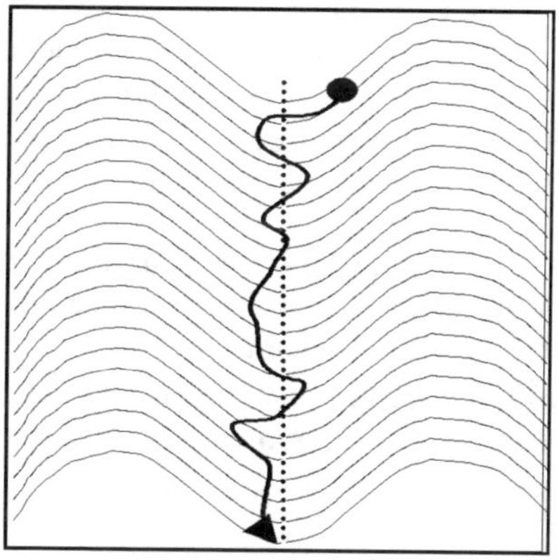

Adaptions-Chreode: Der Lernende folgt im großen und ganzen dem didaktischen Morphem.

Die Bestätigung der eigenen Leistung durch eine gute Note ist für Johanna sehr wichtig und stellt in ihrer Selbsttheorie ein Postulat höchster (1.) Ordnung dar, da gute Leistungen in Deutsch mit einer Erhöhung ihrer Selbstwertschätzung verbunden sind. Sie ist daher auch bereit, Mühe und Arbeit zu investieren, um Neues zu lernen und sich zu verbessern, um mit ihrer Leistung zufrieden zu sein. Sie kann aber auch für eine gute Note kämpfen.

Hohe Postulate im Selbstkonzept eines Menschen wirken nach Epstein als sich selbst erfüllende Prophezeiungen.

Dies läßt sich in Johannas Selbstkonzept im Segment „Kompetenz“ deutlich zeigen: Aufgrund ihrer hohen Selbstwertschätzung in Deutsch schreibt sie Erfolge sich selbst, Mißerfolge eher äußeren Faktoren zu. Schlechte Noten kann sie sich kaum vorstellen, höchstens wenn sie selbst nichts mehr zum Erfolg beiträgt. Zudem wird die etwas niedrigere Bewertung der eigenen Leistung durch die Lehrerin der eigenen Unbeliebtheit bei ihr zugeschrieben (Dissonanzreduktion), so daß die Höhe der Selbstwertschätzung erhalten bleibt, ohne daß Johanna mehr Anstrengung aufbringen muß.

Selbsttheorie: Willensstärke

Fragen:

- **In welchen Situationen, auf welchen Gebieten bin ich willensstark?**
- **Wieviel Willensstärke brauche ich/muß ich einsetzen, um mit mir zufrieden zu sein, um meine Ziele zu erreichen?**

J.: Ich brauch´ mich irgendwie gar nicht anzustrengen, ich finde es leicht. Man muß schon manchmal, manchmal, selten, sehr selten ´was lernen auch. (...) Aber Deutsch ist schon ´was anderes zu ´ner Fremdsprache im Vergleich. ´Ne Fremdsprache muß man wirklich lernen. Wenn man da nicht lernt, kommt man auch nicht weiter. ...

J.: (...) Ich finde, die Deutschlehrer, die machen das so langsam, so langsam, daß man überhaupt nicht lernen muß, vielleicht wird mir auch deshalb manchmal so langweilig. Die machen immer so ´n kleines Stück, daß man sich nur auf die Bank zu legen braucht, zuzuhören, und nächstes Mal wieder ´n Stückchen. ´S ist ja nicht immer so, aber ´s kommt auf den Lehrer an.

J.: (...) Ich muß mich richtig anstrengen, daß ich drankomm´.(...) Ich versuch´s. Wenn ich drankommen will, muß ich mich anstrengen.

Postulate

1. Ordnung:	Ich will wahrgenommen werden. Wenn ich drankommen will, muß ich mich anstrengen.
2. Ordnung:	Ich brauche mich nicht anzustrengen, ich finde es leicht.
3. Ordnung:	Nur manchmal, selten, muß man was lernen auch.

Um mit ihrer Leistung zufrieden zu sein, die Höhe der eigenen Selbstwertschätzung aufrecht zu erhalten, ist in Deutsch wenig Willensstärke nötig.

Das Lernen fällt Johanna leicht, und die Assimilation von Erfahrungsdaten wird sozusagen „auf der Bank liegend" erreicht.

Willensstärke zeigt sie, wenn es um die Beachtung ihrer Person geht. In den Gesprächen kam sehr deutlich zum Ausdruck, wie wichtig es ihr gerade in Deutsch ist, dranzukommen. Das braucht sie als Bestätigung ihrer Kompetenz.

Selbsttheorie: Beliebtheit

Fragen:

- **Bin ich beliebt? Bei mir selbst, bei anderen?**
- **Welche Informationen stützen meine Theorie über meine Beliebtheit?**

B.: Und wie ist das jetzt mit Eurer Deutschlehrerin? Bist Du da beliebt bei der Lehrerin?

J.: Also beliebt bestimmt nicht. Aber ich hab auch nicht das Gefühl, daß sie jetzt darauf aus ist, mir eins auszuwischen. ...

J.: Also früher hatt´ ich schon mal das Gefühl, ah, ich weiß nicht, ob die nicht doch ..., aber, also ich finde, meistens ist sie normal. Sie macht immer ihr Zeugs durch. Sie hat aber, glaub´ ich, schon ´n paar, die sie gut leiden kann.

B.: Sagst Du ihr´s dann manchmal auch, wenn Du streckst und nicht drankommst?

J.: Nein, aber das find´ ich gemein von der Lehrerin. So von sich aus nimmt sie mich überhaupt nicht dran. Ich muß mich richtig anstrengen, daß ich drankomm´. Da denk´ ich drüber nach. Und wenn ich streck´ und woanders hingucke, dann komm ich dran.

J.: Ich möcht´ halt, daß das beachtet wird, wenn ich mitarbeite.

B.: Und bei der Deutschlehrerin, da weißt Du´s eben nicht, da bist Du Dir unsicher, oder?

J.: Nein, ich bin mir nicht unsicher, aber ich weiß nicht, wie die das aufnimmt, oder eben nicht so, daß es mich befriedigt. (...) Aber die Deutschlehrerin weiß es schon, und der Herr W. (der Mathelehrer) weiß es auch, daß ich strecke, aber trotzdem ist es verschieden.

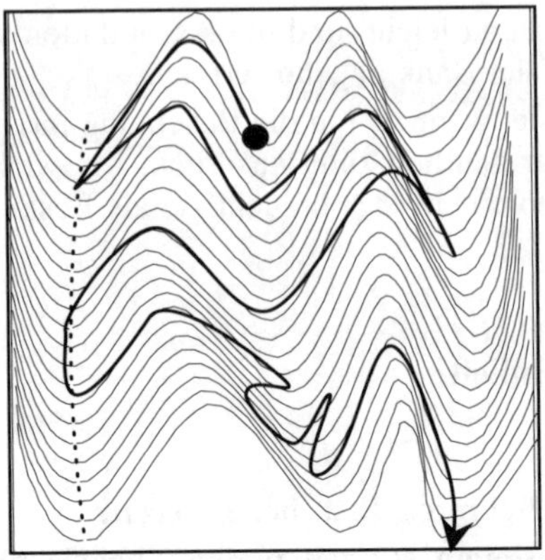

Aggressions-Chreode: Wenn der Lernende nicht wahrgenommen wird, entwickelt er Aggressionen und folgt nur teilweise dem didaktischen Morphem.

Postulate

1. Ordnung:	Ich möchte Zuwendung haben.
2. Ordnung:	Ich muß mich strategisch verhalten, damit ich mit allen gut auskomme.
3. Ordnung:	Die Situation in Deutsch ist mir unangenehm, aber man darf seine Gefühle nicht zeigen.

Johanna hat nicht das Gefühl, bei der Deutschlehrerin beliebt zu sein. Sie bestätigt sich in diesem Gefühl, indem sie glaubt, im Vergleich mit anderen weniger oft dranzukommen. Dieses Postulat steht bei Johanna im Konflikt zur Aufrechterhaltung der Selbstwertschätzung, die sie zu einem großen Teil über die Anerkennung und Beachtung ihrer Leistung bezieht.

Wechselwirkungstheorie zwischen Selbst- und Umwelttheorie: Kommunikationsfähigkeit

Frage:

— Welche persönliche Theorie habe ich zur Verständigung und Kommunikation in Deutsch entwickelt?

B.: Was hast Du jetzt für eine Meinung zum Golfkrieg?

J.: Ich hab´s nicht alles gesagt. Ich hab´ da kaum ´was gesagt. Aber ich hab´ sehr viele Gedanken darüber, und ich find´, die stimmen auch, aber ich kann die jetzt irgendwie nicht so aufzählen. (...) Also, wenn ich mal ´was hab´, worüber ich nachdenk´, dann tu ich das mit mir selbst ausmachen. (...)

Postulate

1. Ordnung: Sei nicht kommunikativ.
2. Ordnung: Mach´ alles mit dir selbst aus.
3. Ordnung: Rede in dieser Situation nicht.

Johannas Postulat zur Kommunikation im Fach Deutsch, alles mit sich selbst auszumachen, macht es ihr nicht leicht, Gedanken, die sie persönlich betreffen, mitzuteilen. Die Erfahrung, daß die eigene Meinung nicht akzeptiert wird, bzw. beim Lehrer nicht ankommt, wirkt sich negativ auf das Selbstwertgefühl und die Lust/Unlust-Balance aus, was zu einer Verfestigung dieser Kognition beiträgt.

Abschließende Bemerkungen

Dieses Beispiel zeigt in einigen Facetten, wie auch mit Schülern an der Aufklärung der eigenen Strukturgeschichte gearbeitet werden kann. Die Systemische Konzeption, die NLP und TA erbringen noch weitere Perspektiven, wie in einem Metamodell die Chreodenanalyse durchgeführt werden kann.

Mit Hilfe von projektiven Methoden, z.B. mit Metaphern, Märchen, virtuellen Welten usw., über den pyschodramatischen Rollentausch, mit dem Zirkulären Fragen und mit der Zeichnung Innerer Landkarten erfahren wir viel über die Lerngeschichte eines Lernenden.

Im Sinne der Unterrichts- und Biographie-Forschung stehen bereits eine Reihe von Methoden, z.B. die Strukturlege-Technik, die Dimensionsanalyse u.a., zur Verfügung, die es aber noch auszubauen gilt.

Literatur

Buddrus, V. (Hrsg.) (1995): Humanistische Pädagogik. Eine Einführung in Ansätze integrativen und personenzentrierten Lehrens und Lernens. Bad Heilbrunn

Cleveland, B. (1992): Das Lernen lehren. Erfolgreiche NLP-Unterrichtstechniken. Freiburg/Br.

Engeström, Y. (1991): Non scholae sed vitae discimus: Toward overcoming the encapsulation of school learning. Learning and Instruktion, 1, S. 243-259

Epstein, S. (1983): Entwurf einer integrierten Persönlichkeitstheorie. In: Filipp, S. H. (1979), Selbstkonzeptforschung. Stuttgart

Friedrich, H. F.; Mandl, H. (1990): Psychologische Aspekte autodidaktischen Lernens, Unterrichtswissenschaften 3, S. 197-218

Glasersfeld v., E. (1987): Wissen, Sprache und Wirklichkeit. Braunschweig

Glasersfeld v., E. (1992): Aspekte des Konstruktivismus: Vico, Berkeley, Piaget. In: Rusch, G.; Schmidt S. J.(Hrsg.): Konstruktivismus: Geschichte und Anwendung, S. 133-158. Frankfurt a.M.

Holzkamp, K. (1993): Lernen. Subjektwissenschaftliche Grundlegung. Frankfurt a.M.

Honebein, P. C.; Duffy, T. M.; Fischman, B. J.(1993): Constructivism and the design of learning environment: Context and authentic activities for learning. In: Duffy, T. M.; Lowyck, J.; Jonassen, D. H. (Eds.): Designing environments for constructive learning (pp. 87-108), NATO ASI Series. Berlin

Huber, G. L. (1987): Kooperatives Lernen. Theoretische und praktische Herausforderung für die Pädagogische Psychologie, Zeitschrift für Entwicklungspsychologie und Pädagogische Psychologie, XIX, 4, S. 340-362

Huschke-Rhein, R., (1992): Systemtheorien für die Pädagogik. Umrisse einer neuen Pädagogik. Köln

Jonassen, D.; Mayes, T.; McAleese, R. (1993): A manifesto for constructivist approach to uses of technology in higher education. In: Duffy, T. M.; Lowyck J.; Jonassen, D. H. (Eds.): Designing environments for constructive learning (pp. 231-247), NATO ASI Series. Berlin

Knuth, R. A.; Cunningham, D. J. (1993): Tools for constructivism. In: Duffy, T. M.; Lowyck, J.; Jonassen, D. H. (Eds.): Designing environments for constructive learning (pp. 231-247), NATO ASI Series.. Berlin

Kösel, E. (1995[2]): Die Modellierung von Lernwelten. Handbuch zu einer Subjektiven Didaktik. Elztal-Dallau

Kösel, E. (1995): Psychodrama in der Schule und im Unterricht. In: Buddrus, V. (Hrsg.) (1995): Humanistische Pädagogik. Eine Einführung in Ansätze integrativen und personenzentrierten Lehrens und Lernens. Bad Heilbrunn

Kösel, E. (Hrsg.) (1995[2]): Persönlichkeitsentwicklung in beruflichen Feldern auf der Grundlage des Psychodramas, Arbeitsstelle Gruppenpädagogik und Psychodramaforschung der Päd. Hochschule Freiburg/Br.

Krapf, B. (1993[2]): Aufbruch zu einer neuen Lernkultur. Bern

Krapp, A. (1993): Die Psychologie der Lernmotivation. Perspektiven der Forschung und Probleme ihrer pädagogischen Rezeption, Zeitschrift für Pädagogik, 39 (2), S. 187-206

Lave, J. (1991): Situating learning in communities of practice. In: Resnick, L. B.; Levine, J. M.; Teasdale, S. D. (Eds.): Perspectives on socially shared cognition, pp. 63-82. Washington D. C., American Psychological Association

Lave, J.; Wenger, E. (1991): Situated learning. Legitimate peripheral participation. Cambridge

Light, P. H.; Mevarech, Z. R. (1992): Learning with computers, Learning and instruction, 18 (3), S. 155-159

Luhmann, N. (1984): Soziale Systeme, Grundriß einer allgemeinen Theorie. Frankfurt a.M.

Mandl, Gerstenmaier, Reinmann-Rothmeier (1995): Studienbrief der Arbeitsstelle für Gruppenpädagogik und Psychodramaforschung an der Pädagogischen Hochschule Freiburg

Mandl, H.; Gruber, H.; Renkl, A. (1993b): Kontextualisierung von Expertise. In: Mandl, H.; Dreher, M; Konradt, H. J. (Hrsg.): Entwicklung und Denken im kulturellen Kontext, S. 203-227. Göttingen

Mandl, H.; Gruber, H.; Renkl, A. (in press b): Communities of practice towards expertise. The role of social interaction in learning. To appear in: Baltes, P. B.; Staudinger, U. M. (Eds.): Interactive minds. Life-span perspectives on the social foundation of cognition

Maturana, H.; Varela, F. J. (1987): Der Baum der Erkenntnis. Bern, München

Pea, D. (1987): Socializing the knowledge transfer problem, International journal of Educational Research, 11, S. 639-663

Piaget, J. (1954): The construction of reality in the child. New York

Prenzel, M. (1993): Autonomie und Motivation im Lernen Erwachsener, Zeitschrift für Pädagogik, 39 (2), S. 239-254

Resnick, L. B. (1991): Shared cognition. Thinking as social practice. In: Resnick, L. B.; Levine, J.; Teasdale, S. D. (Eds.): Perspectives on socially shared cognition, pp. 63-82. Washington D. C., American Psychological Association

Rogoff, B.; Mistry, J.; Göncü, A.; Mosier, C. (1993): Guided participation in cultural activity by toddlers and caregivers. Monographs of the Society of Research of Child Development, 58 (7), Serial No. 236

Shachar, H.; Sharon, S. (1993): Schulorganisation und kooperatives Lernen im Klassenzimmer. Eine Interdependenz, in: Huber, G. L. (Hrsg.): Neue Perspektiven der Kooperation. Ausgewählte Beiträge der internationalen Konferenz 1992 über kooperatives Lernen, Grundlagen der Schulpädagogik, Bd. 6, S. 54-70. Baltmannweiler

Sharon, J.; Sharon, S. (1992): Expanding cooperative learning. Educational leadership, Dec., S. 17-21

Sheldrake, R. (1990): Das Gedächtnis der Natur. Das Geheimnis der Entstehung von Formen in der Natur. Bern, München, Wien

Simons, P. R. J. (1992): Lernen, selbständig zu lernen — ein Rahmenmodell. In: Mandl, H.; Friedrich, H. F. (Hrsg.): Lern- und Denkstrategien. Analyse und Intervention. Göttingen, Toronto, Zürich

Slavin, R. E. (1983), Cooperative learning. New York

Spiro, R. J.; Feltovich, P. J.; Coulson R. L.; Anderson, D. K. (1989): Multiple analogies for complex concepts. Antidotes for analogy-induced misconceptions in advanced kmowledge acquisition. In: Vosniadou, S.; Ortony, A. (Eds.): Similarity and analogical reasoning, pp. 498-531. Cambridge

Strike, K. A.; Posner, G. J. (1985): A conceptual change view of learning and understanding. In: West, L. H. T.; Pines, A. L. (Eds.): Cognitive Structure and conceptual change, pp. 211-231. Orlando, FL

Strike, K. A.; Posner, G. J. (1992): A revisionist theorie of conceptual change. In: Duschl, R.; Hamilton, R. (Eds.): Philosophy of science, cognitive psychology, and educational theory and practice, pp. 147-176. Albany, NY

Stewart, J. (1991): Die Transaktionsanalyse. Freiburg/Br.

Vosniadou, S. (1992): Fostering conceptual change. The role of computer-based environments. In: DeCorte, E.; Linn, M. C.; Mandl, H.; Verschaffel, L. (Eds.): Computer based learning +environments and problem solving, pp. 149-162. Berlin

Watzlawick, P. (1991): Die erfundene Wirklichkeit. Beiträge zum Konstruktivismus. München

Gestaltung von Handlungssystemen
Die neue Lehrerrolle in der ökologisch-phänomenologischen Erziehungswissenschaft*

Eduard W. Kleber

Pädagogik hat unter Berücksichtigung von Komplexität und Vernetzung einen Gegenstandsbereich mit mehreren Wissenschaften gemeinsam, dies wird bei systemischer und phänomenologischer Arbeit berücksichtigt. Die Personwerdung erfolgt in geschachtelten Handlungssystemen, durch die Realität gefiltert erlebt wird. Die erlebte Situation hat reale Konsequenzen, auch wenn sie mit einer objektiv behaupteten Realität wenig gemeinsam hat, deshalb wird Individualität in systemischer Betrachtung höchst bedeutsam. Aus dieser Rahmenbetrachtung ergeben sich verschiedene Gestaltungsaufgaben als zentral für die Lehrerrolle. Konsequenzen für die pädagogische Praxis werden erörtert, ein Beispielprogramm für Lehrerausbildung vorgestellt.

1 Vorbemerkung

Pädagogik hat es seit dem Altertum, seit es ein pädagogisches Denken gibt, mit dem Menschen, seinem Verhalten und seinen Möglichkeiten, mit Gesellschaft und dem sozialen Umfeld seiner Lebensvollzüge zu tun. — Je nach Grundauffassung über Gesellschaft, über den Menschen und/oder der erkenntnistheoretischen Position, der systematischen Betrachtung gibt es aus der Logik der Sache eine Vielzahl unterschiedlicher Pädagogiken: geisteswissenschaftliche, materialistische, kritische, kritisch/rationale, phänomenologische, kybernetische, konstruktivistische usw.

Wird bereits in der systematischen Konzeption die erkenntnistheoretische Position, der Betrachtungs- und Forschungsrahmen, besonders betont und geht es vor allem um den Rahmen und das daraus hergeleitet Regelsystem (die Metatheorie), dann bezeichnet der Begriff „Erziehungswissenschaft" das Konzept am besten. Geht es dagegen primär um Inhalte, Werte und das pädagogische Handeln im Sinne von Belehrung, Instruktion, Beratung (die

*Die Kapitel 2, 3, 4 und 5 dieses Artikels sind die Nachschrift eines Vortrages — Mit und ohne Mentorenverpflichtung — vor LehrerInnen.

Objekttheorie), dann bezeichnet „Pädagogik" die Sache besser (z. B. die beiden Etikette: „ökologisch-phänomenologische Erziehungwissenschaft" und „ökologische Pädagogik" (vgl. KLEBER 1985; 1992; 1993).

Aus dem so bestimmten Feld: Mensch — Gesellschaft: Heranwachsen im sozialen Umfeld in die Welt ergeben sich breite Überschneidungsbereiche zwischen:

— sich entwickeln,
— sozialisiert zu werden,
— zu lernen,
— sich anzupassen,
— autonom zu werden.

Es gibt deshalb im Betrachtungsgegenstand enge Beziehungen zwischen:

— Pädagogik und Psychologie,
— Pädagogik und Soziologie,
— Pädagogik und Philosophie.

Überzeugende Konzepte der Erziehungswissenschaft gehen meist auf diese Beziehungen ein und überschreiten ihre eigene Disziplingrenzen in diese Fächer hinein.

Für die Schulpädagogik spielt die Entwicklungspsychologie eine besondere Rolle, ihr ist die ökologisch-phänomenologische Erziehungswissenschaft dann auch besonders verpflichtet. Den Grundrahmen für eine systemische Betrachtung unter Berücksichtigung der Individualität legte BRONFENBRENNER (1980) in seiner „Ökologie der menschlichen Entwicklung." Ökologisch-phänomenologische Erziehungswissenschaft erklärt und gliedert das soziale Umfeld für den Lebensvollzug der (jungen) Person als ineinandergeschachtelte Handlungssysteme. Das Werden, Wachsen der Person geschieht in vielfältigen Abhängigkeiten, welche durch diese Handlungssysteme strukturiert und aufrechterhalten werden, und sie erlebt und erfährt objektive Realität nur gebrochen, bzw. gespiegelt durch diese Handlungssysteme, deren emotionales Fluidum, deren Wertungen und Normen, der in diesen praktizierten Gewohnheiten, Haltungen und Interessen. — Die so „vermittelten" Erfahrungen konstituieren die spezifische Realität eines Individuums, hieraus wird das Primat der subjektiv erlebten Wirklichkeit hergeleitet, die „Dominanz der erlebten Situation" (BRONFENBRENNER 1980).

Im folgenden werden diese Gedanken systematisch entfaltet, Anwendungsbeispiele vorgestellt.

2 Zum Verhältnis entwicklungspsychologischer und pädagogischer Konzepte

Seit sich Pädagogik von Theologie und Philosophie löste, wurden immer wieder empirische Zugangsweisen und auf Empirie gegründete theoretische Konzepte über die Person, speziell das Werden des Zöglings, gesucht. Psychologie im allgemeinen und Entwicklungspsychologie im besonderen boten sich als Referenzwissenschaften noch vor der Soziologie an.

Die Sonderpädagogik als die am meisten psychologiebezogene Teildisziplin erklärte bereits im vorigen Jahrhundert einen großen Teil der Probleme innerhalb ihres Gegenstandes mit Hilfe der Gedächtnis-, Willens- und Affektpsychologie im Zusammenhang mit der Psychopathologie.

In den meisten Fällen von Retardation, dem zentralen Gegenstand der Sonderpädagogik, ließ sich seit der Jahrhundertwende dieses Problem global als Entwicklungsrückstand erklären, und der Königsweg für die Pädagogik wurde: Entwicklung nachzuholen, Entwicklung zu beschleunigen. Die Sonderpädagogik begann, Lernprobleme auf Entwicklung abzubilden und diese gleichzeitig — wenn nicht ausschließlich — als Entwicklungsprobleme zu begreifen. Die Arbeiten von PIAGET erhielten in diesem Lichte eine besondere pädagogische Bedeutung, auch über die Sonderpädagogik hinaus (vgl. AEBLI 1951; 1963).

Die am besten ausgearbeitete Fibel für Mathematik in der Primarstufe ist von KUTZER auf der Basis der PIAGETischen Arbeiten erstellt. Sie bildet das am meisten elaborierte didaktische Material für den Umgang mit Zahlen in der Primarstufe.

Assimilation wird bei AEBLI (1951; 1963) gleich Aneignung gesetzt. Aneignung ist auf der anderen Seite das Lernkonzept der materialistischen Psychologie. Soweit hier Tätigkeit und Handeln als primäre Medien für Entwicklung verstanden werden, ist dieses Konzept auch in die Entwicklungspsychologie aufgenommen worden (vgl. OERTER 1979).

In der gleichen Weise, in der in der Entwicklungspsychologie endonistische und exogenistische Modelle durch konstruktivistische und interaktionistische ersetzt wurden, trat Lernen immer stärker in dieses Entwicklungsdenken ein. Nur sehr wenig wird heute auf Reifungsvorgänge allein zurückgeführt, weit mehr auf eine Verschränkung von Reifungs- und Lernvorgängen, noch mehr auf Lernen, „die meisten entwicklungspsychologischen Veränderungen beruhen auf Lernvorgängen." (OERTER 1967/1977, 64)

In den konstruktivistischen und interaktionistischen Theorien wird dieses Lernen durch subjektiv aktives Verhalten im Sinne der Aneignung begriffen. Lernen ist also im gleichen Sinne Gegenstand der allgemeinen und der Entwicklungspsychologie wie auch der Pädagogik. Die beiden letzteren haben das gleiche Produkt als ihren Gegenstand: die Person, die „werdende Person" (vielleicht ist in der Pädagogik ein wenig stärker die Denkfigur der

„gemachten Person" gegenwärtig). Dies resultiert aus der grundlegend unterschiedlichen Erwartung an diese Wissenschaften. Entwicklungspsychologie ist primär deskriptiv, darf deskriptiv bleiben. Pädagogik muß auf das Ziel hin handeln, muß die Deskriptionsebene überschreiten. Deshalb unterscheiden sich beide in bezug auf den Grad der Aktivität der agierenden Personen (zum Beispiel des Lehrers/der Lehrerin) und in bezug auf den Stellenwert der Konzepte „Reifung" und „Belehrung".

In bezug auf das Konzept „Belehrung" und seine Bedeutung für die werdende Person, den mündigen, gebildeten Bürger, den die Pädagogik entlassen will, gibt es eine lange Auseinandersetzung innerhalb der Pädagogik. Zum Beispiel ROUSSEAU wendete sich gegen das seiner Zeit gemäße Erziehungsdenken. Er definierte sein Konzept dann folgerichtig als „negative Erziehung". Bis zu dieser Zeit wurde Erziehung überwiegend gleichgesetzt mit Belehrung. Parallel zu der Diskussion „Zum Erwachsenen hin ..." respektive „Vom Kinde aus ..." verläuft eine Auseinandersetzung über die Trennung von Erziehung und Unterricht. Dabei wird Belehrung als dominant für Unterricht aufgefaßt, Erziehung zeitweilig aus der Schule hinausdefiniert.

HERBARTS Versuche (1808/1912) dies zu ändern, hatten anscheinend am wenigsten Erfolg bei den Herbartianern (REIN 1902-1906). Diese Diskussion dauert an, sie scheint derzeit für die Grundschule entschieden zu sein. Erziehung soll dominant sein, sie soll den Unterricht mit einbegreifen. Gefragt ist so wenig Belehrung wie unbedingt notwendig.

Im Streit um das Verhältnis von Belehrung und Aneignung, Unterricht und Erziehung haben sich drei idealtypische Auffassungen von Lehren/Lernen herausgebildet:

(1) Buchlernen/Belehrung;

(2) Lernen durch Materialerfahrung;

(3) Lernen als soziale Welterfahrung.

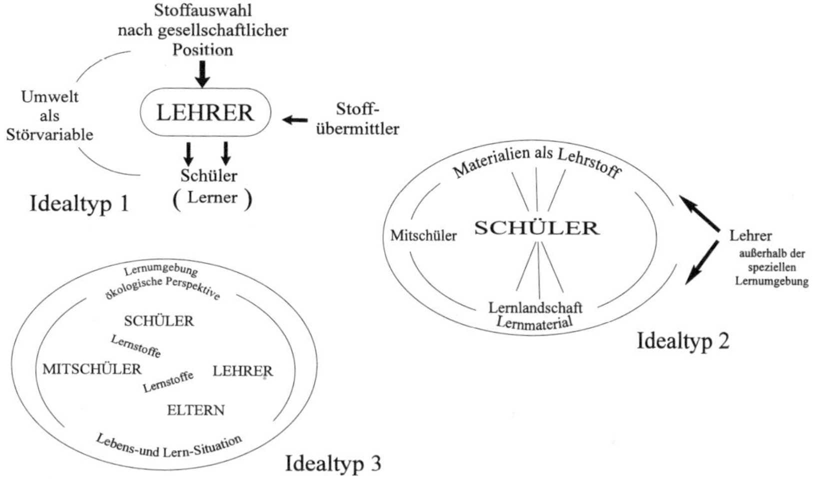

Idealtypische Auffassungen zu Lernen bezogen auf die Situation

Welcher Lerntyp dominant ist für das jeweilige schulische Lernen zu einer Zeit, an einem Ort, braucht nicht Gegenstand akademischer Diskussion zu bleiben, es kann durch die Definition der Lehrer-Rolle, die Gestaltung der unmittelbaren Lernumwelt (Klassenraum/Schule) und die didaktisch-methodische Organisation empirisch erfaßt werden (vgl. KLEBER 1987). In den Richtlinien für Grundschulen in Nordrhein-Westfalen von 1985 spiegelt sich eine Lernauffassung mit der Dominanz im zweiten Typ wider. Ansätze zum dritten Typ sind zu erkennen. In der Pädagogik und der Entwicklungspsychologie hat sich ein gleicher Trend in der Auffassung über Lernen herausgebildet, der im sog. ökologischen Ansatz zum Ausdruck kommt (vgl. SCHULZE 1983; KLEBER 1985a). Lernen wird dabei als je subjektive Aneignung in und durch die komplexe Lernumwelt verstanden. „Folgt Pädagogik einem ökologischen Ansatz, dann verschwindet der ‘Zögling’ aus dem Zentrum der Betrachtung, der Blick wird auf die äußeren Umstände und deren Erlebnisabbild gerichtet. Die zentrale Frage lautet: Wie Lernumwelt beschaffen ist (beschaffen sein soll) und wie der Heranwachsende seinen Lebensraum erschließt (aufbaut). Im Vordergrund stehen Lernen (nicht mehr Lehren) und die Suche nach Möglichkeiten, wie man Heranwachsenden helfen kann, sich selbst zu organisieren (nicht mehr, wie man sie erzieht).“ (KLEBER 1985a, 1137).

Damit wird in der Pädagogik das Lernumweltkonzept von zentraler Bedeutung und eine Revision der didaktischen Konzepte notwendig.

Ähnliche Auffassungen von Lernen vertreten in der Humanistischen Psychologie ROGERS (1969/1979), COHN (1975), THOMANN (1987) u.a. VON HENTIG (1985) fordert in diesem Zusammenhang eine Ablösung der Didaktik durch eine Mathetik. HENTIG wirft der Didaktik vor, daß sie die Wissenschaft sei, die ausschließlich auf durchrationalisiertes Lehren durch Belehrung ausgerichtet sei, die wissenschaftliche Grundlage für Lehren, wohingegen Mathetik die entsprechende Grundlage für Lernen liefern würde.

Auch wenn man diesem Gegensatz Didaktik-Mathetik nicht folgt, besteht die Notwendigkeit, das Mathetische innerhalb der Didaktik zu entwickeln. Ansätze hierzu sind bereits bei DEWEY (1935/1949 und 1964), MONTESSORI (1938/1971), FREINET (1969/1980) und anderen zu finden. Zusammenfassend sind in bezug auf das Verständnis von Lernen und Entwicklung gleiche Trends in der Entwicklungspsychologie und Pädagogik zu beobachten. Beide haben einen gemeinsamen Zielhorizont: „die entwickelte (gebildete) Persönlichkeit" als einen gemeinsamen Gegenstand: und als deren komplexes Medium: „Entwicklungs- und Lernumwelt".

Der zentrale Unterschied beider Wissenschaftsbereiche liegt darin, daß Entwicklungspsychologie deskriptiv bleiben darf, das heißt gleichzeitig auf Distanz arbeiten kann, während Pädagogik (speziell Schulpädagogik) die Deskriptionsebene überschreiten muß, nicht auf Distanz bleiben kann, sondern selbst in den sie repräsentierenden Personen zum Moment der Lern- und Entwicklungsumwelt wird.

Letzteres muß im Konzept der geschachtelten Handlungssysteme mit abgebildet werden, wenn dieses für die Pädagogik fruchtbar sein soll.

3 Geschachtelte Handlungssysteme, das Wirkungsgefüge in der Personwerdung

BRONFENBRENNER (1977, 513) stellte nach einer eingehenden Analyse entwicklungspsychologischer Forschung und Konzepte 1977 fest: „... es kann gesagt werden, daß vieles in der Entwicklungspsychologie einer Wissenschaft vom fremdartigen Verhalten von Kindern in fremden Situationen mit eigenartigen Erwachsenen in möglichst kurzen Zeitspannen gleichkommt". In bezug auf erziehungswissenschaftliche Forschung lassen sich ähnliche Relevanzprobleme aufzeigen.

Er kritisiert die Entwicklungspsycholgoie hinsichtlich ihrer Forschungs-Designs, die unzureichende Ausschnitte der Wirklichkeit repräsentieren, in bezug auf die Generalisierungen, die unzulässig seien und deshalb zur Konstruktion einer artifiziellen Wirklichkeit führten. Kurz, es fehle ihr vollständig die „ökologische Validität". Um diesem unbefriedigenden Zustand abzuhelfen, entwarf er in seiner Ökologie der menschlichen Entwicklung eine umfassende Beschreibung, einen Satz von Regeln (die in Definitionen, Propositionen und Hypothesen gegliedert sind), mit deren Hilfe die ökologische Validität in der Forschung und Theoriebildung der Entwicklungspsychologie sichergestellt werden soll. Ein solches Regelsystem, das angibt, wie eine Wissenschaft zu betreiben und wie Realität zu interpretieren ist, stellt eine Metatheorie dar. Im Zentrum dieses metatheoretischen Konzeptes steht die Gliederung der Komplexität der Entwicklungssituation in einem Satz geschachtelter Handlungssysteme.

Jedes Individuum lebt (entwickelt sich/lernt) in einer Vielzahl von Handlungssystemen, die ineinander verschachtelt sind „wie ein Satz russischer Puppen" (BRONFENBRENNER 1979, 3). Das Individuum sitzt in einem solchen vielschichtigen „Kokon" und nimmt die Welt/Umwelt, die anderen und sich selbst durch die verschiedenen Wände gefiltert und gebrochen wahr. Letzteres bezeichnet die je individuelle Entwicklungs- und Lernsituation und begründet die Dominanz der phänomenologischen Ebene (der erlebten Situation). Handeln und Lernen erfolgen nicht direkt aufgrund einer von außen definierten objektiven Situation, sondern aufgrund des erlebnis- bzw. bewußtseinsmäßig abgebildeten Pendant für eine solche Situation (KLEBER 1985b, 1180).

Die Entwicklungs- und Lernsituation zeichnet sich durch ihre durchgängigen sozialen Implikationen aus. Sie besteht aus Handlungssystemen. Entwicklung und Lernen ereignen sich mit und durch Handlungspartner. Aneignung, Lernen erfolgen handelnd, in hohem Maße durch Handlungen von anderen beeinflußt. In einer Gesellschaft gibt es eine historisch gewachsene Struktur solcher Handlungskomplexe.

Die formalen Systemtypen:

BRONFENBRENNER unterscheidet hier drei Ebenen:

— *die Mikrosystemebene*
— *die Mesosystemebene (mit Exosystemen)*
— *die Makrosystemebene*

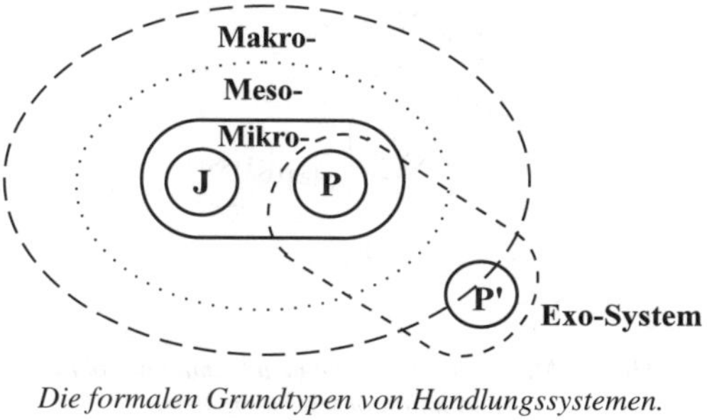

Die formalen Grundtypen von Handlungssystemen.
Definition der Systemtypen

„Die kleinste Einheit" besteht aus zwei Handlungspartnern: dem „Individuum" (I), das ins Zentrum der Betrachtung gerückt ist, und seinem Partner (P). Beide Handlungspartner bilden ein Mikrosystem. Für jedes Individuum werden Handlungssysteme, „an denen nicht das I als Handelnder, aber einer seiner Partner P aus seinen Mikrosystemen beteiligt ist, zu Exosytemen (P-P'). Mehrere Mikro- und Exosysteme bilden zusammen ein

Mesosystem. Mikro- und Mesosysteme sind definierbare Einheiten innerhalb der Makrosysteme. Makrosysteme sind kulturelle zwischengesellschaftliche Einheiten wie: kirchliche, weltanschauliche Gemeinschaft, politische Partei, ethnische Gruppe, eventuell auch Sportvereine u.ä. Die Kombination der verschiedenen Makrosysteme, denen I angehört (Ma_{ges}), bilden den kulturellen und gesellschaftlichen Hintergrund, aus dem heraus ein Teil der Beziehungen auf der Mesosystemebene gesteuert und kontrolliert wird und durch den der normative Rahmen für das Handeln auf der Mikrosystemebene gestaltet wird.“ Grundlage der Handlungssystemkomplexe sind systemisch betrachtet die psycho-physischen Systeme der handelnden Personen, die auf einer biologischen Grundlage durch ihre jeweiligen Handlungssysteme eine eigene Struktur aufbauen, „die sich entwickelnde Person“.

Ein Schüler gehört mehreren Mikrosystemen an, durch diese wirken unterschiedliche Meso- und Makrosysteme, eventuell auch Exosysteme auf ihn (das heißt auf sein Verhalten und Lernen) ein. Die Mikrosysteme eines Schülers gehören immer mindestens zwei Mesosystembereichen an (innerschulischer, außerschulischer Bereich).

Um ein bestimmtes Verhalten, auch Lernverhalten, eines Schülers verstehen zu können, ist es notwendig, seine aktuell relevanten Handlungssysteme zu kennen.

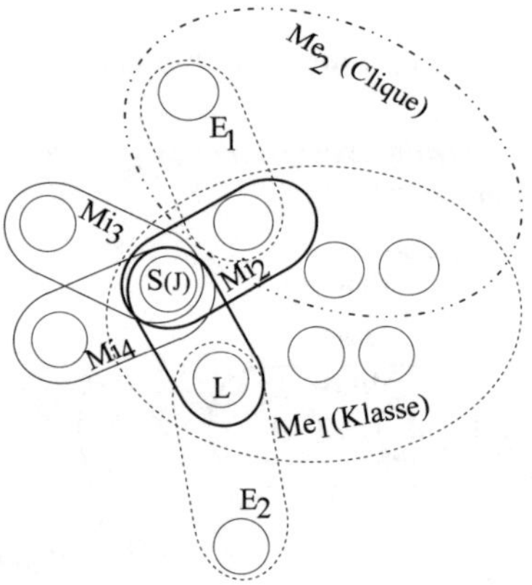

Verschiedene Mikro-, Meso- und Exosysteme der inneren Sphäre (individuelle Lernsituation des Schülers (S_I))

Legende

S_I, der hier betrachtete Schüler; L ist der Handlungspartner (Lehrer im Mi_1 ; Mi_2 ist ein Mikrosystem, das der Schüler mit einem Mitschüler aktiv gestaltet; Mi_3 Schüler und Person der Familie; Mi_4: Schüler und außerschulische und außerfamiliäre Person; Me_1: Mesosystem Schulklasse; Me_2 ist ein Mesosystem auf der Exosystemebene, der Schüler ist (noch) nicht Mitglied dieser Clique, er wird aber über P in Mi_2 stark von der Clique (Me_2) beeinflußt; E_1: Exosystem (Partner des Schülers aus Mi_2) mit dem Führer der Clique (Me_2); E_2: Exosystem Lehrer mit einer für ihn wichtigen Person (zum Beispiel Berater)

Für Forschen und Handeln in bezug auf Lernen in einer Schulklasse sind die Mikrosysteme (Mi_1 — Mi_4) eines Schülers grundsätzlich zu berücksichtigen. Es ist zu prüfen, ob bestimmte Exosystemeinflüsse (E_1 — E_2) für seine derzeitige Lernsituation relevant sind und welche Mesosystemeinflüsse (Me_1 — Me_2) vorliegen. Damit wird aber auch gleichzeitig deutlich, daß empirische Untersuchungen zum schulischen Lernen einerseits und die Gestaltung von Lernsituationen andererseits nie nur innerhalb der Schulklasse oder auf die Schulklasse begrenzt durchgeführt werden sollten.

Bevor auf die objekttheoretische Seite übergewechselt wird, soll noch eine weitere Applikation des Geschachtelten-Handlungssystem-Konzeptes auf Schule und schulisches Lernen vorgestellt werden. Die Darstellung entspricht nur einer stark verkürzten Graphik für erste Orientierungen. Sie bildet nur die in unserem Schulsystem strukturell vorgesehenen Handlungssystembereiche ab. Die bei der Abbildung hervorgehobenen Verschränkungen innerschulisch, außerschulisch gelten natürlich auch hier. Insbesondere ist dabei auf die Peergruppenebene, eine Dimension, welche die innere und mittlere Sphäre durchdringt, zu achten. Die äußere Sphäre liegt eingebettet in den generalisierten Makrosystemkomplexen (z.B. Subkultur) und diese wiederum in den Komplexen Umwelt und Welt, die sich in die religiöse, politische, künstlerische und wirtschaftliche Weltperspektiven gliedert und von altersher in Literatur und Wissenschaft dokumentiert vorlag, jetzt aber zunehmend durch die „Medien" aggressiv den Individuen angetragen wird.

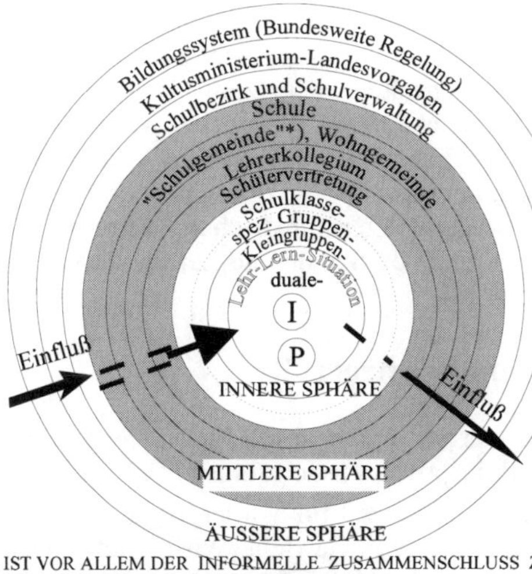

*HIER IST VOR ALLEM DER INFORMELLE ZUSAMMENSCHLUSS ZWISCHEN LEHRER-ELTERN-SCHÜLER ZUR PÄDAGOGISCHEN GESTALTUNG DER SCHULE GEMEINT.

Schachtelung von unterschiedlichen Handlungssystemen in bezug auf schulisches Lernen

— Der vielfach geschachtelte Handlungssystemkomplex innerhalb dessen und durch den Lernsituationen beeinflußt werden, der Lernen ermöglicht oder verunmöglicht, läßt sich in drei Sphären gliedern:
— innere Sphäre: Schulklassenebene (ist für praktische Arbeit durch den außerschulischen Bereich zu ergänzen)
— mittlere Sphäre: Schul-, Stadtviertelebene
— äußere Sphäre: Kreis-, Landesebene

In der mittleren Sphäre sind drei Handlungssysteme strukturell vorgesehen:
— Lehrerkollegium ......)
— Elternvertretung ....) .....— Lehrer-Eltern-Kooperation ....) ..... — Lehrer-Eltern-
— Schülervertretung .....) ....) ..... Schüler-Kooperation

Aktivierung und engagierte Zusammenarbeit wird oft erst über informelle Gruppierungen hergestellt.

Der Grad von aktivierten Handlungssystemen der mittleren Sphäre unterscheidet Schulen besonderer pädagogischer Prägung von anderen. Aus der mittleren Sphäre wird eine Schule pädagogisiert. Die Bemühungen der äußeren Sphäre mißlingen häufig zur Verbürokratisierung. Aktivierte Handlungssysteme der mittleren Sphäre beugen der Verbürokratisierung, die oft als Enthumanisierung des Lebens und Lernens in der inneren Sphäre erlebt wird, vor.

Wir alle vermögen dies aufgrund von Gelegenheitsbeobachtungen zu bestätigen. Da es kaum erziehungswissenschaftliche Forschung unter dem Konzept der geschachtelten Handlungssysteme gibt, fehlen dazu Forschungsergebnisse. Hinweise erhalten wir zum Beispiel von RUTTER u.a. „Fünfzehntausend Stunden" (1979). Dort heißt es dann, daß bessere Schulen ein anderes Schulethos haben. Darüber hinaus wurde bisher überwiegend die Institutionenforschung aus der Soziologie übernommen. Letztere kann aufgrund ihrer überwiegend deterministischen Konzeption kaum konstruktive Beiträge zur Gestaltung von Schule und Lernen leisten.

4 Lernumwelt und Lehrerrolle

Was bedeutet es für die Schulpädagogik, für pädagogisches Handeln, wenn wir einem solchen deskriptiven Modell folgen?

Lernen steht als zentraler Prozeß im Vordergrund, Lehren tritt zurück. Die traditionelle Didaktik verliert an Gewicht. Wir brauchen eine Mathetik, bzw. das Mathetische innerhalb der Didaktik muß elaboriert und weiterentwickelt werden. Vor allem sind die Schüler- und die Lehrer-Rolle neu auszuhandeln. Letzteres ist akademisch gesehen bereits ein Thema seit ROUSSEAU. Es gibt ein Heer von Hinderungen, die einer wirkungsvollen Neudefinition entgegenstehen, unter anderem auch die unzureichende Gestaltung der mittleren

Sphäre (vgl. Abbildung. S. 137). Von dort aus kann die Neudefinition von Schüler- und Lehrer-Rolle wirksam betrieben werden (so zum Beispiel in der FREINET-Bewegung). Die Neudefinition der Schülerrolle, vielfältig proklamiert, kommt anscheinend nicht zum Tragen, wenn die Lehrerrolle nicht vorweg umdefiniert worden ist. Ich möchte mich deshalb hier auf einige neue Definitionsansätze der Lehrerrolle beschränken. Der Lehrer ist nach dem ökologischen Konzept geschachtelter Handlungssysteme, global gesehen, der Lernumweltgestalter. Hier handelt es sich keineswegs um eine ganz neue Rollendefinition.

Nehmen wir hier die Kontroverse, ob praktische Pädagogik eine Wissenschaft sein kann oder als eine Kunst verstanden werden muß, in unsere Betrachtungen auf (vgl. z.B. BREZINKA 1978), dann ist der Lehrer im Sinne des zweiten Ansatzes (Kunst) der große künstlerische Gestalter, der Dramaturg, der gewaltige Lehrinszenierungen vor den staunenden Augen der Kinder sich ereignen läßt. Auf diesem Gebiet leistet die Waldorfpädagogik bisher Großes. Im Sinne des Curriculum-Entwicklungs-Konzeptes gestaltet der Lehrer die Lehre als optimierbare Input-Programme.

Im Sinne der Montessori-Pädagogik gestaltet der Lehrer eine in bezug auf die zentralen Lerngegenstände optimale Lernlandschaft, in welcher der Schüler in eine unausweichliche Auseinandersetzung mit dem Lerngegenstand, dem Stoff, gezogen wird, den er aktiv, wenn auch in meist simulierten Situationen, erarbeitet.

Montessori- und Waldorf-Pädagogik sind hier diametral entgegengesetzte Konzepte. Die Hauptfächer werden nach STEINER im Hauptunterricht vom Schüler nur reproduktiv, nacharbeitend — verpflichtend lehrerzentriert -, nach MONTESSORI in der Freiarbeit rein produktiv durch Schülererarbeitung unter Minimierung der direkten Lehrerbeteiligung abgeleistet. Beide Ansätze spielen in der Handlungssystemgestaltung eine nicht zu unterschätzende Rolle: Die Waldorf-Pädagogik in bezug auf die Gestaltung der mittleren Sphäre und die Verknüpfung der inner- und außerschulischen Handlungssystemebene, die Montessori-Pädagogik in bezug auf die Gestaltung inhaltlich-materieller Lernumwelt.

Im Sinne geschachtelter Handlungssysteme als Lernumwelt ist der Lehrer zuerst der Gestalter von Handlungssystemen, danach erst derjenige der stofflich-didaktischen Umwelt. Im Sinne der mittleren Sphäre kann in diesem Zusammenhang auf Erfahrungen der Waldorf- und der Freinet- sowie der Jenaplan-Pädagogik zurückgegriffen werden.

Die aktive engagierte Gestaltung der mittleren Sphäre zum Zwecke einer Pädagogisierung der inneren Sphäre, der direkten Lernsituation, muß nach diesem Konzept als eine zentrale Verpflichtung für den Lehrer aufgefaßt werden.

Es geht hier um die Gestaltung von „Schulleben" nicht im Sinne eines additiven Konzeptes, sondern als grundlegende Voraussetzung und integratives

Moment für Lernen in der Schule. Es geht nach RUTTER (1979) um die Gestaltung, Aufrechterhaltung und Weiterentwicklung eines Ethos für die Schule.

Die engagierte Ausgestaltung der strukturell vorhandenen Lehrer-Eltern-Schüler-Gruppierungen kann aber nur zur fruchtbaren Arbeit führen, wenn ihr die Gestaltung der entsprechenden Handlungssysteme auf der Mikro- und Mesoebene (der inneren Sphäre) zugeordnet ist.

Die geschachtelten Handlungssysteme sind generell vorhanden. Sie sind je nach kultureller Entwicklung und gesellschaftlicher Praxis strukturell vorgegeben und beeinflussen das Verhalten, die Entwicklung, das Lernen jedes Individiuums. Die Beeinflussungen sind zwar grundsätzlich wechselseitig, der Einfluß von außen nach innen ist aber wesentlich stärker als umgekehrt (vgl. Abbildung S. 137), insbesondere dann, wenn Aktivierung unterbleibt, engagierte Gestaltung nicht erfolgt.

Mit dem Überschreiten der deskriptiven Ebene stellt sich die Frage der Zielvorstellungen, der Normen, auf die hin gestaltet wird. RUTTER (1979) hatte die mittlere Sphäre ausschließlich aus dieser Perspektive betrachtet und vom pädagogischen Ethos gesprochen.

Bereits BRONFENBRENNERs Ansatz ist nicht ganz normneutral. Seine Handlungssysteme unterscheiden sich hier von denjenigen PARSONS' (1949). Die Grundlage für die Normendiskussion kann nicht aus dem Konzept der geschachtelten Handlungssysteme selbst hergeleitet werden. Die Vernetzung der Beziehungen und die strukturell angelegten Handlungserwartungen zwischen Handlungspartnern zum Zwecke einer optimalen Personenentwicklung (so auch bereits bei BRONFENBRENNER) legen es nahe, die Diskussion auf demokratischer und ökologischer Grundlage zu beginnen (vgl. auch TREML 1980, 1981: Entwicklungspädagogik/Überlebenspädagogik; KLEBER 1985c, 1993).

Für die Lehrperson gibt es drei übergeordnete Gestaltungsauf*gaben:*

— *die Gestaltung des Lehrfriedens*
— *die Gestaltung des Lernfriedens*
— *die Gestaltung des erzieherischen Friedens.*

Nicht umsonst steht der „Lernfrieden" in der Mitte, steht doch Lernen im Zentrum; darüber hinaus ist der Lernfrieden schon zum Teil gesichert, wenn es gelingt, den erzieherischen Frieden und unter eingeschränkten Bedingungen auch den Lehrfrieden zu sichern.

Die Schaffung dieser Befriedung zum Zwecke einer konstruktiven Persönlichkeitsentwicklung und optimalen Lernens erfolgt durch das engagierte Gestalten der jeweils zuständigen unterschiedlichen Handlungssysteme (das heißt durch Dialog und Kooperation, durch Überzeugen, Aushandeln, Akzeptieren, mit der Strategie, aus einem minimalen Konsens in Kooperation die größte Zahl „zustimmender Personen" in Lehr-Lern-Entwicklungssituationen zu vereinigen).

Der Lehrfrieden wird in unseren allgemeinen Schulen durch strukturell vorgegebene Regelungen (vom gesetzlichen Rahmen über Erlasse bis zu den Richtlinien und Lehrplänen) beschworen, vermeintlich bereits sichergestellt. Dieser Versuch, den Lehrfrieden zu sichern, führt zur Entpädagogisierung durch Verbürokratisierung.

Wie kann das geschehen? Es stellt sich leicht, das heißt ohne Zutun, ein Scheinfrieden her. Der Lehrer hat durch den Eintritt ins öffentliche Schulsystem das gesamte Regelsystem akzeptiert. Der vorprogrammierte Konflikt zwischen den schulverwalteten Friedenssicherungen und der zugestandenen Lehrfreiheit führt zur Anpassung des Lehrers an bürokratische Regelung, schließlich für alle Fragen. Durch Verinnerlichung wird der Konflikt unterdrückt (Schule muß so sein ... oder man kann nicht anders).

Es folgen häufig individuelle Resignation und Ohnmacht. Die Lehrfreiheit erschöpft sich in alltäglichen Nebensächlichkeiten, wird zur Leerformel. Durch die Schulleitung werden die nach außen tretenden Konflikte gegebenenfalls durch Isolierung und Vereinzelung von Meinungen und Personen formal verkleinert, entschärft. Die in der äußeren Sphäre gefaßten Regelungen werden konsequent und rigide zur Minimierung der Arbeit in der Schulleitung und Schulverwaltung angewandt.

Dies alles geschieht täglich, überall und immer wieder, wenn die Lehrer nicht konsequent ihre Gestaltungsaufgabe wahrnehmen. Der Lehrfrieden ist durch engagierte Arbeit im Lehrerkollegium, durch Koalition in der Schule, durch aktives Aushandeln mit der Schulverwaltung und engagiertes Ausgestalten jedweder Freiräume für die Lernsituation zu sichern. — Wenn Lehrfreiheit und Kontrollbedürfnis immer wieder durch engagierte Gestaltung in Balance gebracht werden, so daß nicht wechselseitig destruktive Strategien das Feld beherrschen, kann der Lehrfrieden als gesichert gelten. Er ist nur zu sichern durch einen fortlaufenden Prozeß der Gestaltung der Handlungssystembereiche Lehrer/Schüler/Eltern und Lehrer/Kollegium/Schulverwaltung.

Auf der anderen Seite vermögen sich ebenfalls destruktive Strategien breitzumachen, die Lernsituation zu unterminieren, wenn der „erzieherische Frieden" nicht gesichert wird.

Wenn in der Schachtelung der Handlungssysteme in der inneren Sphäre die oft nicht hoch genug einzuschätzenden Einflüsse von Eltern und Gleichaltrigen Exosystemeinflüsse sind und bleiben, das heißt wenn der Lehrer hier eine Gestaltungsaufgabe nicht wahrnimmt, dann können diese Einflüsse die Lernsituation erheblich sabotieren. Exosystemeinflüsse haben deshalb je besondere Beeinflussungskraft, weil sie nicht unmittelbar zu gestalten sind, sie sich der Gestaltung entziehen.

Die Trennung von Unterrichtung und Erziehung, von Schule und Elternhaus, von Unterricht und Freizeit und das Zurückziehen des Lehrers auf seine Schulstube und seinen Stoff läßt hier allen kontraproduktiven Möglichkeiten den größten Spielraum.

Zur Sicherung des „erzieherischen Friedens" ist es notwendig, die Eltern nicht im Sinne von Exosystemeinflüssen oder im Sinne von Herschaftsteilungsansprüchen über die Elternvertretung auf die Lernsituation einwirken zu lassen, sondern durch die Gestaltung der Handlungssysteme der Mikroebene durch den Aufbau von Mikrosystemen Lehrer-Eltern zu sichern. Hierzu ist gegenseitig Akzeptanz und ein Minimalkonsens notwendig. Die erstere ist in der Gestaltung des Mikrosystems zu lernen, der zweite ist auf dieser Basis auszuhandeln. In diesem Zusammenhang werden in der Literatur häufig die Probleme als Defizite bei den Eltern diskutiert. In angelsächsischer Literatur taucht sogar die Forderung nach einer speziellen Elternbeschulung als Voraussetzung auf. Nach meinen eigenen Erfahrungen liegen die Probleme überwiegend auch bei dem Gestalter, dem Lehrer. — Er muß nicht als Besserwisser und unverbesserlicher Verbesserer mit einem Sack voll Forderungen den Eltern entgegentreten, sondern als eine für das Lernen des Kindes verantwortliche kompetente Person, die Kennenlernen und Verstehenlernen möchte. — Die Situation der Eltern verstehen und ihre Meinung zu ihrem erzieherischen Handeln als deren Recht akzeptieren, dagegen die eigene Meinung für die erzieherische Situation in der Schule verständlich machen und Akzeptanz dafür nachfragen, führt zum minimalen Konsens, aufgrund dessen gemeinsames Handeln ausgehandelt werden kann (vgl. KLEBER 1983). Die beiderseitige Akzeptanz bedeutet Sicherung des erzieherischen Friedens.

Wenn der Lehrer den Eltern sein erzieherisches Handeln verständlich machen konnte (ohne Forderungen) und er als Fachmann anerkannt wurde (das heißt seine Autorität nicht untergraben worden ist), dann werden auch Veränderungen, zum Beispiel von weniger erzieherischem Verhalten, möglich. Andernfalls führen alle Bemühungen und sogar der Gedanke daran beim Lehrer nur zur Störung des „erzieherischen Friedens". In diesem Zusammenhang sind beim Älterwerden der Kinder die „Peergroups" nicht aus dem Auge zu verlieren. Ein Dialog zwischen Lehrer und Peergroup scheint notwendig für die Sicherung des „erzieherischen Friedens" und des „Lernfriedens". Der Lernfrieden bezeichnet einen Zustand der Lernsituation „Schule", in dem kontraproduktive Strategien bei und zwischen Lehrern, Schülern und Eltern minimiert sind. Verschiedene Konzepte der Humanistischen Pädagogik wie das TZI-Prinzip (COHEN 1962/1988) und die Berücksichtigung der Transaktionsanalyse (TA) (SCHLEGEL 1988) und Techniken der NLP (O'CONNOR/SEYMOUR 1992), letztere auch bei gewisser kritischer Reserve, können hier hilfreich werden.

In diesem Zusammenhang ist neben dem verordneten Lehrfrieden eines Obrigkeitsstaates gegenüber der Untertanenanstalt (der Beginn unserer

Staatsschule) auf das Konzept des „Pädagogischen Bezugs“ hinzuweisen. Ein Denkmuster, das von der Antike über ROUSSEAU bis zu NOHL in immer neuen Revisionen artikuliert wurde. Nach MENZE (1980) „läßt sich der pädagogische Bezug in letzter Abstraktion als das Verhältnis des Erziehers zum Zögling und umgekehrt des Zöglings zum Erzieher fassen, in dem der Erzieher eher als der Gebende, der Zögling eher als der Nehmende erscheinen“. Gründet das Verhältnis des Gebens und Nehmens darin, daß der Gebende „der tatsächlich Wissende“, derjenige, der im Besitz der Wahrheit ist, und der Nehmende derjenige, der mit ganzer Kraft nach diesem Wissen und der Wahrheit strebt, dann wird über den pädagogischen Bezug der Lernfrieden gesichert.

Nun ist aber der Glaube an die Etablierung eines solchen Verhältnisses zerstört, umso gründlicher, als die „neue Pädagogik“ (z.B. FINK 1970) nachwies, daß sich der Erzieher gar nicht als derjenige, der er sein sollte, legitimieren kann und damit das Konzept unredlich wird oder sich auf ein verordnetes obrigkeitsstaatliches reduzieren läßt. „Gemäß der (heutigen) Situationsanalyse kann Erziehung nicht länger als Formung eines Ungeformten durch einen Formenden“ verstanden werden. Sie wird vielmehr „zur gemeinsamen Ausschau von Erziehern und Zöglingen nach einer gemeinschaftlichen Sinnverständigung des von ihnen wirklich gelebten Lebens.“ (FINK 1970, 178)

Ich möchte weder die Kritik der emanzipatorischen und kommunikativen Pädagogik noch die dem kritischen Rationalismus verpflichtete am Konzept des „Pädagogischen Bezugs“ verschweigen, aber auch an dieser Stelle nicht näher darauf eingehen, wiewohl aus ihr auch Stränge zu dem Konzept „Geschachtelte Handlungssysteme als Lernumwelt“ freizulegen sind. Trotz aller vernichtender Kritik am „Pädagogischen Bezug“ in den Theorien in der pädagogischen Praxis wird seine Bedeutung evident.

Realisation des Lernfriedens erfolgt, soweit Lehrfrieden und erzieherischer Frieden dem nicht mehr entgegenstehen, in der Schulklasse im und rund um den Unterricht durch engagierte Gestaltung der Handlungssysteme auf der Mikro- und Mesoebene. In bezug auf die Mikrosysteme muß man einander (je dual) kennen, verstehen und akzeptieren lernen. Was im Dialog und gemeinsamen Handeln unter Berücksichtigung der Bedürfnisse beider Partner geleistet werden kann.

Das gemeinsame Handeln beginnt mit dem Aushandeln und dem Herstellen einer Balance zwischen Bedürfnissen und objektiven Forderungen. In dem Maße, in dem eine solche Balance gelingt, wird Lernfrieden gesichert. Grundsätzlich scheint er in vielen unserer Schulen heute nicht gesichert. Wenn sich nicht mehr der Eindruck eines mehr oder weniger selten heißen, öfters kalten Krieges vermittelt, dann ist oft ein Friedhofsfrieden zu beobachten. Beispiele hierzu liefern nicht nur soziologische und andere empirische Untersuchungen, sondern auch „schlechte Witze“ und „Sarkasmen“

vom Typ: „Wenn alles schläft und einer spricht ...“. „Freiheit im Unterricht gibt es nur im Frontalunterricht, dort sind die Schüler wirklich frei, zu tun oder zu denken was sie wollen“.

Zur Verminderungen des Kriegszustandes wurde die Verhaltensmodifikation für die Schule erfunden, ein Beratungssystem installiert. — Schulen mit besonderer pädagogischer Prägung: Waldorf-, Montessori-, Freinet-Schulen haben Hochkonjunktur. Frau COHN (1975) packt das Übel schon dichter an der Wurzel: „Störungen haben Vorrang“. Ich kann dies allerdings nicht als die Wurzel bezeichnen, wenn aufgrund der Unterlassung der notwendigen Gestaltungsaufgaben des Lehrers Störungen produziert werden, die dann im Unterricht wieder Vorrang haben müssen.

Nach den jetzt nur kurz angesprochenen drei Gestaltungsaufgaben der LehrerInnen sind diese die Gestalter der jeweils unmittelbaren Lernumwelt des Klassenraumes, von Aktionsmöglichkeiten und der didaktischen, der Lernstoffwelt. Hierzu ergeben sich dann noch folgende soziale zwischenmenschliche Gestaltungsaufgaben:

— individuelle (persönliche) Partnerschaft

— gesellschaftliche Partnerschaft (im Sinne des Konzeptes der Sozialpartner)

— Lernsituationsgestaltung, innerhalb dieser auch Übernahme von gestalteter „Lernlandschaft“ (im Sinne von MONTESSORI/FREINET)

Im Sinne der individuell-persönlichen Partnerschaft (Gestaltung der Mikrosysteme in der Schulklasse) können LehrerInnen nicht als Belehrende auftreten. Er/sie gestalten im Sinne des „Aneignungskonzeptes“ Situationen, in denen Heranwachsende selbstbestimmt und selbstverantwortet arbeiten und lernen können. Dabei gehen er/sie auf die Bedürfnisse der einzelnen Schüler ein.

Hier wird die Frage von Führen und Wachsenlassen neu aktualisiert. Führung sollte mehr nach den Führungsbedürfnissen der Schüler als denjenigen der Lehrer als Gestaltungsmoment akzeptiert werden. Führung stellt in jedem Fall nur ein vorübergehendes Gestaltungsmoment dar und sollte stets nur partiell auftreten, um die Sicherheit des Schülers und des Lehrers zu erhöhen und Angst zu reduzieren, um den Schüler und den Lehrer selbstsicherer zu machen, um damit den Schüler zur Ausweitung der Selbstverantwortung und den Lehrer zur Aufgabe des tradierten Führungsanspruchs zu ermutigen. Mit der persönlich-individuellen Partnerschaft tritt die gesellschaftliche in einen oberflächlichen Widerspruch.

Mir scheint allerdings, daß dieser durch Erfahrungen in der Gestaltung der Mikrosysteme verringert, ja womöglich aufgelöst werden kann. Auf diesen Punkt möchte ich im folgenden Kapitel kurz eingehen.

5 Gestaltungsprinzipien für den Schulalltag

Im Vordergrund steht Lernen — als je subjektive Aneignung — nicht Lehren, das heißt Belehrung, und direkte Vermittlung tritt ins zweite Glied zurück, sie stellt nicht mehr das allgemeine Prinzip, sondern das Besondere, die Ausnahme, dar. Dadurch wird in bezug auf die Didaktik das Mathetische zum Zentrum der stofflichen Gestaltungsaufgabe.

Daneben tritt mit Gleichberechtigung (oder mit einem gewissen Vorrang) die Gestaltung der sozialen Lernumwelt, der Handlungssysteme und damit auch der persönlichen Beziehungen, des „Dialogs".

Hier ist die tradierte pädagogische Diskussion um den pädagogischen Bezug als praktisches Phänomen wieder aufzugreifen (vgl. z.B. „Kritik und Metakritik des pädagogischen Bezugs", MENZE 1980, 165f.).

Erziehung läßt sich seit dem zweiten Weltkrieg zwar nicht mehr mit Hilfe des pädagogischen Bezuges legitimieren, „Lernfrieden" nicht mehr damit sichern. Das Konzept des pädagogischen Bezuges wird von den wissenschaftlichen Theorieansätzen, die dem kritischen Rationalismus verpflichtet sind als global, unüberprüfbar, unbrauchbar, von der neuen Pädagogik, die der geisteswissenschaftlichen Tradition verpflichtet ist, als nicht mehr legitimierbar verworfen und von der politischen Zielvorstellungen verpflichteten Pädagogik als undemokratisch, herrschaftsperpetuierend entlarvt. Es kann anscheinend kein Gegenstand neuzeitlicher pädagogischer Theorie mehr sein, aber: die liebevolle Zuneigung der Mutter zu ihrem Kind, die vertrauensvolle Zuwendung eines Schülers, hilfreiches Handeln eines Lehrers konstituieren pädagogische Praxis (überall auch in Summerhill).

Der persönliche Dialog, die Kommunikation auf der Suche nach Lösungen, für Sinnfindung als gestaltete Mikro- und Mesosystemsituationen — das „Gemeinsame-sich-Beraten" auf der einen und das „Gemeinsame Aushandeln" auf der anderen Seite — führen zu einem neuen Verständnis für einen pädagogischen Bezug. Nicht in Abhängigkeit und Folgen, sondern im Sich-Beraten, Wegefinden und Entschlüssefassen (FINK 1970, KLEBER 1983) wird er sichtbar. Dabei dürfen das persönliche Gespräch, die Gestaltung und Pflege der Mikrosysteme nicht zugunsten der Mesoebene vernachlässigt werden. Hier erweist sich der Lehrer als der individuelle und persönliche Partner, hier werden Vertrauensverhältnisse begründet, hier liegt die Zelle zum Aufbau selbstverantworteten Handelns, was mit zunehmendem Alter der Schüler zwar immer mehr auf die größere Gruppe übertragen wird, aber intakte Handlungssysteme der Mikroebene bilden den Rückhalt, das Netz, damit man Wagnisse eingehen und sich gegebenenfalls auch gegen Gruppen durchsetzen kann.

Grundsätzlich ist Methoden- und organisatorische Vielfalt wünschenswert. Es ist alles erlaubt, solange Freiwilligkeit nicht vollständig unterdrückt wird und der Grad der Mitsprache, der Selbstbestimmung und Selbstverantwortung bei den Schülern zunimmt beziehungsweise die klare Tendenz zu einer Optimierung erkennbar bleibt.

Zwei organisatorische Kernstücke:

— ausgewiesene Lehrer- und Schülerzeit, die nicht im engeren Sinne Unterrichtszeit ist
— stundenplanorganisatorische „Freiarbeit", dort kann nach Tages- und Wochenplan oder im Sinne informeller Planung gearbeitet werden.

Diesen beiden Kernstücken folgen

— Projekteinheiten (nicht additive Projektwochen),
— Kursen u.a.

Die Freiarbeit kann von zwei bis drei Stunden wöchentlich bis zu zwei bis drei Stunden täglich vorgesehen werden.

Die „Freiarbeit" als Organisationsform gibt dem Lehrer Freiheit vom unmittelbaren Unterrichten, damit kann er seine Beobachtungsmöglichkeiten trainieren, Schüler näher kennenlernen, individuelle oder Kleingruppengespräche führen, Stärken und Schwächen von didaktischen Materialien systematisch erkunden und eine Menge didaktischer Anregungen erhalten, gegebenenfalls auch Schülern direkt helfen. In der Organisationsform Freiarbeit beginnt der Schüler, Erfahrungen mit eigener Wahl (Handhabung von Freiwilligkeit) mit dem Ziel Selbstbestimmung und Eigenplanung von Zeit- und Inhaltseinheiten sowie mit dem Ziel der Selbstverantwortung zu machen, dabei stehen ihm der Lehrer und andere Schüler zur gemeinsamen Beratung (als individuelle Partner) zur Seite. Hilfreich sind altersheterogene Gruppen. Der Lehrer mag aufgrund seiner Angst (seine Verantwortlichkeit nicht einlösen zu können) und seines besonderen Führungsbedürfnisses die minimalen Inhalte für einen Wochenplan vorgeben und zunächst nur über die Reihenfolge und den Lernzeitumfang mit dem Schüler Verträge abschließen. Der Schüler wird damit an das Prinzip des Aushandelns von Interessen, an Vertragspartnerschaft herangeführt. Hier kann die Rolle des Lehrers als „gesellschaftlicher Partner" eingelöst werden. Um die Verträge in ihrer Wichtigkeit erlebbar werden zu lassen, den Schüler zu einem selbstbewußten Vertragspartner zu machen und sich selbst als Vertragspartner, nicht als Richter erfahren zu lassen, sind an diesem Ort nicht im Lehrplan niedergelegte genuine Interessen der Schüler aufzunehmen. Es sind Zeiten dafür auszuhandeln und einzuhalten.

Damit treten Schüler und Lehrer in die Rollen von „Sozialpartnern", wobei Interessen der Schüler und Interessen der Gesellschaft, die dem Lehrer zu vertreten aufgegeben sind, ausgehandelt werden. In gleicher Weise sind dann auch Forderungen des Lehrplans, auf das obige Beispiel bezogen, Inhalte des Wochenplanes vorweg zu diskutieren und die Schüler in Mitbestimmung zu ziehen. Mit Erfahrungen aus diesem Organisationsprinzip werden Schüler auch in konstruktiver Weise Projekte zu organisieren und durchzuführen lernen. Gleichzeitig wird damit ein wesentlicher Schritt zur Sicherung des Lernfriedens getan. Die Arbeiten im Unterricht werden durch aktive Gestaltung der Handlungssysteme der mittleren Ebene und nach außen erheblich unterstützt und verbessert. Das Konzept der „Geschachtelten Handlungssysteme als Lernumwelt“ ist ein metatheoretisches Konzept, das eine Reihe auch teilweise divergierender pädagogischer Konzepte integrieren kann. Es vermag vielfältige Anregungen für pädagogische Theoriebildung zu geben.

Zum Beispiel für Konzepte wie: Lehrfrieden, Lernfrieden, Erziehungsfrieden, Mathetik; für Entbürokratisierung durch Aktualisierung von strukturell vorgegebenen Handlungssystemen bzw. Pädagogisierung von Schule u.a.m. Das Konzept geschachtelter Handlungssysteme als Lernumwelt verspricht einen Beitrag zu Erhöhung der Relevanz in der pädagogischen Forschung zu liefern. Es sollte Anlaß sein, Lehrerausbildung neu zu gestalten und die Lehrerrolle neu zu definieren.

6 Konsequenzen für „Schulpraktische Studien“ in der Lehrerbildung

Im Zentrum des Interesse für SPS im Rahmen der ökologisch-phänomenologischen Erziehungswissenschaft steht nicht wie bisher das Lehren, sondern das Lernen, nicht die Schulklasse, sondern die individuelle Lernsituation. Für Erwachsene (LehrerInnen/LehrerstudentenInnen) kommt es drauf an, die individuelle Lebens- und Lernsituation derjenigen, die bei uns aufwachsen, zu verstehen und sie zusammen mit ihnen günstig zu gestalten. In diesem Rahmen erhält Unterricht eine geänderte, erweitere Bedeutung und seine Legitimation. Von der Seite individueller Lernsituationen wird Unterricht hinterfragt. Zum Beispiel: Kommt er bei Aisha, bei Peter an? — Wenn nicht, warum kommt er nicht an? — Welche ungünstigen innerschulischen Bedingungen stehen dem entgegen? — Wie können diese günstiger gestaltet werden? Dabei gilt es, ganz offen zu sein: keine vorgefaßten Meinungen (z.B. Frontalunterricht ist schlecht, handlungsorientierter Unterricht ist gut) zu akzeptieren. „Offenheit“, „Verstehen individueller Lebens- und Lernsituation“ und „gemeinsames Gestalten von Entwicklungs- und Lernsituationen“ sind die zentralen Kompetenzen für Lehrpersonen. Bereits zu Beginn eines Lehrerstudiums — gerade über das erste Schulpraktikum — gilt es für die Studierenden sich auf den Weg zu machen, hin zu diesen Kompetenzen. Es gilt nicht aus der Schüler- und Studierendenrolle in eine Lehrerrolle zu schlüpfen, wie es die tradierte „Meisterausbildung“ vorschlägt (zu der heute nicht wenige zurück wollen: Lehrer-Fachschul-Ausbildung mit direktem berufsspezifischem Training: Meister- und Muster-Lektionen), sondern Offenheit und differenzierte kritische Betrachtung der unterschiedlichen zugänglichen Informationen und der eigenen Haltung gegenüber der Realität.

Allgemeine zentrale Probleme:

1. Der Umgang mit der Komplexität der Situationen: Schule, Unterricht, Lernen und Leben
2. Das Dilemma von Engagement und Distanz, das nicht wie häufig diskutiert, nur in der Beurteilung in den Rollen von Pädagoge und Diagnostiker vorliegt, sondern das sich hier als ein generelles Problem in der pädagogischen Ausbildung und dem pädagogischen Handeln zeigt.

Programm für Schulpraktische Studien (Modellerprobungen in Wuppertal im Eingangs- bzw. Orientierungspraktikum)

1. Hochschulphase *Info-* *Arbeits-* *Suchblock* (4 x 3 Stunden) [Vorbereitung]	1. — Erwartungen und Ziele für eine neue Begegnung mit Schule und Lernen — der Rahmen für Lernen — Interaktion- und Unterricht (ökologisch-phänomenologische Erziehungswissenschaft) 2. — Realität und individuelle Lernsituation (die erlebte Situation und die unterschiedlichen Perspektiven der Realitätskonstitution im Rahmen geschachtelter Handlungssysteme) — Training der Informationstrennung (Beobachtung, Fremdinterpretation, eigene Interpretation) 3. — Möglichkeiten, Unterricht und Situationen zu analysieren (Struktur, Muster, Planungsraster). — Dokumentation: der reflexive Umgang mit Wahrnehmung, Verhalten, Information, Denken und Planen. 4. — Von den Richtlinien über die Lehrpläne zum Lernen — Auseinandersetzung mit offiziellen Dokumenten zum Unterricht und der Situation in der Schule als einem geschachtelten Komplex von Handlungssystemen.

Schulphase:	⇒ **Das Praktikum als Situation des gegenseitigen Nutzens:**
Erleben *erkunden* *erkennen* *verstehen*	— sich auf die Möglichkeiten und Wünsche der Schule (Lehrperson, Schüler, Schulleiter) einlassen — um eigene Möglichkeiten zu verhandeln — Kooperation und eigene Arbeitskraft und Zeit anzubieten
kritisch bewerten	⇒ **Auf dem Weg vom Erlebnis zur reflektierten Erfahrung:** 1) zusehen — nachdenken — dokumentieren 2) genauer hinsehen — nachfragen — dokumentieren — überdenken — mitmachen — planen
(7 Vormittage)	3) ganz genau hinsehen — diskutieren — vergleichend vorausdenken — (Offenheit suchen)— Interpretationen relativieren — planen — mitmachen — überdenken ⇒ **Erste Versuche, „vorgefaßte Meinungen“ aufzubrechen bzw. deren Bildung zu verhindern:** — Versuche der Informationstrennung — Versuche vorsichtiger Sprachregelungen, z. B.: nicht etikettierende, insbesondere nicht entwertende Äußerungen („schlechter Schüler“ u. ä.) gebrauchen — Versuche neue bisher nicht gedachte und vorgeschlagene Möglichkeiten beim Interpretieren zu suchen (auf dem Wege zur proaktiven Lehrerhaltung) ⇒ **Reduzierung von Problemen der Komplexität:** — Entscheidung für eine individuelle Lernsituation (Reduzierung der Schwierigkeiten) — bei sehr begrenzter Zeit (nur wenige Vormittage) sich im konkreten genauen Hinsehen üben und in Interpretationen zurückhalten — Einstieg in eine individualisierende, personalisierende Betrachtung von Unterricht ⇒ **Dokumentieren lernen — erste Schritte:** — zum pädagogischen Tagebuch — zur kontrollierten Subjektivität — zur konkreten didaktischen Beobachtung — zur vielschichtigen Planung

2. Hochschulphase (drei Sitzungen) [Nachbereitung]	1. Die Schule und der Unterricht: Erlebnisbericht und vergleichende Diskussionen 2. Die individuelle Lernsituation mit Informationstrennung — innerschulische Bedingungen — außerschulische Bedingungen Systematischer Bericht und vergleichende Diskussion 3. Probleme und Möglichkeiten der vorliegenden Dokumentationen (Würdigung und Bewertung)

Literatur

Aebli, H. (1963): Psychologische Didaktik. Didaktische Auswertung der Psychologie von Jean Piaget. Stuttgart

Aschersleben, K. (1983): Didaktik. München

Bachmann, W. (1993^3): Das Neue Lernen. Paderborn

Brezinka, W. (1978): Metatheorie der Erziehung. München und Basel

Bronfenbrenner, U. (1979^1/1980^3): The Ecology of Human Development. Cambridge, Mass., dt.: Die Ökologie der menschlichen Entwicklung. Stuttgart

Bronfenbrenner, U. (1977): Toward an experimental ecology of human development. American Psychologist 32, S. 513-531

Cohn, R. (1975): Von der Psychoanalyse zur themenzentrierten Interaktion. Stuttgart

Dewey, J.; Kilpatrick, W. H. (1935): Der Projekt-Plan, Grundlegung und Praxis. Weimar

Dewey, J. (1949/1964^2): Demokratie und Erziehung. Braunschweig

Fink, E. (1970): Erziehungswissenschaft und Lebenslehre. Freiburg

Freinet, C. (1946): L'école française (jetzt in (1969): l'école du peuple. Paris). Dt. (1980^2): Die moderne französische Schule. Paderborn

Hentig v., H. (1985): Wie frei sind freie Schulen? Gutachten für ein Verwaltungsgericht. Stuttgart

Herbart, J. F. (1887/1912, EA 1808): Allgemeine Pädagogik Bd. III (Buch 4, 2. Kap.) Gesamtausgabe, hrsg. von Hartenstein; Kehrbach; Flügel und Fritsche

Kleber, E. W. (1983): Pädagogische Beratung. Entwicklung eines neuen Konzeptes am Beispiel der Kooperation zwischen Sonderschullehrern bzw. Psychologen und Grundschullehrern. Weinheim und Basel

Kleber, E. W. (1985): Ökologie, neue Kriterien für wissenschaftliche Diskussion. In: Twellmann, W. (Hrsg.): Handbuch für Schule und Unterricht, Bd. 7.2 Gesellschaft/Umwelt. Düsseldorf, S. 1129-1139

Kleber, E. W. (1985b): Ökologische Erziehungswissenschaft — ein neues metatheoretisches Konzept? In: Twellmann, W. (Hrsg.): Handbuch Schule und Unterricht Bd. 7.2 Gesellschaft/Umwelt. Düsseldorf, S. 1167-1193

Kleber, E. W. (1987): Erfassen von Lernumwelten als geschachtelte Handlungssysteme — ein Beitrag zur ökologischen Erziehungswissenschaft. In: Eberwein, H. (Hrsg.): Fremdverstehen sozialer Randgruppen. Ethnographische Feldforschung in der Sonder- und Sozialpädagogik

Kleber, E. W. (1992): Diagnostik in pädagogischen Handlungsfeldern. Weinheim

Kleber, E. W. (1993): Grundzüge ökologischer Pädagogik. Weinheim

Kleber, E. W. (1994a): Handbuch Schulgarten — Biotop mit Mensch. Weinheim

Kleber, E. W.(1994b): Erfahrungsräume für ein neues Verhältnis Mensch : Lebenssystem unseres Planeten. In: Zacharias, W. (Hrsg.): Sinnenreich. Essen, S. 145-163

Kutzler, R. u.a. (1980[1]/1982[2]/1983[3]): Mathematik entdecken und verstehen. 3 Bde. Frankfurt, Berlin und München

Leontjew, A. N. (1973): Probleme der Entwicklung des Psychischen. Frankfurt a.M.

Menze, C. (1980): Kritik und Metakritik des pädagogischen Bezug. In: Menze, C. (Hrsg.): Bildung und Bildungswesen. Aufsätze zu ihrer Theorie und ihrer Geschichte. Hildesheim und New York. S. 165-176

Montessori, M. (1971): II segreto dell'infanzia. Mailand 1938. Dt.: Kinder sind anders. Stuttgart

Neill, A. S. (1969): Theorie und Praxis der antiautoritären Erziehung. Das Beispiel Summerhill. Reinbek

Nohl, H. (1949[3]): Die pädagogische Bewegung in Deutschland und ihre Theorie. Frankfurt a.M.

O'Connor, J.; Seymour, J. (1993[2]): Neurolinguistisches Programmieren: Gelungene Kommunikation und persönliche Entfaltung. Freiburg

Oerter, R.; Dreher, E.; Dreher, M. (1977): Kognitive Sozialisation und subjektive Struktur. München

Oerter, R. (1979): Ein ökologisches Modell kognitiver Sozialisation. In: Walter, H.; Oerter, R. (Hrsg.): Ökologie und Entwicklung. Mensch — Umwelt — Modelle in entwicklungspsychologischer Sicht. Donauwörth, S. 57 -70

Oerter, R.; Montada, L. (1982): Entwicklungspsychologie. München

Parsons, T. (1949): The Structure of Social Action. New York

Pawilik, L. (1976): Ökologische Validität. Ein Beispiel aus der Kulturvergleichsforschung. In: Kaminski, G. (Hrsg.): Umweltpsychologie. Perspektiven — Probleme. Praxis. Stuttgart, S. 59-72

Piaget, J. (1973): Erkenntnistheorie der Wissenschaft vom Menschen. Frankfurt a.M.

Rein, W. (1902/1906): Pädagogik in systematischer Darstellung. 3 Bde. Langensalza

Rogers, C. (1979): Lernen in Freiheit. Zur Bildungsreform in Schule und Universität. München.(Engl. 1969 : Freedom to Learn. Columbia Ohio)

Rousseau, J.-J. (1965): Emile ou de l'Education. Dt.: Emil oder über die Erziehung. Stuttgart

Rutter, M.; Maughan, B.; Mortimore, P.; Ouston, J. (1979): Fifteen Thousand Hours. Secondary Schools and their Effects on Children. London

Schäfer, K.-H.; Schaller, K. (1971): Erziehungswissenschaft und kommunikative Didaktik. Heidelberg

Schulze, T. (1983): Ökologie. In: Lenzen, D. (Hrsg.): Enzyklopädie Erziehungswissenschaft. Bd. 1. Stuttgart, S. 262-279

Steiner, R. (1919[9]/EA 1907): Die Erziehung des Kindes vom Gesichtspunkt der Geisteswissenschaft. Berlin

Thomann, W. (1987): Zum Lehrerbild in einem personenzentrierten bildungsorientierten Unterrichtskonzept. In: Reinert, G.-B.; Dieterich, R.: Studien zum Lehrerhandeln zwischen Unterrichtstheorie und Alltagsroutine, Frankfurt/Bern/New York (= Erziehungskonzeptionen und Praxis Bd. 9, FS H. Ritscher zum 65. Geburtstag) S. 121-131

Treml, A. K. (1981): Lernen oder untergehen? Kritische Anmerkungen zum „Lernbericht" des Club of Rome. Zs. für Pädagogik, S. 139-143

Treml, A. K. (1980) (Hrsg.): Entwicklungspädagogik. Frankfurt a.M.

II Die Schul- und Unterrichtswirklichkeit anders SEHEN und GESTALTEN

Sich einlassen und eine Sprache finden Merkmale einer interaktiven und fächerübergreifenden Didaktik

Urs Ruf, Peter Gallin

Die Fachsprache ist nie Zweck, sondern immer nur Mittel des wissenschaftlichen Tuns. Was in der Wissenschaft selbstverständlich ist, muß auch für die Schule Gültigkeit erlangen: Im Zentrum stehen die persönliche Auseinandersetzung mit den fachlichen Problemen und der Austausch mit Menschen, die im gleichen Gebiet tätig sind. Überall dort, wo die reguläre Fachsprache noch nicht zu Gebote steht, muß die allen vertraute Umgangssprache in die Lücke springen. Wie die Lernenden durch singuläre Standortbestimmung und divergierende Dialoge nach und nach auch in der Fachsprache heimisch werden, kann im Deutsch- und Mathematikunterricht auf eine für alle Fächer exemplarische Weise erfahren und erlernt werden.

Schule ist der Ort, wo Lernen organisiert wird. Im Unterschied zum alltäglichen Lernen in zufälligen Situationen sind Fragen und Lösungen im schulischen Lernen fein säuberlich aufeinander abgestimmt und in einem nach Alter und Stufen gegliederten Lehrplan festgehalten. Das kann dazu verleiten, die Menschen mit ihren je individuellen Nöten, Fragen und Interessen ganz außer acht zu lassen und alle Energie darauf zu verwenden, die Stoffe streng logisch zu ordnen, in bekömmliche Häppchen zu zerlegen und in einer klar definierten Reihenfolge allen gleichzeitig zu verabreichen. Die ritualisierte Zuordnung von Fragen und Antworten bringt es mit sich, daß man das Geschäft Schule ganz ohne innere Anteilnahme betreiben kann: für die einen ein mehr oder weniger spannendes, aber oft belangloses Spiel, in dem sie immer wieder bestätigt werden; für die andern ein zermürbender Kampf ums Überleben. Ist die Schule einmal zu Ende, löst sich vieles auf wie ein böser Spuk. Was wichtig schien und was man unter unsäglichen Mühen eingeübt hat, verliert von einem Tag auf den andern seine Bedeutung und geht verloren.

Testen Sie sich selbst! Was geht Ihnen durch den Kopf, wenn Sie das folgende mathematische Gebilde sehen? Es handelt sich um eine Aufgabe aus dem neunten Schuljahr.

$$\frac{1}{4}\left\{\frac{1}{4}\left[\frac{1}{4}\left(\frac{1}{4}x-\frac{1}{4}\right)-\frac{1}{4}\right]-\frac{1}{4}\right\}-\frac{1}{4}=0$$

Vielleicht sind Sie mathematisch versiert, dann haben Sie sich sicher eine kleine Pause gegönnt. Anstatt sofort weiterzulesen, haben Sie die Gleichung ein bißchen gemustert und wohl auch ein paar Vermutungen angestellt. Sie wissen, wie man mit geschachtelten Termen verfahren muß, und lösen die Gleichung spielend. Was aber, wenn Sie keinen Lösungsalgorithmus zur Hand haben, wenn Sie sich nicht mehr an die Strategien erinnern, die Sie vor vielen, vielen Jahren eingeübt haben? Stehen Sie jetzt einfach da wie der Esel am Berg? Oder haben Sie sich erst gar nicht bemüht, die Aussage zu verstehen, die in der Gleichung notiert ist? Haben Sie sie einfach übersprungen und unbeirrt weitergelesen? Dann gehören Sie wohl zum Heer der Mathematikgeschädigten, die einer Begegnung mit mathematischen Symbolen systematisch ausweichen. Mathematikgeschädigte ignorieren formale Zeichenketten oder ärgern sich darüber. Mathematik löst in ihnen Denkblockaden aus. Die Erinnerung an die Schule macht ihnen zu schaffen; die Erinnerung an gutgemeinte Erklärungen, die alles nur verschlimmerten, an Prüfungen, in denen sie sich hoffnungslos verstrickten. Mathematik, so scheint es, trennt die Menschen in zwei Lager: Entweder gehört man dazu, oder man steht völlig draußen.

Ganz ähnlich ist es auch in den andern Schulfächern. Zum Beispiel im Deutschunterricht. Es gibt nicht nur mathematikgeschädigte, es gibt auch schreibgeschädigte oder literaturgeschädigte Menschen. Ein siebzehnjähriges Mädchen erfährt in ihrem außerschulischen Leben gerade die ersten großen Stürme einer typischen Jugendliebe mit allen Höhen und Tiefen. Gleichzeitig wird im Deutschunterricht Goethes *Egmont* gelesen. Hier kommt ein berühmtes Liebeslied vor:

Freudvoll
Und leidvoll,
Gedankenvoll sein,
Hangen
Und bangen
In schwebender Pein,
Himmelhoch jauchzend,
Zum Tode betrübt;
Glücklich allein
Ist die Seele, die liebt.

In diesen Zeilen ist just jene Stimmung, jene Situation gestaltet – und wir Älteren meinen: gültig, vorbildhaft, überzeugend gestaltet –, in der sich das Mädchen befinden muß. Und doch springt kein Funke über; die Schülerin vermag keine Verbindung zwischen sich und dem Gedicht herzustellen. Sie ist zwar durchaus in der Lage, das subtile Zusammenspiel von Klängen, Rhythmen und Bedeutungen zu beschreiben und das Ganze in den Kontext des Werks und seiner Zeit zu stellen. Doch die Egmonthandlung, auch die spezifische Liebeshandlung dort, ist ihr nichts anderes als literaturwissenschaftlicher Lernstoff. Keine Spur von Betroffenheit wird sichtbar; das Ich des Mädchens ist nicht angesprochen.

Authentische Begegnungen

Schule hat mit Tradition zu tun: mit den Gegenständen einer jahrhundertealten Kultur. Müßte man die Schule neu erfinden, wäre daran nichts zu ändern. Nicht die Gegenstände sind es, an denen wir leiden, sondern der ängstliche Umgang mit ihnen. Einmal zum Schulstoff gemacht, verlieren die überlieferten Gegenstände ihre provokative Kraft und verwandeln sich – bis zur Unkenntlichkeit zerstückelt – in endlos sich dahinziehende Unterrichtssequenzen. Unabhängig davon, ob es sich um Mathematik oder Literatur handelt, unabhängig auch davon, ob die Thematik mit der persönlichen Erlebniswelt zu tun hat oder nicht, der Appell, der in den tradierten Gegenständen steckt, scheint unsere Schülerinnen und Schüler oft nicht zu erreichen. Muß das so sein?

Jede Wissenschaft hat ihre eigene Art, Fragen zu stellen und Lösungen zu formulieren. Wer sich auskennt in einer Fachsprache und wer über die spezifischen Begriffe und Methoden verfügt, weiß sofort, was er zu tun hat, wenn er einem fachlichen Problem begegnet. Er kennt sich aus in den Hauptdimensionen seines Fachs, weiß um die Schnellstraßen, die Fragen und Lösungen effizient miteinander verbinden, und pendelt ungehindert hin und her. In der Mathematik startet man häufig bei einer Frage und sucht ihre Lösung. So ist es zum Beispiel bei unserer Gleichung. Sie ist eingebettet ins Problemfeld der Gleichungen ersten Grades mit einer Unbekannten, das für Fachleute seit Adam Ries zum festen Repertoire gehört. Aber auch beim Schreiben geht man von Fragen aus und versucht, einen stimmigen Text zu verfassen. Neben diesen produktiven Verfahren, die der Suche nach Lösungen dienen, gibt es auch rezeptive Verfahren, die bereits vorliegende Lösungen untersuchen und beurteilen. So ist es zum Beispiel bei der Textinterpretation in der Literaturwissenschaft. Man kann das Liebesgedicht aus dem Egmont als Lösung auffassen, die Goethe in einem ganz bestimmten Problemfeld zu einem ganz bestimmten Zeitpunkt entdeckt und gestaltet hat. Wer das Gedicht verstehen will, muß Fragen finden, auf die es eine überzeugende Antwort sein könnte. Die Wissenschaft offeriert Verfahren der Interpretation, und wer sich darin auskennt, kann den Egmont sachgerecht und geistreich rezipieren. So verfügt jede Wissenschaft über ausgeklügelte und leistungsstarke Produktions- und Rezeptionsmuster, die eine erfolgreiche Beschäftigung mit ihren Gegenständen versprechen.

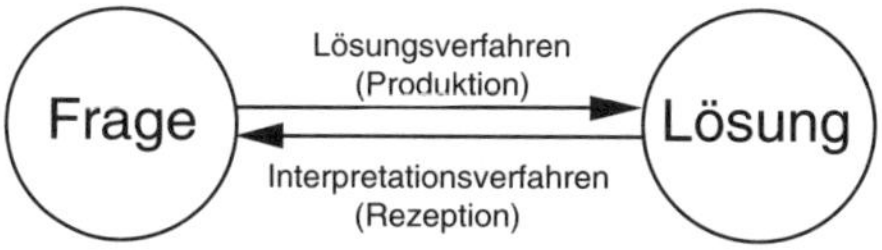

In jedem Fachgebiet gibt es leistungsfähige Rezeptions- und Produktionsverfahren, mit denen man sich leicht und schnell zwischen den bekannten Fragen und Lösungen hin- und herbewegen kann. Diese Hauptdimensionen des Fachs sind in der horizontalen Achse des Diagramms zusammengefaßt.

Was aber machen wir mit den Menschen, die draußen stehen? Muß man sie zuerst Schritt für Schritt mit allen Lösungsverfahren bekanntmachen, bevor sie sich auf eine sinnvolle Weise mit der mathematischen Gleichung befassen können? Braucht es eine umfassende Einführung in GOETHES Werk und seine Rezeption, bevor das Liebesgedicht in ihren Horizont rückt? Beides ist nicht nur enorm aufwendig und wenig effizient, es ist, so meinen wir, oft sogar kontraproduktiv. Wer die Stoffe nicht freigibt, bevor er sie didaktisch zergliedert und Schritt für Schritt über unzählige Vorübungen vom Einfachen zum Schwierigen portionenweise eingeführt hat, verstellt den Blick auf die Sache und entmündigt die Lernenden. Menschen, die den schulischen Gegenständen nie direkt begegnet sind, sondern sie immer nur als Objekte für das Training differenzierter Produktions- und Rezeptionsverfahren wahrgenommen haben, reagieren hilflos, wenn ihr Gedächtnis eine Lücke hat oder wenn sie ein fachliches Problem in ungewohnter Gestalt antreffen. Wie aber kommt es zu authentischen Begegnungen zwischen Menschen und Schulstoffen?

Wir haben die obige Gleichung einer Gruppe von Studierenden an der Hochschule vorgelegt und sie aufgefordert, das Gebilde mit den vielen Klammern in Ruhe anzuschauen und seine Wirkung auf die Person ohne Rücksicht auf unterschwellige mathematische Anforderungen zu notieren. Sie sollten sich vorerst einmal ohne einen speziellen Erwartungsdruck auf die Sache einlassen und dabei eine Sprache entwickeln, die zwischen Person und Sache vermittelt und eine graduell dosierbare Interaktion einleitet. Die folgenden Assoziationen markieren singuläre Zugänge zur Sache, Zugänge von Personen, die nicht auf Mathematik spezialisiert sind.

— Die formalen Zeichen machen mir Angst. Ich bin völlig blockiert. Kein Einfall, keine Idee, nichts.
— Mir gefällt die Beschränkung auf ganz wenige Zeichen. Das erinnert mich an Lyrik: Die Beschränkung der Mittel ist ein Merkmal der Kunst. Kämen neben dem 1/4 noch 3/4 oder 2/5 vor, neben dem *Minus* noch *Plus*, hätte das Gebilde weniger Reiz.
— Frustrierend empfinde ich die Null: Ein ungeheurer Aufwand auf der linken Seite — für nichts.
— Mir kommt sofort die Erinnerung an meinen eigenen Mathematikunterricht: ein Mischung aus Faszination und Stress.

— Das ganze Gebilde enthält eine Art Symmetrie rund um das x, es wirkt ästhetisch.
— Die Klammern erinnern mich an Blütenblätter einer Knospe oder an die Schalen einer Zwiebel.
— Da ist von einem Viertel x die Rede. Wo sind denn eigentlich die restlichen drei Viertel? Mich erinnert das an eine Erbteilung: Drei Brüder haben gleichberechtigt ihre Teile geerbt; ein vierter muß von seinem Teil noch einen Tribut abgeben. Ist er zu bedauern? Wer bekommt den Tribut?

Was bringt es, wenn sich Lernende zuerst ganz auf ihre Assoziationen konzentrieren, bevor sie sich der eigentlichen Lösung des Problems zuwenden? Ist das nicht Zeitverschwendung? Es gibt zwar Einfälle mit deutlichen Hinweisen auf erfolgversprechende Lösungsstrategien. Der symmetrische Schälvorgang einer Zwiebel zum Beispiel ist das Muster, wie man ohne jede schriftliche Rechnung auf die Lösung stößt. Was aber hilft es, wenn jemand über seine Denkblockaden nachdenkt oder sich in frustrierenden Schulerinnerungen ergeht? Der rechnerischen Lösung der Aufgabe bringt ihn das gewiß keinen Schritt weiter. Oder doch? Wir haben die Studentinnen und Studenten im Anschluß an den Austausch und die Diskussion ihrer Assoziationen gebeten, die Gleichung, von der sie sich hatten inspirieren lassen, aus der Erinnerung aufzuschreiben. Tatsächlich gelang es allen, auch denen, die sich scheinbar mit etwas ganz anderem befasst hatten, sie auswendig, schnell und korrekt zu Papier zu bringen. Hingestellt als Objekt, das vorerst einmal nur beschnuppert und betrachtet werden wollte, hatte die Gleichung ihr bedrohliches Potential verloren und wurde zu einem mehr oder weniger merkwürdigen Gegenüber, dem sich jeder auf seine Weise nähern konnte. Jeder wußte etwas anderes über diese erste Begegnung zu erzählen, und mit jeder Geschichte lösten sich ein paar Verkrampfungen und verschwanden ein paar Ängste. Aber auch die mathematisch Versierten kamen in dieser Phase der persönlichen Reflexion voll auf ihre Rechnung. Wer die Gleichung gelöst hatte, fand bei Fragen nach Verallgemeinerungen und Prinzipien eine anspruchsvolle Herausforderung. Jeder hatte das Problemfeld nach Maßgabe seiner Möglichkeiten und seiner Neigungen bearbeitet. Obwohl die einen noch meilenweit von der Lösung entfernt waren und andere sie längst schon hinter sich gelassen hatten, stießen die anschließenden fachlichen Erörterungen bei allen auf offene Ohren. Die formale Frage, wieviel x sei, hatte sich in eine wirkliche Frage verwandelt: eine Frage, die sich die Studenten nun tatsächlich stellten und auf deren Klärung sie neugierig waren. Was war passiert?

Der Schlüssel zu einer authentischen Begegnung mit einem Schulstoff liegt im vollständigen Verzicht auf fachbezogene Erwartungen an den Lernenden. Er soll dem Gegenstand vorerst so offen und unvoreingenommen wie möglich gegenübertreten können, und der Fluß seiner Assoziationen darf durch keinerlei Vorstellungen von *richtig* und *falsch* oder *brauchbar* und *un-*

brauchbar gehemmt und gelenkt werden. Es geht vorerst einmal nur um die Sicherung der eigenen Position und die Mobilisierung aller verfügbaren Kräfte der Psyche. Zensurmechanismen sollen, ähnlich wie in der Freudschen Psychoanalyse, so gut wie möglich umgangen oder überlistet werden. Je schwieriger und komplexer das Problem ist, desto genauer muß sich der Lernende überlegen, wo er nun eigentlich steht und was für ein Potential an Vorwissen und Lösungsstrategien er diesem konkreten Problem gegenüber denn überhaupt wachzurufen vermag. In dieser ersten Phase des Lernens muß die Lehrperson ihr Wissen über die tradierten Produktions- und Rezeptionsverfahrens ihres Fachs vorerst einmal suspendieren. Es geht jetzt nicht um das, was sie weiß und kann, sondern um das, was zwischen dem Stoff und dem Lernenden passiert. Maßgebend ist jetzt nicht das, was in der regulären Welt des Fachs gilt, sondern das, was sich in der singulären Welt des Lernenden ereignet. Nicht die Kunst des Erklärens ist jetzt gefragt, sondern die Kunst des Zuhörens (GALLIN/RUF 1990). Es gilt, den Lernenden bei seiner ersten Begegnung mit einem Gegenstand aus der regulären Welt zu unterstützen. Sein Ich muß irgendwo Fuß fassen und von hier aus den Kontakt aufnehmen können. Ob dieser singuläre Standort nahe bei der Sache ist oder noch weit von ihr entfernt, ist im Moment nicht wichtig; entscheidend ist, daß der Stoff überhaupt zu einem Gegenüber wird, mit dem man reden kann.

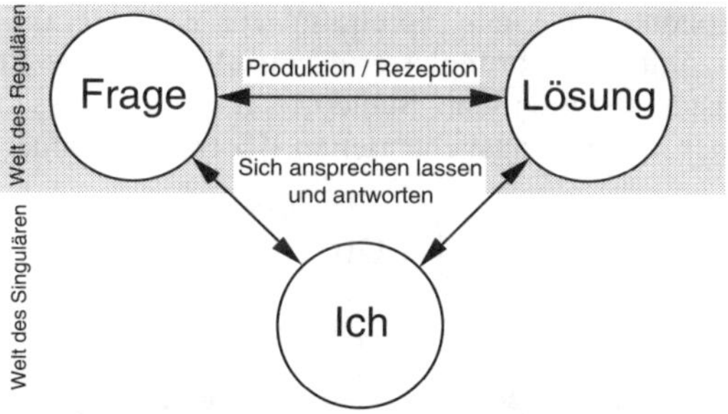

Wer sich den regulären Produktions- und Rezeptionsverfahren seines Fachs gedankenlos unterwirft und sich vom Routinehandeln in den horizontalen Hauptdimensionen blenden läßt, wird entmündigt oder ausgeschlossen. Wer sich dagegen von fachlichen Fragen und Lösungen herausfordern läßt, ihnen als Person gegenübertritt und seinen singulären Standort bestimmt, bleibt unabhängig und hat immer eine Chance. Durch sein Heraustreten und Abstandnehmen legt sich das Ich gleichsam quer zum Regulären und wird sich seiner eigenen, singulären Welt bewußt.

Verstehen ereignet sich im Gespräch. „Das erste, womit das Verstehen beginnt, ist, daß etwas uns anspricht", so faßt Hans-Georg GADAMER „die oberste aller hermeneutischen Bedingungen" (GADAMER 1959). Es gibt kein Verstehen, das absieht von den eigenen Vormeinungen und Vorurteilen. Damit das Gegenüber – ein Text, ein mathematisches Gebilde – sich mitteilen kann, muß man die eigene Person ins Spiel bringen. Wer mit dieser Haltung an Schulstoffe herantritt, ist immer schon drin: Er kann gar nicht ausgeschlossen werden. Wichtig ist aber nicht nur das Gespräch mit dem Stoff, wichtig auch das Gespräch mit andern Menschen, die in einer Beziehung zu diesem Stoff stehen. Selber mit dem Stoff reden und seine Erlebnisse mit andern austauschen, das sind die beiden Quellen des Verstehens. In der persönlichen Auseinandersetzung mit dem Stoff erfährt man die eigenen Möglichkeiten und Grenzen, im erzählenden Austausch mit andern gestaltet man seine Erkenntnisse und erweitert divergierend seinen Horizont. So arbeitet man gemeinsam an einer Sprache, die zwar mehr und mehr in die Welt des Regulären hineinwächst, trotzdem aber etwas ganz Persönliches bleibt, weil sie von persönlichen Erfahrungen und Erlebnissen durchdrungen ist. Man darf sich diese Sprache nicht als etwas Vorgegebenes, Verfügbares vorstellen, die man etwa in der Aus- und Fortbildung der Lehrerinnen und Lehrer vermitteln und einüben könnte; es ist vielmehr eine Sprache im Fluß, eine Sprache, die im Gespräch geschaffen und weiterentwickelt wird. Martin WAGENSCHEIN nennt sie trefflich die *Sprache des Verstehens* und unterscheidet sie scharf von der *Sprache des Verstandenen* (WAGENSCHEIN 1980). In der Sprache des Verstehens artikulieren die Lehrenden und Lernenden ihre Sicht der Dinge, tauschen ihre Geschichten über ihre Begegnungen mit dem Stoff aus und erarbeiten einen tragfähigen Konsens: *Ich mache das so! Wie machst du es? Das machen wir ab.* (RUF/GALLIN 1996). Zwischen den Polen *Ich* und *Du* werden auf diese Weise neue Dimensionen der Beweglichkeit aufgespannt, die einen Spielraum für das interaktive Verarbeiten erlebter und erzählter Erfahrungen eröffnen und reguläre Rezeptions- und Produktionsmuster als mögliche Standorte ins Auge fassen, wo sich die Gesprächspartner in einem ausgehandelten *Wir* treffen können.

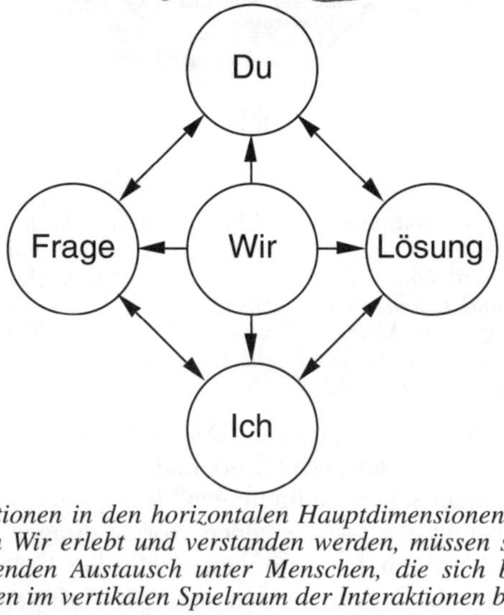

Sollen reguläre Aktionen in den horizontalen Hauptdimensionen des Fachs als Teil eines gemeinsamen Wir erlebt und verstanden werden, müssen sie eingebettet sein in einen divergierenden Austausch unter Menschen, die sich beim gemeinsamen Forschen und Lernen im vertikalen Spielraum der Interaktionen bewegen.

Die Sprache des Verstanden ist ökonomisch und effizient. Als Richtschnur für das Lernen ist sie mörderisch. Ein Unterricht, der sich darauf beschränkt, sie zu vermitteln und einzuüben, produziert reihenweise Schädigungen und überläßt die Bildung dem Zufall. Auf den horizontalen Schnellstraßen zwischen Fragen und Lösungen ist Nachdenken und Verweilen lebensgefährlich. Erst das Aufspannen quer liegender, vertikaler Dimensionen macht Lernen zu etwas Menschlichem und schafft einen Spielraum für verkraftbare Begegnungen mit potenten Regularitäten. Es braucht Bewegungen auf beiden Achsen der Figur, wenn die Möglichkeiten der Menschen mit den Ansprüchen einer Sache im Unterricht koordiniert werden sollen: Bewegungen in den vertikalen Dimensionen des Erzählens und des Gesprächs, wo es ums Verstehen und um die Verständigung geht, und Bewegungen in den horizontalen Dimensionen des Verstandenen, wo sich die ausgehandelten Regularitäten zu bewähren haben. Überall, wo Menschen sich aufmachen, um mit einer Sache Kontakt aufzunehmen und sie in der Vorschau zu erforschen und zu begreifen, ist die Sprache des Verstehens am Werk. Und überall, wo Menschen zurückschauen, um das Erforschte zu sichten, zu ordnen, zu integrieren und für die Zukunft verfügbar zu machen, bewegen sie sich erklärend und definierend in der Sprache des Verstandenen. Das ist in der Wissenschaft nicht anders als in der Schule. Auch die Forscher bedienen sich singulärer, vorläufiger Sprechweisen, wenn sie in der Vorschauperspektive in unbekannte Gebiete vorstoßen. Erst wenn alles klar und gesichert ist, entstehen in der Rückschau erklärende Publikationen, die sich der regulären Fachsprache bedienen.

Singuläre Standortbestimmung

Gängige Fragestellungen erzeugen keine Unruhe; sie lassen sich durch routinierte Handbewegungen in der Horizontalen vom Tisch wischen. Probleme dagegen werfen uns buchstäblich aus der Bahn. Sie liegen quer zum Repertoire der bewährten Lösungsmuster und zwingen zu Bewegungen in der Vertikalen der divergierenden Besinnung. Eine ganz spezielle Herausforderung zur singulären Standortbestimmung geht von Kunstwerken aus. Die Kunst verfügt zwar – wie die Wissenschaft – über ein umfassendes Repertoire an hochdifferenzierten Werkzeugen: beide blicken auf eine lange Tradition zurück und beide kommen ohne Routine nicht aus. Im Unterschied zu den Wissenschaftlern aber bauen die Künstler ihre Werke nicht in ein einheitliches und umfassendes System ein, sondern stellen sie bewußt und provokativ als Einzelobjekte vor die Betrachter. Weil Kunst in jedem Werk als etwas Einzigartiges auftritt, verlangt sie nach einer persönlichen Antwort im Hier und Jetzt. Singuläre Standortbestimmung wird so zur elementaren und unverzichtbaren Grundbewegung im Umgang mit Kunst. Man muß, etwas pointiert ausgedrückt, bei jedem Musikstück neu hören, bei jeder

Skulptur neu sehen, bei jeder Erzählung neu lesen lernen. Zwar stellt sich auch bei der Rezeption eine Art Routine ein, aber die wirklichen Kunstwerke haben die geheimnisvolle Kraft, ihre Betrachter immer wieder in staunende Anfänger zu verwandeln und sie etwas vielleicht längst Bekanntes als wie zum ersten Mal erleben zu lassen. Kunst wird so zur großen Lehrmeisterin für die Schule: Sie macht modellhaft vor, wie es durch eine mehr oder weniger zufällige Konfrontation mit einer neuen Sache zu authentischen Begegnungen kommen kann; zu authentischen Begegnungen, ohne die es kein Bestehen und keine Entwicklung gibt, in keinem Fach und in keiner Wissenschaft.

Kunst muß deshalb in der Schule Maßstäbe setzen. Neben den musischen Fächern hat vor allem der Deutschunterricht das Privileg, einen reichen Schatz an Kunstwerken zu verwalten. Weil das Fach Deutsch über die ganze Schulzeit hinweg lückenlos präsent ist, fällt ihm die zentrale Aufgabe zu, Sensibilität für authentische Begegnungen zu wecken und geeignete Werkzeuge bereitzustellen. Anregung und Anleitung zur singulären Standortbestimmung wird damit zur dauernden Hauptaufgabe des Deutschunterrichts. Davon profitieren alle Fächer. Beleg dafür ist unser kleines Experiment mit der Viertel-Gleichung. Singuläre Standortbestimmungen, die im Umgang mit Gedichten etwas ganz Selbstverständliches sind, lösen auch in der Mathematik fruchtbare Bewegungen auf der vertikalen Achse des Verstehens aus und schaffen auch hier Fundamente für ein dauerhaftes und sinnstiftendes Verständnis. In der Aufforderung zum freien und entspannten Assoziieren steckt der Schlüsselauftrag, mit dem man die erste Phase des Lernens unabhängig vom Fach und von der Schulstufe auslösen kann:

Achte beim Lesen dieses Gedichtes/dieser Gleichung
auf deine Gedanken und Gefühle.
Schreibe alles auf, was dir durch den Kopf geht.

Alles, was uns begegnet, wirkt in irgend einer Weise auf uns. Dem können wir uns nicht entziehen. Es ist aber nicht immer einfach, über Wirkungen zu reden, besonders, wenn wir etwas ganz anders erleben als unsere Gesprächspartner. Kathrin hat aus mehreren Texten aus den Anfängen des 19. Jahrhunderts das Gedicht *Die zwei Gesellen* (1818) von Joseph VON EICHENDORFF ausgewählt. Es ist ihre erste Begegnung mit einem romantischen Gedicht und sie hat vorerst noch Mühe, einen Zugang zu dieser für sie fremden Welt zu finden.

Das Gedicht ist mir am meisten ins Auge gestochen, es fällt für mich total aus den anderen Texten heraus mit der Wirkung, die es auf mich hat. Vielleicht weil es das einzige Gedicht ist, vielleicht weil ich es zuerst gelesen habe oder vielleicht auch ganz einfach deshalb, weil es mich überhaupt nicht anspricht im Sinne von einem Wiedererkennen eigener Gefühle, Gedanken oder Erfahrungen. Ich kann mich nicht mit ihm identifizieren. Dies bedeutet aber nicht, dass es keine Wirkung auszulösen vermochte, nein, ganz im Gegenteil es ist mir am meisten in Erinnerung geblieben, weil es mir nicht gefällt als einziger Text von den ausgewählten. Ich kann dies vom Inhalt und der Sprache sagen. Den Inhalt finde ich nichtssagend, belanglos. Ich fühle mich nur etwas provoziert, wenn ich ihn ganz grob schematisiere, das heisst wenn man behauptet, das Familienleben sei ein gesichertes, schönes, idyllisches Leben, während das unabhängige auf Lust, Genuss bezogenen Leben verbraucht und nichts positives zurücklässt, denn dieser Meinung bin ich absolut nicht. In unserer Zeit gibt es zu viele getrennte Familien und ausserdem darf man nicht so generell beurteilen. Dennoch ist dieses Urteil nicht verwunderlich, wenn man die letzte Zeile hinzunimmt, merkt man, dass alles aus einer religiösen Sicht betrachtet wird. Der innige Wunsch von Gott geführt zu werden / zu sich geführt zu werden, lässt auf einen definierten Lebensstil nach gut und schlecht schliessen. Die Sprache des Gedichtes gefällt mir auch gar nicht, sie ist mir zu schwülstig und der Rhythmus mit den Reimen zu schematisiert. Ich bedauere es etwas, dass ich nicht weiss, wie man den Rhythmus lesen würde, denn hörte ich es mal wie es gemeint ist könnte ich ihm vielleicht noch etwas abgewinnen, so wirkt der aber nur holpperig. Das einzige, was mir gefällt, ist, dass das Gedicht durch die Erwähnung des Frühlings am Anfang und am Ende eine Abrundung erhält.

Kathrin (12. Schuljahr) sieht sich zum erstenmal mit Texten einer ihr fremden Epoche konfrontiert. Der Schlüsselauftrag erlaubt es ihr, sich vorerst nur um ihre singuläre Standortbestimmung zu kümmern.

Gemessen an den Normen einer professionellen Interpretation weist Kathrins Text noch gravierende Mängel auf: Ihr Fachwissen ist rudimentär, Satzbau und Wortwahl wirken noch sehr provisorisch, und auch die Rechtschreibung läßt zu wünschen übrig. In der horizontalen Dimension regulärer Produktion und Rezeption könnte sie damit noch nicht bestehen. Ganz anders fällt die Beurteilung aus, wenn man sich an Kompetenzen orientiert, die in der vertikalen Dimension unseres Diagramms zählen. Beachtlich ist Kathrins Fähigkeit, mit etwas umzugehen, was ihr überhaupt nicht gefällt. Fremdheit ist für sie kein Auslöser stereotyper Abwehr oder Aggression, sondern Herausforderung zur Intensivierung der Interaktion. Zwar grenzt sie sich persönlich deutlich ab vom fremden Gegenüber und macht keinen Hehl aus ihrer Irritation. Zugleich aber reflektiert sie ihre eigene Begrenztheit und gibt dem Gedicht eine echte Chance für eine vielleicht glücklichere Begegnung zu einem späteren Zeitpunkt. Es braucht schon ein beachtliches Maß an interaktiver Erfahrung und an Vertrauen in die Gesprächskultur der Leser, daß man mit seinem Befremden gegenüber einem

Text so sachlich und unverkrampft umgehen kann wie Kathrin. Solche Gelassenheit gewinnt man nicht durch Vermeiden, sondern durch das Akzeptieren und Überwinden von Verunsicherungen. Verunsicherungen, mit denen auch Kathrin immer wieder zu kämpfen hat. Die Rechtschreibfehler zum Beispiel, die ihr knapp ein Jahr vor der Reifeprüfung beim schnellen Schreiben immer noch unterlaufen, machen ihr zu schaffen und hemmen sie im spontanen Austausch mit andern. Solche Schwächen gehören zu unserem Leben, und mit ihnen die Angst, nicht zu genügen, und der Schrecken des Entdecktwerdens.

Zum Lernen gehört auch das Erschrecken. Das darf weder umgangen noch verschleiert werden. Aus pädagogischer Sicht geht es also nicht um die Frage, wie man den Schrecken aus der Welt schafft, sondern um die Frage, wie man mit ihm umgeht. Die Verunsicherung spüren, sie zugeben und zulassen und dabei einen Ort suchen, wo man Tritt fassen und ihr standzuhalten vermag, das ist es, worauf es in der ersten Phase des Lernens ankommt. Nicht die Sache steht dabei im Zentrum, sondern die Person, die von der Sache provoziert worden ist. Ihre innere Bewegung, die Resonanz der Begegnung, ist jetzt gefragt. So wie die Nadel eines Grammophons die Tonspur einer Schallplatte abtastet und die Schwingungen über einen Verstärker hörbar macht, so muß auch der Lernende die Vibrationen seiner Verunsicherung aufspüren, entschlüsseln und in einem geeigneten Resonanzraum für sich und andere zugänglich machen. Er hat seine Aufgabe in dieser ersten Phase des Lernens erfüllt, wenn er andern verständlich machen kann, wie er die Begegnung mit dem neuen Sachverhalt erlebt und was sich in seinem Innern alles abgespielt hat.

In dieser ersten Phase des Lernens haben alle eine Chance, alle stehen in irgend einer Beziehung zur Sache, und darüber kann man erzählen, auch wenn man noch sehr weit davon entfernt ist, die Sache zu durchschauen oder sie sogar zu beherrschen. Kinder, die noch wenig Selbstvertrauen haben und noch ungeübt sind im Nachdenken über Wirkungen, werden sich vorerst vielleicht darauf beschränken, Gelesenes wiederzugeben und zu variieren. So macht es zum Beispiel Claudia. Sie ist Schülerin einer dritten Grundschulklasse und antwortet auf das Gedicht *Ich bin froh, daß ich bin wie ich bin* von Elberta H. STONE. Im Unterschied zu ihren Klassenkameraden Aurel und Isabelle, die sich ihrer singulären Position bewußt sind, reagiert sie vorerst nur mit einfühlender Imitation.

Ich bin froh, daß ich bin, wie ich bin

Wenn ich allein bin,
weil keiner kommt und mit mir spielt,
dann denke ich mir aus,
was ich gern sein möchte.

Manchmal denke ich:
Es wäre schön, ein Baum zu sein.
Dann könnt' ich meine Zweige recken,
bis sie an den Himmel reichten.
Dann aber denke ich:
Wer möchte schon ein Baum sein?
Ich bin froh, daß ich bin, wie ich bin.

Manchmal denke ich:
Gern würde ich ein Vogel sein.
Dann stieg' ich in die Lüfte auf
und flöge weit von hier.
Dann aber denke ich:
Nein, ein Vogel möchte ich nicht sein.
Ich bin froh, daß ich bin, wie ich bin.

Manchmal denke ich:
Ich möchte eine Wolke sein.
Hoch droben würd' ich segeln um die Welt
und alles mir besehen.
Dann aber denke ich:
Auch eine Wolke möchte ich nicht sein.
Ich bin froh, daß ich bin, wie ich bin.

Ich bin froh, daß ich bin, wie ich bin.
Zwei Augen habe ich zum Sehen,
zwei Ohren, die vernehmen jeden Laut.
Ich habe einen Mund, der sprechen kann,
Zwei Beine, die mich vorwärts tragen.
Ich hab' zwei Hände, um zu streicheln,
was ich liebe.

Ich bin froh, daß ich bin, wie ich bin.

Elberta H. Stone

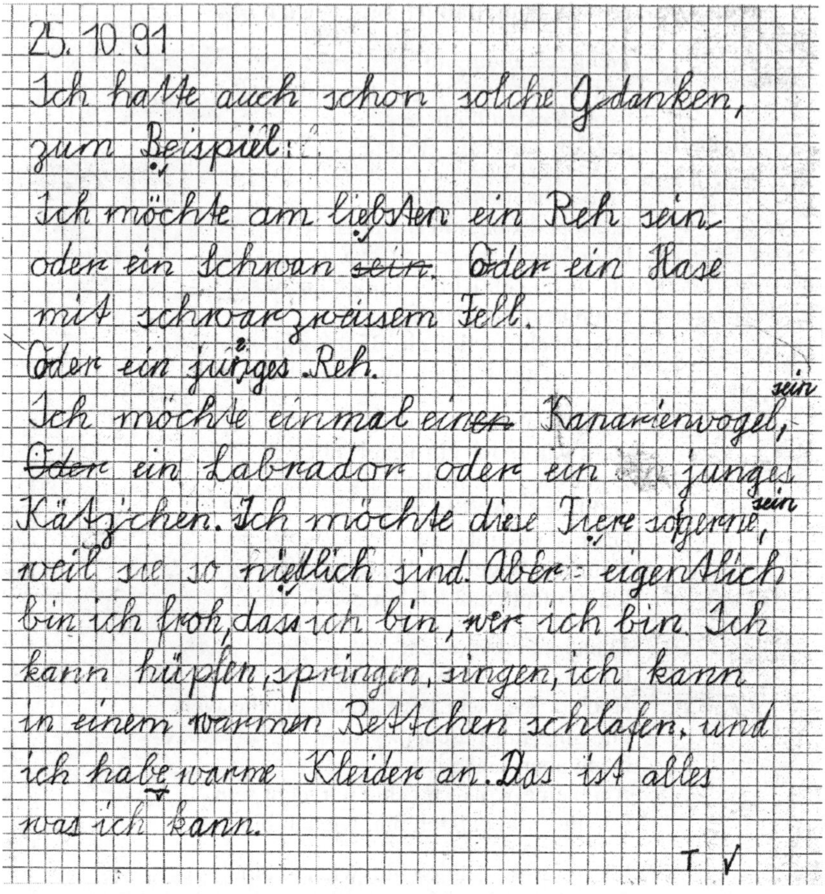
25.10.91
Ich hatte auch schon solche Gedanken,
zum Beispiel:
Ich möchte am liebsten ein Reh sein
oder ein Schwan ~~sein~~. Oder ein Hase
mit schwarzweissem Fell.
Oder ein junges Reh.
Ich möchte einmal ein~~en~~ Kanarienvogel sein,
~~Oder~~ ein Labrador oder ein junges
Kätzchen. Ich möchte diese Tiere so gerne sein,
weil sie so niedlich sind. Aber eigentlich
bin ich froh, dass ich bin, wer ich bin. Ich
kann hüpfen, springen, singen, ich kann
in einem warmen Bettchen schlafen, und
ich habe warme Kleider an. Das ist alles
was ich kann.
T √

Claudia (3. Schuljahr) läßt sich vom Gedicht mitreißen und spinnt den Gedanken weiter.

Mit ihrem Einleitungssatz signalisiert Claudia Übereinstimmung mit dem Gedicht. Die Art, wie sie sich einfühlt und den Faden weiterspinnt, ist typisch für Kinder, die schnell begreifen und sich leicht in vorgegebene Strukturen fügen. Ob erlebt oder bloß vorgestellt, immer haben sie etwas beizutragen, was jetzt gerade paßt. Es ist dann gewiß auch kein Zufall, daß Claudias Text auf der formalen Ebene recht wenige Verstöße aufweist. Das zahlt sich meistens aus bei Bewegungen in der horizontalen Achse unseres Diagramms. Bezieht man allerdings Leistungen auf der vertikalen Achse mit ein, verblaßt der gute Eindruck ein bißchen. Von einem Dialog mit dem Gedicht ist in Claudias Text nur wenig zu spüren. Darum hat ihn die Lehrerin auch nur als erfüllt taxiert und mit einem Häklein versehen. Die Texte

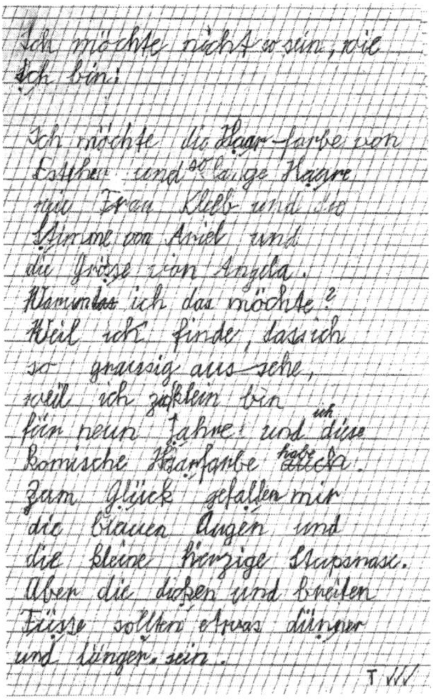
Ich möchte nicht so sein, wie ich bin:

Ich möchte die Haar-farbe von Esther und so lange Haare wie Frau Klebb und die Stimme von Ariel und die Grösse von Angela.
Warum ich das möchte?
Weil ich finde, dass ich so grausig aus sehe, weil ich zu klein bin für neun Jahre und ich diese komische Haarfarbe habe.
Zum Glück gefallen mir die blauen Augen und die kleine herzige Stupsnase.
Aber die dicken und breiten Füsse sollten etwas dünner und länger sein.

T ✓✓

Beim zweiten Strofhe Denke ich:
Ich möchte keinen Baum sein.
Ich müste sonst imer stehen bleiben.
Ich wärde ganz müde, wen ich die Äste hoch heben müsste.

Ich wäre auch gern ein Vogel.
Dan kan ich mir einmal die Welt fon oben herschauen.

Ich möchte keine Wolke sein.
Mier wierd schwindlig, wenn ich so hoch segle.

Ich Denke wie beim fünften Strophe:
Ich bin froh, dass ich bin, wie ich bin.
Bei der ersten Strofhe fiende ich er auch so langweilig, mir gehts auch so, so manchmal.

T ✓✓

Aurel und Isabelle (3. Schuljahr) lassen sich auf das Gedicht ein und bestimmen auf je eigene Weise ihren singulären Standort.

von Aurel und Isabelle dagegen hat sie höher eingeschätzt, weil die Resonanz der beiden Kinder kraftvoller ist.

Aurels Text ist auf der formalen Ebene noch sehr unbeholfen. Gemessen an Werten der horizontalen Achse, wäre er der schwächste der drei. Auf der vertikalen Achse dagegen wartet er mit einigen Überraschungen auf. Aurel nimmt sehr bewußt Kontakt auf mit dem Gedicht und bezieht sich ausdrücklich auf die zweite, die fünfte oder die erste Strophe. Er fühlt sich sehr wohl ein in die lyrische Traumwelt und würdigt jedes einzelne Gedankenexperiment, setzt ihnen aber seine eigene Position entgegen. Ganz nüchtern, fast wie ein Naturwissenschaftler, wägt er Vor- und Nachteile ab, die mit der Verwandlung in einen Baum, einen Vogel oder eine Wolke verbunden wären. Liebevoll vergegenwärtigt er sich jede Situation noch mit einem kleinen Bildchen und weiß am Schluss genau, welche Haltung er dem Gedicht gegenüber einnehmen will: Zustimmung mit augenzwinkerndem Vorbehalt ist sein Fazit. Das bringt er mit seiner stilistisch hübsch markierten Formulierung am Schluß zum Ausdruck: *Mir geht's auch so, manchmal.* Bei Aurel ist eine intensive Auseinandersetzung mit seinem Gegenüber erkennbar, darum bekommt er zwei Haken.

Ich bin froh, daß ich bin wie ich bin. Diese pointierte Kernidee des Gedichts provoziert Isabelle zu einer Gegenposition und ermöglicht ihr, das eigene Selbstverständnis in Opposition zum Gedicht zu entwickeln und auszusprechen. Das ist ein Glücksfall. Selten wirkt die Herausforderung der Stoffe im

Unterricht so direkt, und selten vermögen die Lernenden ihre eigenen Kernideen so sachbezogen und pointiert zu äußern: *Ich möchte nicht so sein, wie ich bin.* Aus dem Widerspruch zum Gedicht bezieht Isabelle die Energie, ihr eigenes Lebensgefühl ans Licht zu holen und ihm auch sprachlich eine überzeugende Gestalt zu geben. Isabelle ist, das spürt man deutlich, ein Wurf gelungen; das signalisieren die drei Haken. Der dramatische Schwung ihres ergreifenden Textes kommt allerdings erst dann richtig zur Geltung, wenn man ihn formal bereinigt und transkribiert.

Ich möchte nicht so sein, wie ich bin. Ich möchte die Haarfarbe von Esther und so lange Haare wie Frau Kleeb und die Stimme von Ariel und die Grösse von Angela. Warum ich das möchte? Weil ich finde, daß ich so grausig aussehe, weil ich zu klein bin für meine neun Jahre und weil ich diese komische Haarfarbe habe. Zum Glück gefallen mir die blauen Augen und die kleine, herzige Stupsnase. Aber die dicken und breiten Füsse sollten dünner und länger sein.

Isabelle wird durch die Botschaft des Gedichts zum Widerspruch herausgefordert. Sie stellt der Welt des Gedichts ihre eigene Welt entgegen.

Divergierender Austausch

Auf dem Weg zur professionellen Handhabung der regulären Produktions- und Rezeptionsmuster kommt dem divergierenden Austausch eine Schlüsselrolle zu. So wie man der singulären Standortbestimmung im Unterricht viel Raum und Zeit einräumen muß, so muß auch der Austausch mit Geduld und Beharrlichkeit als Arbeitsform erlernt und kultiviert werden. Beide Formen des interaktiven Verarbeitens erfordern einen hohen Grad an Konzentration und Verbindlichkeit. Aus diesem Grund messen wir der Schriftlichkeit in allen Phasen des Lernens eine fundamentale Bedeutung bei. Einer Schriftlichkeit allerdings, die sich nicht im Herstellen korrekter Textchen erschöpft, sondern all die vielfältigen Situationen ins Auge faßt, wo Menschen im Prozeß des Verstehens unwillkürlich das Bedürfnis verspüren, in irgend einer Weise schriftliche Spuren zu legen. Die Palette reicht von der flüchtigen Nachricht auf dem Küchentisch und der kurzen Notiz eines Einfalls über mehr oder weniger lange Listen zur Orientierung und zur Gedächtnisstütze bis hin zu systematischen Dokumentationen umfangreicher Recherchen und Nachforschungen, die in der Wissenschaft, im Gerichts- und Gesundheitswesen, im Journalismus und in der Schriftstellerei unentbehrlich sind, aber nur höchst selten an die Öffentlichkeit gelangen. Dazu gehören auch alle Versuche und Entwürfe, in denen man etwas ausprobiert oder sich über ein komplexes Problem Klarheit zu verschaffen versucht, all die Gesprächsnotizen und Protokolle und all die unterschiedlich codierten Nachrichten, die man in einem mehr oder weniger engen Kreis austauscht. Es geht um die ganze Vielfalt der Schriftlichkeit, der man sich in der Abgeschiedenheit einer Schreibstube, im vertrauten Kreis von Bekannten und im geschützten Raum einer Produktionsstätte bedient, bevor man sich den offiziellen Regularitäten des schriftlichen Sprachgebrauchs unterwirft und sich an ein öffentliches Publikum wendet.

Soll die Schule tatsächlich der Ort sein, wo die Kinder die schriftliche Sprache in ihrer ganzen Tiefe und Breite kennenlernen können, müssen sie mit den Spielarten des privaten und internen Sprachgebrauchs ebenso vertraut gemacht werden wie mit den Spielarten des externen und öffentlichen Sprachgebrauchs. Für beide Bereiche – sie entsprechen den beiden Achsen unseres Diagramms – braucht es geeignete Gefäße, und es braucht klar erkennbare und unterscheidbare Anforderungen mit spezifischen Arbeitsinstrumenten und Beurteilungskriterien. All das, was der singulären Standortbestimmung und dem divergierenden Austausch dient, gehört in den Bereich des internen Sprachgebrauchs und hat Werkstattcharakter. Das Gefäß, wo die Spuren dieses Sprachgebrauchs ihren Niederschlag finden, nennen wir *Reisetagebuch* oder Lernjournal. Im Reisetagebuch gelten die Regeln der Sprache des Verstehens. Alle schriftlichen und mündlichen Formen dagegen, die den Charakter von Auftritten vor einem Publikum haben – also Prüfungen, Referate, szenische Darstellungen, Texte für Leser, Theorien usw. –, nennen wir *Produkte*. Produkte orientieren sich an der Sprache des Verstandenen.

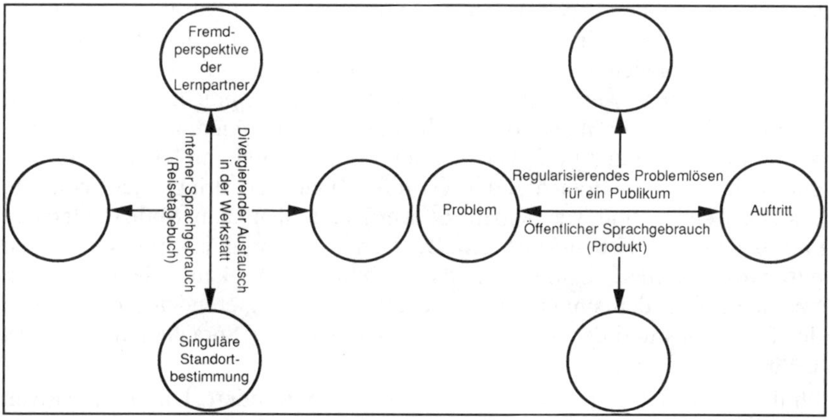

Die Kultur des internen Sprachgebrauchs, der Sprache des Verstehens, ist das Fundament für überzeugende Auftritte. Aus der vertikalen Achse des singulären Erkundens und des regen Austausches im geschützten Raum einer Werkstatt schöpft die Sprache des Verstandenen ihre Potenz und Beständigkeit. Gerade beim Texteschreiben im Deutschunterricht können die Lernenden in besonderer Weise erleben und erfahren, wie sich im beweglichen Hin und Her zwischen Ich und Du auf der vertikalen Achse ein Potential aufbaut, das sich um den Angelpunkt des Wir dreht und das sich schließlich auf der horizontalen Achse der Regularitäten entfaltet und präsentiert. Man muß sich allerdings zuerst von der unsinnigen Vorstellung befreien, ein Mensch lerne schreiben, wenn er in großen Abständen zu irgendwelchen Themen Aufsätze verfasse, die von der Lehrperson korrigiert und anschliessend verbessert und ins reine geschrieben werden. Dieser ritualisierte Schematismus mit Prüfungscharakter bewegt sich ausschließlich auf der horizontalen Achse unseres Diagramms und ist so einseitig auf das Aufdekken von Defiziten fokussiert, daß es fast an ein Wunder grenzt, wenn ein Mensch nach Schulabschluß noch lustvoll zur Feder oder in die Tasten greift, um aus eigenem Antrieb einen Text zu verfassen.

Lesen und Schreiben sind Prozesse, bei denen bereits Schulanfänger erleben können, wie die horizontale Achse der Regularitäten und die vertikale Achse der Kommunikation zusammenspielen und zusammenwirken. Wer etwas zur Sprache bringen und verstanden werden will, bedient sich vereinbarter Bedeutungen, die in der Gestalt von normierten lautlichen oder schriftlichen Gebilden auftreten, und verknüpft sie nach strengen grammatischen und stilistischen Regeln zu Texten, deren Muster ebenfalls schon vorgeprägt sind. Das Vorhaben kann nur gelingen, wenn sich die singuläre Botschaft so in den regulären Formen und Strukturen verkörpert, daß wir alle sie verstehen können und daß sie beim angesprochenen Du auch tatsächlich ankommt. Im gelungenen Text ist das Singuläre in schönster Weise aufgehoben: Eingebunden ins reguläre Wir findet das Ich zu sich selbst und kann vom Du verstanden werden. All das müssen die Lernenden im Unterricht erfahren können, wenn sie sich ernsthaft auf die Sprache einlassen und taugliche Texte schreiben lernen sollen. Die Regularitäten der Sprache werden in ihrer Bedeutung erst verständlich, wenn man sie im lebendigen Austausch mit andern braucht oder vermißt. Ohne den dringenden Wunsch, etwas zu sagen und verstanden zu werden, fehlen dem Sprachunterricht Nährboden und Lebenskraft. Im Deutschunterricht müssen Bedingungen geschaffen werden, damit Schreiben erlebt werden kann als Prozeß im Spannungsfeld der singulären Botschaft, der divergierenden Erwartungen des Publikums und der regulären Anforderungen der Sprache (RUF/GALLIN 1996).

Philipp sieht sich mit dem Thema *loslassen* konfrontiert. Um die kreativen Kräfte der Psyche zu wecken und den Fluß der Assoziationen möglichst nicht zu behindern, eröffnet er den Schreibprozeß nicht mit einem linear organisierten Text, sondern mit einem flächig angeordneten Cluster. Man schreibt ein Reizwort seines Themas in die Mitte eines Blattes, ordnet die Einfälle rundherum an und tastet sich mit Verbindungslinien an Strukturierungsmöglichkeiten heran (RICO 1984). In drei Richtungen versucht Philipp das Thema zu konkretisieren, das wird angedeutet durch die Wörter *wissen*, *lernen* und *Tod*, die er mit direkten Linien ans ursprüngliche Zentrum bindet. Aber nur das Wort *Tod* entfaltet eine dynamische Wirkung: In Verbindung mit dem Wort *Angst* entwickelt es sich zum neuen Zentrum des Clusters. Aber auch Nebenzentren tauchen auf: *Hand*, *Trauer*, *Religion*, *Neugier*, *Egoist*, *Fingernägel*, *Sex*. Nach knapp 10 Minuten ist das Cluster fertig.

Philipp (10. Schuljahr) entwickelt mit Hilfe eines Clusters Ideen für einen Text und leitet damit den Schreibprozeß ein.

Die Form des Clusters befreit vom Zwang der eindimensionalen Anordnung der Gedanken in einem syntaktischen Gefüge und begünstigt das bildhafte und ganzheitliche Denken, das komplexe Zusammenhänge simultan erfaßt. Man kann seine Einfälle in beliebiger Reihenfolge zu Papier bringen und braucht sich um Verknüpfungen vorerst nicht zu kümmern. Droht der Gedankenfluß zu versiegen, hält man die Bewegung durch spielerische Kritzeleien in Schwung, hebt einzelne Wörter hervor und deutet versuchsweise ein paar Verbindungen an. Sobald sich ein Muster herausbildet, beginnt die schnelle Niederschrift der ersten Fassung. Das Cluster dient dabei als Orientierung, soll aber nicht sklavisch befolgt werden. Jetzt werden Kräfte der

Syntax, der Melodie und des Sprachflusses spürbar, aus denen der Schreibprozeß Energie und Richtung gewinnt. In Philipps Text übernimmt die Formel *aber warum* die Führung. Als eigentliches Leitmotiv treibt sie den Gedanken weiter und gibt dem Text eine erste, grobe Struktur. Aus der philosophischen Beharrlichkeit des Zweifelns gewinnt der Text seine dramatische Spannung: Antworten werden aufgestellt und gleich wieder umgestoßen; die scheinbare Beruhigung am Schluß ist hinterhältig und ironisch.

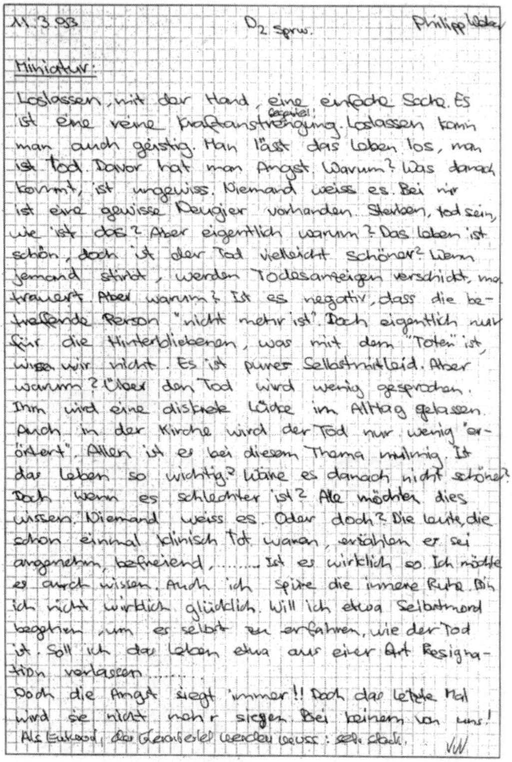
11.3.93 D2 Sprw. Philipp [illegible]

Miniatur:

Loslassen, mit der Hand, eine einfache Sache. Es ist eine reine [illegible] Kraftanstrengung. Loslassen kann man auch geistig. Man lässt das Leben los, man ist Tod. Davor hat man Angst. Warum? Was danach kommt, ist ungewiss. Niemand weiss es. Bei mir ist eine gewisse Neugier vorhanden. Sterben, tod sein, wie ist das? Aber eigentlich warum? Das Leben ist schön, doch ist der Tod vielleicht schöner? Wenn jemand stirbt, werden Todesanzeigen verschickt, man trauert. Aber warum? Ist es negativ, dass die betreffende Person "nicht mehr ist"? Doch eigentlich nur für die Hinterbliebenen, was mit dem "Toten" ist, wissen wir nicht. Es ist purer Selbstmitleid. Aber warum? Über den Tod wird wenig gesprochen. Ihm wird eine diskrete Lücke im Alltag gelassen. Auch in der Kirche wird der Tod nur wenig "erörtert". Allen ist es bei diesem Thema unwohl. Ist das Leben so wichtig? Wäre es danach nicht schöner? Doch wenn es schlechter ist? Alle möchten dies wissen. Niemand weiss es. Oder doch? Die Leute, die schon einmal klinisch tot waren, erzählen es sei angenehm, befreiend, ... Ist es wirklich so. Ich möchte es auch wissen. Auch ich spüre die innere Ruhe. Bin ich nicht wirklich glücklich. Will ich etwa Selbstmord begehen, um es selbst zu erfahren, wie der Tod ist. Soll ich das Leben etwa aus einer Art Resignation verlassen ......

Doch die Angst siegt immer!! Doch das letzte Mal wird sie nicht mehr siegen. Bei keinem von uns!

Als [illegible]: sehr stark. [illegible]

Philipps erste Fassung hat den Charakter einer Miniatur, aus der etwas Größeres entstehen könnte.

Mit der ersten Fassung, die Philipp in etwa 20 Minuten zu Papier gebracht hat, findet der Schreibprozeß seinen vorläufigen Abschluß. Jetzt legt man den Text weg und läßt ihn für kürzere oder längere Zeit ruhen. In dieser kreativen Pause können Rückmeldungen wohlwollender Testleser wertvolle Hinweise für eine Überarbeitung liefern. Klopfen mehrere Personen seinen Text auf offene oder verborgene Qualitäten und Stolperstellen hin ab, kann sich beim Autor die Vorstellung eines Publikums mit vielfältigen und oft widersprüchlichen Erwartungen bilden. Aus den Leserreaktionen läßt sich auch ableiten, ob der Text überhaupt lebensfähig ist. Bleibt er ohne jede Resonanz, ist eine Überarbeitung sinnlos. Mitschülerinnen oder Mitschüler erfüllen diese anspruchsvolle Aufgabe oft viel erfolgreicher als Lehrkräfte. Rikas einfühlsamer Text ist ein eindrückliches Beispiel dafür.

Die Frage, warum Menschen den Tod als etwas schlechtes beängstigendes sehen, geht mir auch manchmal durch den Kopf.
Ich finde, wir haben ein "gestörtes" Verhältnis zum Tod.
An deinem Aufsatz gefällt mir sehr, dass du zweifelst an der allgemeinen Ansicht, dass du dir selber Gedanken machst.
Dein Cluster und das Ende deines Aufsatzes enthalten aber auch Punkte, die mir fast Angst machen. "Etwas unerreichbares" erstreben ~~ist~~ wollen", ist für mich enthalten und der Gedanke an Selbstmord aus Neugierde.
Dafür lebe ich viel zu gern, als dass mich die pure Neugier zu solchem treiben könnte.
Ich glaube, dass Trauer wichtig ist, selbst wenn es Selbstmitleid ist, denn schliesslich hat man jm. verloren.
Was aber genauso dazugehört, ist das drüber hinwegkommen, das loslassen und neu zupacken; wieder neu anfangen und weitergehen.
Wie man den Tod heute sieht, bedeutet er Trauer, Angst und Schrecken, du aber gibst ihm in deinem Text eine neue, mögliche Farbe. Du stellst die Möglichkeit auf, dass der Tod etwas gutes und schönes sein kann, oder etwas befreiendes.
Das gefällt mir sehr.
Man merkt auch, dass du kein festes Bild vom Tod hast, sondern dass du noch selber auf der Suche bist.

Dein Cluster hat mich erstaunt und erfreut; da gibt es Worte, die ich nie in deinem Cluster zu finden geglaubt hätte. Es enthält viele, aber kurze Gedanken.
Ich habe das Gefühl bekommen (ich weiss nicht wieso), dass hinter vielen auch eine Frage steht. Fragen, die dir zu diesem Wort kamen, ~~keine~~ weniger Erinnerungsbilder. Alles (Cluster und Text) hat mir gefallen und mich irgendwie erstaunt. Das Cluster ist sicher gleichviel wert, wie der Text, der vor allem den unteren Teil des Clusters aufgreift! Rika 25.3.93

In seiner Klassenkameradin Rika hat Philipp eine ideale Testleserin gefunden. Ihre authentische Reaktion legt das Potential des Entwurfs frei.

Rika ist fasziniert, aber auch etwas verunsichert von Philipps philosophischer Beharrlichkeit. An zwei wichtigen Stellen setzt sie deutlich andere Akzente: Philipps Todesneugier setzt sie ihre Liebe zum Leben entgegen, und sie verteidigt den Wert der Trauer. Rika hat sich herausfordern lassen und erzählt spontan und unverkrampft über ihre authentische Begegnung mit Philipps Entwurf. Ihre offene und persönliche Antwort macht Philipp aufmerksam auf Möglichkeiten und Probleme, die in seinem Entwurf angelegt sind, und eröffnet Perspektiven für eine Überarbeitung. Mängel an der Textoberfläche werden bei diesem ersten Austausch zu Recht noch nicht thematisiert; sie sind nicht so gravierend, daß sie die wohlwollende Testleserin bei ihrer Konzentration auf das Wesentliche behindern.

Der divergierende Austausch zwischen Philipp und Rika ist für beide lehrreich und interessant. Weil Rika zuvor bereits die gleiche Aufgabe wie Philipp gelöst hat, ist sie als Testleserin besonders kompetent. Sie kennt die Chancen und Tücken des Themas aus eigener Erfahrung und kann Philipps Lösung aus dieser Innenschau fachkundig würdigen. Im Vergleich mit der eigenen Lösung wird ihr bewußt, was man aus dem Thema auch noch hätte machen können. So erweitert sie auch ihre eigene Schreiberfahrung, ohne daß dies im Unterricht speziell thematisiert werden müßte. Schließlich kommen durch diesen Rollenwechsel auch die regulären Anforderungen der Sprache auf ganz selbstverständliche Weise ins Spiel: Wie störend und behindernd sich die Mißachtung von Normen und Konventionen beim Schreiben auswirken können, erlebt man nicht als Autor, sondern als Leser. Dem eigenen Text gegenüber ist man naturgemäß sehr großzügig – man weiß ja, was man meint und was man sagen will –; sitzt man aber als Leser dem Text eines Schreibpartners gegenüber, erlebt man erst wirklich, wie wohltuend und entlastend die Beachtung der Normen ist und wie sehr man sich müht und ärgert, wenn Unkenntnis oder Nachlässigkeit in der Schrift, der Rechtschreibung, der Wortwahl, der Grammatik oder der Textorganisation den Lesefluß hemmen und das Verständnis behindern. Allein schon aus diesem Grund muß die Fähigkeit, Texte als Testleser zu kommentieren und zu beurteilen, im Deutschunterricht ebenso sorgfältig entwickelt und kultiviert werden wie das Schreiben selbst. Es muß zur Selbstverständlichkeit werden, daß auf eine Phase des Schreibens und der singulären Standortbestimmung eine Phase des divergierenden Austausches folgt.

Regularisierendes Problemlösen und Gestalten

In keinem andern Fach sind die Grenzen zwischen der singulären Standortbestimmung, dem divergierenden Austausch und dem regularisierenden Problemlösen und Gestalten so fließend wie im Deutschunterricht. Aus dem lebendigen Wechselspiel von singulärem Produzieren und divergierendem Rezipieren wachsen nach und nach Produkte heraus, die auch vor einem kritischen Publikum Bestand haben und die sich in der regulären Welt sehen lassen dürfen. Das entwertet aber in keiner Weise all die Skizzen und Zwischenprodukte, die in bestimmten Phasen des Prozesses eine unersetzbare Aufgabe erfüllt haben und die im Reisetagebuch schön chronologisch gesammelt sind. Das fachkundige Auge des Pädagogen erkennt in ihnen sogar die eigentlichen Perlen seines Berufes. Daß die Gesellschaft von ihm auch isolierte Leistungsnachweise auf der Ebene der regularisierten Rezeptions- und Produktionsmuster verlangt, akzeptiert er als unaufhebbare Spielregel seiner Auftraggeber. Prüfungen, in denen es ums bloße Vorzeigen von Wissen und Können geht, dürfen aber nicht zum eigentlichen Zweck der Schule hochstilisiert werden, sonst vergiften sie das Klima und legen die Lernprozesse lahm. Nicht die Prüfungen, nicht die Auftritte in der Welt des Regulären sind das Entscheidende, sondern der Austausch. Das ist in der Schule nicht anders als in der Kunst, der Wissenschaft, der Wirtschaft und dem alltäglichen Leben. Überall braucht es ein gewisses Know-how, aber überall ist es Mittel, nicht Zweck. Selbst in einer extrem formalisierten Wissenschaft wie der Mathematik dient die abstrakte Fachsprache nicht dem Zelebrieren und Perfektionieren ihrer selbst, sondern dem effizienten Austausch unter Fachleuten. Singuläre Ideen und Einfälle sind es, die den divergierenden Austausch befruchten und beleben und die Wissenschaft weiterbringen. Verkommt der Austausch unter Menschen zum reinen Ritual, das ausschließlich von Regularitäten beherrscht wird, ist ein Kollaps unvermeidlich.

Auf dem Fundament eines lebendigen Austausches zwischen Menschen und Stoffen kann die Vorbereitung von Auftritten im Regulären auch in der Schule zu etwas durchaus Reizvollem und Spielerischem werden. Lernende lassen sich immer wieder gern zu Auftritten herausfordern, die auch außerhalb des Klassenzimmers Bestand haben und beachtet werden. Ein schönes Beispiel dafür ist die Übersetzung der Gleichung, die wir ganz am Anfang zitiert haben, in eine stimmige Geschichte. Matthias, einem unserer Studenten, ist es gelungen, unsere Viertel-Gleichung in eine Textaufgabe umzuformen und ihr dabei ein neues Gesicht zu geben. Die vierfache Klammerschachtelung hat er so raffiniert in die Handlung seiner Geschichte eingewoben, daß er ganz ohne mathematische Zeichen und ohne ermüdende Wiederholungen auskommt. Eine Leistung, die sich in jedem Lehrbuch sehen lassen dürfte.

Ein heißer Handel

Es ist Sommerzeit. Heiß drückt um die Mittagsstunden die Sonne auf den Obst- und Gemüsemarkt von Palermo. Antonia hätte sich zu gerne eine Melone erstanden. Aber wie nur, ohne eine Lire in der Tasche?

Sie sinniert vor sich hin — sucht nach einer Möglichkeit. Plötzlich geht sie zielstrebig auf den nächsten Obststand zu und bietet dem Verkäufer einen Handel an: Sie werde für ihn seine Melonen verkaufen; und zwar eine zuvor genau vereinbarte Anzahl. — Der Herr ist einverstanden, und Antonia fährt fort: Damit auch Kinder von ihrem Angebot angelockt würden, werde sie alle Früchte in Viertelschnitze zerschneiden. Als Lohn für ihre Arbeit, so verlangt sie allerdings, werde sie immer dann, wenn wieder drei Viertel ihrer Verkaufsarbeit erledigt wären, einen Schnitz für sich behalten.

Der Händler überlegt lange, dann ist er einverstanden. Wie viele Melonen erbittet sich Antonia von ihm? Schliesslich konnte sie alle Früchte verkaufen und — entsprechend ihrem Wunsch — eine ganze Melone verzehren.

Matthias ist es beinahe gelungen, die formale Struktur der Gleichung in eine stimmige Geschichte zu übertragen. Einziger Einwand: Die gesuchte Grösse x müßte auch den Figuren der Geschichte unbekannt sein, nicht nur dem armen Leser.

Daß die mächtigen Regularitäten, die unsere Stoffe durchdringen, auch für Schulanfänger als Appelle spürbar werden, ohne sie zu erdrücken, ist die große Herausforderung an jede Unterrichtsorganisation. Um eine Vorstellung zu geben, was für Lösungen in der Praxis möglich sind, zeigen wir auf der folgenden Seite ein Semesterprogramm aus dem Deutschunterricht im zehnten Schuljahr am Gymnasium.

Die Arbeit mit Reisetagebuch und Kernideen erlaubt es, die Lernenden mit großen und zusammenhängenden Stoffgebieten zu konfrontieren und ihnen genügend Raum für authentische Begegnungen und für singuläre Standortbestimmungen anzubieten. Weil sich mit Hilfe von Kernideen und weitgespannten Aufträgen schnell sagen läßt, was der Witz der Sache ist und worum sich die Arbeit einer längeren Periode dreht, können die Lernenden auch im Klassenunterricht persönliche Schwerpunkte setzen, sich in Arbeitsgruppen organisieren und eigene Kernideen entwickeln. Im Umfeld einer Kernidee gibt es unzählige Möglichkeiten, tätig zu werden und Leistungen zu erbringen. Je nach Standort, den ein Lernender der Sache gegenüber einnimmt, und je nach Intensität seiner Interaktionen wird er beim Lernen mehr oder weniger lange Wege beschreiten. Einer braucht sehr viel Zeit, um die Sache auf eigenen Wegen zu erkunden, und wird sich deshalb lange in der Sprache des Verstehens bewegen; ein anderer findet leichter Zugang zur Sprache des Verstandenen und beginnt schon bald mit den Regularitäten zu experimentieren. Beide können ihre Kräfte dort bündeln, wo es nötig ist und wo es sich lohnt. Der eine verweilt lange in seiner Werkstatt, bis er es wagt, sein Können vor einem Publikum unter Beweis zu stellen; der andere bedient sich ohne Bedenken der verfügbaren Produktions- und Rezeptionsmuster, steckt Mißerfolge leicht weg und profiliert sich von Auftritt zu Auftritt. Beide können sich allerdings nur auf die ihnen gemäße Weise entwickeln, wenn ihnen der Unterricht spezifische Arbeitsinstrumente und adäquate Beurteilungskriterien anbietet. Leistungen im Reisetagebuch entstehen unter anderen Bedingungen und müssen anders beurteilt werden als Leistungen, die sich an ein Publikum richten und sich an regulären Anforderungen orientieren. In welchem Bereich die Lernenden ihre Stärken ausspielen können und wollen, steht ihnen frei. Sie haben die Zusicherung, daß die besseren Leistungen auch bei der Notengebung mehr ins Gewicht fallen. Nur wenn wir allen Phasen des Lernens den gleichen Wert beimessen, erhalten die Lernenden die Möglichkeit, sich dort zu engagieren, wo sie in ihrer Entwicklung im Moment stehen. Zum interaktiven Lernen gehört natürlich auch das Gespräch über die Zeugnisnoten. Es ist wichtig, daß unterschiedliche Einschätzungen der Leistungen thematisiert und Differenzen in der Selbst- und der Fremdbeurteilung besprochen und bereinigt werden.

Das Semesterprogramm gibt Auskunft über Arbeitsweisen und Beurteilungskriterien. Die Stoffgebiete werden durch vier Kernideen grob charakterisiert.

Kernideen und Semesteraufträge

Schreibwerkstatt: *Texte für Leser schafft man selten auf Anhieb*
Übe Dich im Schreiben und Überarbeiten von Texten. Erprobe dabei auch unterschiedliche stilistische Mittel. Dokumentiere Deine Arbeit im Journal. Inhalte:
- Sechs bis zehn *spontan verfasste Texte* (1. Fassung)
- Drei ausführliche *Leserreaktionen* zu Texten eines Schreibpartners
- Zwei Texte, die vor einem kritischen Publikum bestehen können und deren Entstehung lückenlos dokumentiert ist (1. Fassung, Leserreaktionen, *Mitteilungskonzept*, 2. Fassung, Lehrerkommentar, ev. 3. Fassung, Reflexion mit *Selbstbeurteilung*)
- Drei *Mustertexte* von Profis
- *Reflexionen* zu Schreiberfahrungen und zum persönlichen Fortschritt

Lektüre: *Nur wer dem Gelesenen seine Welt entgegenhält, bleibt unbeschadet Leser*
Orientiere Dich an den *Empfehlungen für Reisende in die fremden Länder der Literatur*.

Gespräche führen und beobachten: *Im Gespräch ist nicht nur das Gesprochene wichtig*
- Organisiere und beobachte mit drei andern zusammen ein Gespräch in der Klasse (Gesprächssorte wählen, Konzept formulieren, schriftliche Unterlagen vorbereiten, Gespräch organisieren und leiten, Gespräch beobachten und auswerten).
- Worauf kann man achten, wenn man Gespräche beobachtet? Erstelle eine Liste mit Gesichtspunkten.
- Beobachte, dokumentiere und beurteile zwei spontane Gespräche. Vergleiche sie mit organisierten Gesprächen.
- Was gehört alles zu einem kommunikativen Gesprächsverhalten? Formuliere Empfehlungen.

Repetition Satzzeichen: *Kommas sind grammatische Signale*
Übe Dich im Gebrauch der Satzzeichen. Achte auf ungewöhnliche und interessante Beispiele. Sammle sie.

Leistungen und Beurteilung

1. Kernideen deuten an, worum es in diesem Semester geht. Semesteraufträge stecken das Gebiet ab, in dem wir uns bewegen. Je mehr Initiative Du entwickelst und je mehr Verantwortung Du übernimmst, desto freier bist Du in der **Wahl** der Bereiche, in denen Du Leistungen erbringen kannst.

2. Im Laufe des Semesters erhältst Du vom Lehrer oder von Mitschülern regelmässig **Rückmeldungen**, die Dir helfen, Dich zu orientieren und Fortschritte zu machen.
- Grössere Arbeiten (Produkte mit Arbeitsjournal, Zwischenkontrollen des Journals) werden im Sinne einer Zwischenbilanz mit **Worten** (und gelegentlich auch mit **Noten** von 1-6) bewertet. Bei kleineren Arbeiten geben **Haken** Hinweise auf den Einsatz Deiner individuellen Leistungsmöglichkeiten. Bedeutung der Haken:
  - ✓ erfüllt (individuelles Bemühen erkennbar)
  - ✓✓ eigenständige und persönliche Leistung (Reflexion über Positionen, Stoffe, Arbeitsweisen; individuelle Begriffsbildung, Tendenz zu Überblick und Formalisierung gut erkennbar)
  - ✓✓✓ Wurf
  - ~~✓~~ noch nicht erfüllt
- Wenn Dir eine Arbeit misslingt oder wenn Du nicht rechtzeitig damit fertig wirst, bekommst Du eine **zweite Chance**. Du musst den Auftrag aber innerhalb einer Woche erledigen. Wiederholte oder verspätet abgegebene Arbeiten werden in der Regel nur noch mit "erfüllt" bewertet.

3. Die **Zeugnisnote** basiert auf einer **Gesamtbeurteilung**, an der Du Dich mit einer Selbstbeurteilung beteiligen kannst. Massgebend sind die Unterlagen (Journal, Leistungskontrollen, Produkte, Unterlagen zu mündlichen Beiträgen, besondere Leistungen, Selbstbeurteilung), mit denen Du Deine Leistungen dokumentierst und die Du etwa sechs Wochen vor Semesterschluss ordnest und abgibst.

So arbeiten wir

1. Arbeit in der Werkstatt: Wege und Irrwege im Journal

Das Journal ist mit einer Werkstätte vergleichbar. Die Texte, die hier entstehen, werden spontan verfasst und nicht korrigiert. Im Journal kannst Du Deine Arbeit organisieren, Wissenswertes festhalten, Ideen entwerfen, Meinungen äussern, Kritik üben, Bilanz ziehen. Dabei darfst Du Dich auch irren und Fehler machen. Im Journal geht es nicht in erster Linie um "richtig" oder "falsch", sondern um Deine *persönliche* (lustvolle, kritische, forschende, eigenwillige, neugierige) *Auseinandersetzung* mit dem Stoff. Dabei darfst Du auch experimentieren und eigene Wege beschreiten.

Beurteilungskriterien:
- Sind alle Arbeitseinheiten mit einem Mindesteintrag vermerkt? Ist die persönliche Leistung dokumentiert?
- Ist das Journal übersichtlich und zweckmässig gegliedert? (Titel, Leitfragen, Aufträge, Kerngedanken, Merksätze)
- Gibt das Journal Auskunft über die wichtigsten Inhalte, die im Unterricht behandelt worden sind?
- Sind die behandelten Sachverhalte in eigenen Worten zusammenhängend und nachvollziehbar dargestellt?
- Ist eine persönliche Auseinandersetzung mit den Lerninhalten erkennbar? (Begriffsbildung)
- *Sind die behandelten Stoffe unter persönlichen und sachlogischen Gesichtspunkten strukturiert?*
- *Werden Arbeitsprozesse bewusst geplant (Aufträge, Zeiteinteilung) und ausgewertet (Rückblick, Reflexion, Selbstbeurteilung?) Sind Konzepte erkennbar?*
- *Werden wichtige Erkenntnisse aus dem Journal in Produkten übersichtlich dargestellt und auch für andere verfügbar gemacht? (Thesen, Merkblätter, Tabellen, Zusammenfassungen, Anleitungen, Leistungskontrollen)*

2. Auftritte vor einem Publikum: Produkte

Produkte sind *eigenständige Leistungen* im Rahmen der Semesterziele. Sie richten sich an Adressaten innerhalb oder ausserhalb der Klasse. Sprachliche und fachliche Normen sind ebenso massgebend wie Bedürfnisse und Erwartungen der Benützer.

Ideen für Produkte
- mündliche Textsorte (Vortrag für interessierte Zuhörer, Erzählung, Statement, Planung und Durchführung eines Gesprächs)
- mimische Darstellung (Pantomime, Sketch, Theater)
- Orientierungs- oder Merkhilfe (Tabelle, Graphik, Prüfungsvorbereitung, Merkblatt, Spick)
- Text für eine Zeitung (Leserbrief, Reportage, Bericht, Anzeige)
- Informationen über ein Buch oder ein Thema
- adressatengerechte Einführungen in ein Sachgebiet (Grammatik, Rechtschreibung, Satzzeichen, Thema aus einem andern Fachgebiet)

Beurteilungskriterien
- Sind Absicht und Ziele klar erkennbar?
- Ist das Produkt sorgfältig gestaltet? (Formulierung, Gliederung, Rechtschreibung, Aussprache)
- Ist die Präsentation passend und ansprechend?
- Ist eine persönliche Leistung erkennbar?
- Werden Positionen, Ziele, Arbeitsweise und Ergebnisse im Rückblick einer kritischen Prüfung unterzogen? Ist die Selbstbeurteilung nachvollziehbar und sachgerecht? (Reflexion)
- Wie steht es mit dem persönlichen Nutzen und dem Nutzen für andere?

Literatur

Gadamer, H.-G. (1959): Vom Zirkel des Verstehens. In: Heidegger, M., Festschrift zum 70. Geburtstag, Günther Neske. Pfullingen

Gallin, P.; Ruf, U. (1990): Sprache und Mathematik in der Schule. Auf eigenen Wegen zur Fachkompetenz. Zürich

Rico, G. L. (1984): Garantiert schreiben lernen. Sprachliche Kreativität methodisch entwickeln — ein Intensivkurs auf der Grundlage der modernen Gehirnforschung. Reinbek bei Hamburg

Ruf, U.; Gallin, P. (1995): Ich mache das so! Wie machst du es? Das machen wir ab. Sprache und Mathematik. 1. – 3. Schuljahr. Zürich.

Ruf, U.; Gallin, P. (1996): Mit Geschichten lernen — Lernen als Geschichte erleben, auch in der Mathematik. In Hohmann, J. S.; Rubinich, H. (Hrsg.): Wovon der Schüler träumt. Beiträge zur Geschichte des Deutschunterrichts. Frankfurt a.M

Wagenschein, M. (1980): Physikalismus und Sprache. Gegen die Nichtachtung des Unmessbaren und Unmittelbaren. In: Schaefer, G.; Loch, W. (Hrsg.): Kommunikative Grundlagen des naturwissenschaftlichen Unterrichts. Weinheim/Basel

Rose 1 ist Rose 2 ist Rose 3 ist ...
Offene Bedeutungen durch geschlossene Gehirne*

Hans Brügelmann

In diesem kurzen Essay diskutiere ich zwei Probleme: zum einen das Paradox „geschlossener Gehirne", die trotzdem zu ähnlichen Modellen von Wirklichkeit kommen; zum zweiten die Frage, was „Unterricht" bedeuten kann, wenn Lernen letztlich immer eigenaktive Konstruktion der „Welt im Kopf" durch das Kind bedeutet. Meine These: Unterricht darf nicht (mehr) als Transport von Wissen, sondern muß als Arrangement von Lernmöglichkeiten begriffen werden: „Unterricht kann Lernen wahrscheinlicher machen. Aber er kann Lernen nicht technologisch kontrollieren.

„Jeder Leser eines Buches
ist eigentlich
ein Leser seiner selbst."
(Marcel PROUST)

Gehirne sind geschlossene Systeme. Gegenstände und Ereignisse der Umwelt haben keine objektive Bedeutung. Sie lösen zwar Aktivitäten im Gehirn aus. Diese unterscheiden sich aber von Organismus zu Organismus. „Reize" der Umwelt werden also vom Gehirn in einer je besonderen Weise interpretiert. D.h. das Gehirn weist seinen Erfahrungen Bedeutung intern zu. Es konstruiert seine eigene Welt. Die Biene „sieht" eine Rose anders als eine Kuh oder ein Mensch. Ein Dichter wiederum hat eine andere Vorstellung von einer Rose als ein Botaniker oder ein Florist.

Unsere gängige Vorstellung ist: Das Gehirn nimmt die Umwelt über die Sinne „wahr" (d.h. unsere Vorstellungen „spiegeln Wirklichkeit wider"). Dagegen steht die biologische These: Die Umwelt reizt das Gehirn durch unspezifische Impulse zur Eigenaktivität. Wahrnehmung transportiert Energie, aber nicht Information.

---

*Nachdruck aus: BALHORN, H.; BRÜGELMANN, H. (Hrsg.) (1993): Bedeutungen erfinden — im Kopf, mit Schrift und miteinander. Lesen und Schreiben als individuelle und soziale Konstruktion von Wirklichkeiten. DGLS-Jahrbuch Bd.5. Libelle-Verlag: CH-Lengwil/ SOVA: Frankfurt.

Bedeutung entsteht also erst im Gehirn. Die Nervenimpulse sind neutral. Ob sie vom Ohr oder vom Auge kommen — ihre physikalische Beschaffenheit ist gleich. Entscheidend ist, wo die Impulse landen. Kommen sie in der Sehrinde an, werden sie als „Bild" interpretiert. Kommen sie in der Hörrinde an, werden sie als Töne, Geräusche oder Sprache gedeutet (vgl. die „Weltbilder I, II, III" von PADDEN, HUMPHRIES, LUSSEYRAN und BACH-Y-RITA in BALHORN/BRÜGELMANN 1993, 18-27).

Wer einen Schlag auf's Auge bekommt, fühlt dort nicht einen „Druck", sondern „sieht" Sterne. Gehörlose, deren tote Hörnerven im Ohr operativ wieder leitungsfähig gemacht werden, müssen erst lernen, den Aktivitäten ihrer Hörrinde Bedeutung zuzuweisen (z.B. um Sprachlaute untereinander, aber auch von anderen Tönen und Geräuschen zu unterscheiden).

Unsere Sinne sind allerdings so konstruiert, daß sie nicht diffus auf Umweltreize reagieren, sondern diese sortieren: Je nach Lage des Lichtpunkts auf der Netzhaut z.B. wird ein anderer Teil der Sehrinde gereizt. Darum können wir verschiedenen visuellen Reizen unterschiedliche Bedeutung zuweisen. Welche Merkmale der Umwelt aber dieser Architektur der Netzhaut und des Gehirns entsprechen, wissen wir nicht. Unterschiedliche Wirklichkeiten sind mit demselben Modell darstellbar — und umgekehrt. Das einzige Kriterium für die biologische Evolution war die Handlungsfähigkeit in der gegebenen Umwelt. Für das Überleben reichen aber mögliche Modelle, richtige sind nicht erforderlich.

Wer zum ersten Mal Auto fährt und in den Rückspiegel sieht, erlebt flüchtige Fetzen, aber diese ergeben kein Bild. Erst mit wachsender Er-fahrung ordnet das Gehirn die visuellen Aktivitäten im Verhältnis zur Eigenbewegung und zu dem Bild, das durch den Blick nach vorne gewonnen wird.

Das Gehirn konstruiert also eine „Welt im Kopf" (FISCHER 1985).

Dies ist keine neue Idee (vgl. zur Einführung in den „radikalen Konstruktivismus": VON GLASERSFELD 1987 und 1995; BAUERSFELD 1993). Immer wieder gab es Philosophen, die Schwierigkeiten mit der Annahme „objektiver Erkenntnis" hatten: schon bei den alten Griechen die Skeptiker in der Nachfolge von PYRRHON, später bei den Römern SEXTUS EMPIRICUS, vor allem aber in der Aufklärung BERKELEY in England, VICO in Italien und KANT in Deutschland. Auch Jean PIAGET, dessen viel zitierte Entwicklungspsychologie aus der Suche nach einer biologisch begründbaren Erkenntnistheorie entstanden ist, sieht Lernen als Folge individuell konstruierter Modelle.

Trotzdem sind diese Konstruktionen nicht beliebig, denn sie steuern unser Verhalten. Nur Konstruktionen, die zu erfolgreichem Verhalten führen, die also für die Bedürfnisse eines bestimmten Organismus zureichende Modelle der Umwelt sind, lassen ihn überleben.

Das gilt für die Entwicklung von Arten ebenso wie für die von Individuen. Darum haben sich im Laufe der Evolution bestimmte Gehirntypen durchgesetzt, während andere ausgestorben sind. Aber immer noch ko-existieren unterschiedliche Gehirne nebeneinander in derselben Umwelt.

Das Überleben der Gattung Mensch bedeutet also nicht, unser heutiges Gehirn und Sinnessystem erzeuge ein richtiges Bild der Welt. Es bedeutet vielmehr, daß wir ein mögliches Bild von der Welt konstruieren. Andere Modelle sind denkbar — und von anderen Arten auch entwickelt worden.

Unser Gehirn hat sich so entwickelt, daß es das Lebewesen Mensch mit seinem besonderen Repertoire an Bedürfnissen und Verhaltensweisen in einer bestimmten Umwelt überlebensfähig macht. Für andere Lebewesen (die im Wasser leben, die kaltblütig sind, die sich von anderen Dingen ernähren, die sich nicht fortbewegen können, ...) sind andere Bilder von der Welt nützlicher.

Bedeutung wird also von den Sinnes- und Denkorganen eines Lebewesens bestimmten Reizen zugewiesen, und zwar so, daß dieses Lebewesen seine Bedürfnisse mit seinen Handlungsmöglichkeiten in seiner Umwelt möglichst erfolgreich befriedigen kann.

Diese Theorie aus Evolutionsbiologie und Hirnforschung (vgl. zusammenfassend VOLLMER 1980; ROTH 1990, 1994 und BRÜGELMANN/BALHORN 1990, 18ff., 102ff.) paßt nicht zu gängigen Vorstellungen von Unterricht. „Lehren" und „Lernen" werden üblicherweise als Transport von Information aus einem Kopf (vermittelt über Materialien oder über Aufgaben) „intakt" in einen anderen Kopf verstanden. Dieses Modell ist weder mit erkenntnistheoretischen Einsichten noch mit den Befunden der Neurobiologie vereinbar.

Ist also Unterricht unmöglich? Viele SchülerInnen lernen doch, was der Unterricht vermitteln will. Beim Schreiben von Wörtern machen sie zwar anfangs viele Fehler, aber erstens machen sie gleichartige Fehler, und zweitens überwinden sie diese Fehler in Richtung einer zunehmenden Annäherung an die Konvention.

Lassen wir dahingestellt, ob SchülerInnen wirklich alle „dasselbe" gelernt haben, wenn sie ein Wort als dieselbe Buchstabenfolge auf's Papier bringen oder auf einem Testbogen ihre Kreuzchen an denselben Stellen machen (gegen diese Hoffnung sprechen die illustrativen Beispiele aus dem Mathematikunterricht von RADATZ 1993). Tatsache ist, daß Kinder einer Gesellschaft/Gemeinschaft sich in ähnlicher Richtung entwickeln.

Die Erklärung liegt in ihrer gemeinsamen Geschichte: zunächst als Gattung Mensch, dann als Mitglied einer Kultur, als TeilnehmerInnen an einer gemeinsamen Aktivität. Damit zunehmend ähneln sich auch die Filter, mit deren Hilfe sie Wahrnehmung konstruieren.

Gehirne sind zwar autonom gegenüber der Umwelt. Aber sie haben eine gemeinsame Evolution hinter sich. Sie verfügen über gleichartig konstruierte Sinnesorgane und Nervensysteme. Insofern konstruieren die Gehirne der Gattung Mensch die „Welt im Kopf" anders als die Gehirne von Bienen oder von Kühen. Gemessen an diesen artspezifischen Unterschieden in der Wahrnehmung, z.B. einer Rose, erscheinen die Konstruktionen von Menschen sehr ähnlich.

Dennoch haben menschliche Gehirne viele Freiheitsgrade, wie die unterschiedliche Bedeutung der Rose im Kopf des Dichters, des Botanikers und der Floristin zeigen. Botaniker ihrerseits können durchaus unterschiedliche Vorstellungen von der Rose haben, aber in der Regel sind diese geringer als die Unterschiede zu Angehörigen anderer Berufsgruppen oder Lebenswelten. Zumindest können sie sich untereinander leichter über ihre Vorstellungen verständigen als mit anderen Menschen.

Die Unterschiede menschlicher Wahrnehmung werden also im Verlauf der individuellen Biografie eingeschränkt. Menschen verschiedener Kulturen wachsen unter unterschiedlichen Bedingungen auf. Sie erleben andere Routinen und konstruieren daraus unterschiedliche Vorstellungen (aus der Sicht einer anderen Kultur: „Vorurteile").

Andererseits: Biologisch gleiche Gehirne entwickeln sich unter ähnlichen (Über-)Lebensbedingungen eher gleichartig. Ihre ähnlichen Erfahrungen schlagen sich in ähnlichen Welt„bildern" nieder.

Dies erklärt die erhebliche Wahrscheinlichkeit, daß Menschen in gleichen Situationen Ähnliches wahrnehmen und aus ihren Wahrnehmungen in einer gemeinsamen Tätigkeit Ähnliches lernen. Die beiden Einschränkungen „Wahrscheinlichkeit" und „Ähnliches" sind allerdings wichtig.

So ist offen, wie weit „dieselbe" Situation von verschiedenen Beteiligten als gleich erlebt wird. Darüber hinaus gibt es immer noch viele Möglichkeiten, das gemeinsam Erlebte — je nach Vorerfahrung — zu unterschiedlichen „kognitiven Strukturen" zu verarbeiten. Aber statistisch gesehen sind ähnliche Strukturen wahrscheinlicher, je mehr Gemeinsamkeiten die Biografien der Beteiligten aufweisen. Und Unterschiede sind umso unwahrscheinlicher, je intensiver der gemeinsame Austausch in der aktuellen Situation ist.

Ist Unterricht also doch möglich?

Ja, wenn wir ihn nicht mißverstehen als Transport von stabiler Information. Lernen ist nicht bloße Kopie von Modellen, Lernen nicht das passive Komplement zur Lehre. Unterricht als zielgerichtete Vermittlung von Erfahrung wird umso wahrscheinlicher Erfolg haben, je angemessener er Lernbedingungen arrangiert (und nicht: je perfekter er „Stoff" transportiert). „Angemessener" heißt allgemein: Akzeptieren, daß Lernen eigenaktiv und konstruktiv ist, und Gestalten der Bedingungen des Lernens nach diesen Prinzipien als einen „Lernraum" mit mehreren Zugängen, nicht als linearen und verbindlich programmierten „Lehrgang". „Angemessener" heißt konkret: Bemühen um Zugang zur Biografie und zur Lebenswelt der Lernenden und Bezugnahme auf ihre Besonderheiten in der inhaltlichen Gestaltung von Aufgaben, Aktivitäten, Arbeitsmitteln (vgl. die Anregungen von DRÖGE 1993).

Wenn eine Schülerin eine Aufgabe in der erwarteten Weise löst, z.B. die richtigen Antworten auf einem Testblatt ankreuzt, dann bedeutet das nur so viel: Wir haben einen Auslöser gefunden, um erwünschtes Verhalten in Gang zu setzen — in einer Situation. Was in Mathematik „gekonnt" ist, kann im Sachunterricht fehlen, was im Unterricht gelingt, mag zu Hause oder in der Prüfung scheitern.

Äußeres Verhalten gibt uns keinen Aufschluß, welcher Art die Vorgänge im Kopf sind. Wir können aus gleichartigem Verhalten nicht schließen, den Inhalt einer Textseite oder ein im Unterricht modelliertes Verfahren isomorph in den Kopf verschiedener Kinder „abgebildet" zu haben.

Unterricht kann also Lernen wahrscheinlicher machen. Aber er kann Lernen nicht technologisch kontrollieren. Um den Unterschieden zwischen den Kindern gerecht zu werden, zudem, um ihrer Eigenaktivität zureichend Raum zu geben, muß Unterricht immer „offen" sein.

Lernen heißt außerdem: Selbstorganisation von Erfahrung. Insofern kann auch „offener Unterricht" bestimmte Lerneffekte nicht garantieren. Dies umso weniger, als wir 25 verschiedene Biografien in einer Klasse nicht rekonstruieren können. Und selbst unser Verständnis eines einzelnen Menschen ist nie vollständig und nie sicher. Das sollten wir als LehrerInnen, aber auch als ForscherInnen nicht vergessen (vgl. BALHORN/ BRÜGELMANN 1995).

Literatur

Balhorn, H.; Brügelmann, H. (Hrsg.) (1993): Bedeutungen erfinden — im Kopf, mit Schrift und miteinander. Lesen und Schreiben als individuelle und soziale Konstruktion von Wirklichkeiten. DGLS-Jahrbuch „Lesen und Schreiben", Bd. 5. Konstanz

Balhorn, H.; Brügelmann, H. (Hrsg.) (1995): Rätsel des Schriftspracherwerbs. Neue Sichtweisen der Forschung. „Auswahlband Theorie" der DGLS-Jahrbücher 1-5. CH-Lengwil

Bauersfeld, H. (1993): Tätigkeitstheorie und Radikaler Konstruktivismus. Was verbindet sie und was unterscheidet sie? In: Balhorn H.; Brügelmann H. (Hrsg.) (1993): a.a.O., S. 38-56

Brügelmann, H.; Balhorn, H. (Hrsg.) (1990): Das Gehirn, sein Alfabet und andere Geschichten. DGLS-Jahrbuch „Lesen und Schreiben", Bd. 4. Konstanz

Dröge, R. (1993): Gleich ist nicht gleich. Fachsprache und Umgangssprache im Mathematikunterricht der Grundschule. In: Balhorn, H.; Brügelmann, H. (Hrsg) (1993): a.a.O., S. 60-65

Fischer, E. P. (1985): Die Welt im Kopf. Konstanz

Glasersfeld v., E. (1987): Wissen, Sprache und Wirklichkeit. Braunschweig; Wiesbaden

Glasersfeld v., E. (1995): Radical constructivism. A way of knowing and learning. London; Washington D.C.

Radatz, H. (1993): 38 + 7 = 7 jeger schiesen auf 50 Hasen, 2 sint schon tot... Kinder erfinden Rechengeschichten. In: Balhorn, H.; Brügelmann, H. (Hrsg.) (1993): a.a.O., S. 32-36

Roth, G. (1990): Erkenntnis und Realität: Das reale Gehirn und seine Wirklichkeit. In: Schmidt, S. J. (Hrsg.) (1990): a.a.O., S. 229-255

Roth, G. (1994): Das Gehirn und seine Wirklichkeit. Kognitive Neurobiologie und ihre philosophischen Konsequenzen. Frankfurt a.M.

Schmidt, S. J. (Hrsg.) (1990): Der Diskurs des radikalen Konstruktivismus. stw 636. Frankfurt a.M.

Vollmer, G. (1980): Evolutionäre Erkenntnistheorie. Stuttgart

Münchhausens Schopf ... Biographiebezogene Gedanken zur Enttrivialisierung der Schule

Heinz J. Kersting

Der Schule kann niemand entkommen. Doch das „wahre Leben" findet außerhalb der „Lernvollzugsanstalt" statt. Schule wird als gesellschaftliche „Trivialisierungsmaschine" konstruiert. Sie ist in ihrer heutigen Form weitgehend gekennzeichnet durch Langeweile. Wenn sie SchülerInnen und LehrerInnen mehr Spaß macht, kann sogar das „Lernen fürs Leben" Nebensache bleiben. Schulsozialarbeit in Deutschland als Hilfe gedacht, scheint nicht sehr brauchbar zu sein. Schule kann sich nur selbst helfen, indem LehrerInnen mit Hilfe von Supervision ihre Schulwirklichkeit neu erfinden.

... der Schule kann keiner entkommen

Heinz VON FOERSTER (1988) unterscheidet zwischen trivialen und nichttrivialen Maschinen. Bei trivialen Maschinen können Input und Output kausal und linear verrechnet werden. Nichttriviale Maschinen verarbeiten den Input gemäß des eigenen, inneren Datenbestandes zirkulär und selbstreferentiell. Heinz VON FOERSTER erklärt diese Unterscheidung an einem für unser Thema interessanten Beispiel: „... so sind nichttriviale Maschinen lästige Zeitgenossen: man weiß nicht, was sie tun und auch nicht, was sie tun werden. Man sehnt sich daher nach trivialen Maschinen und versucht alles, was nach Nichttrivialität aussieht, schleunigst zu trivialisieren. Wie wir wissen, sind manchmal die Antworten unserer Kinder recht unerwartet: auf die Frage, wieviel ist zwei mal zwei, könnte man 'grün' als Antwort bekommen. Das geht zu weit. So werden die Kinder in die Schule — die große staatliche Trivialisierungsmaschine — geschickt, damit sie dann mit den erwarteten Antworten herauskommen" (VON FOERSTER 1988, 26).

Seitdem die Schulpflicht für alle Heranwachsenden eingeführt wurde, sind die Schulerlebnisse aus dem Leben keines Menschen mehr wegzudenken. Die „schöne" Literatur ist voll von berichteten, manchmal schrecklichen Schulerfahrungen. Obwohl ich mich mein ganzes Erwachsenenleben hindurch mit Schule befaßt habe und lange Zeit hindurch selbst als Lehrer Schüler und Schülerinnen unterrichtet habe, geschah es mir, daß ich mich bei der Vorbereitung zu diesem Artikel plötzlich in meiner frühesten Schulkindheit wiederfand. Zu ungewohnt und gewagt war wohl die Aufforderung des Herausgebers, „die Schule neu zu erfinden". Müßte für eine Neukonstruktion der Schule nicht die bisherige Schule gründlichst von Unten nach Oben gekehrt werden? Wäre es nicht nötig, ganz neue Gedanken zu denken? Etwa im Sinne Ivan ILLICHS (1973), der die „Entschulung der Gesellschaft" forderte und es für besser hielt, die Schule ganz abzuschaffen?

Nun, als ich ins erste Schuljahr „eingeschult" wurde (welch furchtbare Ausdrücke die Schulbürokratie doch zu erfinden weiß), herrschte Krieg. Ich sehe noch die Europakarte vor mir, auf der die Lehrerin jeden Morgen die kleinen Hakenkreuzfähnchen vorrückte, um die Siege der deutschen Truppen im Osten zu feiern. Bald jedoch verschwand die Karte sang- und klanglos von der Wand. Heute vermute ich, daß es um die Zeit der verlorenen Schlacht von Stalingrad war.

Ich haßte die Schule, die Lehrerinnen, die Mutter, die mich Morgen für Morgen in die Schule schickte. Manchmal jedoch machte Schule richtig Spaß. Und zwar immer dann, wenn die Sirene Fliegeralarm verkündete und wir in den nahegelegenen Bunker eilen mußten. Unsere Lehrerin versuchte auch im Bunker den Unterricht fortzusetzen, da ihr aber keine Tafel bewilligt worden war, wollte er ihr nicht so richtig gelingen, denn ohne Tafel war sie machtlos.

Im Frühjahr 1944 beschloß die alliierte Luftwaffe, Aachen zu bombardieren, wohl als Vorbereitung auf die Invasion. Ich war Ostern 1944 zur ersten Kommunion gegangen. Im Kommunionunterricht hatte uns der Pfarrer von der Macht des Gebetes erzählt. Beim nächsten Fliegerangriff wollte ich von ihr Gebrauch machen. Der Angriff ließ nicht lange auf sich warten. Am 11. April 1944 war es so weit. Wir saßen im Luftschutzkeller des Hauses. Die Bomben fielen, die älteren Cousinen schrien, die Alten beteten ums Überleben. Ich betete auch, aber keinem verriet ich mein Gebetsanliegen, denn ich vermutete, daß darauf Todesstrafe stand, mit deren Androhung und Vollstreckung die Nazis damals recht großzügig umgingen. Ich betete, daß Gott so gütig sein möge, die Bomben der englischen Flugzeuge so zu lenken, daß sie meine Schule in Schutt und Asche legten. Am nächste Tag mußten meine Cousine und ich an einem bestimmten Sammelplatz belegte Brote abholen, die die BDM-Mädchen in Köln vorbereitet und die SA mit Lastwagen in die zerstörte Stadt Aachen gebracht hatten. Selbst das Chaos war zu jener Zeit noch bürokratisch geordnet. Wir schritten durch die rauchenden Trümmer und es gelang mir, meine Cousine zu einem kleinen Umweg in Richtung Schule zu überreden. Tatsächlich, die Schule war bis auf die Grundmauern zerstört.

Hurra, Gott hatte meine Gebete erhört. Doch, o Schreck, kaum war die Ordnung in der Stadt wieder hergestellt, flatterte uns ein Brief ins Haus, der mich in eine andere, nicht zerstörte Schule beorderte. Nun, der nächste Fliegerangriff ließ nur wenige Tage auf sich warten und, um diesmal ganz sicher zu gehen, bat ich Gott, daß er diesmal alle Schulen der Stadt zerstören möge. Und, er erhörte wiederum meine Gebete. Unsere Stadt war schulenfrei. Es dauerte wiederum nur wenige Tage und es wurden Transporte zusammengestellt, die uns Schulkinder auf die unzerstörten Schulen auf dem Lande verteilten, „Kinderlandverschickung" nannten es — verdächtig euphemistisch — die Behörden. Es klang nach Sommerfrische, Ferien auf dem Bauernhof und Urlaub und war doch nichts anderes als eine Quelle brennenden Heimwehs.

Drei Dinge hatte ich fürs Leben gelernt:

1. Es ist gefährlich, in den Gebeten die Anliegen zu konkret zu benennen. Denn wenn Gott sie erhörte, wußte man nie, welche Konsequenzen er außerdem noch miteinplante. Manchmal war die Erfüllung schwerer zu ertragen als das vermeintliche Unglück, dem man durch das Gebet zu entkommen suchte. Ich stellte damals meine Schulvernichtungsgebete ein, weil mir nicht klar war, was mir außerdem an Furchtbarem von Gott beschieden würde, wenn ich sämtliche Schulen im Großdeutschen Reich kaputtbetete. An der Macht des Gebetes zweifelte ich nicht.

2. Wenn die Erwachsenen schöne Worte im Zusammenhang mit Schule benutzten wie z.B. Kinderlandverschickung, war Vorsicht geboten. Meistens logen sie. Vielleicht waren sie selbst alle gute Schülerinnen und Schüler gewesen, oder sie hatten ein allzu kurzes Gedächtnis. Denn daß in früheren Zeiten Schule einmal angenehmer gewesen sei, konnte ich nicht glauben.

3. Der Schule konnte niemand entkommen. Selbst, wenn die Gebäude zerstört wurden, blieb das System erhalten. Schule war zu ertragen, wie damals der Krieg, wie unverständliche Erwachsene, wie Regen und Kälte, Sonntagsgottesdienste, Zahnarztbesuche und Impfungen. Gott sei Dank gab es Ferien, Masern, Hitzefrei, oder gottgeschenkte Unterbrechungen der Fron, z.B. Schulfrei, weil unser Lehrer, der zugleich der Ortsgruppenleiter der NSDAP war, vor den einrückenden Amerikanern in die Wälder floh. Aber, o Graus, selbst die Amerikaner befreiten uns nicht vom Schuljoch. Sie verbrannten die Hitlerbilder, die in jeder Klasse hingen, erlaubten stattdessen Kreuze aufzuhängen (was ich passender fand, denn ein echtes Kreuz war die Schule), stellten Hilfslehrer ein und vorbei war es mit der eben gewonnenen Freiheit.

Irgendwie muß ich mich danach ins System eingefügt haben. Ich wurde ein leidlich guter Schüler, blieb nur einmal sitzen und betrachtete die Schule als ein notwendiges Übel. Wichtig nur wegen der sozialen Kontakte zu den Mitschülern. Im Übrigen lernte man so gut wie nichts fürs Leben. Eine Lernvollzugsanstalt eben, ein Schulknast, dem man dank guter Führung und Anpassung entkommen konnte. Das wahre Leben fand sowieso anderswo statt. Schulstreß war unbekannt, es fehlte die Konkurrenz der Kinder der unteren und mittleren Mittelschicht, denn noch war der Bildungsnotstand nicht ausgerufen worden und das Wort Chancengleichheit fehlte im politischen Vokabular. Man brauchte nur aus der richtigen Familie zu stammen, dann machte man — vielleicht nach einigen „Ehrenrunden“, dank teurer Nachhilfestunden oder mit Hilfe „verschärften Vollzugs“ in vornehmen Internaten oder als Katholik in Benediktiner-, Pallotiner- oder Jesuitenkonvikten — irgendwann einmal sein Abitur, um dann auf der Universität das Fach zu studieren und das zu werden, was — in der Regel — die jeweilige Familientradition an möglichen Berufszielen vorgab. Denn ein so egalitäres Verfahren, wie der nummerus clausus, war nicht mal dem Wort nach bekannt, obschon es aus dem Lateinischen zu stammen scheint. Die alten Familien blieben unter sich und teilten die sauberen Berufe unter ihre Sprößlingen auf.

... der Bock wird zum Gärtner

Ich studierte Theologie, und glaubte, damit der Schule ein für allemal entkommen zu sein. Doch welch ein Irrtum! Kaum war ich Kaplan in einer Kirchengemeinde, da freute sich mein damaliger Pfarrer, daß er den für ihn lästigen Unterricht in der Abschlußklasse der Volksschule in jüngere Hände legen konnte. Er traute mir aufgrund meines Alters bessere Nerven zu. Die Schule hatte mich wieder eingeholt. Ich mußte Katechismus lehren. Eine Ausbildung als Lehrer hatte ich nicht. Die einzige didaktische Unterweisung bestand darin, daß mir der Klassenlehrer der 14jährigen Jungen riet, zu Beginn einer jeden Religionsstunde prophylaktisch einen Schüler durchzuprügeln, egal ob er etwas angestellt hatte oder nicht. Sie hätten es ohnehin immer verdient, meinte er. Danach jedenfalls, so versprach er mir, hätte ich Ruhe. Er spräche aus guter Erfahrung. Auf meine bescheidene Anfrage hin, was denn die Eltern zu diesen Erziehungsmaßnahmen sagten, meinte er, die Eltern hätten nichts dagegen, im Gegenteil, sie seien sehr beeindruckt von seiner Methode. Ich weiß nicht, ob 1964 die Anwendung der Prügelstrafe im Unterricht noch gestattet war. Ich folgte dem Ratschlag nicht (nebenbei bin ich damals zum erstenmal recht handgreiflich dem Zusammenhang von Rat und Schlägen begegnet). Ich erinnerte mich an die ätzende Langeweile meiner eigenen Schulzeit und beschloß, auf keinen Fall an dieser anzuknüpfen. Ich kramte in meinem Gedächtnis und stieß auf meine Zeit als Pfadfinderführer. Der Begründer der Pfadfinderei, Lord BADEN-POWELL hatte von uns Boys Scouts auf dem Weg vom Wölfling zum Rover eine Unzahl von Prüfungen verlangt. Wir hatten sie mit Begeisterung abgelegt, ehrgeizig und voller Mut. Langweilig wurde es uns dabei nie. Alle Prüfungen trugen in sich eine Spur von Abenteuer, alle Aufgaben erschienen uns sinnvoll, nützlich und brauchbar, denn sie hatten mit unserem Leben zu tun. Das Lernen war eingebettet in Geschichten, in Abenteuerspielen und mutigen Herausforderungen. So lernten wir spielend. Lernen machte Spaß, war spannend, gab Befriedigung, selbst dann, wenn es anstrengend war. Ich beschloß an diese positiven Lernerfahrungen aus meiner Pfadfinderzeit anzuknüpfen. Ich machte aus der Schulklasse eine Gruppe. Wir verließen häufig das Schulgebäude, trieben uns im Stadtteil herum und suchten im nahegelegenen Wald Abenteuer. Die Jungen waren voller Begeisterung bei der Sache. Die Lehrer und Lehrerinnen haben wegen dieser ungewöhnlichen Methoden den Kopf geschüttelt. Als Priester genoß ich jedoch eine gewisse Narrenfreiheit. Ich bin mir nicht sicher, ob die Schüler viel Katechismuswissen gelernt haben. Ich rede mir ein, daß sie den Sinn und die Essenz der frohen Botschaft freudig aufgenommen haben (wo es doch ohnehin mehr auf den Geist als auf den Buchstaben ankam, was wir bereits vor 1968 wußten).

Am Gymnasium und an der Handelsschule, wohin mich meine Oberen als Religionslehrer schickten, weil ich offensichtlich „gut mit Schülern zurechtkäme“, war es nicht mehr so leicht, aus einer Schulklasse eine Art Pfadfindergruppe zu machen. Darum erfand ich für mich etwas, was später als Projektunterricht in die didaktische Literatur eingehen sollte. Heute weiß ich, daß die Quelle aus der BADEN-POWELL seine pädagogischen Ideen geschöpft hatte, die Reformpädagogik von DEWEY und KILPATRICK war. Deren berühmtes Buch „Der Projekt-Plan“ wurde bereits in den 30er Jahren ins Deutsche übersetzt, aber erst Anfang der 70er Jahre wiederentdeckt. Ich konnte die Direktoren meiner Schulen gewinnen, daß sie mir gestatteten, meine Stunden auf einen Tag im Monat zusammenzulegen. An diesem Tag gestaltete ich mit den Schülern eine Aktion, die thematisch auf meinen Stoff bezogen war. Zwei Stunden blieben mir zur Vor- bzw. Nachbereitung. Meistens gelang es mir, die Schüler so zu begeistern, daß sie einen Teil ihrer Freizeit für das jeweilige Projekt einsetzten. Manchmal konnte ich Kollegen gewinnen, fächerübergreifend mitzuarbeiten. Ich fand das alles recht einfach und war sehr erstaunt darüber, daß damals sogar Examensarbeiten über meine Art des Unterrichtens geschrieben wurden. Mein Hauptmotiv war und blieb, daß es mir und meinen Schülern in der Schule nicht langweilig würde. Das Lernen ist echte Nebensache, denn wenn etwas spannend ist, bleibt es im Gedächtnis haften, ob es sich im späteren Leben, für das ja angeblich in der Schule gelernt wird (wieder so einer der wunderschönen Euphemismen: Non scholae sed vitae discimus), als brauchbar erweisen wird, wird sich ohnehin erst im späteren Leben zeigen.

Ich hatte mich gerade an das Lehrerdasein gewöhnt, da verschlug es mich in die Ausbildung von SozialarbeiterInnen und SozialpädagogInnen. Ich hatte inzwischen Methoden der Sozialarbeit studiert, vor allem Soziale Gruppenarbeit, was sich für den Schulunterricht ebenso nützlich erwies wie für die Arbeit im Jugendhaus der Kirchengemeinde.

Unterdessen war mit der großen Koalition die Bildungsreform ins Land gekommen. Die Pädagogischen Hochschulen bekamen Promotionsrecht, die höheren Fachschulen für Sozialarbeit wurden Fachbereiche an den neugegründeten Fachhochschulen. Die Ausbilder der Sozialarbeiter sollten Professoren werden, Professoren mußten promoviert haben. Da es damals noch keine Lehrstühle für Sozialarbeit und Sozialpädagogik gab, bot mir nur eine Pädagogische Hochschule die Möglichkeit zur Promotion. Ich ging als Assistent in die Lehrerausbildung: „Der Bock wurde nun vollends zum Gärtner". Allerdings hatten Exoten damals große Chancen. In die neuen Lehrpläne war ein für die bisherige Schule recht merkwürdiges Lernziel geraten: „die kritische Kommunikationsfähigkeit". Theoretisch (und politisch) wurde es ernst genommen, aber praktisch wußten wenige damit etwas anzufangen. Ich mühte mich damals mit Studentinnen und Studenten, mit Hilfe von Methoden aus der Sozialarbeit (Soziale Gruppenarbeit, Gemeinwesenarbeit, Supervision) und Erfahrungen aus der Projektarbeit (meine Langeweilevertreibungsaktionen in der Schule hatten endlich einen theoretisch fundierten und in der Geschichte der Pädagogik legitimerten Namen erhalten) dieses vage Lernziel praktisch zu füllen (vgl. KERSTING 1977).

... Versuche zur Neukonstruktion der Schule mit sozialpädagogischen Mitteln

Wieder zur Ausbildung von Sozialarbeitern zurückgekehrt, versuchte ich ab 1976 das Instrument der Supervision in Schulen einzuführen. Zunächst gelang es mir in einem Handlungsforschungsprojekt, die Supervision für die 2. Phase der Lehrerausbildung fruchtbar zu machen. Viel Erfolg über das Projekt hinaus hatte ich jedoch nicht. Ich konnte zwar die VW-Stiftung zur Finanzierung dieses Vorhabens und einige Fachleiter aus dem Sonderschulbereich zur Mitarbeit gewinnen (vgl. BOETTCHER/SITTA/TYMISTER 1979; KERSTING 1979, 1992), aber die Schulaufsichtsbehörden und die Vertreter der Lehrerausbildung interessierten sich nicht dafür. Zeitschriften für Schulpädagogik lehnten Veröffentlichungen zur Lehrersupervision rigoros ab. Wahrscheinlich war die Zeit für eine Selbstreflexion, denn nichts anderes bedeutet Supervision, noch nicht reif. Vielleicht waren auch in der Zeit des Reformaufbruchs die Probleme innerhalb des Systems Schule noch nicht so bedrängend, daß Beratung für Lehrer, Kollegien und ganze Schulsysteme notwendig erschien.

Ich beschritt einen anderen Weg. Damals wurden an den neuerrichteten Gesamtschulen Planstellen für SozialpädagogInnen eingerichtet. Die Zielsetzungen für die „Schulsozialarbeit" sind bis heute im Verständnis der Schule recht vage geblieben, wenn es auch auf Seiten der Sozialpädagogik eine stattliche Literatur zur Schulsozialarbeit gibt (vgl. z.B. die Forschungsberichte des Deutschen Jugendinstitutes, z.B. FAULSTICH-WIELAND/TILLMANN 1984; RAAB/RADEMACKER/WINZEN 1987; vgl. weiter z.B. SALUSTOWICZ 1986; TILLMANN 1992; WULFERS 1992). Die Tätigkeiten der SchulsozialpädagogInnen (meist nur ein bis zwei Personen für Systeme bis zu 1000 Schülerinnen und Schüler) reichen von Freizeitbeschäftigung

(„Pausenclown“ wie manche SchulsozialpädagogInnen ihre Tätigkeit selbstironisch beschreiben), über Beratungsarbeit für SchülerInnen und Eltern, bis (in seltenen Fällen) zur Beratung von Lehrerinnen und Lehrern. Manchmal werden Schulsozialpädagogen auch als „Hilfslehrer“ verschlissen.

Ich habe sechs Jahre lang in unterschiedlichen Schulformen Projekte der Schulsozialarbeit wissenschaftlich begleitet (die durch verschiedene Geldgeber finanziert wurden, z.B. Sozialministerium NRW, Arbeitsverwaltung Köln) (vgl. KERSTING 1984, 1985, 1985a). Das Ergebnis meiner Forschungen ist, was die Innovation der Schule betrifft, deprimierend.

Aus systemischer Sicht wollten wir zunächst mit der Implementation von Schulsozialarbeit eine geplante Irritation in die Schule einführen (vgl. BARDMANN 1991). Schulsozialarbeit als eigenes System, mit eigenen Deutungen der schulischen Wirklichkeit, sollte mit dem schulischen System, definiert durch seine Deutungen der eigenen Wirklichkeit, eine strukturelle Kopplung eingehen. Die wechselseitigen Infragestellungen der aus unterschiedlichen Kulturen stammenden Deutungsmuster, so hofften wir, könnten die Komplexität des Gesamtsystems vergrößern und neue, veränderte Deutungen und damit verbunden neue, möglichst brauchbare Lösungen für die Wirklichkeit der im Schulsystem arbeitenden, lernenden und lebenden Menschen ermöglichen.

Sozialpädagogik und Schulpädagogik enden zwar beide auf den gleichen Wortteil „-pädagogik“, doch meint in jedem der beiden Begriffe Pädagogik etwas Unterschiedliches. Die Pädagogik in der Schule zielt das Gesamt aller organisierten Lernprozesse an, die in der Schule durchgeführt werden. Die Soziale Arbeit versteht in der Regel unter Pädagogik das Zurverfügungstellen von Möglichkeiten der Sozialisation und der Enkulturation innerhalb der Gesellschaft für Heranwachsende, außerdem die Rehabilitation für alle Gesellschaftsmitglieder, wenn aus irgendwelchen Gründen die Sozialisation nicht geradlinig verläuft oder verlaufen ist.

In der Sozialpädagogik wird Erziehung eher mit Beratung gleichgesetzt und Beratung im sozialpädagogischen Verständnis meint in der Regel Hilfe zur Selbsthilfe, Anleitung zur Selbstberatung, Verselbständigung und zum selbstverantwortlichen Leben in der Gesellschaft.

Schule ist in der Sichtweise der Sozialpädagogik Zwangserziehung und wird von ihr nur selten als ein pädagogisches Feld wahrgenommen. Didaktische Fragen der Instruktion von Lerninhalten, die in der Schulpädagogik einen großen Raum einnehmen und während der Referendarzeit des angehenden Lehrers zu einem Wesensbestandteil der beruflichen Sozialisation gehören, werden in der Sozialpädagogik nur am Rande behandelt. Das Wort Erziehung wird vermieden, vorgezogen wird der weniger scharf gefaßte Begriff Bildung, z. B. in den Wortverbindungen „Jugendbildung“, „Erwachsenenbildung“ und „Altersbildung“.

So gesehen, könnten Schulsozialarbeit und Schulpädagogik sich wechselseitig bereichern und das geschieht auch in anderen Gesellschaften, z.B. in den Vereinigten Staaten, wo sich das Social Work 1907 über die Soziale Arbeit in der Schule professionalisiert hat (vgl. NATIONAL ASSOCIATION OF SOCIAL WORKERS 1978, 2) und inzwischen im gesellschaftlichen Ansehen über dem Status der Schulpädagogik liegt. Das Hauptproblem in Deutschland liegt meiner Meinung nach darin, daß Sozialpädagogik von der Schulpädagogik bis heute in den seltensten Fällen ernst genommen wird, und daß es der Schulsozialarbeit nicht gelingt, sich das nötige Ansehen zu verschaffen, das erforderlich ist, um innovativ tätig zu werden. In der Behördenstruktur rangiert das Jugendamt häufig als nachgeordnete Behörde zum Schulamt. Sozialpädagogen sind Hilfskräfte, die überall dort einsetzbar sind, wo es Konflikte in der Gesellschaft gibt. Sie sind keine Spezialisten, allenfalls Konfliktmanager, die dafür sorgen sollen, daß ein Problem möglichst schnell und wirkungsvoll beseitigt wird, damit die Fachleute wieder ihre wichtige Spezialarbeit durchführen können (vgl. KLÜSCHE 1993, 81). Aus der verständlichen Sicht der Schulpädagogik ist es die Aufgabe der Schulsozialarbeit, dafür zu sorgen, daß die Schule bleibt wie sie ist, oder dort, wo die Probleme zunehmen, wieder so wird, wie sie früher einmal war, damit auch weiterhin effektiv unterrichtet wird trotz zunehmend schwierigerer Schülerschaft.

In ihrer derzeitigen Form ist Schulsozialarbeit kein brauchbares Instrument, die Schule neu zu erfinden.

... Selbsthilfe auf Münchhausens Art

Schule ist nicht von außen her zu verändern. Schule kann auch nicht neu erfunden werden. Schule kann sich nur selbst verändern. Sie kann sich nur wie Münchhausen am eigenen Schopf aus dem Sumpf herausziehen. Gegner des Konstruktivismus unterstellen den Konstruktivisten häufig, sie würden behaupten, man könne jede gesellschaftliche Realität durch sprachliche Deutungen neu konstruieren, neu erfinden. Der Irrtum entsteht wahrscheinlich durch die konstruktivistische Ansicht von der Brauchbarkeit des Konstruktes, daß alle menschliche Wirklichkeit durch Sprache konstruiert ist. Diese Ansicht ist auch für gesellschaftliche Konstruktionen brauchbar und tatsächlich sind Revolutionen ein Hinweis darauf, daß auch gesellschaftliche Konstruktionen in Maßen veränderbar sind.

Doch zum einen ist keine Revolution in Sicht, in deren Gefolge vielleicht auch die Schule neu erfunden werden könnte in einem echten Neuanfang, zum anderen weiß ich aus meiner Biographie, daß gesellschaftliche Institutionen (selbst wenn ihre Gebäude im Bombenhagel zerfallen) sich nicht so ohne weiteres auflösen. Sie sind langlebige Konstruktionen.

Schule kann sich aber von Innen heraus verändern. Die LehrerInnen können ihre Schulwirklichkeit neu erfinden und zwar auf die Art und Weise wie Münchhausen es tat. Allerdings bedarf es dazu zweier Voraussetzungen:

— Man muß den Sumpf erkennen als quasi eigenen Sumpf, für dessen Entstehen man selbst mit verantwortlich ist.

— Man muß von seinen eigenen Fähigkeiten überzeugt sein, den eigenen „Sumpf“ trocken legen, bzw. sich wie Münchhausen am eigenen Schopfe selbst aus ihm heraus ziehen zu können.

Ich beobachte seit einigen Jahren die Zunahme dieser Münchhausen-Haltung und bin sicher, sollte sie um sich greifen, wird sich die Schule an ihrem eigenen Schopf aus dem eigenen Sumpf ziehen und wir Außenstehenden werden uns die Augen reiben, weil wir die neuerfundene Schule nicht wiedererkennen werden. Meine Hoffnungen begründen sich darauf, daß die Schule beginnt, sich selbst zu beobachten. Lehrer bedienen sich dafür in zunehmenden Maße des Instruments der Supervision (vgl. besonders HEIDENREICH 1993, und weiterhin PALLASCH 1991; NEUSCHÄFER 1992). Seit einiger Zeit fördern Schulbehörden die Supervision einzelner LehrerInnen, Lehrergruppen und ganzer Kollegien. Das Kultusministerium in Nordrhein-Westfalen hat seit neuestem Supervisionsausbildungen in seinen Katalog der förderungswürdigen Fortbildungen aufgenommen.

Supervision wurde ursprünglich für die SozialarbeiterInnen erfunden (vgl. WEIGAND 1991), doch weiß das, Gottseidank, kaum noch jemand. Seit über sechs Jahren gibt es in Deutschland einen Berufsverband der Supervisoren. Supervision entwickelt sich zu einem eigenen Beruf mit universitärem Ausbildungsgang und mit allem, was zu einem ehrenwerten Beruf dazu gehört. Längst hat sie den Armeleutegeruch ihres Herkommens aus der Sozialarbeit abgelegt und tummelt sich überall dort, wo es Beratungsbedarf bei Problemen in der Arbeit gibt. Inzwischen ist sie bis in die Chefetagen der Industrie als Instrument der Personalentwicklung vorgedrungen, wo sich Supervisoren als Coachs für Direktoren verdingen.

Supervision ist Beratung für Menschen in ihrer Arbeit. Das Wesen dieser Form der Beratung ist es, daß sie Anleitung zur Selbstberatung ist. Die Beratung in der Supervision macht ernst mit dem Gedanken, daß Menschen *keine trivialen Maschinen* sind.

In der Supervision wird die Art und Weise, wie Beobachter ihre Wirklichkeit beobachtend konstruieren, selbst beobachtet. Supervision ist Beobachtung der Beobachter, ist Beobachtung zweiter Ordnung, ist Kybernetik der Kybernetik (VON FOERSTER 1987; SIMON 1993; NEUMANN-WIRSIG/KERSTING 1993). In der Supervision werden nicht mehr bloß Ratschläge gegeben, sondern differenztheoretisch (vgl. LUHMANN 1990; BARDMANN 1994) unterschieden,

— wie die Supervisanden ihre Wirklichkeit beschreiben, welche Unterscheidungen sie auswählen und welche sie abdunkeln,

— welche Begründungen sie für ihre Beschreibungen benutzen, und welche Begründungsmöglichkeiten sie ausblenden oder ablehnen,
— wie sie ihre Beschreibungen, Deutungen und Konstruktionen von Wirklichkeit bewerten und legitimieren und welche anderen Bewertungen möglich gewesen wären (vgl. zu diesen ersten drei Punkten SIMON/WEBER 1993),
— welche Entscheidung sie aufgrund dessen treffen und welche Entscheidungen sie mit der gefällten Entscheidung abwählen.

Wer sich in der Supervision dieser selbstreferentiellen Beobachtung der selbst-, bzw. mitkonstruierten Wirklichkeit stellt, erhöht die Komplexität und vermehrt die eigenen Möglichkeiten zur Veränderung (vgl. VON FOERSTER 1986, 1987). Er läßt sich irritieren durch die eigene Beobachtung. Er versetzt sich selbst in die Lage, in der Fülle der Möglichkeiten andere, vielleicht brauchbarere Beschreibungen vorzunehmen, andere Begründungen zu entwickeln, veränderte Bewertungen anzulegen und hilfreichere Entscheidungen zu treffen.

Es handelt sich hier um eine selbstinitiierte Veränderung, die nicht von außen eingeführt wurde. Ich bin davon überzeugt, daß nur solche Veränderungen, die von innen heraus initiiert werden, in der Schule erfolgversprechend sind. Die sich selbstbeobachtende Schule versetzt sich mit Hilfe der Supervision in die Lage, sich am eigenen Schopf aus ihrem Sumpf zu ziehen.

Supervision in der Schule, in der sich die Schule gleichsam selbstreferentiell beobachtet, kann den Ansatz bieten, daß sich die Schule neu erfindet. Wobei eine der wichtigsten Beobachtungen sein könnte, daß sich der bisherige Lösungsversuch, sich und die in ihr arbeitenden Menschen zu trivialisieren, als unbrauchbar erweist, weil er selbst das Problem ist, das er zu lösen vorgibt. Menschen sind keine trivialen Maschinen und jeder Versuch, sie dazu umzufunktionieren, wird auf Dauer scheitern.

Literatur

Bardmann, T. M. (1994): Wenn aus Arbeit Abfall wird. Aufbau und Abbau organisatorischer Realitäten, Frankfurt a.M.

Bardmann, T. M.; Kersting, H. J.; Vogel, H.-Chr.; Woltmann, B. (1991): Irritation als Plan. Konstruktivistische Einredungen. Aachen

Boettcher, W.; Sitta, H.; Tymister, H. J. (Hrsg.) (1979): Lehren und Lernen in der Lehrerausbildung. Analysen, Erfahrungen und Handlungsvorschläge für die Aus- und Fortbildung von Deutschlehrern. Interner Abschlußbericht eines Forschungsprojektes im Auftrag des Deutschen Germanistenverbandes: Stiftung Volkswagenwerk. Aachen; Hamburg; Zürich

Dewey, J.; Kilpatrick , W. H. (1935): Der Projekt-Plan. Grundlegung und Praxis. Weimar

Faulstich-Wieland, H.; Tillmann, K.-J. (1984): Schulsozialarbeit zwischen Konflikt und Akzeptanz. München

Foerster v., H. (1986): Abbau und Aufbau. In: Simon, F. B. (Hrsg.): Lebende Systeme. Wirklichkeitskonstruktionen in der systemischen Therapie. Berlin; Heidelberg; New York , S. 19-33

Foerster v., H. (1987): Kybernetik. In: Zeitschrift für systemische Therapie, 4., S. 220-223

Heidenreich, R. (1993): Supervision als Teil der professionellen Identität von Sonderpädagoginnen und Sonderpädagogen an Schulen für Erziehungshilfe. Erfahrungsbericht eines Supervisors. In: Fitting, K.; Saßenrath-Döpke, E.-M. (Hrsg.): Pädagogik und Auffälligkeit. Impulse für Lehren und Lernen bei erwartungswidrigem Verhalten. Weinheim, S. 142-155

Illich, I. (1973): Die Entschulung der Gesellschaft. Entwurf eines demokratischen Bildungssystems. Reinbek bei Hamburg

Kersting, H. J. (1977): Agogische Aktion als Handlungsforschung in der Lehrerbildung. Frankfurt a.M.; Bern

Kersting, H. J. (1979): Der Fachleiter am Bezirksseminar als Berater der Referendare. In: Boettcher W.; Sitta H.;Tymister H. J. (Hrsg.) (1979): a.a.O., S. 291-318

Kersting, H. J. (1984): Organisationsformen in der Schulsozialarbeit. In: Jugendwohl, 5., S. 173-179

Kersting, H. J. (1985): Schulsozialarbeit. Hilfen beim Übergang vom Schul- ins Beschäftigungssystem. Aachen

Kersting, H. J. (1985a): Sozialarbeit und Sozialpädagogik in der Schule. In: Twellmann, W. (Hrsg.): Handbuch Schule und Unterricht. Bd. 7.1: Dokumentation. Schule und Unterricht als Feld gegenwärtiger pädagogisch-personeller und institutionell-organisatorischer Forschung. Düsseldorf, S. 451-462

Kersting, H. J. (1992): Supervision in der zweiten Phase der Lehrerbildung (Referendariat). In: Kersting, H. J.: Kommunikationssystem Supervision. Unterwegs zu einer konstruktivistischen Beratung. Aachen, S. 109-121

Klüsche, W. (1993): Befähigung zur Konfliktbewältigung. — Ein identitätsstiftendes Merkmal für SozialarbeiterInnen/SozialpädagogInnen. In: Klüsche, W. (Hrsg.): Professionelle Identitäten in der Sozialarbeit/Sozialpädagogik. Aachen, S. 73-107

Luhmann, N. (1990): Soziologische Aufklärung. Bd. 5. Konstruktivistische Perspektiven. Opladen

National Association of Social Workers, Inc. (Hrsg.) (1978): Standards of Socialwork Services in Schools. Washington D.C.

Neuschäfer, K. (1992): Supervision für Lehrer. Überlegungen zu einem Konzept. In: Pädagogik Unterricht, 1., S. 34-56

Neumann-Wirsig, H.; Kersting, H. J. (Hrsg.) (1993): Systemische Supervision. Oder Till Eulenspiegels Narreteien. Aachen

Pallasch, W. (1991): Supervision. — Neue Formen beruflicher Praxisbegleitung in pädagogischen Arbeitsfeldern. Weinheim; München

Raab, E.; Rademacker, H.; Winzen, G. (1987): Handbuch Schulsozialarbeit. DJI, München

Salustowicz, P. (1986): Schulsozialarbeit — ein Plädoyer für eine verlorene Sache? Darmstadt

Simon, F. B. (1993): Hinter dem Eulenspiegel. — Warum Supervision ohne Humor witzlos ist. In: Neumann-Wirsig H.; Kersting H. J. (Hrsg): a.a.O., S. 31-46

Simon, F. B.; Weber, G. (1993): Systemische Spieltherapie I.. Zur Theorie systemischen Intervenierens. In: Familiendynamik, 1., S. 73-81

Tillmann, K.-J. (Hrsg.) (1992): Schulsozialarbeit. München

Weigand, W. (1991): Sozialarbeit das Ursprungsland der Supervision. In: Zeitschrift für Sozialpädagogik, 3., S. 104-111

Wulfers, W. (1992): Schulsozialarbeit. Hamburg

Erfahrungsorientierte Gruppenarbeit und die Erziehung zur Teamfähigkeit

Jutta Gieler, Rolf von Lüde

Gruppenarbeit mit Schülerinnen und Schülern stellt sich nicht von selbst ein. In unserer abendländischen Kultur sind wir es gewohnt, einer starken Ich-Orientierung zu folgen, die durch die schulische Sozialisation, die Auslesekriterien und Prüfungsnormen noch verstärkt werden. Der Beitrag zeigt auf, wie in der Schule der Prozeß der Orientierung auf Gruppenarbeit im Unterricht und die Bildung von LehrerInnenteams praktisch umgesetzt werden können. Da Menschen sich Formen des Arbeitens, Lernens und Miteinander-Umgehens in institutionalisierten Lernprozessen aneignen — soziologisch gesprochen Prozesse der Habitualisierung stattfinden — ist es wichtig, SchülerInnen möglichst frühzeitig die Chancen zu eröffnen, sich in und an anderen Lernformen zu orientieren. Deshalb bezieht sich dieser Bericht auch auf eine 5. Klasse. Im Anschluß an die Darstellung der praktischen Umsetzung des Team-Kleingruppen-Modells und des Lernens in Gruppen werden Aspekte von Individualisierung versus Teamentwicklung vor dem Hintergrund eines veränderten Bildungsbegriffes in unserer Gesellschaft erörtert.

1 Das Team-Kleingruppen-Modell

„Innerschulische Teamentwicklung hat vor allem einen Vorzug: sie versucht, Probleme dort gemeinsam zu lösen, wo sie auftreten — im Arbeitsalltag.“ (PHILIPP 1995, 46) Durch die Entwicklung einer „und“-Perspektive wird der Blickwinkel von der auf das Individuum konzentrierten Sichtweise auf die gemeinsame Perspektive von SchülerInnen, LehrerInnen bzw. Schulleitung und Kollegium, d.h. auf eine verbindende Sichtweise der unterschiedlichen Mitgliedergruppen, die eine Schulkultur konstituieren, gerichtet.

Die Diskussion um die Entwicklung einer angemessenen Organisationsstruktur der Sekundarstufe I führt in vielen Gesamtschulen zu dem Wunsch, die Anonymität in einem großen Schulsystem aufzuheben und kleinere, überschaubare Einheiten zu bilden, ohne dabei auf die Vorteile des Großsystems verzichten zu müssen. Eine Strukturveränderung im Sinne des

Team-Kleingruppen-Modells (TKM) wird seit einigen Jahren an mehreren Gesamtschulen erprobt.

Grundgedanke des TKM ist die Bildung kleiner, relativ autonomer Einheiten aus jeweils zwei bis drei Stammgruppen, die von einem Team von 4-10 Lehrerinnen und Lehrern unterrichtet werden (vgl. zu diesem Konzept z.B. GEMEINNÜTZIGE GESELLSCHAFT GESAMTSCHULE 1979). Idealtypisch deckt das LehrerInnenteam den gesamten Unterricht seiner Stammgruppe ab. Die Erteilung fachfremden Unterichts sollte dabei nur auf freiwilliger Basis erfolgen.

Diese Teams sollen nach außen hin unabhängig sein. Die Erstellung von Stundenplänen, die Organisation von Vertretungsunterricht und die Planung von fächerübergreifenden Projekten oder Epochalunterricht etwa können in Eigenregie vom Team übernommen werden.

Im Inneren sollen die Teams eine möglichst enge und intensive Kommunikationsstruktur aufweisen. Die LehrerInnen des Teams beraten über fachliche und inhaltliche Schwerpunkte der unterrichtlichen Arbeit und einigen sich auf ein für alle verbindliches pädagogisches Grundkonzept (Minimalkonsens).

Häufig auftretende Probleme im Schulalltag — Ordnung im Klassenzimmer, Pünktlichkeit, konkrete Absprachen über Reaktionen auf SchülerInnenverhalten oder das Einhalten eines akzeptablen Geräuschpegels — werden vom Team mit dem Ziel diskutiert, einheitliche Reaktionen der LehrerInnen auf die SchülerInnen zu erzielen und somit den SchülerInnen eine Orientierung auf der Basis eines gemeinsamen Konzeptes an die Hand zu geben. Dieses Konzept sollte dabei von den SchülerInnen mitentwickelt werden.

Darüber hinaus berät das LehrerInnenteam über Regelungen zur Lerndiagnose, Leistungsmessung und Differenzierung. Durch intensive Zusammenarbeit im Team ist es eher möglich, Leistungs- und Lerndefizite oder auch besondere Fähigkeiten und Begabungen von SchülerInnen zu erkennen und ihnen durch geeignete Fördermaßnahmen gerecht zu werden.

2 Teamarbeit in Klasse 5 — Ein Erfahrungsbericht zum Lehren und Lernen in Gruppen

Eine der zentralen erzieherischen Perspektiven der Gesamtschule betrifft das soziale Lernen; deshalb soll die Erziehung zu teamfähigen Menschen fester Bestandteil im unterrichtlichen Geschehen sein.

— Lars und Christopher haben sich noch nicht gebessert. Wir haben sie schon auseinander gesetzt, aber sie hören nicht auf zu quatschen. Wir möchten, daß der Lars in eine andere Gruppe kommt.

— Ich, Alexandra, finde es nicht gut, daß einige so laut sind, wenn die anderen lernen wollen.
— Wir haben eine neue Gruppe. Wir können jetzt richtig gut zusammenarbeiten.
— Wir haben diese Woche zweimal beim Vokabelquiz gewonnen. Unsere Gruppe hat toll gearbeitet. Sogar Peter hat mitgemacht.

Diese Zitate entstammen den Gruppenheften der *Schwarzen Panther*, der *Pferde* und der *Weißen Tiger*, drei Tischgruppen eines 5. Schuljahres einer Dortmunder Gesamtschule. Zu Beginn des Schuljahres wurden die Schülerinnen und Schüler von der Klassenleitung in heterogenen Lerngruppen zusammengesetzt. Die Heterogenität bezog sich dabei auf das Geschlecht, die Zugehörigkeit zu verschiedenen ethnischen Gruppen sowie auf die Leistungsbeurteilung laut Grundschulzeugnis. Die Gruppengröße betrug 5 bis 6 SchülerInnen. Die Arbeitstische bildeten im Klassenraum einen Kreis, so daß durch geringfügige Umräumarbeiten jederzeit ein Kreisgespräch im Klassenverband möglich war.

Jede Gruppe wählte in den ersten zwei Schulwochen einen Gruppennamen, bastelte ihr spezielles Gruppentier aus Karton und hängte es von der Decke herab über den Gruppentisch. Die Vorgabe, daß es sich hierbei um einen Tiernamen handeln sollte, war von der gesamten Lerngruppe so beschlossen worden.

An einer Wand in der Klasse hingen die entsprechenden Gruppensymbole in einem Kreis entsprechend der Anordnung der Gruppentische. Hier konnten die Gruppen Pluspunkte für besondere Gruppenleistungen sammeln. Die Punkte wurden entweder im Unterricht direkt von den jeweiligen KollegInnen oder von der Klassenleitung während der Wochenreflexion verteilt. Auch hatten die SchülerInnen selbst die Möglichkeit, sich oder andere Gruppen mit einem Punkt zu belohnen. Nach einer festgelegten Zeit bekam die Gruppe mit den meisten Punkten einen Extrabonus. Die Kriterien für die Punktevergabe waren vorher mit der gesamten Lerngruppe festgelegt worden und bezogen sich auf das Leistungs- und Sozialverhalten, wie etwa die Zusammenarbeit der einzelnen Gruppenmitglieder, die Regelung von Problemen sowie die Hilfsbereitschaft untereinander.

Am Ende einer jeden Woche fand eine Gruppensitzung statt. Hierzu standen die Klassenstunden zur Verfügung. Einige Gruppen zogen es jedoch vor, die Gruppensitzung in die Mittagspause zu verlagern, weil dort mehr Ruhe und Intimität möglich war. Die Klassenleitung hatte den SchülerInnen für die Besprechungen Vorgaben gemacht; so sollte sich zunächst jedes Gruppenmitglied selbst Gedanken über den Verlauf der Woche machen. Folgende Feststellungen sollten die SchülerInnen zur Selbstreflexion anregen:

— Wie hast Du Dich in der letzten Woche in der Gruppe gefühlt?
— Was gefällt Dir an den anderen bzw. gefällt Dir nicht?

— Konntest Du gut oder schlecht mit den anderen arbeiten?
— Wie sind die anderen wohl mit Dir klargekommen?

Auch für die anschließende Gruppenbesprechung waren gezielte Fragestellungen vorgegeben, die im Laufe der Zeit reduziert werden konnten, um den SchülerInnen zu helfen, sich Gedanken zur Funktionsfähigkeit der Gruppe zu machen. Einige Beispiele:
— Habt Ihr in dieser Woche oft zusammengearbeitet?
— Was hat gut geklappt?
— Hatten alle in der Gruppe die Möglichkeit, sich zu beteiligen?
— Was hat noch nicht so gut geklappt?
— Was möchtet Ihr noch verbessern?
— Bei welchen Problemen braucht Ihr von uns Hilfe?

Die Gruppen schrieben jeweils in die Gruppenhefte, was ihnen am wichtigsten war. In einer Nachbesprechung mit den Tutoren bestand die Möglichkeit, zu eventuell nötigen Problemlösungen unter gezielter Anleitung und Beratung zu kommen. Die Beobachtung und Förderung von Gruppenprozessen wurde durch die Eintragung der SchülerInnen in ihre Hefte erleichtert.

Vorrangiges Unterrichtsprinzip ist die Arbeit in Kleingruppen, wobei die Heterogenität der einzelnen Gruppen durchaus erwünscht war. Gruppenspezifische Arbeitsweisen wie Planung einzelner Arbeitsschritte, Festlegung der voraussichtlich benötigten Zeit, Zuständigkeiten für bestimmte Teilthemen, Koordination der Teilergebnisse und Beurteilung des Gesamtergebnisses der Gruppenarbeit wurden eingeübt. Zu Beginn des Schuljahres mußten diese für eine erfolgreiche Gruppenarbeit nötigen Teilaspekte mit gezielten Vorgaben erforderlicher Arbeitsschritte durch die LehrerInnen trainiert und kontrolliert werden. Die Gruppen wurden für erfolgreiches Arbeiten als Ganze positiv verstärkt (Punkte, Gruppenzensuren). Es wurde bewußt darauf verzichtet, während der Gruppenarbeitsphasen Einzelleistungen hervorzuheben.

Freiarbeit, Wochenplanarbeit sowie fachbezogene und fächerübergreifende Projekte boten weitere Möglichkeiten, die SchülerInnen zur Teamfähigkeit zu erziehen. Ein wichtiges Prinzip der pädagogischen Arbeit war es, klare organisatorische Vorgaben zu machen. Die SchülerInnen waren über die für die jeweilige Arbeitsphase zur Verfügung stehende Zeit informiert; benötigtes Arbeitsmaterial war vorhanden oder konnte von den SchülerInnen relativ unproblematisch besorgt werden. Der Handlungsraum (Klassenzimmer/Bücherei/Flur/etc.) war vorgegeben und Anleitungen für sinnvolle Arbeitsschritte, Aufgabenverteilung sowie Möglichkeiten der Ergebnispräsentation wurden besonders in den ersten Monaten zur Verfügung gestellt. So wurde verhindert, daß die Gruppen zuviel Zeit in unerwünschte und überflüssige Aktivitäten steckten, ein zentraler Aspekt von Gruppenarbeit, wie er sich auch in anderen Kontexten bewährt hat (siehe hierzu Abschnitt 3). Dies soll an einem Beispiel aus dem Naturwissenschaftsunterricht verdeutlicht werden.

Besonders im integrierten Naturwissenschaftsunterricht wurde oft in arbeitsteiligen Gruppen gearbeitet. In dem Projekt „Wir informieren uns über Nahrungsspezialisten und machen eine Ausstellung“ wurden drei Teilthemen bearbeitet: Fleischfresser, Pflanzenfresser und Allesfresser. Jeweils zwei Gruppen bearbeiteten eines dieser Teilthemen. Inhaltliche Kriterien für die Arbeit wurden im Klassenverband abgesprochen und in Form von Leitfragen schriftlich fixiert. Als Anleitung für die gruppeninterne Organisation erhielten die SchülerInnen ein Informationsblatt, auf welchem unter anderem folgende Tips gegeben werden:

1. Ihr bearbeitet Euer Thema in der Gruppe. Arbeitet in der Naturwissenschaftsstunde, der Klassenstunde oder, wenn Ihr wollt, der Mittagspause. Sprecht die Termine ab, damit jeder Bescheid weiß, wann gearbeitet wird. Am besten hängt Ihr die Termine in der Klasse aus.
2. Informationsmaterial bekommt Ihr in der Bücherei. Ihr könnt bei mir auch Bio-Bücher ausleihen. Seht auch mal in Zeitschriften und Lexika.
3. Schreibt keine Texte ab!!! Lest erst einmal gründlich, macht Euch dabei Notizen und faßt dann in Euren eigenen Worten zusammen, was Ihr für wichtig haltet, so als würdet Ihr einem Freund oder einer Freundin erzählen.
4. Schreibt nicht alles durcheinander, sondern gliedert Eure Texte. Am besten findet Ihr Überschriften für die einzelnen Abschnitte.
5. Macht zunächst einen Entwurf für Euer Plakat und besprecht ihn in der Gruppe und auch mit mir.
6. Sammelt Bilder von Eurem Tier, die Ihr dann auf das Plakat kleben könnt.

Die SchülerInnen der jeweils arbeitsgleichen Gruppen waren zunächst gezwungen, sich über Inhalte und vorhandenes Informationsmaterial abzusprechen. Dies geschah sehr selbständig und ohne größere Schwierigkeiten. Während der weiteren Arbeiten mußten alle sechs Gruppen wiederholt untereinander in Kontakt treten, um Absprachen bezüglich der Präsentation der Projektergebnisse zu treffen. Durch die Kommunikaton zwischen den einzelnen Gruppen fühlten sich die Kleingruppen stark herausgefordert. Ideen wurden aufgegriffen, erweitert, verbessert oder für die eigene Arbeit geändert.

In den ersten Monaten des Schuljahres zeigte sich, daß Gruppenarbeit keinesfalls ein „Selbstläufer“ ist; immer wieder gab es Probleme innerhalb der Gruppen. Besonders die unterschiedliche Leistungsbereitschaft und -fähigkeit, manchmal aber auch Aggressionen untereinander führten zu Mißstimmungen bei den Schülerinnen und Schülern. Gezielte Maßnahmen zur Stärkung der Persönlichkeit der einzelnen Gruppenmitglieder wie Rollenspiele, Übungen zur Körpererfahrung und zum Erkennen von Grenzverletzungen, Entspannungsübungen und Phantasiereisen sollten die gruppendynamischen Prozesse positiv beeinflussen.

Für eine erfolgreiche Arbeit in Kleingruppen ist die Gestaltung des Klassenraumes von entscheidender Bedeutung. Es hat sich als äußerst praktisch erwiesen, wenn die SchülerInnen Ordner für ihre Hefte und Mappen im Klassenraum deponieren können. Ständig benötigtes Arbeitsmaterial wie Kleber, Stifte, Scheren, Schmierpapier, etc., in einer Schachtel im Klassenzimmer aufbewahrt, erleichtern die Durchführung von schülerInnenorientiertem Unterricht. Im Laufe der ersten Monate wurde der Klassenraum nach und nach mit den Schülerinnen und Schülern gemeinsam entsprechend ihrer Bedürfnisse und natürlich auch nach fachspezifischen Überlegungen gestaltet. So entstanden etwa eine Ruheecke mit Sesseln, eine Kunstecke und eine Leseecke. An den Wänden wurden die Unterrichtsergebnisse kontinuierlich präsentiert. Im Technikunterricht bemalten die SchülerInnen Regale und bauten Vokabel-Lernkästen. Sie zogen Pflanzen für die Fensterbänke heran und betreuten Klassentiere, wobei sich Wüstenrennmäuse, die sehr zutraulich und pflegeleicht sind, als sehr geeignet erwiesen.

So wandelte sich das zunächst anonyme Klassenzimmer zu einem behaglichen und akzeptierten Lern- und Lebensraum, weshalb es nicht mehr überrascht, daß es — mit wenigen Ausnahmen — so gut wie keine Zerstörungen mehr gab.

3 Ein veränderter Bildungsbegriff als Basis von Gruppenarbeit in der Schule

Der im praktischen Teil dargestellte Ansatz veränderten Lernens und Lehrens in der Schule ist Konsequenz eines Bildungsbegriffes, in dem der Prozeß der Selbstentfaltung und Selbstbestimmung der Person in Auseinandersetzung mit der sozialen, kulturellen und ökonomischen Lebenswelt (HURRELMANN/ENGEL 1989, 90) eine zentrale Bedeutung erhält. Damit verbunden ist die Herausbildung einer *Ich-Identität*, die es ermöglicht, sich kollektiven Handlungs- und Herrschaftszwängen zu widersetzen und so *autonome Handlungsfähigkeit* zu erreichen (ROLFF 1980, 66).

Da jedoch erst der Aufbau von Fähigkeiten und Kompetenzen die Voraussetzung für Selbstentfaltung und Selbstbestimmung schafft, bildet erst der Erwerb von Wissen, Kenntnissen und Informationen die Basis, um ein eigenständiges Handeln im sozialen Raum zu ermöglichen und kritische Distanz zu herrschenden Meinungen und Machtverhältnissen zu gewinnen.

Ich-Identität wird deshalb als Voraussetzung zur Bildung *sozialer Identität* verstanden, die Selbstverwirklichung, individuelle Vervollkommnung und

Autonomie gleichermaßen zuläßt wie die Einsichtsfähigkeit in die Erfüllung gesellschaftlicher Funktionsbedürfnisse. Erst eine Konzeption, die es dem autonomen Individuum ermöglicht, sich in kollektiven Aktionen selbst verändern zu können, liefert das begriffliche Instrumentarium für eine Analyse des Bildungsprozesses als Emanzipationsprozeß, der auch der *kollektiven* Selbstverwirklichung dient (ROLFF 1980, 67).

Anders als in den meisten westlichen und vor allem fernöstlichen Ländern hat sich im deutschen Idealismus und Neuhumanismus demgegenüber eine „egozentrische" Konzeption des Bildungsbegriffes durchgesetzt, bei der Bildung „die Ausformung von inneren Werten und die Vervollkommnung der subjektiven Erlebnistiefe in Einsamkeit und Freiheit" darstellte (HURRELMANN/ENGEL 1989, 90). Hiervon unterscheidet sich ein auf Selbststeuerung und Definition der eigenen Individualität gerichteter emanzipatorischer Bildungsbegriff, der sich gegen eine von außen gesetzte Vereinnahmung oder auch technizistische Funktionalisierung wendet.

Der Bildungspraxis wird deshalb die Aufgabe zugesprochen, auf gesellschaftliche Verhältnisse und Prozesse nicht nur zu reagieren, sondern sie unter dem Gesichtspunkt der pädagogischen Verantwortung mitzugestalten. In diesem Sinne wird der Begriff der allgemeinen Bildung zweifach ausdifferenziert: Die erste Perspektive meint in Anlehnung an KLAFKI die Fähigkeit zur Selbstbestimmung, zur Mitbestimmung und zur Solidarität.

Die zweite Perspektive bezieht sich auf die lebensweltliche Ausprägung. Damit ist gemeint, sowohl in organisatorischer als auch inhaltlicher Dimension selektive und trennende Momente der Schulstruktur sowie der Lerninhalte und Lernformen abzubauen und *das Ausmaß gemeinsamen Lernens soweit wie möglich auszuweiten.*

Schließlich wird Allgemeinbildung als vielseitige Bildung in allen Grunddimensionen menschlicher Interessen und Fähigkeiten gesehen: kognitiv, handwerklich-technisch und hauswirtschaftlich, psycho-motorisch, sozial, ästhetisch, ethisch und politisch. *Allgemeinbildung meint deshalb „ein geschichtlich vermitteltes Bewußtsein von zentralen Problemen der Gegenwart und — soweit vorhersehbar — der Zukunft zu gewinnen, Einsicht in die Mitverantwortlichkeit aller angesichts solcher Probleme und Bereitschaft, an ihrer Bewältigung mitzuwirken."* (KLAFKI 1993, 56)

Praktische Erziehung bedeutet unter diesem Verständnis von Allgemeinbildung für KLAFKI eine Konzentration auf epochal-typische Schlüsselprobleme, von denen er fünf benennt: *die Friedensfrage, die Umweltfrage, die gesellschaftliche Ungleichheit, Gefahren und Möglichkeiten der neuen IuK-Technologien,* die *Subjektivität des einzelnen und das Phänomen der Ich-Du-Beziehung.*

KLAFKI verweist darauf, daß diese Schlüsselprobleme keineswegs beliebig erweiterbar sind, was für ihn im Begriff des *Epochaltypischen* zum Ausdruck kommt, der darauf hindeuten soll, daß es sich um einen im Zeitablauf wandelnden Problemkanon handelt, ohne allerdings ein Plädoyer für „Aktualität im gängigen, vordergründigen Wortsinn" sein zu wollen (KLAFKI 1993, 56ff.).

Im Unterricht geht es deshalb immer auch darum, vor dem Hintergrund dieser Schlüsselprobleme themenübergreifende Einstellungen und Qualifikationen wie Kritikbereitschaft, Argumentationsfähigkeit, Empathie und vernetzendes Denken (Zusammenhangsdenken) zu entwickeln. Weil die damit aufgeworfenen Fragen und Probleme komplex sind, folgt daraus für die Unterrichtsorganisation notwendig, daß sie nicht von einzelnen Fachperspektiven her bewältigt werden können, sondern fächerübergreifend bearbeitet werden müssen, wobei immer auch fachspezifische Lernsequenzen erforderlich werden.

Aus anderen Arbeitszusammenhängen sind einige Merkmale erfolgreicher Gruppenarbeit bekannt, die auch für die Schule zentrale Bedeutung haben, wie die detaillierten Anforderungen an die Schüler der 5. Klasse ja auch belegen. Dazu gehören die aufgabenbezogene Motivierung, die Anforderungsvielfalt, die Vollständigkeit der Gruppenaufgabe mit einem beobachtbaren Ergebnis als sinnvollem Teilaspekt der Gesamtaufgabe, die Wichtigkeit der Aufgabe, die Selbständigkeit und schließlich die Rückmeldung über die aktuelle Gruppenleistung.

Neben vielen anderen hat HACKMAN, ausgehend von *normativen* Annahmen über grundlegende Voraussetzungen erfolgreicher Gruppenarbeit, ein Modell entworfen, in dem sich die Gruppen durch den Grad der Autonomie unterscheiden. So beschreibt er in anderem Kontext — Groups That Work (and Those That Don't) -, wie ein Handlungskonzept für Gruppenarbeit mit Sicherheit Schiffbruch erleiden wird; es wird hier auszugsweise wiedergegeben (vgl. im Detail V. LÜDE 1996):

— Nenne die Gruppe ein Team, aber behandele ihre Mitglieder als Individuen. Nichts behindert die Entwicklung einer Gruppenverantwortlichkeit verläßlicher.

— Überschätze die Fähigkeit zur Selbstorganisation in der Gruppe und verzichte darauf, klare Grenzen der Aufgaben, der Ressourcen und der zur Verfügung stehenden Zeit anzugeben. Denn dann ist die Gruppe so sehr mit der Definition ihrer Aufgabe, der Suche nach deren Zweck beschäftigt, daß für alles andere entsprechend wenig Zeit bleibt.

— Gib dem Team eine klare Aufgabe, aber verzichte darauf, für die organisatorische Unterstützung zu sorgen.

Der Erfahrungsbericht im 2. Abschnitt hat verdeutlicht, wie zentral die Beachtung eines vorgegebenen Rahmens für eine erfolgreiche Gestaltung von Gruppenarbeit in der Schule tatsächlich ist, um die SchülerInnen nicht in derartige „Fallen" tappen zu lassen und damit den Erfolg des gesamten Ansatzes zu gefährden.

Wegen der Notwendigkeit des fächerübergreifenden Unterrichtes besteht das Erfordernis, auf der Lehrerseite Teams zu bilden, die für längere Zeiträume die Hauptverantwortung für die Gestaltung des Unterrichts für eine kleine Zahl von zwei oder drei parallellaufenden und einander anschließenden Klassen übertragen werden. Die Teams müssen *erhebliche Spielräume der inhaltlichen, unterrichtsorganisatorischen und methodischen Gestaltung erhalten*, wenn die zugrundeliegende Bildungskonzeption Erfolgsaussichten haben soll. Der Unterricht selbst soll nach den Prinzipien des exemplarischen Lehrens und Lernens organisiert sein, wobei Methoden- und Handlungsorientierung mit sachbezogenem und sozialem Lernen verbunden werden soll. Dies ist eine aus der veränderten Sichtweise von Bildung resultierende „innere" Notwendigkeit der Reorganisation der Bildungsinstitutionen.

Mit einem so gewandelten Bildungsverständnis wird langfristig „eine Revision des überkommenen und immer noch dominierenden Leistungsprinzips" angestrebt, worunter die Orientierung an einer primär „produktorientierten" (vorweisbare Kenntnisse und Fertigkeiten), individualistischen und konkurrenzorientierten Interpretation von „Leistung" verstanden wird, das teils ersetzt, teils ergänzt werden muß durch einen Leistungsbegriff, der andere und weiterführende Aspekte berücksichtigt. Man kann zeigen, daß in anderen Arbeits- und Lernkulturen, wie beispielsweise in Japan, mehr Wert auf das *wie* anstatt das *was* des Lernens gelegt wird, ein Hinweis darauf, daß man in ganz unterschiedlichen kulturellen Zusammenhängen zu ähnlichen, pädagogisch begründeten Forderungen gelangen kann.

Derzeit können wir auch in Deutschland beobachten, daß Gruppenarbeit eine neue und zentrale Bedeutung für unterschiedlichste Aufgabenstellungen in Produktion und Dienstleistung zugewiesen wird. Damit ist die Erkenntnis verbunden, daß nicht mehr jeder alles wissen und nicht mehr das gesamte Fachwissen in einer Person vereinigt sein muß, zumal Faktenwissen immer mehr über Datenbanken abrufbar wird. Die Fähigkeit, Informationen zu entschlüsseln und in den richtigen fachlichen Kontext einzuordnen, erhält demgegenüber eine stärkere Bedeutung. Damit wird der Leistungsbegriff keineswegs aufgegeben, aber im Hinblick auf schulisches Lernen neu definiert.

Das bisher dominierende Leistungsverständnis an den meisten Schulen ist vorwiegend ergebnis- bzw. produktorientiert, da es auf die Zensierung gegenständlicher oder abfragbarer Resultate der Lernanstrengungen des Schülers abzielt. Dieser produktorientierte Leistungsbegriff muß erweitert und relativiert werden durch die Betonung von *Leistungen in einem dynamischen Sinne*, durch die Berücksichtigung von geistigen *Prozessen* (KLAFKI 1992, 11), worunter die Kommunikation im Unterricht, die Entwicklung einer Kritik, der Vorgang einer Problemlösung usw. verstanden wird. Hinzu kommt die Leistungsdimension *der kooperativen Lernleistung* durch den individuellen Beitrag zur Lösung gemeinsamer Aufgaben und zum Lernfortschritt aller Mitglieder einer Lerngruppe. Leistungsanspruch und Leistungsbeurteilung erhalten schließlich vorwiegend als *Hilfen im Prozeß des Lernens* im Sinne zwischenzeitlicher Rückmeldungen an die Schüler ihre Bedeutung und nicht nur als finale Evaluation.

Darüber hinaus wird das Verständnis von Leistung traditioneller Weise sowohl individualistisch als auch wettbewerbs- bzw. konkurrenzorientiert interpretiert mit dem Ergebnis, daß diejenigen mit den besseren soziokulturell bedingten Lernvoraussetzungen auch die besseren Startchancen aufweisen; es stiftet jedoch vielfach keine sachorientierte Leistungsmotivation, sondern gefährdet oder zerstört sie sogar, besonders bei den Schülern, die ohnehin mit den schlechteren Voraussetzungen an den Start gehen. „Daher muß dieses individualistisch-konkurrenzorientierte Leistungsverständnis *durch einen Leistungsbegriff ersetzt werden, der an der Lösung gemeinsamer Aufgaben und am Prinzip der Solidarität einer lernenden Gruppe orientiert ist.* Die individuelle Leistung wird dann am Beitrag des einzelnen zur Lösung gemeinsamer Aufgaben gemessen und zugleich am Beitrag zum Lernfortschritt aller Mitglieder der Lerngruppe." (KLAFKI 1992, 11)

Es kommt ein weiterer Aspekt hinzu, der mit der Anmutungsqualität von Lernen und Arbeiten zu tun hat. Unter dieser Perspektive erfüllt Schule ihren Bildungs- und Erziehungsauftrag nur, wenn sie den jungen Menschen *zutraut* und *zumutet*, das Lernen mehr und mehr mit und selbst zu bestimmen. Auch Schülern müssen Anforderungen zugemutet werden, zunehmend Verantwortung für das Lernen selbst zu übernehmen, so etwa im Gruppenunterricht, in dem Lernen im weiteren Sinne eine kognitive, emotionale, handlungsbezogene und soziale Dimension umfassen muß.

Anders als in der Negation kollektiver Lernformen liegt deshalb das Merkmal einer humanen und demokratischen Schule in der Möglichkeit, die Aneignung von Erkenntnissen und Kenntnissen, von Fähigkeiten und Fertigkeiten in ihrem jeweiligen Sachgehalt mit *sozialem* Lernen zu verbinden. Die Vermittlung notwendiger Grundlagen, auch von Faktenwissen, soll verbunden werden mit dem Erlernen von Beziehungsformen zwischen Menschen, d.h. Formen des Miteinander-Kommunizierens, des Austausches von Informationen, Erkenntnissen und Verfahrensweisen, aber auch von Gefühlen und Einstellungen, des Aushandelns von Regeln, des Kooperierens bei der Bewältigung gemeinsamer Aufgaben, des Streitens über unterschiedliche Grundeinstellungen und Sichtweisen sowie differente Interpretationen gleicher Sachverhalte und der Suche nach Lösungen für auftretende Spannungen und Konflikte. Soziales Lernen wird daher nicht als ein Sammelbegriff für eine Anzahl inhaltsfreier Techniken verstanden, „sondern als *Terminus für Beziehungsformen*, die als solche spezifische inhaltliche Erfahrungen einschließen und ermöglichen." (KLAFKI 1992, 7)

4 Lehrkooperation in Schulen

An gesellschaftlichen Aufgaben orientierte Unterrichtseinheiten oder die Konzentration auf epochaltypische Probleme setzen voraus, daß LehrerInnen in fächerübergreifenden Arbeitszusammenhängen miteinander kooperieren und sich untereinander abstimmen. Deshalb muß an der Schule Raum für derartige Arbeitszusammenhänge und neue Organisationseinheiten geschaffen werden, ein Aspekt, der die beruflich auf individuellen Unterricht sozialisierten LehrerInnen oft genug nachhaltig erschüttert.

Zugleich mit der Schülerrolle wandelt sich nämlich in allen Formen von Gruppenarbeit die LehrerInnenrolle beträchtlich. Nach einer — sehr zeitintensiven — Vorbereitung außerhalb der Klasse kann der Lehrer sich *im Unterricht weitgehend zurücknehmen*, weil die Gruppen ihre Aufgaben zu einem großen Teil ohne fremde Hilfe bearbeiten; nur an einzelnen Stellen wird *unterstützendes* Eingreifen erforderlich. „Aber man stellt schon beim zweiten Durchlauf des Unterrichts eine große psychische Entlastung fest, die auf der eher beobachtenden und beratenden Funktion des Lehrers beruht", so die Selbsteinschätzung eines den Unterricht durchführenden Lehrers (SCHELTEN/GLÖGGLER 1992, 50). Auch aus der Schülerperspektive wurde diese beratende Rolle der bekannteren, aber gleichwohl unbeliebteren des belehrenden Lehrers eindeutig vorgezogen.

Gleichwohl stellt lehrerzentrierter Unterricht in den meisten Fächern und an fast allen Schulformen die dominante Unterrichtsorganisation dar. Erstmals hat kürzlich ein Bundesland (Niedersachsen) Rahmenrichtlinien für die integrierte Gesamtschule im Bereich der Gesellschaftslehre verabschiedet, die nach dem Prinzip fächerübergreifender Fragestellungen organisiert sind und durch den Rückbezug auf gesellschaftlich, wissenschaftlich und didaktisch formulierte Schlüsselprobleme die beliebige und subjektive Auswahl von Themen für den Unterricht in Gesellschaftslehre im Hinblick auf die Zukunftsbewältigung gesellschaftlicher Aufgaben reduzieren sollen (RAHMENRICHTLINIEN 1993). In Nordrhein-Westfalen wird an einem vergleichbaren Modell gearbeitet, dessen Entwurf in mindestens einem Regierungsbezirk bereits den betroffenen Schulen als Handlungsgrundlage für den Unterricht übermittelt wurde.

Der Fachbereich Gesellschaftslehre integriert dabei „die im historischen Prozeß der wissenschaftlichen Arbeitsteilung isolierten Disziplinen Geschichte, Geographie und Politik" (RAHMENRICHTLINIEN, 10). Zentrales Merkmal der Unterrichtsorganisation ist eine Binnendifferenzierung, die alle organisatorischen Maßnahmen umfaßt, um individuelle Lernprozesse zu initiieren. Der Unterricht selber schließlich soll in Einzelarbeit, Partnerarbeit, Gruppenarbeit, durch Wochenplanarbeit, Freiarbeit oder Projekte organisiert werden. *Weil Kommunikations- und Kooperationsfähigkeit zunehmende Bedeutung erlangen, sollen gruppenbezogene Lernleistungen be-*

sonders gefordert und bei der Leistungsbewertung(!) berücksichtigt werden (RAHMENRICHTLINIEN, 25). Erstmals macht damit ein Rahmenlehrplan für eine allgemeinbildende Schule Ernst mit einem fächerübergreifenden Angebot und verpflichtet die Lehrer zur Kooperation in den von ihnen vertretenen Fächern. Dabei sollen lokale und regionale Bezugsebenen berücksichtigt werden, um einen direkten Zugang zu den Problemen zu ermöglichen. Experten und Betroffene sollen in die Schule hineingeholt werden und die Schüler außerschulische Lernorte aufsuchen „und sich in den Alltag der Gesellschaft hineinbegeben."

Vielleicht ist dies eine Chance, Teamentwicklung und soziales Lernen nachhaltig in den Schulen zu verankern.

Literatur

Gemeinnützige Gesellschaft Gesamtschule e.V. (GGG) (Hrsg.) (1979): Arbeitsmaterialien 2/79, Arbeitsgruppe TKM — Das Team-Kleingruppen-Modell

Hurrelmann, K.; Engel U. (1989): Bildungssoziologie. In: Endruweit, G.; Trommsdorff, G. (1989): Wörterbuch der Soziologie. Stuttgart

Klafki, W. (1992): Lernen in Gruppen. Ein Prinzip demokratischer und humaner Bildung in allen Schulen. In: Pädagogik 1/92, S. 6-11

Klafki, W. (1993[3]): Neue Studien zur Bildungstheorie und Didaktik. Zeitgemäße Allgemeinbildung und kritisch-konstruktive Didaktik. Weinheim; Basel

Lüde v., R. (1996): Die Reorganisation der Fabrik und die Wiederentdeckung der Arbeit. Perspektiven für Bildung und Qualifizierung in der Industriegesellschaft. Opladen

Lüde v., R.; Philipp, E. (1994): Organisationsentwicklung — Theoretische Aspekte und praktische Realisierung des organisationalen Wandels an beruflichen Schulen (noch unveröffentl. Gutachten). Dortmund

Philipp, E. (1995): Vom Einzelkämpfer zum Team — Konzepte und Methoden für gemeinsame Arbeit. In: Pädagogik 2/95, S. 44-47

Rahmenrichtlinien (1993): Rahmenrichtlinien für die integrierte Gesamtschule — Gesellschaftslehre. Hrsg. vom Niedersächsischen Kultusministerium. Hannover

Rolff, H.-G. (1980[9]): Sozialisation und Auslese durch die Schule. Heidelberg.

Rechtschreibmuster organisieren sich Rechtschreibschwierigkeit und ortografische[*] Richtigkeit von Lisas ersten 1.800 Wörtern

Erika Brinkmann in Zusammenarbeit mit Hans Brügelmann, Martina Otto, Kathrin Rickelt, Judith Sommer

In der Teilstudie „Lisa" des Projekts „Mikroanalysen der Rechtschreibentwicklung" wurden alle 1.800 Wörter untersucht, die die Tochter der Hauptautorin vor der Schule (im Rahmen ihrer Möglichkeiten) geschrieben hat. Eine Analyse der Fehler zeigt, daß diese nicht nur quantitativ abnehmen, sondern auch qualitativ zunehmende Einsicht in das Regelsystem unserer Orthographie erkennen lassen — trotz fehlender Unterweisung. Anders als schulische Lehrgänge nahelegen, sind diese Fortschritte aber nicht linear. Indem das Kind immer neue Regelsysteme konstruiert, schreibt es plötzlich falsch, was vorher schon richtig war. Rechtschreiblernen ist also keine Addition von Elementen, auch keine bloße Nachahmung, sondern — wie der Lautspracherwerb — eine Ordnung von Erfahrung nach ökonomischen Mustern.

Lisa ist eine von vielen „SpontanschreiberInnen", die bereits vor der Schule ohne ausdrückliche Belehrung oder einen systematischen Lehrgang das Lesen und Schreiben gelernt haben. Im Alter von drei Jahren und vier Monaten begann Lisa zu schreiben. Diese Schreibversuche sind so weit wie möglich gesammelt worden (vgl. die konkreten Beispiele für verschiedene Entwicklungsstufen in BRINKMANN 1994).

Bei der Auswertung der chronologisch aufgelisteten Schreibungen ergaben sich viele Fragen, wie z. B.:

— Lassen sich in der Rechtschreibentwicklung eines Kindes, das seinen eigenen, nicht angeleiteten Zugang zur Schrift gefunden hat, systematische Fortschritte feststellen?
— Was für Wörter verwenden Kinder beim spontanen Schreiben?
— Wie läßt sich die zeitweilige Zunahme der Fehlerhäufigkeit interpretieren?

Im folgenden sollen diese und andere Besonderheiten aus Lisas Schreiblernprozeß dargestellt und kurz kommentiert werden.[†]

---

[*]Schreibweise wurde von der Autorin bewußt gewählt

Die vorgestellte Auswertung bezieht sich auf Texte mit insgesamt 1.888 Wörtern, die Lisa vor der Schule (1.619) bzw. in den ersten Schulmonaten (269) geschrieben hat (davon 688 verschiedene Wortformen; vgl. zur Verteilung der *vor der Schule* geschriebenen Wörter auch die Erstauswertung von rund 1.500 Wörtern in BRINKMANN/BRÜGELMANN 1992b).

Ausgewertet werden im folgenden nur die 1.806 Wörter, die sie selbständig geschrieben, also nicht abgemalt oder erfragt hat. Der Anteil dieser Wörter an allen Schreibversuchen steigt von 58% (erste 100 Wörter) über 78% im nächsten Hundert auf 87-98% im dritten bzw. vierten Hundert. Ab dem 400. Wort, d.h. zugleich: ab ihrem 5. Geburtstag, schreibt Lisa durchgängig selbständig.

Die Daten der Untersuchung können in einer anderen Auswertungsform auch auf Lisas Lebensjahre bezogen werden:

Lebensjahr	Zeitraum	Zahl der Wörter	Fallnummern der Wörter
4	12/87— 8/88	32	1— 32
5	8/88— 8/89	366	33— 398
5—5½	8/89— 1/90	413	399— 811
5½—6	2/90— 8/90	808	812— 945
Schulanfang			
6—6¼	8/90—12/90	135	946—1080
6¼—6½	1/91— 5/91	134	1081—1833

Wie die Übersicht zeigt, stammen 1.619 Wörter aus der Zeit vor Schulanfang, weitere 269 aus den ersten 4 Monaten nach Schulanfang bzw. aus den anschließenden 3 Monaten bis Ostern (plus einer weiteren Schreibprobe aus dem Mai).

Schon diese kurze Übersicht läßt erkennen, daß die Textmenge in den drei Vorschuljahren stark zunimmt (von 32 über 366 auf 1.221 pro Jahr), daß sie jedoch mit dem Beginn formellen Unterrichts (zunächst jedenfalls) deutlich zurückgeht (auf 269 in einem halben Jahr).

[†]Eine erste Fassung dieses Beitrags ist erschienen in: Brügelmann, H.; Richter, S. (Hrsg.) (1994): Wie wir recht schreiben lernen. Zehn Jahre Kinder auf dem Weg zur Schrift. Libelle Verlag: CH-Lengwil/SOVA: Frankfurt a.M.

Den Versuch, Lisas Rechtschreibentwicklung nach dem Modell „neuronaler Netze“ zu simulieren, beschreiben wir gemeinsam mit Otto CARMESIN in dem Band Brügelmann, H.; Balhorn, H.; Füssenich, I. (Hrsg.) (1994): Am Rande der Schrift. Schwierigkeiten und Besonderheiten beim Lesen-/Schreibenlernen. Libelle Verlag: CH-Lengwil/SOVA: Frankfurt a.M.

Betrachten wir die Daten in dieser Gliederung nach Lebensjahren unter besonderer Berücksichtigung des Schulanfangs, so ergibt sich folgendes Bild der ortografischen Schwierigkeit:

1.Die Länge der Wörter liegt im vierten Lebensjahr bei 4,1 Buchstaben, steigt im fünften und sechsten Lebensjahr auf 4,8 bis 5,0 und erneut im ersten Schulhalbjahr auf 5,6 bzw. 6,1 . Der letzte Wert entspricht der durchschnittlichen Wortlänge, die wir in freien Texten von ViertkläßlerInnen beobachtet haben (BRÜGELMANN/SCHEBERG 1992).

Bei der Silbenzahl dagegen ist eher eine Abnahme von 2,0 im vierten Lebensjahr auf 1,7 bis 1,8 im fünften und sechsten Lebensjahr und nach Schulanfang ein Wiederanstieg auf 1,9 bis 2,0 zu beobachten.

Beide Daten zusammengenommen lassen eine Zunahme der ortografischen Schwierigkeit der Wörter vermuten: Sie werden einerseits länger, andererseits wortintern komplexer (= Zahl der Buchstaben pro Silbe).

2.Die Zahl der Konsonantenhäufungen im gesprochenen Wort bestätigt diese Einschätzung. Sie nimmt entsprechend von 0 im vierten Lebensjahr über 0,4 im fünften und 0,5 im sechsten bis auf 0,8 in der zweiten Hälfte des ersten Schuljahres zu. Damit liegt sie zum Schulanfang auf dem Niveau des durchschnittlichen Wortschatzes unserer ViertkläßlerInnen.

Parallel dazu nimmt die Zahl der mehrgliedrigen Grafeme zu: von 0,1 im vierten über 0,5 im fünften und 0,6 im sechsten Lebensjahr auf 0,7 pro Wort im ersten Schuljahr.

Ähnlich deutlich steigen die zusammenfassenden Kennwerte für besondere Rechtschreibanforderungen (mehrgliedrige Grafeme, seltene Buchstaben, Auslautverhärtung usw.), die sich nicht direkt aus der Lautung ableiten lassen: 0,1 im vierten, 0,7 im fünften und 0,8 im sechsten Lebensjahr, dann 1,0 pro Wort im ersten Schuljahr.

Wie wirken sich diese wachsenden Rechtschreibanforderungen auf Lisas ortografische Leistungen aus?

Die negativen Korrelationen zwischen richtiger Schreibung und ortografischer Schwierigkeit der Wörter (-.32** bis -.36**) im Gesamtwortschatz lassen eine Abnahme der Anteile richtig geschriebener Wörter mit zunehmender ortografischer Schwierigkeit erwarten.

Gemessen am Kriterium einer lautgerechten Verschriftung bleiben die Leistungen jedoch durchgängig auf einem gleich hohen Niveau: 100% im vierten, 97% im fünften, 98-99% im sechsten Lebensjahr und 99-100% im ersten Schuljahr.

Für die korrekt Rechtschreibung differenziert sich dieses Bild, und zwar für den Anteil richtiger Buchstaben(gruppen) pro Wort wie folgt: 96% im vierten, 82% im fünften 85 bzw. 88% im sechsten und 89% bzw. 92% im siebten Lebensjahr.

Der anfängliche Fehleranstieg dürfte einerseits mit der oben beschriebenen Zunahme ortografischer Schwierigkeit der zu schreibenden Wörter zusammenhängen. Andererseits hatte Lisa in ihren ersten Texten häufig vertraute Namen verwendet, deren Schreibweise ihr als Merkwörter bekannt war, während sie im fünften und sechsten Lebensjahr immer mehr neue Wörter selbständig verschriftet hat. Sie hat sich also neuen Anforderungen gestellt, indem sie den Bereich vertrauter Schriftwörter verließ.

Betrachten wir die Fehlerarten genauer, so ergibt sich folgendes Bild:

Lebensjahr	4.	5.	6.	7.		
Anteil pro Wort	3–4	4–5	5–5½	5½–6	6–6¼	6¼–6½
% fehlende Buchstaben	0	7,6	6,2	6,0	6,5	4,6
% falsche Buchstaben	3,6	9,1	6,3	4,0	2,8	1,5
% vertauschte Buchstaben	0	0,2	0,2	0	0	0,2
% richtiger Buchstabe, aber verdrehte Raumlage	20,8	3,7	1,0	2,7	0,9	0,3
% richtige Buchstaben	75,6	79,4	86,2	87,2	89,8	93,4

Bezieht man die Raumlage der Buchstaben mit ein, so ist ein kontinuierlicher Anstieg der richtigen Buchstaben pro Wort zu beobachten, wie ihn Lerntheorien vorhersagen, die Lernen als graduellen Zuwachs richtiger Elemente beschreiben. Die Fehlerkategorien und der Vergleich mit anderen Indizes (lesbar dargestellte Laute, korrekte Rechtschreibmuster, legale Rechtschreibmuster und insbesondere die Entwicklung ausgewählter Rechtschreibmuster) vermitteln dagegen das Bild sehr unterschiedlicher Entwicklungen in einzelnen Bereichen. Nur deren Überlagerung läßt den Anschein eines schrittweisen Fortschritts entstehen.

Die Gesamthäufigkeit einer vertauschten Raumlage von Buchstaben wird in unserer Auswertung anfangs sogar etwas unterschätzt, weil in der betreffenden Rubrik nur *richtige* verdrehte Buchstaben auftauchen. Umso eindrucksvoller ist die Beobachtung, daß dieses Problem ohne formelle Unterweisung von 21% im vierten Lebensjahr auf 1-3% bereits vor Schulanfang zurückgeht.

Ähnliches gilt für die Schreibrichtung der Wörter als ganzer Einheiten: Von rechts nach links schreibt Lisa im vierten und fünften Lebensjahr 4,4-6,0% der Wörter, im sechsten Jahr nur noch 0,2 bis 2,5%. Dabei konzentriert sich diese Richtungsumkehr im sechsten Jahr auf eine kurze Phase (laufende Wortnummern 1.300 bis 1.400), in der 20 von 100 Wörtern falsch herum geschrieben werden. Auch dieser plötzliche und zeitlich befristete Anstieg ist ein Indiz dafür, daß es sich nicht um Wahrnehmungsschwierigkeiten („Raum-Lage-Labilität"), sondern um ein Ordnungsproblem handelt.

Lediglich 699 der 1.806 Wörter dieser Auswertung freien Schreibens stellen die Anforderung, besondere Rechtschreibmuster zu beachten (wobei im vierten Lebensjahr sogar nur ein einziges auftaucht, so daß wir diesen Zeitraum nicht beurteilen können).

Im fünften Lebensjahr schreibt Lisa 78% der betreffenden Rechtschreibmuster richtig, nach einem plötzlichen Anstieg dieser Quote auf 98% in der ersten Hälfte des sechsten Lebensjahrs sinkt sie wieder auf 94%, bleibt auf diesem Niveau in den ersten Schulmonaten und sinkt dann erneut auf 91%.

Von den 62 falsch geschriebenen Rechtschreibmustern werden im Durchschnitt fast 60% legal verwendet, also in einer Weise, die vom lautlichen Kontext her grundsätzlich möglich ist. Der Anteil oszilliert zwischen 53% im fünften, 67% und 57% im sechsten und 80% bzw. 50% im siebten Lebensjahr.

Diese Sprünge sind vor dem Hintergrund sehr unterschiedlicher ortografischer Anforderungen zu sehen, die die folgende Tabelle differenzierter ausweist als die oben dargestellten zusammenfassenden Indizes:

Anteil der Wörter mit Besonderheiten bezogen auf N=	4. 14	5. 305	5-5½ 413	5½-6 808	6-6¼ 132	6¼-6½ 134
seltene Buchstaben	0,0%	12,4%	14,3%	13,1%	11,4%	12,7%
mehrgliedrige Grafeme	0,0%	10,2%	9,0%	10,6%	12,9%	11,9%
Zwielaute	7,1%	10,5%	17,7%	15,8%	18,2%	11,2%
Dehnungs-h	0,0%	2,6%	5,6%	3,7%	9,8%	6,0%
sp-/st-	0,0%	3,6%	3,1%	2,5%	0,8%	3,0%
Vokalverdopplung	0,0%	1,0%	0,2%	0,4%	0,0%	0,8%
Konsonantenverdopplung	0,0%	13,4%	11,1%	9,5%	15,1%	15,7%
Auslautverhärtung	0,0%	7,2%	10,2%	15,1%	9,1%	11,2%
Murmel-e in Endungen	0,0%	16,4%	17,7%	20,3%	22,0%	32,8%
Rechtschreibbesonderheiten pro 100 Wörter	7,1	77,3	88,9	91,1	99,2	105,2

Die Übersicht macht verständlich, warum Lisa im vierten Lebensjahr mit einer lauttreuen Strategie sehr oft auch ortografisch richtig schreibt: Ihre ersten Wörter enthalten kaum Rechtschreibbesonderheiten. Die Zahlen zeigen zum anderen einen dramatischen Anstieg der ortografischen Anforderungen im fünften Lebensjahr und deren weitere Zunahme bis zur Mitte des ersten Schuljahres. Auch dann liegen die Rechtschreibbesonderheiten mit 105 auf 100 Wörter noch deutlich unter dem Vergleichswert vierter Klassen (mit 132 auf 100), den wir in unserem „Schreibvergleich BRDDR“ gefunden haben. Lisa hat aber schon vor der Schule ein erhebliches Stück auf diesem Weg zurückgelegt.

Falsche (und dabei besonders nicht-legale) Verwendung von Rechtschreibmustern korreliert besonders häufig mit der Anforderung sp-/st- (.18** bzw. .50**). Grafemfehler sind häufig, wenn Rechtschreibbesonderheiten (.32**/ .36**) auftreten, und dabei besonders häufig, wenn mehrgliedrige Grafeme in einem Wort gefordert werden (.37**).

Besonders ausgewertet haben wir noch Fehler in der Groß-/ Kleinschreibung:

Anteil der Fehler auf 100 Wörter	3-4	4-5	5-5½	5½-6	6-6¼	6¼-6½
N=	14	305	413	808	132	134
klein statt groß am Satzanfang	0,0	0,2	0,0	0,0	0,8	0,0
klein statt groß im Satz	0,0	0,0	0,0	0,1	1,5	0,7
groß statt klein im Satz	0,0	21,3	42,9	48,5	41,7	23,9
Großbuchstaben im Wort	75,6	67,1	68,4	69,0	67,5	43,0
Summe der GK-Fehler auf 100 Wörter	75,6	88,6	111,3	117,6	111,5	67,6

Die Tabelle zeigt, daß eine Fehlerzunahme nicht notwendigerweise auf eine abnehmende Rechtschreibkompetenz verweist. Da Lisa in der ersten Schreibphase gar keine Sätze schreibt, können syntaktisch bedingte Fehler (Satzanfang) nicht auftauchen. Andererseits führt ihr Rückgriff auf die vertraute Blockschrift mit wachsender Textkomplexität (Sätze statt Wortlisten ab dem zweiten Jahr) notwendigerweise zu mehr Fehlern. Wie unsere Auswertung der Schriftart ausweist, schreibt Lisa nämlich im vierten Lebensjahr alle Wörter in Blockschrift, im fünften sind es 92% (plus jeweils um 3% in Druck-, Misch- und Schreibschrift) und im sechsten Jahr 99% bzw. 81% in Blockschrift. Mit Schulbeginn steigt der Anteil der Blockschriftwörter noch einmal auf 93%, fällt dann aber nach Weihnachten auf 55% (bei gleichzeitigem Anstieg der Druckschriftwörter auf 39%).

An Lisas Schreibversuchen lassen sich wie unter dem Brennglas didaktische Probleme erkennen, die für die Diskussion über freies Schreiben bereits am Schulanfang typisch sind (vgl. auch BLUMENSTOCK 1986, 1987; SCHEERER-NEUMANN u.a. 1986; u.a.):

1. Wenn Vorschulkinder schreiben dürfen, was sie inhaltlich interessiert, dann verwenden sie Wörter, die weit über ihrem ortografischen Entwicklungsstand liegen.

2. Im freien Gebrauch der Schrift *können* Kinder wesentliche Einsichten auch in die Logik des Schriftaufbaus gewinnen. Das gilt nicht nur für die Entfaltung lauttreuer Schreibungen, sondern ebenso für den Ausbau des ortografischen Systems (für die Übertragung auf den schulischen Bereich sind uns aber die ergänzenden Strukturen wichtig, die wir in Kap. 11a beschreiben).

3. Die Entwicklung der Rechtschreibfähigkeit verläuft nur an der Oberfläche kontinuierlich. Betrachtet man einzelne Aspekte genauer, so zeigt sich ein sehr widersprüchliches Bild an Fortschritten, Stagnation und sogar Rückfällen.

Literatur

Blumenstock, L. (1986): Michael schreibt. Spontanes Schreiben im Vor- und Grundschulalter. Heinsberg

Blumenstock, L. (1995): Zwei Fehler-Geschichten. In: Brügelmann, H.; Balhorn, H. (Hrsg.): a.a.O., S. 25-26

Brinkmann, E. (1994): Lisa lernt schreiben. Stufen eines Schriftspracherwerbs ohne Lehrgang. In: Brügelmann, H.; Richter, S. (Hrsg.): a.a.O., S. 35-43

Brinkmann, E.; Brügelmann, H. (1992): WEIDENKEZCHEN, KINDERGATENSCHPILPLAS, MAOLWOAF und WEINASCHSGRÜSE. Der Schreibwortschatz eines Vorschulkindes. In: päd. extra, 20. Jg., H. 9, S. 39-40

Brügelmann, H. (Hrsg.) (1986): ABC und Schriftsprache — Rätsel für Kinder, Lehrer und Forscher. DGLS-Jahrbuch „Lesen und Schreiben“ 1. Konstanz

Brügelmann, H.; Balhorn, H. (Hrsg.) (1995): Schriftwelten im Klassenzimmer. Ideen und Erfahrungen aus der Praxis. „Auswahlband Praxis“ der DGLS-Jahrbücher 1-5. Libelle: CH-Lengwil/SOVA: Frankfurt a.M.

Brügelmann, H.; Richter, S. (Hrsg.) (1994): Wie wir recht schreiben lernen. Zehn Jahre Kinder auf dem Weg zur Schrift. Libelle Verlag: CH-Lengwil/ SOVA: Frankfurt a.M.

Brügelmann, H.; Scheberg, O. (1992): Gebrauchshäufigkeit und ortografische Schwierigkeit von Wörtern. Vervielf. Bericht aus dem „Schreibvergleich BRDDR“. FB 12 der Universität Bremen

Scheerer-Neumann, G., u.a. (1986): Andrea, Ben und Jana. Selbstgewählte Wege zum Lesen und Schreiben. In: Brügelmann, H. (Hrsg.): a.a.O., S. 55-96

Soziale Gruppenarbeit im Unterricht Systemisches Driften mit Methode

Bernd Woltmann-Zingsheim

Mit der sozialpädagogischen Methode der Sozialen Gruppenarbeit steht auch der Schule eine brauchbare Strategie zur Begleitung fundamentaler Interaktionsprozesse zur Verfügung. Im folgenden soll mit Hilfe systemtheoretischer Überlegungen und konkreterer Beispiele eine „systemischere" Unterrichtspraxis erwogen werden.

Für einen Erziehungswissenschaftler sozialpädagogischer Herkunft sollte eine systemisch-konstruktivistische Perpektivenschau für die Schule Anlaß genug sein, einige Gedanken zu einem überaus bemerkenswerten Sachverhalt anzustellen: Bis heute scheint es keinem schulpädagogischem oder fachdidaktischem Ansatz gelungen zu sein, auf systematische Weise dem stets vorhandenen und jedem Lehrplan vorgängigen Interaktionsgeschehen „als solchem" methodisch angemessen zu begegnen!
Im folgenden soll daher eine Entwicklungsmöglichkeit für pädagogisches Handeln im schulischen Feld angedeutet werden, die der sozialpädagogischen Methodentradition einerseits und der systemtheoretischen Erziehungssoziologie andererseits entnommen werden kann.

Beginnen wir mit letzterer. Hat man sich einmal an die überaus respektlose Behandlung traditionell-pädagogischer Fragestellungen durch das Autorenteam Niklas LUHMANN und Karl Eberhard SCHORR (programmatisch: dies. 1988) gewöhnt, dann kann dem über alle Provokation hinaus auch inhaltlich Einiges abgewonnen werden. Deren theoretische Sichtweise, Erziehung im Unterricht als Kommunikation, also als prinzipiell soziales Phänomen zu beschreiben, erklärt z.B. auf verblüffende Weise, wieso es niemals zu einer Technologie für Erziehung kommen kann, solange darunter ein quasi durchgreifender Steuerungsmechanismus für Lehrer verstanden wird: Die vielfältigen und stets kontingenten Möglichkeiten der Kommunikation, gleichzeitige individuelle *und* soziale Prozesse in den Blick zu nehmen und doch deren Interdependenzen nie ganz durchschauen zu können, lassen alte und neue Prätentionen dieser Art völlig aussichtslos erscheinen. Diese „multiplen Selbstreferenzen" überfordern auch den bemühtesten Lehrer, wenn er denn Unterrichten für instruktiv hält. Niemals läßt sich im Netzwerk schulischer Interaktion eine bestimmte Sinngebung, eine Weltdeutung, eine Textinterpretation usw. als die einzig mögliche Wirklichkeitskonstruktion etablieren. Stets kann und wird jeder Stoff auch anders behandelt werden können, als es sich der Lehrer und/oder sein Lehrplan es sich wünschen: Er kann prinzipiell nicht kontrollieren, „bei wem er welche Wirkungen direkt oder indirekt" auslöst (LUHMANN/SCHORR 1979, 348).

Damit wird nicht die klassische Asymetrie von Lehrer-Schüler-Rolle umgekehrt, sondern nur eine ebenfalls wirksame Gegenläufigkeit von Schülerseite aus behauptet („wechselseitige Asymmetrie"):

Jeder Interaktionsbeteiligte, ob Lehrer oder Schüler, handelt nach je eigenen „Kausalplänen", deren situative Brauchbarkeit (i.S. der „Viabilität" Ernst VON GLASERSFELDS) sich nicht nach objektiven Maßstäben messen lassen (vgl. LUHMANN/SCHORR 1979). So schlagen LUHMANN und SCHORR vor, „die Suche nach objektiven Kausalgesetzen in zwischenmenschlichen Beziehungen einzustellen und statt dessen zu fragen, aufgrund welcher Kausalvorstellungen die Menschen handeln." (350)

Für eine *soziologische* Erziehungstheorie ist hierbei von besonderem Interesse, in welcher Weise sich solche subjektiv höchst unterschiedlich ausfallenden Kognitionen (Stichwort „subjektive Theorien") im Netzwerk der Kommunikation verknüpfen. „Inhalte" sind dabei nicht überflüssig, „worüber" soll denn auch sonst kommuniziert werden. Sie sind jedoch für ein Interaktionssystem wie z.B. die Schulklasse austauschbar. Denn „das" Thema strukturiert den Verlauf des Unterrichts nur, es steuert ihn aber ebensowenig, wie eine einzelne Person es vermag.

Wie sonst ließen sich einer einzelnen Klasse über Fächergrenzen hinaus „Eigenschaften" zuschreiben, wenn dort nicht auf kommunikationstypische Weise „Schematismen" (LUHMANN 1993) wirksam wären, die die Komplexität und Kontingenz jedes Augenblickes auf ein erträgliches Maß reduzieren und so ein identifizierbares „Eigenbehavior" (vgl. VON FOERSTER) erzeugen. Etwa nach dem Motto:

So viel Trivialität und Einfachheit wie nötig, soviel Variation und Vielfalt wie möglich, damit sich die Operationen des Kommunikationssystems aneinander koppeln können, Anschluß finden, fortdauern.

Jedem Lehrenden sind solche Etikettierungen bekannt, ja werden sie häufig als kollegiale Handreichungen geschätzt (etwa: Diese Klasse ist unruhig, jene sehr motiviert usw.). Diese Zuschreibungen mit dem Verhalten einzelner Personen zu erklären, ist häufig unmöglich. Wenn es doch gemacht wird, dann auf dem Wege einer krassen Verkürzung der Situationsanalyse und um den Preis, daß die Selbstorganisation des sozialen Gruppengeschehens ausgeklammert bleibt.

Hier soll nicht weiter die sehr abstrakt und formal gehaltene Argumentation der Systemtheorie verfolgt werden. Für die Zwecke dieser Arbeit soll lediglich Folgendes festgehalten werden: Jede Kommunikation, so auch die im

Unterricht, unterliegt (sozusagen außerhalb ihrer inhaltlichen Ausgestaltung) dem einen systemischen Prinzip des „Weitermachens", der Fortsetzung von Aktivität, dem Aufbau eines Interaktionsnetzes, der „Autopoiesis" von Identität als Prozeß. Nicht etwa der Stoff, das Thema „an sich" steuern den Unterricht, sondern genuin soziale Selektionsmechanismen, die schon anlaufen, wenn sich die Klassenmitglieder morgens versammeln. Damit sind noch nicht einmal die vielfältigen individuellen Gedanken und Bedenken der Schüler (und natürlich auch der Lehrer) angesprochen, die jeder Einzelne im Rucksack trägt (vgl. auch BERNSTEIN/LOWY 1969, 63f.).

Schon vor dem ersten Blick, dem ersten Wort, ist der Weg der weiteren Interaktion auf das Gleis gesetzt. Manches, sogar Vieles ist dann noch möglich, aber eben nicht mehr Alles und schon gar nicht zugleich. Die bloße Anwesenheit der Mitglieder genügt, und der inhaltliche Fortgang ist nicht mehr völlig offen. Organisatorische Strukturen von Schule wie etwa der „Stundenplan" tun hierfür ihr übriges.

So gleicht denn auch schulische Interaktion viel weniger einem zielgerichteten Adaptionsprozeß, als einer sich aus der je eigenen Struktur ergebenen Entwicklungsweise, die im Unterricht Inhalte (im Wortsinn) erst (inne)halten kann. Sie ist das fruchtbare Substrat, auf dem die Fachdidaktiken dann systematisch und geplant Blüten treiben können.

Humberto MATURANA hat dafür folgende Beschreibung gefunden:

„Wie findet nun das [...] System den richtigen Weg? Ganz einfach — von selbst. Es gleitet — genau wie man beim Skifahren schwingt, um flexibel im Gleichgewicht zu bleiben. Diesen tänzerischen Slalom durchs Leben nenne ich 'Driften', und als Spiel mit Strukturen dauert er an, solange die Organisation und Anpassung gewahrt sind. Dieses Spiel kann also nur im Tod enden." (MATURANA 1994, 81)

In einer anderen Fassung findet MATURANA mit seinem Kollegen Francisco VARELA dieses Bild für das Phänomen der Drift:

„Die Evolution ähnelt einem wandernden Künstler, der auf der Welt spazierengeht und hier einen Faden, da eine Blechdose, dort ein Stück Holz aufhebt und diese derart zusammenstellt, wie ihre Struktur und die Umstände es erlauben, ohne einen weiteren Grund zu haben, als den, daß er sie so zusammen stellen *kann*." (MATURANA/VARELA 1987, 129)

Ich habe oben in eckigen Klammern etwas „unterschlagen", was MATURANA als Biologe immer wieder betont. Wenn er von Systemen spricht, denkt er an *lebende* Systeme und systemische Drift ist für ihn ein natürliches Phänomen! Lebewesen stellen für ihn die Grundlage aller weiteren Überlegungen dar („nur was lebt, kann auch überlegen!") und bieten mir nun einen zweiten gedanklichen Anknüpfungspunkt, der zur Methode der Sozialen Gruppenarbeit führt.

Der Anschluß ist leicht gefunden, wenn man sich auf das sog. Entwicklungsstufenmodell der Sozialen Gruppenarbeit besinnt, welches in den USA unter dem Namen „Developmental Model" entstand und im deutschsprachigen Raum einige Jahre später durch die zwei übersetzten Bände von S. BERNSTEIN und L. LOWY bekannt wurde (vgl. 1969, 1975). Es stellt ein besonderes Konzept für die soziale Arbeit mit Gruppen dar, die mit der Einzelfallhilfe und der Gemeinwesenarbeit die traditionelle sozialpädagogische Methodentrias bildet.

„Historische Entwicklung und derzeitige Situation" sozialer Gruppenarbeit in Deutschland beschreibt eine aktuelle Studie von H. J. KERSTING und L. KRAPOHL (1994). Sie stellen in diesem Kontext das besagte Entwicklungsstufenmodell als ein allgemeines „Interpretationsschema" für die Arbeit mit Gruppen dar, das sich ausdrücklich an biologischen Lebensstufen orientiert. Deren fünf Phasen lauten:

— Voranschluß / Orientierung
— Machtkampf / Kontrolle
— Vertrautheit / Intimität
— Differenzierung / Kooperation
— Trennung / Ablösung

Sie werden ausführlich von verschiedenen Autoren beschrieben (zuletzt in Anwendung auf das Feld der Erwachsenenbildung; vgl. KRAPOHL 1987). Unter dem Aspekt der „Interventionsmodalitäten des Leiters" wurden Charakteristika für jede Stufe beschrieben (vgl. die übersichtliche tabellarische Darstellung des Modells von KERSTING und KRAPOHL in: KRAPOHL 1987, 252ff.). Ich möchte im folgenden Passagen daraus zitieren und einige schulspezifische Beispiele bzw. Hinweise geben:

1. Voranschluß — Orientierung

„Da die Fähigkeit, Kontakte auf lange Sicht zu schließen, noch unentwickelt ist, muß der Leiter sich bewußt halten, daß Anfangsvereinbarungen schnell vergessen werden (die Bewältigung der emotionalen Seite des Gruppenanfangs ist für die Mitglieder wichtiger als Sachaufgaben)." (KRAPOHL 1987, 253)

Hier ist zu betonen, daß das alltägliche „Bewuß*thalten*" entscheidend ist, d.h. daß diese Aufgabe keineswegs nur in der Primarstufe oder zum Schuljahresbeginn anfällt. Stets sind interaktionsrelevante Veränderungen im gange, wie etwa der Lehrerwechsel im Laufe eines Schultages oder das Fehlen von einzelnen Schülern, die die Kommunikation unmittelbar beeinflussen und quasi stets von neuem beginnen lassen.

2. Machtkampf — Kontrolle

„In der Reflexion klärt der Leiter mit den Beteiligten, was die Machtprobleme der werdenden Gruppe sind." (KRAPOHL 1987, 255)

Solche Reflexionen werden im Bereich der Schule typischerweise individualisierend angestellt, d.h. auf einzelne „Problemschüler“ und kaum auf notwendige Gruppenlernprozesse hin orientiert (vgl. meine Ausführungen zur Systemtheorie oben).

3. Vertrautheit — Intimität

„Der Leiter hilft bei der Klärung der interpersonalen Gefühle und Beziehungsstrukturen in der Gruppe.“ (KRAPOHL 1987, 257)

Angesicht umfangreicher Lehrpläne erscheint diese Aufgabe als „Luxus“ und findet kaum ihren Platz im Unterricht als Forum der Schulklassengruppe. Bleibt sie, wenn überhaupt, vertraulichen Einzelgesprächen, sporadischen „Wandertagen“, Klassenfeten und dergleichen Sonderveranstaltungen überlassen, findet damit eine nachhaltige Entwertung dieses zentralen Themas statt.

4. Differenzierung — Kooperation

„Der Leiter strebt an, daß sich der Blick der Gruppenmitglieder über die Grenzen dieser konkreten Gruppe hinaus weitet.“ (KRAPOHL 1987, 259)

Diese Aufgabe steht im engen Zusammenhang mit dem Transfer entwickelter sozialer Kompetenzen in andere Kontexte „außerhalb“ der Schule. Bedeutsam ist hier das laufende, klassenöffentliche Behandeln der dort gemachten oder beabsichtigten Erfahrungen und nicht etwa das Abfertigen individueller „Praktikumsberichte“ oder die Durchführung von ergebnisorientierten „Projektwochen“ unter schulischer Aufsicht.

An dem Aachener Institut (ibs), an dem ich meine methodische Ausbildung (nach den Standards der AASWG) erhielt, ist folgendes „Motto“ gebräuchlich: „Die Gruppe arbeitet, das Leben beginnt!“ (Nicht nur deshalb danke ich meinen Ausbildern und Kollegen für die gemeinsame Drift).

5. Trennung — Abschied

„Er läßt die Trauer, Flucht und Regression bewußt erleben; er spricht diese Phänomene offen an und hilft so bei der Trauerverarbeitung.“ (KRAPOHL 1987, 261)

An dieser Phase zeigt sich sicher am deutlichsten die bewußte Analogie zum biologischen Lebensprozeß des Entwicklungsstufenmodells. Findet ein sozialer Prozeß einen ergebnismäßigen oder zeitlichen Abschluß, „sterben“ die Mitglieder einen mehr oder weniger großen sozialen „Tod“. Vielfältige

Situationen können als mit-menschlichen Verlust erlebt werden und Formen von Trauer auslösen. Auch hier ist, wie schon in der ersten Phase, die alltägliche Sensibilität des Lehrers gefragt und nicht nur das alljährliche Verabschieden von Abschlußklassen (wobei z.B. die feierliche Übergabe von Zeugnissen ein ebenso traditionelles wie brauchbares Ritual darstellt).

Aus konstruktivistischer Sicht kann mit diesem hier nur unzureichend vorgestellten Phasenmodell natürlich kein notwendiger Mechanismus gemeint sein, der sich in jedem Gruppenprozeß gleichermaßen ausgeprägt zeigt. Auch ist meines Erachtens die lineare Anordnung in Phasen heute eine überholte Darstellungsweise, lassen sich doch in der Praxis unterschiedlichste parallele, kreis- und rückläufige Entwicklungen beobachten (was übrigens schon früh zu bedenken gegeben wurde, vgl. BERNSTEIN/LOWY 1969, 101f., und auf die aktuelle, explizit systemisch-konstruktivistische Überarbeitung des Modells durch KRAPOHL u.a. darf man wohl gespannt sein). Vielmehr sind die Gruppenphasen als eine brauchbare „Rahmenerzählung" zu verstehen, die die „Lernentwicklung der Einzelnen und der Gruppe beschreiben" (KERSTING/KRAPOHL 1994, 65) und diagnostizieren helfen und so planvolle Intervention erlauben.

Jede didaktische Planung von Unterricht wird allerdings auch unter Zuhilfenahme gruppenpädagogischer Konzepte keinen determinierenden Einfluß auf das faktische Interaktionsgeschehen nehmen können. Sie bleibt stets selbstreferentielle Entwicklungsvorstellung des planenden Lehrers, der sich (bestenfalls) selbst damit orientiert und seinem eigenen Handeln Richtung verleiht (vgl. WOLTMANN 1991). „Funktioniert" also ein solcher Plan, verläuft der Unericht „wie gewünscht", hat er „Erfolg" ect. ist damit noch nicht und wohl niemals dessen Wahrheit oder absolute Richtigkeit erwiesen, sondern lediglich *eine* gangbare Möglichkeit aufgezeigt.

Wenn also nicht nur (schwerpunktmäßig) fachwissenschaftlich und fachdidaktisch ausgebildete Pädagogen sich dem selbstorganisierten Interaktionsgeschehen einer Schulklasse stellen würden, kämen andere Dimensionen offen und verhandelbar zum Zuge, würden soziale Lernanläße nicht nur quasi zufällig oder am Rande geschaffen. Kompetenzen in der Methode der Sozialen Gruppenarbeit bereicherten die Möglichkeiten von Lehrern, sich auch und besonders mit den unvorhergesehenen Entwicklungen des Unterrichts zu befassen. Sie lieferten gleichsam methodisches Rüstzeug für das, was die Systemtheorie „intensive technology" der Erziehung nennen würde, wenn Technologie überhaupt noch ein angemessener Ausdruck dafür ist, daß „am reagierenden Objekt" (vgl. LUHMANN/SCHORR 1979, 358) ohne jede klassische Kausalwirkung gehandelt und entschieden werden muß.

Ich bevorzuge in diesem Fall die Sprache MATURANAS, die wohl eher von systemischer Drift sprechen würde, in der der Lehrer auch auf buckliger Piste nicht den Boden unter den Füßen verliert. Denn es geht in der Sozialen Gruppenarbeit um zwischenmenschliche Kontaktaufnahme, Beziehungsklärung und auch Trennung und Abschied. Es geht um das Erfahrung machen mit Nähe und Distanz, mit Annahme und Ablehnung, mit Kopf und Bauch, mit Bekanntem und Fremdem, mit Offenheit und Grenzen usw. Das kann weder gelehrt noch angeleitet werden! Soziale Gruppenarbeit ist darum pädagogisch begleitete Differenzerfahrung und stiftet gerade deshalb Identität. Warum nicht auch in der Schule?

Das ließe sich doch ändern, meine ich. Veränderte Ausbildungscurricula und/oder entsprechende Fortbildungsmöglichkeiten für Lehrer, und bei allen Beteiligten der Mut, sich auf eine Wirklichkeit im Unterricht einzulassen, die sich (auch ohne explizite Gruppenpädagogik) immer schon sozial hergestellt hat, wenn man glaubt, daß der „eigentliche" Unterricht beginnt.

Ihre methodische Berücksichtigung hieße, fundamentale zwischenmenschliche Prozesse zumindest situativ sichtbarzumachen und so der Reflexion und Entwicklung zugänglich zu machen. Das wäre ein wichtiger Beitrag zur systemischen Konstruktion bekömmlicher(er) Schulwirklichkeiten.

Literatur

Bernstein, S.; Lowy, L. (Hrsg.) (1969): Untersuchungen zur Sozialen Gruppenarbeit in Theorie und Praxis. Freiburg/B.

Bernstein, S.; Lowy, L. (Hrsg.) (1975): Neue Untersuchungen zur Sozialen Gruppenarbeit. Freiburg/B.

Kersting, H. J.; Krapohl, L. (1994): Soziale Gruppenarbeit. Historische Entwicklung, derzeitige Situation und Ausblick. In: Gruppenanalyse im sozialpädagogischen Feld. Arbeitshefte Gruppenanalyse 1/94. Münster, S. 52-79

Krapohl, L. (1987): Erwachsenenbildung. Spontaneität und Planung. Aachen

Luhmann, N. (1993): Schematismen der Interaktion. In: Luhmann, N.: Soziologische Aufklärung, Band 3. Opladen, S. 81-100

Luhmann, N.; Schorr, K. E. (1979): Das Technologiedefizit der Erziehung und die Pädagogik. In: Zeitschrift für Pädagogik, 25 (3), S. 345-365

Luhmann, N.; Schorr, K. E. (1988): Reflexionsprobleme im Erziehungssystem. Neudruck mit Nachwort 1988. Frankfurt a.M.

Maturana, H. R. (1994): Was ist Erkennen? München

Maturana, H. R.; Varela, F. J. (1987): Der Baum der Erkenntnis. Bern-München-Wien

Woltmann, B. (1991): Planen, Autopoiese und Sozialpädagogik. Ausführungen zu einer Epistemologie didaktischer Wirklichkeitskonstruktion. In: Bardmann, T. M.; Kersting, H. J.; Vogel, H.-Chr.; Woltmann, B.: Irritation als Plan. Konstruktivistische Einredungen. Aachen, S. 64-107

Systemisch-ganzheitliche Diagnostik in der Schule

Hans Eberwein

Zu einem veränderten Konzept von Schule gehört auch ein anderes Verständnis von Diagnostik. Im Mittelpunkt muß die systemische und ganzheitliche Sichtweise von Kindern stehen. Das Lernverhalten von Schülern sowie aufgabenspezifische Schwierigkeiten sind nur dann sinnvoll zu beobachten und zu beurteilen, wenn Lehrer von einer einmaligen, normorientierten Statusdiagnose wegkommen, hin zu einer mehrperspektivischen Betrachtungsweise, in der sowohl die lebensweltlichen Systeme, die das Verhalten von Kindern maßgeblich bestimmen, als auch kontinuierliche Lernprozeßbeobachtungen Berücksichtigung finden.

Lehrer diagnostizieren täglich im Unterricht, auch wenn sie sich dessen nicht immer bewußt sind. Sie beobachten das Verhalten von Kindern, beurteilen ihre Leistungen und vergeben Zensuren. Dies sind die häufigsten Formen pädagogischer Diagnostik. Darüber hinaus diagnostizieren LehrerInnen immer dann, wenn die Frage der besonderen Förderung in einer integrativen Grundschule oder in einer Sonderschule zu entscheiden ist.

Das sonderschulspezifische Ausleseverfahren mit seiner normorientierten Statusdiagnose ist in den letzten Jahren zunehmender Kritik ausgesetzt worden, da zumeist in Form einer einmaligen Querschnittserhebung fast ausschließlich standardisierte Schulleistungs- und Intelligenztests zur Anwendung gelangten, die den Förderbedürfnissen der untersuchten Schüler nicht gerecht wurden.

Die Selektionsdiagnostik orientiert sich am Krankheitsbegriff des medizinischen Modells. Danach wird abweichendes Lern- und Sozialverhalten analog zu einer somatischen Erkrankung verstanden. Dieser Diagnostik liegt die Annahme zugrunde, daß menschliche Verhaltensweisen durch endogene Persönlichkeitsmerkmale determiniert sind. Sie sucht deshalb die Ursache des Schulversagens im Individuum selbst. Außerhalb des Individuums wirkende Verursachungsfaktoren gerieten dabei weitgehend aus dem Blickfeld.

Demgegenüber legt die Förderdiagnostik, wie sie bspw. in integrativen Schulen praktiziert wird, eine mehrperspektivische Betrachtungsweise zugrunde. Sie versucht, die Fixierung allein auf die Person des Schülers zu überwinden und sein Verhalten im sozialen Kontext zu sehen und zu interpretieren. Im Mittelpunkt des Beobachtungsinteresses steht deshalb nicht mehr das normabweichende Verhalten als solches, sondern das zugrundeliegende Bedingungsgefüge und die Reaktionen der Umwelt auf dieses Verhalten.

Im Gegensatz zum medizinischen Modell geht der sozialwissenschaftliche oder interaktionistische Erklärungsansatz von einer Wechselwirkung zwischen gesellschaftlicher Umwelt und Verhalten aus. Jeder Mensch ist in verschiedene Systeme eingebunden, an denen er teilhat und die sein Leben maßgeblich bestimmen, angefangen bei der Familie und der Wohnumgebung, über den Kindergarten, die Schule, bis zum Freundeskreis und zum Berufsalltag. Diese familiären und außerfamiliären Bezugssysteme beeinflussen ein Kind, und umgekehrt beeinflußt das Kind durch sein Verhalten die anderen Mitglieder des jeweiligen Bezugssystems. Diese wechselseitige Beeinflussung im Denken, Fühlen und Handeln ist ein wichtiger Ansatzpunkt für eine Kind-Umfeld-Diagnose und für die Förderdiagnostik. Aus dieser system- und entwicklungstheoretischen Perspektive müssen pädagogisch-diagnostische Maßnahmen abgeleitet werden (HILDESCHMIDT/SANDER 1994). Ein systemisch-ganzheitlicher diagnostischer Ansatz hat deshalb alle lebensweltlichen Teilsysteme, in denen ein Kind steht, bei der Beurteilung des Lernverhaltens von Schülern mitzubedenken.

Im Sinne der Förderdiagnostik sind daher Schulschwierigkeiten Ausdruck einer komplexen Lern- und Lebenssituation, die multifaktoriell verursacht worden ist. Aufgabe der Förderdiagnostik muß es also sein, möglichst umfassende Informationen und Daten zu erhalten, um die pädagogische Problemsituation in ihrem Ursachenzusammenhang analysieren und adäquate Fördervorschläge entwickeln zu können.

Dazu gehört neben der Analyse der aufgabenspezifischen Schwierigkeiten die Berücksichtigung des Lern- und Entwicklungsstandes, der Umfeldbedingungen, der Biographie des Schülers ebenso wie seines Sozialisationshintergrundes, aber auch emotionaler Aspekte. Um dieser Komplexität einigermaßen gerecht zu werden, sind in mehreren Bundesländern, in denen integrative Grundschulen eingerichtet wurden, an die Stelle der bisherigen Überprüfungsverfahren durch Einzelpersonen sog. Förderausschüsse getreten, denen u.a. auch Eltern angehören und die aus verschiedenen Blickwinkeln und Erfahrungswerten heraus Schüler beurteilen.

Pädagogische Diagnostik ist jedoch nicht nur Situationsdiagnostik, sondern immer auch Lernprozeßdiagnostik; d.h., sie richtet ihr Augenmerk außer auf Lernergebnisse vor allem auf den Lern- und Interaktionsprozeß selbst. Zu den diagnostisch relevanten Merkmalen gehört deshalb besonders das Lernverhalten, also individuelle Lernstrategien wie Aufmerksamkeitsspanne, Motivation, Arbeitstechniken, Lerntempo usw. Zu deren Erfassung sind weniger normorientierte, als vielmehr informelle Verfahren, wie z.B. die Verhaltensbeobachtung, geeignet.

Die Erhebung quantifizierbarer Daten tritt daher hinter die Erfassung qualitativer Ergebnisse zurück. So können beispielsweise beim Einsatz von Intelligenztests aus der Art der Fehler bzw. der Abweichung von einer Erwartungsnorm und dem individuellen Lösungsverhalten mehr Informationen gewonnen werden, als nur aus den ermittelten Standardwerten. Es empfiehlt sich deshalb, über die in der Testanweisung enthaltenen Vorgaben hinauszugehen, indem z.B. Hilfestellungen gegeben werden, mehr Zeit eingeräumt wird, Rückfragen gestellt werden, um so das Lernverhalten des Schülers besser beurteilen zu können.

Auf diese Weise gelingt es, weniger die Defizite, als vielmehr die Fähigkeiten eines Schülers zu erfassen. Dies ist besonders wichtig, da Fähigkeiten Ansatzpunkte für individuelle Fördermaßnahmen bilden. So entsteht allmählich ein differenziertes Lern- und Leistungsprofil des Schülers, das Einblick in seine Stärken und Schwächen sowie Auskunft über seine speziellen Bedürfnisse und Interessen gibt.

Eine solche ganzheitliche Betrachtungsweise verbietet die vorschnelle Vergabe von Etiketten wie „lernbehindert“ oder „verhaltensgestört“. Sie verlangt vom Lehrer statt dessen eine möglichst präzise Beschreibung der Anforderungs- und Lernsituation; denn der Behinderungsbegriff ist ein relationaler Begriff, was bedeutet, daß man immer nur „behindert“ ist „in bezug auf ...“, z.B. in bezug auf bestimmte Leistungsanforderungen der Schule, Sollerwartungen der Lehrer, Normvorstellungen der Gesellschaft usf. (vgl. EBERWEIN 1996).

Das aber heißt, daß sich beispielsweise die Diagnose „lernbehindert“ nur von Wertsetzungen, Lehrzielen, didaktischen Vorgaben her ableiten läßt; sie bilden den Bezugspunkt für das diagnostische Handeln. Pädagogische Zielsetzungen führen zu bestimmten didaktischen Maßnahmen und erst die dabei auftretenden Aneignungsschwierigkeiten setzen in der Regel diagnostische Reaktionen in Gang. An dieser Stelle wird die Bedeutung einer praxisbegleitenden oder Lernprozeß-Diagnostik einsichtig. Ihr kommt die Aufgabe zu, die Auswirkungen der getroffenen didaktisch-methodischen Entscheidungen im Hinblick auf die Zielvorgabe in der konkreten Unterrichtssituation zu überprüfen und ggfs. entsprechende pädagogische Maßnahmen zur Veränderung der Lernsituation einzuleiten.

Bei der Beobachtung von Lernprozessen sowie der Beurteilung von aufgabenspezifischen Schwierigkeiten ist die genaue Fehlerbetrachtung wichtig, denn diese gibt Einblick in die geistige Tätigkeit eines Kindes. Fehler sind zumeist als entwicklungsbedingte Notwendigkeit zu betrachten. Eine Fehleranalyse gibt über die Art der Fehler, über Fehlermuster und über individuelle Strategien Auskunft.

Auch der Lehrer selbst muß sich als Teil des diagnostischen Prozesses begreifen. Von ihm wird selbstreflektierendes Verhalten erwartet; denn das Lehrerverhalten stellt eine wichtige Variable für das Lern- und Leistungsverhalten von Schülern dar. Lernschwierigkeiten haben nicht selten etwas mit der Aufgabenstellung des Lehrers, seinem methodischen Geschick, der Abstimmung der Lehrerinstruktion auf die Bedürfnisse von Schülern, seinem Verständnis von Lernen, aber auch mit Sympathie und Antipathie gegenüber Schülern zu tun. LehrerInnen sollten sich dieser Wirkungszusammenhänge bewußt sein.

Im Rahmen der täglichen Unterrichtsarbeit ist es freilich schwierig, sich selbst in seinem Verhalten zu beobachten und ggfs. zu korrigieren. Dies ist meist nur indirekt möglich. Wichtig ist deshalb der Austausch von Beobachtungs- und Beurteilungsergebnissen, z.B. in Form von Fallbesprechungen. Diese bieten nicht nur die Möglichkeit, Informationen über einen gemeinsam im Unterricht erlebten Schüler zu erhalten und zu diskutieren und damit die eigenen Beobachtungen stärker zu objektivieren, sondern auch die Chance zur Selbsterkenntnis; denn was wir beobachten und wie wir das Beobachtete bewerten, hat immer auch mit uns selbst zu tun, ist abhängig von unserer eigenen Sozialisation, von unseren Vorannahmen, Erwartungen, Wertmaßstäben, verinnerlichten Theorien usw.

Es findet eine Art „Projektion" eigener Anliegen in andere Personen statt. Dieser Übertragung werden wir uns jedoch erst bewußt durch den Vergleich mit den Beobachtungsergebnissen anderer Lehrer. Auf diese Weise erfahren wir, warum *wir* bestimmte Verhaltensmerkmale von Schülern so und nicht anders bewerten. Dies wird dann besonders deutlich, wenn zwei Lehrer den gleichen Schüler beobachten und ihre Beobachtungsergebnisse hinterher vergleichen und bewerten. LehrerInnen sollten also ihre eigene Wahrnehmung kennenlernen, sich ihrer Beurteilungsnormen bewußt sein sowie ihre Beobachtungsergebnisse immer wieder überprüfen und auch mit KollegInnen austauschen.

Dabei muß man sich im klaren sein, daß eine objektive Beobachtung der Wirklichkeit nicht möglich ist. Wir können immer nur Ausschnitte aus der Wirklichkeit, also selektiv wahrnehmen. Außerdem ist die Wahrnehmung prinzipiell subjektiv, d.h. wir sehen die Welt immer mit unseren Augen; wie sie wirklich ist, wissen wir nicht.

Überträgt man diese Erkenntnis auf die Beobachtung und Beurteilung von Schülern, so kann man folgern, daß es sich auch hierbei grundsätzlich um subjektive Erfahrungen und Eindrücke handelt. LehrerInnen sollten deshalb vorsichtig sein mit der Verallgemeinerung von Einzelbeobachtungen, insbesondere mit der Ableitung von Charaktereigenschaften oder Persönlichkeitsmerkmalen eines Schülers. Ein anderer Beobachter kann zu ganz anderen Ergebnissen gelangen. Deshalb gilt es, den Grundsatz zu berücksichtigen, daß jegliche verhaltensdiagnostische Aussage nur vorläufigen

Charakter hat. Die Verhaltensbeobachtung stellt zwar im Rahmen förderungsorientierter Diagnostik die wichtigste Form der Informationsgewinnung dar, man muß jedoch bedenken, daß Beobachten zumeist mit Fehlern behaftet ist. Wenn aber LehrerInnen um diesen Sachverhalt wissen, können Fehler weitgehend vermieden oder reduziert werden.

Die zwei wichtigsten Fehler in der Schulpädagogik sind der Hofeffekt und die self-fulfilling-prophecy. Im ersten Falle wird von einzelnen auffälligen Merkmalen auf andere Merkmale oder auf die Gesamtpersönlichkeit geschlossen. So kann z.B. ein ungepflegtes Äußeres unbewußt auch zu einer negativen charakterlichen Bewertung führen. Oder: sehr gute Leistungen in *einem* Fach können die weniger guten Leistungen in einem anderen Fach „verfärben". Die sich selbst erfüllende Prophezeiung besagt, daß das Verhalten und die Leistung von Schülern auch davon abhängt, welche Erwartungen ein Lehrer in sie setzt. Wird ein Schüler vom Lehrer als besonders leistungsschwach eingestuft, so wird er diesem Bild oftmals tatsächlich entsprechen.

Zu der Fehlerhaftigkeit von Beobachtungsergebnissen kommt als weiteres Problem hinzu, daß wir alle dazu neigen, unsere Mitmenschen, also auch die Schüler, sofort zu beurteilen, d.h. sie zu bewerten, statt sie in ihrem Verhalten erst einmal neutral zu beschreiben, was viel schwieriger ist, aber für eine förderdiagnostische Schülerbeurteilung unabdingbar ist. Diese Form der Verhaltensbeobachtung stützt sich im Sinne ganzheitlichen Verstehens vor allem auf das Wie und Warum des Schülerverhaltens (vgl. EBERWEIN 1987).

Offene Lehr-Lern-Formen, wie sie seit Jahren in Modellschulen und Integrationsversuchen praktiziert werden und zunehmend auch von „Normal"schulen übernommen werden, bieten die Möglichkeit zu teilnehmender Beobachtung, ohne daß der Beobachter den Feldcharakter „stört" und ohne daß ihm der Status eines Fremden zukommt. Offene Interaktionsstrukturen bieten die Chance zu Beobachtungen, bei denen der Beobachter selbst aktiver Teil des Handlungsgeschehens sein kann. Hier ist vor allem an projektorientiertes Lernen, an freie Arbeit, an Gruppenaktivitäten und Spielsituationen zu denken. In solchen offenen Lernarrangements, in denen keine Testfragen zu beantworten sind, kann der Beobachter erfahren, wie Kinder miteinander umgehen, was sie warum tun, was ihnen wichtig ist, wie sie sich verständigen, welche Ideen sie entwickeln, wie sie Lernprobleme und soziale Konflikte lösen usw. Kinder können sich hier spontan verhalten sowie Meinungen und Kenntnisse äußern, ohne Angst vor falschen Antworten zu haben. Der Beobachter kann mit Kindern informelle Gespräche führen; er erfährt hierbei, „wie Kinder bestimmte Ereignisse aufnehmen, welchen Sinn sie ihnen geben, welche Schlüsse sie daraus ziehen. Häufig werden in diesen Gesprächen von den Kindern Sachverhalte oder Gedankengänge geäußert, an die der Pädagoge in diesem Kontext nicht gedacht hatte." (BUSCHBECK 1985, 10) Dies gilt besonders für Kinder, die einer anderen sozialen Schicht oder einer anderen Lebenswelt als der Beobachter angehören. Um diese Schüler in ihrem Verhalten zu verstehen, ist es notwendig, sich im Sinne ethnographischer Feldforschung auf ihr Leben, ihr Denken und Handeln einzulassen.

Grundprinzip muß deshalb sein, den Schüler in unterschiedlichen Situationen zu beobachten, um auf diese Weise möglichst viele Informationen über sein Verhalten sowie das ihn umgebende Interaktionsfeld zu sammeln. Ideal wäre es, den Schüler auch in außerschulischen Lebenssituationen beobachten zu können, etwa im familiären Bereich, bei Freizeitaktivitäten usw. Denkbar ist es natürlich auch, innerhalb von Schule bestimmte Beobachtungssituationen herzustellen. So kann man, um ein bestimmtes Kind gezielt beobachten zu können, mit diesem und einigen anderen Kindern zusammen während einer Freizeitbeschäftigungsphase verschiedene Spiele durchführen. Man kann in solchen Situationen relativ viel beobachten, vom Sprachverhalten über Lesefähigkeiten, Kenntnis von Zahlen und Farben bis zu Kritikfähigkeit und Durchsetzungsvermögen, ohne normorientierte Testverfahren anzuwenden (BELUSA/EBERWEIN 1994).

Aus dem Gesagten ist deutlich geworden, daß im Gegensatz zur passiven Beobachtung das aktive sowie das qualitative Element der Interaktion die entscheidenden Kriterien der teilnehmenden Beobachtung darstellen, denn nur so eröffnen sich dem Beobachter größere Handlungs- und Lebenszusammenhänge. In der vorliegenden Literatur zur Beobachtung wird zumeist die interaktive Dimension des Beobachtens vernachlässigt und einseitig aus der Sicht des Beobachtenden diskutiert. Wichtig ist aber, die Wahrnehmungen, Reaktionen, Meinungen und Selbstdefinitionen des Beobachteten sowie die impliziten Regeln seines alltäglichen Handelns in die Beobachtungsergebnisse und deren Interpretation einzubeziehen (vgl. EBERWEIN 1987).

Sieht man z.B. Lern- und Verhaltensschwierigkeiten als Erscheinungsbild an, dem in der Regel mehrere Bedingungsfaktoren zugrunde liegen, so stellt sich für den Unterrichtenden in erster Linie die Aufgabe, herauszufinden, auf welcher Basis die Lehr- und und Lernprozesse für das jeweilige Kind zu ändern sind. Ganzheitliche Diagnostik setzt ein Verständnis für die spezifischen Probleme des einzelnen Kindes voraus, das seine Andersartigkeit und seine personale Eigenständigkeit achtet. Wenn es bspw. dem Lehrer bei einem als verhaltensauffällig charakterisierten Schüler gelingt, hinter der „Störfassade" die tieferliegenden Probleme und Schwierigkeiten des Kindes zu erkennen und diese als Verursachungsmomente für bestimmte Verhaltensweisen zu deuten, erhält der Schüler die Chance, jenes Vertrauen und Verständnis zu erfahren, das als Voraussetzung für Verhaltensänderungen und Lernerfolge notwendig ist. Statt sich auf die von der „Norm abweichende Störung" zu konzentrieren, muß der Lehrer bereit sein, die jeweilige Situation mit den Augen des Kindes wahrzunehmen. Er sollte dessen Gefühle und Handlungen als begründet ansehen und versuchen, die Probleme vom Standpunkt des Kindes aus zu sehen, d.h. dessen „Normalität" wahrzunehmen. Diese Vorgehensweise setzt eine kontinuierliche Reflexion der sich ständig ändernden Beobachtungsprozesse voraus und kann nicht losgelöst von didaktischem Handeln gesehen werden. Im voraus erstellte förderdiagnostische Programme und isolierte Diagnosesituationen haben nicht den gleichen Informations- und Erkenntniswert wie förderdiagnostische Verfahrensweisen, die in die Unterrichts- und Erziehungsarbeit eingebettet sind und die die Nähe zum Handeln des Kindes im Unterrichtsalltag mit all seinen sozialen Bezügen herstellen.

Die bisherigen Überlegungen sollten verdeutlichen, daß jedes Kind eine individuell besondere Lebensgeschichte und Lernfähigkeit besitzt, die durch die verschiedenen systemischen Bezüge wesentlich bestimmt werden. Didaktisches und diagnostisches Handeln haben dieses Faktum zu berücksichtigen. Die Orientierung an einem sog. Normalschüler ist eine Fiktion. An dieser Stelle werden viele LehrerInnen zurecht einwenden, daß bei 20-30 Kindern pro Klasse der pädagogische Bezug zu den Kindern im Sinne von Komplexitätsreduktion generalisiert werden muß. Förderdiagnostisches Vorgehen und lernprozeßorientierte Diagnostik sind in diesem Falle nur schwer realisierbar. Neue Möglichkeiten eröffnet diesbezüglich jedoch das Mehr-Lehrer-System, wie es in integrativen Grundschulen praktiziert wird (vgl. EBERWEIN 1994).

Innerhalb dieses Systems kann immer ein Lehrer freigesetzt werden für spezifische diagnostische Aufgaben im Rahmen von Unterricht. Aber auch LehrerInnen im traditionellen Unterricht sollten davon ausgehen, daß Lernschwierigkeiten eine normale Erscheinung im Aneignungsprozeß darstellen und daß es notwendiger Bestandteil von Unterricht sein muß, aufgabenspezifische Schwierigkeiten zu diagnostizieren und individuelle Hilfen zu ihrer Überwindung anzubieten.

Die Schwierigkeit, aus einer Vielzahl von diagnostischen Daten immer auch die richtigen didaktischen oder therapeutischen Konsequenzen abzuleiten, kann freilich auch systemisch-ganzheitliche Diagnostik nicht lösen, denn zwischen Diagnose und Therapie besteht kein lineares Deduktionsverhältnis. Zumeist läßt ein diagnostisches Ergebnis mehrere didaktisch-methodische Handlungsmöglichkeiten zu. Dieser Sachverhalt macht aber lernprozeßbegleitende Diagnostik unbedingt erforderlich.

Das Fremdverstehen stellt die wichtigste Funktion der Diagnostik dar. Deshalb ist es notwendig, sich im ganzheitlichen Sinne auf das Kind einzulassen, mit ihm ein Stück Weg zusammen zu gehen. Die herkömmliche Diagnostik muß daher von ihrem bisherigen Verstehensbegriff abkommen, der lediglich im Zusammenhang mit Interventionen an Bedeutung gewinnt, die *dann* einsetzen, wenn es zu einer Störung des „Normalfalles" bzw. der Störung einer Routinehandlung kommt; wenn also ein Erziehungsziel mit den herkömmlichen Methoden und Mitteln nicht erreicht werden kann. Ein Verstehensprozeß, der lediglich auf eine einseitige Veränderung des Individuums angelegt ist, entbehrt jener humanistischen Elemente, die für einen stigmafreien pädagogischen Umgang erforderlich sind (vgl. EBERWEIN/MAND 1995).

Literatur

Belusa, A.; Eberwein, H. (1994): Förderdiagnostik — Eine andere Sichtweise diagnostischen Handelns. In: Eberwein, H. (Hrsg.) (1994): a.a.O., S. 260-268

Buschbeck; H. (1985). Reflektierende Beobachtung. Berlin

Eberwein, H. (Hrsg.) (1987):. Fremdverstehen sozialer Randgruppen. Ethnographische Feldforschung in der Sonder- und Sozialpädagogik. Grundfragen, Methoden, Anwendungsbeispiele. Berlin

Eberwein, H. (Hrsg.) (1994[3]). Behinderte und Nichtbehinderte lernen gemeinsam. Handbuch der Integrationspädagogik. Weinheim

Eberwein, H.; Mand, J. (Hrsg.) (1995): Forschen für die Schulpraxis. Was Lehrer über Erkenntnisse qualitativer Sozialforschung wissen sollten. Weinheim

Eberwein, H. (Hrsg.) (1996): Handbuch Lernen und Lern-Behinderungen. Lernkonzepte, Lernprobleme, neue Lernformen. Weinheim

Hildeschmidt, A.; Sander, A. (1994): Der ökosystemische Ansatz als Grundlage für Einzelintegration. In: Eberwein, H. (Hrsg.) (1994): a.a.O., S.269-276

III Schul-PRAXIS systemisch betrachtet

Vom Kaffeetrinken und Stundenplanbauen Schulleitung als Organisationsinstanz kurz- und langfristiger Rhythmen

Thomas Leeb

In diesem Beitrag wird an zentraler Stelle der Zusammenhang von Schulorganisation und Unterrichtswirklichkeit unter systemischem Blickwinkel diskutiert. Die Organisationsstrategien sind auf die Vermeidung unnötiger Reibungsverluste (niederentrope Verfahren) gerichtet. Die Planung eines Schuljahres wird an einem Unterrichtstag so gespiegelt, daß der Zusammenhang deutlich wird. Die Verknüpfung beider Blickwinkel über eine zyklische Informationsverarbeitung liefert den theoretischen Hintergrund.

1 Wie Schule sich bewegt: Die Veränderung beginnt zuerst in den Köpfen der Lehrenden

Mit dem Verständnis von Schule ist es wie mit dem Verständnis des Fußballspieles: Alle sind wir sehr fachkompetent, da wir alle sowohl in die Schule gegangen, als auch einen Fußball sinnvoll bewegt haben. Diese selbstverständliche Gewißheit hat den Vorteil der — scheinbaren — Teilhabe an fachlicher Kompetenz, sie hat aber gleichzeitig den Nachteil des lediglich in gewohnten Bahnen Denkens. Denn wenn wir aus unserem eigenen Erleben immer schon wissen, wie die Dinge zu gehen haben, verschließen wir uns die Sicht auf das Kontigente, das auch anders Mögliche. Während die fernsehgerechte Aufbereitung des veränderten Fußballalltages im Regelfall Allgemeingut geworden ist, scheint dies für den Alltag der heutigen Grundschule nicht zu gelten. Keiner redet doch heutzutage noch vom Außenläufer, wo jener doch Mittelfeldspieler geworden ist. Keiner erwartet heute noch den Ausputzer als „letzten Mann", wo doch der mitspielende und mitdenkende Libero kreiert worden ist. Auch den klassischen, an der Seitenlinie klebenden Linksaußen, der niemals seine eigene Hälfte betritt, werden wir nicht mehr zu sehen bekommen.

Ganz anders erscheint dagegen das heutige Bild der Grundschule. Natürlich dauert eine Schulstunde 45 Minuten, natürlich lernen die Schüler fachdidaktisch aufbereitetes Faktenwissen, am besten alle zur selben Zeit mit den gleichen Methoden und Medien dasselbe. Natürlich werden alle Schüler früher oder später mit Ziffernzensuren bewertet. Glauben Sie etwa nicht, daß in der Grundschule überwiegend nur gespielt, richtiges Lernen im Prinzip erst auf der Sekundarstufe, eigentlich ausschließlich auf dem Gymnasium stattfindet? Oder haben Sie etwa ein anderes Verständnis von Grundschule? Übrigens, seit hundert Jahren bemühen sich reformerisch eingestellte Pädagogen (Reformpädagogen, sic!) um die Veränderung von Schule. Eben nicht: Jeder zur gleichen Zeit, die gleichen Inhalte mit den gleichen Methoden und Medien, sondern: Jeder zu seiner Zeit das ihm Zustehende nach seinen je individuellen Möglichkeiten. Die zugehörigen Schlagworte sind leicht genannt: Schülerorientierter, offener Unterricht, Projektunterricht, auf einer anderen Ebene: Binnendifferenzierung mit Freier und Wochenplanarbeit. Aus dem althergebrachten Frontalunterricht wurde der offene Unterricht, aus der strikten Reglementierung jedes einzelnen Lernschrittes wurde die Freie Arbeit. Sie mögen mir an dieser Stelle die grob holzschnittartige Vereinfachung verzeihen. Natürlich gibt es die Zwischentöne, die Nuancen, natürlich sind die Übergänge fließend, auch der moderne Libero ist schließlich doch irgendwie letzter Mann geblieben.

Sie bewegt sich also doch, die „althergebrachte" Grundschule. Oftmals schüchtern, kaum merklich, manchmal schon sehr gewaltig. Diese Bewegung, und dies wäre meine Behauptung, beginnt zuallererst in den Köpfen von uns Lehrenden. Beispiele müssen an dieser Stelle genügen. Bewegung stellt sich etwa dann ein, wenn die hehre Tugend alleine „mit seiner Klasse fertig werden zu wollen" einem Ansatz zur Kooperation weicht. „Sag mal, hast du auch Schwierigkeiten mit der 3c, speziell mit André? Bewegung stellt sich auch dann ein, wenn Materialien ausgetauscht und Erfahrungen besprochen werden. Schule bewegt sich, wenn der Unterricht einer Klasse nicht mehr von der Klassenleitung alleine, sondern von einem Team von Lehrenden geplant und realisiert wird. Die Bewegung wird deutlich merkbar, wenn etwa die Schulleitung ihre vornehmlichste Tätigkeit in der Schaffung von Rahmenbedingungen für Beweglichkeit sieht. „Mehr gestalten als verwalten", so eine Forderung des Arbeitskreises Grundschule, welche die Richtung weist. Bewegung entsteht, wenn das Praktizieren binnendifferenzierten Unterrichts als die andere Seite der Medaille der Integration verstanden wird; wenn schon nicht alle zur selben Zeit das gleiche, also jedem das Seine, dann wirklich jedem. Ob das Kind nun einen besonderen Förderbedarf ausweist oder nicht!

Wenn eine Schule in Bewegung geraten ist, werden sich die Rhythmen, die Tempi der Veränderung beschleunigen. Bewegung zieht Bewegung nach sich. Die Organisation dieses Fließgleichgewichts soll im folgenden entlang der Beschreibung des Weges einer einstmals traditionell ausgerichteten Grundschule zu einer offen strukturierten und organisierten Einheit erfolgen. Idealisierte Typisierungen werden unumgänglich sein.

2 Wie ein Schuljahr entsteht: Organisation von langfristigen Rhythmen

Es ist Anfang Mai. Die Schulleitung legt Listen im Lehrerzimmer aus, welche die Verteilung der einzelnen Klassenstunden beinhalten. Die Horizontale der Listen führt jede Klasse auf, die im künftigen Schuljahr existiert, die Vertikale weist die zugehörigen Fächer mit der Anzahl der Wochenstunden auf. Wer eine Klasse im nächsten Schuljahr übernehmen will, trägt sich unter dem Titel Ordinariat in die erste Spalte ein. Konkurrierende Eintragungen sind möglich, kommen faktisch jedoch nicht vor. Mit dem Wunsch nach der Übernahme der Klassenleitung ist quasi automatisch die Aufgabe verbunden, sich ein Team der an dieser Klasse unterrichtenden LehrerInnen zusammenzustellen. „Kannst du bei mir (gemeint ist natürlich die künftige Klasse) die Teilungsstunden übernehmen?“ „Hast du noch drei Stunden für den Sportunterricht bei mir übrig?“ „Ja, aber nur, wenn du bei mir die Musik abdeckst!“ Mit solchen und ähnlichen Fragen entstehen Teams, welche für bestimmte Klassen verantwortlich zeichnen. Nach etwa drei Wochen übernimmt die Schulleitung die Aufgabe, die Listen nach möglichen Lükken, die immer existieren, abzusuchen. Kärrnerarbeit, wohl wahr. „Könnten sie nicht in der 2a die Stunden für Bildende Kunst übernehmen?“ „Ist es nicht sinnvoll den Sachkundeblock der neuen Kollegin zu überlassen?“ „Schreiben sie die Mathematikstunden doch einfach unter N.N. und warten sie ab, welches Teammitglied von außen dazu kommt.“ Anfang Juni hat jedes Mitglied des Kollegiums sein Stundendeputat verteilt und sich Teams zugeordnet. Lücken bei einzelnen Klassen sind gekennzeichnet, Arbeit für die Neuen. Die Arbeit am Stundenplan beginnt. Jedes Team ist für seine Stundenplangestaltung selbst verantwortlich. Nach Abklärung der festen Sport- und Schwimmblöcke, nach der Integration der Religionsstunden beginnt das eigentliche „Planbauen.“ Um diese Blöcke herum gestalten die Teams ihren täglichen Stundenplan. „Wir wollen jeden Tag mit zwei Stunden Freier Arbeit beginnen.“ „Musik bitte nicht immer in den fünften oder sechsten Stunden.“ Wenn Kolleginnen nur in einem Team arbeiten, gestaltet sich der Planbau relativ einfach. Sollten KollegInnen in mehreren Teams unterrichten, nimmt die Komplexität des Bauens vielfältige Formen an. Auf einmal sitzen zehn Teamer an einem Tisch, um für drei Klassen den Unterrichtsalltag zu strukturieren.

Sie vermissen im Augenblick ein bißchen die Arbeit der Schulleitung am Plan, denn dies ist doch eine originäre Aufgabe derselben. Sie haben natürlich recht, aber, gemach gemach. Auch wenn die Schulleitung im Augenblick überwiegend Kaffee trinkt und sich ansonsten bedeckt hält, die eigentliche Schwierigkeit steht ihr noch bevor. Gestalten Sie doch einmal aus vielen einzelnen Teamplänen einen schulischen Gesamtplan. Suchen Sie nach Fehlern, finden sie Lücken im System. Integrieren Sie die neuen KollegInnen in feste Teams. Sisyphos hoch drei, mit Verlaub! Das Prinzip, nach dem die Schulleitung hier arbeitet, ist einfach genannt: „Nichts tun, was man nicht tun muß." Oder: Die Entscheidungen sollten möglichst dort fallen, wo auch die (Aus-)Wirkungen zu spüren sind. Reibungsverluste vermeiden, niederentrope Arbeitsformen präferieren. Systemzusammenhänge erkennen und ihren Fluß nicht behindern. An anderer Stelle habe ich einmal vom „Qualifizierten Nichtstun" der Schulleitung gesprochen. Eben: Nichts tun, was man nicht tun muß. Die Qualität dabei ist es, diese Zusammenhänge und Strukturen auch zu erkennen, bei denen ein Eingreifen Reibungsverluste erzeugt.

Gut denn, die Stundenverteilung ist erledigt und der Stundenplan bis auf wenige Unwägbarkeiten erstellt. Die Vergabe der Räume und der Finanzmittel muß nun erfolgen. Zwei erste Klassen wollen zusammen kooperieren. Sie benötigen zwei nebeneinander liegende Klassenräume, möglichst durch einen Gruppenraum verbunden. Das Team einer vierten Klasse arbeitet seit Jahren in einem Raum, welcher sehr „heimelig" geworden ist. Das Team sollte natürlich in dem Raum bleiben können. Wieder entstehen selbstorganisierte Prozesse, die letztlich in einem Raumverteilungsplan münden. Streit ist diesem Verfahren immanent! Auch hier münden Prozesse also in Strukturen, welche ein Schuljahr mitbestimmen und organisieren — aber auch determinieren. Ähnliches läßt sich über die Verteilung der immer zu knappen Finanzmittel sagen. Nach unabweislichen Bedürfnissen werden die verbleibenden Restmittel nach Klassenfrequenzen differenziert den einzelnen Klassen zugewiesen. Die Teams entscheiden selbständig und eingenverantwortlich über die Bestellung für das neue Schuljahr. „Kaufen wir neue Sachkundebücher oder Materialien für die Freiarbeit?" „Leisten wir uns ein neues Regal oder Übungsgeräte für die Psychomotorik?" „Wollten wir nicht schon letztes Jahr eine Hängeregistratur kaufen?"

Das neue Schuljahr ist eingerichtet, die langen Wellen und Rhythmen sind organisiert. Es wird Zeit, daß wir alle in unsere Sommerferien gehen. Abtauchen und entspannen. Na denn Tschau bis zum nächsten (Schul-)Jahr!

3 Wie ein Schultag vergeht: Szenische Fragmente der Organisation kurzfristiger Rhythmen

Wir befinden uns in der Zwischenzeit im September des neuen Schuljahres, dessen operative Strukturierung wir im vorherigen Abschnitt mitverfolgen konnten. Wie an jedem Werktag nimmt die Schulleitung um 7.00 Uhr morgens die Arbeit auf. Das Telefon umschalten, Kaffee brauen und auf die Anrufe erkrankter Kolleginnen und Kollegen warten. Solange das Telefon ruhig bleibt, ist Zeit für ein Schwätzchen, aber auch Zeit für den Austausch von Informationen und für die Aufteilung der heute anfallenden Arbeit. Wer führt das Elterngespräch um 11.30 Uhr? Ist die Radfahrprüfung für die vierten Klassen ausreichend organisiert? Wann erstellen wir den Vertretungsplan für morgen? Der erste Anruf einer erkrankten Kollegin kommt. „Denken sie, daß Sie morgen wieder fit sein werden? Ihre Materialien für die Wochenplanarbeit liegen im großen Wandschrank? Alles klar, gute Besserung und bis morgen." Das Team ist heute noch gut besetzt, der Vertretungsplan steht damit schon fest. Der Vorteil der Teamarbeit wird hier deutlich. Wenn von einem Team ein Mitglied kurzfristig fehlt, übernehmen die anderen Mitglieder einfach die Arbeit mit. Aus einer Stunde in Doppelsteckung, einer Teilungsstunde also, wird dadurch eine Stunde in Einzelsteckung. Von außen gesehen ändert sich am Unterrichtsalltag der Klasse nichts. Der Unterricht läuft quasi nach Plan, wenn auch die Schüler weniger differenziert und individuell betreut werden können. Ähnliches gilt für den Vertretungsunterricht. Im Regelfall vertritt eine Kollegin, ein Kollege in einer Klasse, die er kennt, in der sie/er Teammitglied ist. Die Klasse wird damit nicht nur betreut, sondern sie erhält regulären Unterricht nach Plan. Ein Vorteil, den die KollegInnen sehr zu schätzen wissen. Wieder gilt das Prinzip, daß die Probleme dort zu lösen sind, wo sie entstehen bzw. auftreten. Das Team reguliert seinen Unterrichtsalltag auch in der „Krise", im Chaos selbst. Diese chaotischen Zustände lassen sich bei allseits geöffneten Klassentüren relativ leicht bewältigen. Da es die Kinder gewöhnt sind, sich auch auf den Fluren frei bewegen zu können — eben weil die Türen immer offen stehen —, würde es im Extremfall (den wir uns natürlich nicht wünschen) genügen, wenn eine Kollegin, ein Kollege pro Flur zum Unterrichten anwesend wäre. Ich wage die Behauptung, daß der Unterricht relativ ordentlich absolviert werden könnte. Wenn Kinder und Lehrende gemeinsam gelernt haben, eine solch offene Struktur intentional zu gebrauchen, entsteht eine Struktur höherer Ordnung, die extrem wenig störanfällig ist. Die Kinder würden versuchen, möglichst viele der auftretenden Probleme selbständig zu lösen, die Lehrenden würden erst im absoluten Notfall gebraucht werden. Die Möglichkeit, sich selbständig und eigenverantworlich zu bewegen, erzeugt Selbständigkeit und Eigenverantwortlichkeit!

Ein ähnlicher Effekt läßt sich im Alltag bei der konsequenten Orientierung an selbständigen Arbeitsformen erkennen. Kommen die Lehrenden verspätet in den Unterricht oder erscheinen Vertretungskräfte, so läßt sich oftmals beobachten, daß die Klassen schon an ihrem Wochenplan arbeiten oder eine Freiarbeitsphase eigenverantwortlich begonnen haben. Letztlich hat es den Anschein, als ob die Schüler die Lehrenden gar nicht mehr bei der Bewältigung ihres Unterrichtstages benötigen. Welch ein Kompliment an Lehrer! Ein Unterrichtstag, so hektisch er auch sein mag, beinhaltet immer eine große Portion Gelassenheit und Ruhe. Diese Gelassenheit und Ruhe kommt aus der strukturellen Gewißheit, daß das Ungewisse, das Neue, nicht bedrohlich, sondern handhabbar ist. Auch wenn ich im Augenblick als Schüler eine Aufgabe nicht bewältigen kann, auch wenn eine Klasse einmal auf sich selbst gestellt ist, die Lösungsstrukturen sind deutlich und für alle sichtbar.

Suche Hilfe dort, wo sie auch erreichbar ist. Etwa beim Nachbarn, erst zuletzt beim Lehrenden. Wenn Ihr alleine seid, arbeitet einfach weiter — so wie immer. Einer geht zum Büro und meldet den fehlenden Lehrer, dort wird auch die Abhilfe organisiert. Der Unterrichtstag vergeht so, wie er begonnen hat. Ähnliches gilt für viele der im Alltag auftretenden Probleme. Ob eine Kollegin einen dringlichen Zahnarzttermin zu absolvieren hat, ob eine Klasse zum Ausflug geht, alle Aktivitäten werden, wo immer möglich, auf der Ebene der Teams gelöst. Die Schulleitung greift lediglich dort ein, wo ein einzelnes Team eine Lösung nicht herbeiführen kann. Ansonsten wird die Schulleitung lediglich informiert. Information ist, was Informationspotential erzeugt (VON WEIZSÄCKER)! Fließen müssen Informationen genau dort, wo ihr Fluß weitere Aktionen auslösen muß. Alle anderen „Nachrichten" verbleiben etwa auf der Teamebene oder innerhalb der Lerngruppen. Die Organisation kurzfristiger Rhytmen — der Schul(all)tag — läßt sich somit als Mikrobereich der Organisation langfristiger Rhytmen begreifen. Die Betrachtungsweise wird dabei, um ein Bild zu gebrauchen, vom Blick durch ein Teleobjektiv mit Autofocus bestimmt. Bei der Einstellung „Makro" kommen langfristige Prozesse in den Blick. Der Übergang zur „Mikroebene" erfolgt stufenlos, bis dasselbe umfassende Bild im Hintergrund unscharf geworden ist und die Details klar und deutlich erscheinen. Die „Brennweite des Blickes" bestimmt die Ebene der Betrachtung, letztlich den Erkenntnisbereich. Eins und das Andere ist dasselbe! Teambildung und die Organisation einer Vertretungsstunde sind als ein Ausdruck der Einheit von Makro- und Mikroebene zu verstehen. Der Zusammenhang zwischen Schulorganisation und Unterrichtsalltag erscheint evident. Wie ein Schuljahr entsteht und wie ein Schultag vergeht ist eins.

4 Wie sich (Schul-)Theorie entwickelt: Die Einheit von kurz- und langfristigen Prozessen denken

Die historische Veränderung der Auffassung von Grundschule (Liberosymptom!) ließ deutlich werden, daß eine streng hierarchische Organisation der ablaufenden Prozesse dem veränderten Anspruch nicht mehr genügen kann. „Netzwerk-Management und Selbstorganisation" (WOLF), diese aus der Systemtheorie übernommenen Begriffe, also systemisches Denken erscheint angemessen. Die Organisation der Makroebene Schule in Netzwerken findet ihre Entsprechung in der Teambildung. Jedes Team ist in sich eigenverantwortlich konstruiert, organisiert sich mithin selbst, und zugleich ist durch den Austausch von Informationen etwa über Klassenstufen- und Fachkonferenzen, im Gesamten durch die Gesamtkonferenz aller Lehrenden miteinander verknüpft. Jedes Team ist dadurch zugleich ein wichtiger Mittelpunkt und lediglich ein Teil des Ganzen. Lang- und kurzfristige Prozesse werden auf der Teamebene eins. Gleiches läßt sich auf der Ebene der einzelnen Klassen erkennen. Durch „vernetzte" Unterrichtsstrategien (etwa Freiarbeit, etwa Projektunterricht) ist jeder Schüler zugleich exklusiver Agent seines eigenen Lernprozesses als auch normales Mitglied der Klassengemeinschaft. Er ist damit zugleich — ein — Mittelpunkt und — ein — Teil des Ganzen.

Die Aufgabe von Schulleitung ist in diesem Zusammenhang mit Netzwerk-Management gut beschrieben. Auch Schulleitung ist ein Mittelpunkt und ein Teil des Ganzen. Ihre Funktion ergibt sich aus dem definierten Zusammenhang. Sie schafft die Voraussetzungen zur Entstehung langfristiger, dynamischer Rhythmen durch die Schaffung der Möglichkeit der Selbstorganisation aller Beteiligten. Sie koordiniert und managed die kurzfristigen dynamischen Rhythmen. Ziel ist es, einen möglichst reibungsarmen Schulbetrieb zu organisieren und durchzuführen. Entropiereduktion, Entropievermeidung wären hierzu passende Begriffe aus der Systemtheorie. In diesem Kontext ist jedes Team ein aufnehmender und abgebender Informationsträger. Schulleitung induziert, koordiniert und steuert das Informationssystem. Ein „reibungsloser" Ablauf (Entropievermeidung!) des Informationsflusses ist ein entscheidender Indikator für systemisches Arbeiten an der Schule. Voraussetzung und Ergebnis vernetzten Arbeitens! Eins ist das Andere und beide bedingen sich gegenseitig. Der Informationszyklus, die Theorie systemischen Arbeitens wäre hiermit beschrieben.

Unterrichtsinhalte neu (er-)finden
Beispiele systemischen Arbeitens im Fach Erziehungswissenschaft der Sekundarstufe II

Werner Holtmann

In diesem Artikel werden an Hand von zwei Unterrichtsbeispielen einige Ideen entwickelt, wie man systemisches Denken in den Unterricht des Faches Erziehungswissenschaft der gymnasialen Oberstufe einbeziehen kann.

Vorbemerkung

Systemische Sichtweisen werden bislang in den Unterrichtsmaterialien für das Fach Erziehungswissenschaft der Sekundarstufe II weitgehend nicht berücksichtigt. Stattdessen werden den SchülerInnen eine ganze Reihe von Theorieansätzen vermittelt, die auf dem Prinzip von 'Ursache und Wirkung' beruhen. Dies gilt insbesondere für die psychoanalytisch ausgerichteten Theorieansätze (Jahrgangsstufe 12), die „Phänomene, die *nacheinander* folgen als *kausal* ansehen" (WEISS/HAERTEL-WEISS 1991, 35). Theorieansätze, die dagegen auf *zirkulärem* Denken basieren, sind den SchülerInnen damit zunächst sehr fremd, denn sie sind es gewohnt, „stets nur Abfolgen, nie Regelkreise" (WEISS/HAERTEL-WEISS 1991, 4) zu sehen.

Im folgenden geht es — jeweils in Form einer Kurzbeschreibung von Unterrichtsbeispielen — um einige Anregungen, wie man systemisches Denken in den Unterricht des Faches Erziehungswissenschaft einbeziehen kann. Dazu habe ich die Themen: *Eßstörungen* und *Familie* ausgewählt.

Unterrichtsbeispiel 1: Eßstörungen, oder: Wieviel wiegt sie, die Anorexie?

Das Thema Eßstörungen im Rahmen des Kursthemas 12.2: „*Entwicklung und Sozialisation*: Gefährdungen, Störungen, Chancen, Hilfen" (RICHTLINIEN ERZIEHUNGSWISSENSCHAFT NRW 1981, 49) zu bearbeiten, bedeutet für einen Lehrer/eine Lehrerin zunächst, geeignete Unterrichtsmaterialien zu (er-)finden, da auf vorhandene Schulbücher bzw. Arbeitshefte nicht zurückgegriffen werden kann. Das erstaunt um so mehr, da in der Literatur weitgehend Einigkeit darüber besteht, daß die Diagnosen Anorexie und Bulimie in den letzten Jahren sehr viel häufiger gestellt wurden und inzwischen als psychosomatische Krankheit Nr. 1 bei Mädchen und Frauen im Alter von 18-35 Jahren angesehen werden und damit auch hohes, sicherlich aber nicht unproblematisches 'Ansehen' unter Mädchen/Frauen genießen (vgl. GRÖNE 1995, 17). Wer sich also auf dieses Thema einläßt, der kann nach meinen Erfahrungen sicher sein, damit auf ein lebhaftes Interesse bei SchülerInnen zu stoßen. So fanden über 90% der von mir befragten SchülerInnen dieses Thema 'interessant' bzw. 'sehr interessant'. Begründet wurde das Interesse u.a. so: *„Ich finde, Magersucht ist ein sehr aktuelles Thema, sie* (die Magersucht) *ist überwiegend in unserer Altersgruppe zu finden... und wie man weiß, haben Mädchen fast* immer *Probleme mit der Figur und wir haben fast alle schon einmal radikal abnehmen wollen."*

Welche Möglichkeiten sich bieten, dieses Thema im Unterricht zu behandeln, soll im folgenden kurz skizziert werden. Dabei werden keine fertig ausgearbeiteten Unterrichtsreihen zu diesem Thema präsentiert, sondern lediglich ein paar Ideen vorgestellt, die im vergangenen Schulhalbjahr von SchülerInnen eines Leistungskurses und mir zu diesem Thema entwickelt, ausprobiert und evaluiert wurden. Dazu gebe ich zunächst einen Überblick über einzelne thematische Aspekte, die ich jeweils kurz erläutern werde. Im Anschluß daran werde ich dann kurz auf einige Ergebnisse der Evaluation eingehen.

Überblick und kurze Erläuterung der thematischen Schwerpunkte bei der 'systemischen' Bearbeitung der 'Anorexie' im Unterricht.

Einführung: „Der goldene Käfig"

Dieser Film, der mehrfach im Fernsehen gezeigt wurde, schildert auf eindrucksvolle Art das Schicksal eines 19-jährigen Mädchens — Ria Meistermann — bei der Magersucht mit bulimischen Anfällen diagnostiziert wurde. Rias Eltern leben in einer konflikthaften Beziehung miteinander, die durch die attraktive Schwester der Mutter, die mit in der Familie lebt und die eine enge (verdeckte) Beziehung zum Vater unterhält, noch verstärkt wird. Eine bedeutsame Rolle spielt in der Familie noch der ältere — früh verstorbene — Bruder von Ria. Als sich der Zustand von Ria zunehmend verschlechtert, wird Ria von ihrer Mutter gedrängt, therapeutische Hilfe in Anspruch zu nehmen. Im therapeutischen Kontext werden gestaltpsychologische Elemente ('Technik des leeren Stuhls') und tiefenpsychologische Elemente (Deutung von Träumen) erkennbar. Diese therapeutischen Maßnahmen führen jedoch nicht zum gewünschten Erfolg, im Gegenteil: eine dramatische Verschlechterung des Gesundheitszustandes führt schließlich zu einer stationären Behandlung mit Zwangsernährung. Auch die sich anschließende

Therapie vermittelt — wie alle im Film dargestellten therapeutischen Maßnahmen — den Eindruck, daß eine ausreichende und gründliche Klärung der *Ursachen* der Magersucht bei Ria irgendwann zum gewünschten Erfolg führen würde. Insofern kommt der Film traditionellen und vertrauten Denkgewohnheiten sehr nahe.

Auswertung des Films

An Hand des Films lassen sich zunächst gut einige Symptome der Anorexie erarbeiten. Dazu gehören: diverse Hungerpraktiken, typische Eßgewohnheiten, Kontrollmaßnahmen, Täuschungen, Heißhungerattacken etc. (vgl. GERLINGHOFF/BACKMUND 1994, 41).

Einen ersten Überblick über die Beziehungen zwischen den einzelnen Familienmitgliedern kann man sich dann mit Hilfe eines Genogramms verschaffen. Dazu ist es jedoch notwendig, in einigen Grundzügen die wichtigsten Symbole, die zur Erstellung eines Genogramms notwendig sind, kennenzulernen (vgl. SIMON/STIERLIN 1993, 126).

Die Anorexie: Erarbeitung einiger grundlegender Kenntnisse

Eine systematischere Erweiterung und Vertiefung der Kenntnisse läßt sich auf der Grundlage des Aufsatzes „Anorexia nervosa" von KÖHLE/SIMONS erreichen (KÖHLE/SIMONS 1981, 529-544). Das umfassendere Textmaterial kann in kleineren Arbeitsgruppen unter folgenden Aspekten bearbeitet werden:

— *Symptomatologie* (z.B. Hyperaktivität, Körperschemastörung etc.)

— *Epidemiologie* (Häufigkeit des Vorkommens, Altersverteilung, vor allem aber kulturelle Faktoren wie weibliche Sozialisation, Wandel weiblicher Lebensräume, Geschlechterrollen-Entwicklung)

— *pathogenetische Konzepte* (Persönlichkeitsstruktur und familiäre Situation)

Die Ergebnisse der Gruppenarbeit können auf Flip-charts festgehalten und visualisiert werden. Dieser Text geht — unter Hinweis auf die Familienforschung der Paolo-Alto- und der Mailänder Schule — auch auf die Besonderheiten der Kommunikationsstruktur in Familien ein, in denen eine Person anorektisches Verhalten zeigt. Dieses Kapitel des Aufsatzes bietet dann eine gute Überleitung zu systemischen Sichtweisen.

Vom linearen zum zirkulären Denken: der systemische Ansatz

Eine gedankliche Auseinandersetzung mit dem systemischen Ansatz hat zum *Ziel,* zu erkennen, daß

— Fragen nach den *Ursachen* von Eßstörungen letztlich zu den *unentscheidbaren Fragen* (von Foerster) gehören, deren Beantwortung nicht als notwendige Voraussetzung für eine (positive) Veränderung gesehen werden,

— an die Stelle einer individuumsbezogenen Diagnose eine zirkuläre, beziehungsdynamische Sichtweise tritt,

— es Annahmen über Wirklichkeit gibt, die die Wahrscheinlichkeit anorektisch zu werden oder zu bleiben erhöhen,

— die systemische Therapie durch das *Prinzip des Anstoßens statt des Durcharbeitens* sich von den Therapieansätzen, die den SchülerInnen bereits bekannt sind, unterscheidet (vgl. GRÖNE 1995, 49-53).

Folgende Schritte können dazu dienen, diese Ziel zu erreichen:

Erarbeitung der Grundannahmen der systemischen Therapie:
Vermittlung von einigen Kenntnissen der Kybernetik 1. und 2. Ordnung, Grundlagen der Kommunikationstheorie ('Axiome' v. WATZLAWICK) und des Konstruktivismus (z.B. durch WEBER/STIERLIN 1989, 75ff.)

Besondere Merkmale der systemischen Vorgehensweise:

Genogrammarbeit, Fragetechniken: zirkuläres Fragen, Verflüssigung von Eigenschaften, Unterschiedsfragen, Ressourcenbetonte Fragen etc. (vgl. WEBER/STIERLIN 1989, 75).

Damit nun das Ganze nicht zu kopflastig wird, können im Rollenspiel zu diesen Bereichen auch praktische Erfahrungen gesammelt werden. Dazu nenne ich kurz zwei (triviale) Beispiele, die auch deutlich machen sollen, daß es nicht darum geht, aus SchülerInnen 'Minitherapeuten' zu machen, sondern vielmehr neugierig machen sollen, wie man z.B. einen Konflikt eskalieren lassen oder verhindern kann, oder wie sich unter Verwendung bestimmter Arten von Fragen Gespräche verändern können.

Rollenspiel zu symmetrischer und komplementärer Kommunikation:

A sagt zu B: „ Was trägst du denn für einen komischen Pullover!"

Instruktion: Nehmt diesen Satz zum Ausgangspunkt einer a) symmetrischen und b) komplementären Kommunikation.

Rollenspiel zu systemischen Fragen:

A sagt zu B: „Ich bin richtig gut drauf!“

Instruktion: (für B): Stelle A dazu ‘systemische’ Fragen. Fragen nach Ursachen sind folglich *nicht* erlaubt.
(*Hinweis*: ‘systemische’ Fragen wären in diesem Kontext z.B.: Wie hast du es geschafft, daß es dir gut geht? Was glaubst du, müßtest du tun, damit es dir morgen auch noch gut geht? Was würde deine Mutter/dein Freund glauben, daß du brauchst, daß es dir weiter gut geht? Wann hast du dich dazu entschlossen, richtig gut drauf zu sein? etc....)

In beiden Rollenspielen ist es ratsam, 3er Gruppen zu bilden, wobei ein Gruppenmitglied die Rolle des/der Beobachters/-in einnimmt und seine/ihre Eindrücke schriftlich fixiert.

Kontexterweiterung: Familienstrukturen und Familienentwicklung

Um ein begriffliches Instrumentarium zur Verfügung zu haben, das es erlaubt, familiäre Strukturen zu analysieren und perspektivisch Bezug nimmt auf das Thema Familie im folgenden Kurshalbjahr 13.1, bieten sich folgende Textmaterialien an:

— Analyse der *Familienstruktur*. Sie beinhaltet sowohl die begriffliche Klärung (Kernfamilie, Dreigenerationenfamilie, Stieffamilie, Trennungs/Scheidungsfamilie etc. als auch die *Matrix der Identität* (MENUCHIN) und das *Zusammenspiel verschiedener Subsysteme in der Familie*. Eine brauchbare Zusammenfassung findet sich in: HENNIG/KNÖDLER 1987, 58-63.
— Beschreibung der *Familienentwicklung*, die sich an der Generationsstruktur orientiert. Hier zeigt das *Phasenmodell* nach MINUCHIN/FISHMAN in typischer Form (hier: einzelnen Phasen) Veränderungszonen und Entwicklungsschritte auf, die jede Familie zu bewältigen hat. (MINUCHIN in: OSWALD/MÜLLENSIEFEN 1986, 34ff.)

Abschließende Übung: Aufstellen einer Familie

Diese Übung kann als ein „Instrument zur metaphorischen Beschreibung von Familiensystemen“ durch die TeilnehmerInnen angesehen werden (GEHRING 1993, 11). Es werden dazu Kleingruppen von 4-5 TeilnehmerInnen gebildet. Jeweils ein Gruppenmitglied bekommt (nacheinander) folgende ‘Spielanweisungen’ (GEHRING 1993, 22-23):

Instruktion Nr. 1: *Ich möchte, daß ein Mitglied der Gruppe eine Familie aufstellt, die seinem* Idealbild *entspricht.*

Instruktion Nr. 2: *In jeder Familie gibt es Konflikte. Ich möchte nun, daß ein Gruppenmitglied eine Familie aufstellt, die seinem Bild von einer* konfliktbelasteten Familie *entspricht.*

Sind die 'Familien' aufgestellt, geht es in einer Befragung vor allem darum, wie es den einzelnen Familienmitgliedern in den jeweiligen Konstellationen geht. Die Konstellationen können auf einem Flip-chart festgehalten werden. Diese Übungen können auch mit Bauklötzchen oder Legosteinchen — in Anlehnung an das 'Familienbrett' (U. WILKEN) — durchgeführt werden. Falls gewünscht, kann auch der Einsatz einer Videokamera nützlich sein.

Evaluationsergebnisse: Unterschiede, die einen Unterschied machen?

— Evaluation als „ systematische Untersuchung des Wertes und Nutzens eines Gegenstands“ (JOINT COMMITTEE 1994, 3) wurde in der Bundesrepublik bislang nur selten realisiert, gewinnt aber in Schulentwicklungsprozessen zunehmend an Bedeutung. Sie kann der systematischen Selbstreflexion pädagogischer Arbeit dienen und damit einen wichtigen Beitrag für die Weiterentwicklung und Planung von Unterricht leisten (vgl. BURKARD 1995, 12).

— Der Erkenntnisgewinn aus der Auswertung des von mir entwickelten Fragebogens zu dieser Unterrichtsreihe läßt sich (an dieser Stelle nur verkürzt) in einigen Punkten so zusammenfassen (N = 17):

— Für 52.9 % der Schülerinnen unterschied sich die systemische Sichtweise u.a. 'wegen ungewohnter Fragen und Sichtweisen' sehr und für 47 % etwas von anderen Theoriemodellen, die sie bislang im Unterricht kennengelernt hatten.

— Ca. 70% der befragten SchülerInnen war neu beziehungsweise nur z.T. bekannt, daß Anorexie etwas mit der Familie zu tun haben könnte.

— Eine genauere Beschäftigung mit *Familienstrukturen* (Genogrammarbeit etc.) und der *Familienentwicklung* empfanden ca. 80% der Befragten als lohnend bzw. sehr lohnend.

— Die *praktischen Übungen*, die während der Unterrichtsreihe durchgeführt wurden (Familie aufstellen, Kommunikationsübungen etc.), waren für 17,6% sehr nützlich und 70 % nützlich.

— 94,1% der Befragten waren schließlich der Meinung, daß sie aus der Beschäftigung mit dem Thema Anorexie, der Familie und einigen systemischen Ideen/Sichtweisen etwas gelernt hätten, wovon sie glaubten, daß es in ihrem Leben von Bedeutung sein könnte.

Unterrichtsbeispiel 2:
Familie aus systemischer Sicht — 'Die Bergers'

Das in der Oberstufe im Fach Erziehungswissenschaft häufig verwendete Arbeitsheft: *Normen und Ziele in der Erziehung* (BUBOLZ 1991) widmet sich ausführlich dem Thema Familie. Vermittelt wird dabei ein recht positivistisches Bild von der Familie, d.h., man hält sich strikt an das, was man vorfindet. Ein Blick in das Inhaltsverzeichnis der o.g. Unterrichtsmaterialien bestätigt diesen Eindruck. So erfahren die SchülerInnen z.B., daß die Familie (und in Folge auch die Familienerziehung) eine kulturelle Einrichtung ist (Kap. 2) und einem historischen Wandel unterliegt (Kap. 3). Kommt die Sprache dann auf die heutige Familie, dann scheint sich die Pädagogik durch die „gewandelte Einstellung zu Ehe und Familie" erst richtig herausgefordert zu fühlen, und es wird die provozierende Frage gestellt: „Muß es immer so wie heute bleiben?" (BUBOLZ 1991, 4). Erwartet man nun, es folgte eine Textauswahl, die u.a. auch auf die Frage eingeht, ob Familie in gewisser Hinsicht nicht auch *erlernbar* ist, so wird man enttäuscht: ein kurzer Hinweis auf steigende Scheidungszahlen im Vorwort (ohne darauf einzugehen, wie es dazu gekommen sein könnte) genügt, um dann ausführlich auf die Situation nach der Scheidung einzugehen (vgl. BUBOLZ 1991, 99). Damit wird der Eindruck erweckt, es handele sich bei Scheidungen quasi um Naturereignisse. Dem entspricht auf Seiten der SchülerInnen nach meinen Erfahrungen eine sehr romantische Vorstellung von Ehe und Familie. Für viele, die ich im Unterricht darauf anspreche, ist es überhaupt keine Frage, daß sie irgendwann heiraten und eine Familie gründen wollen, verbunden wird diese Perspektive natürlich (!) mit der Hoffnung auf das große Glück beziehungsweise den Märchenprinzen oder die -prinzessin. Dazu paßt es, daß Scheidungen als 'Naturkatastrophen' angesehen werden, an denen man nichts ändern kann: man hat — so eine häufig vertretene Auffassung — dann eben Pech gehabt.

Dagegen kann es für SchülerInnen informativ sein (i.S. von 'Unterscheidungen'), diesen Auffassungen Konstruktionen von Wirklichkeit entgegenzusetzen, die davon ausgehen, daß z.B. Kenntnisse über Familienstrukturen und über Familienentwicklung nützlich sein können, auf Konflikte und Schwierigkeiten in Krisenzeiten der Familie besser vorbereitet zu sein. Eine Möglichkeit, um das zu erreichen, habe ich darin gesehen, mit SchülerInnen eines Leistungskurses der Jahrgangsstufe 13.1 eine Ganzschrift zu lesen, nämlich: NAPIER/WHITACKER: *Die Bergers.*

Dieses Buch enthält im Vorwort eine knappe Zusammenfassung des Inhalts: Geschildert wird „die authentische Geschichte einer Familie, Vater, Mutter, zwei Töchter, ein Sohn. Die ältere Tochter Claudia ist seit längerer Zeit in Behandlung bei einem Kinderpsychiater, der schließlich die ganze Familie an einen Familientherapeuten überweist. das Buch beginnt mit der ersten

Begegnung zwischen dem Therapeuten und der Familie..., und endet mit einer letzten Besprechung mit Claudia, die den Mut gefunden hat, ihr eigenes Leben anzunehmen. Die Familie ist aufmerksamer und offener geworden, obgleich es immer wieder harte Auseinandersetzungen geben wird; Eltern und Kinder haben gelernt, das zu akzeptieren... Der Leser ... kommt Verhaltensmustern auf die Spur, aber er bekommt auch Einblick in die Situation des Therapeuten.“ (NAPIER/WHITAKER 1988, 2)

Wie mit diesem Buch im Fach Erziehungswissenschaft gearbeitet werden kann, hängt natürlich von den jeweiligen Interessen der SchülerInnen und des/der Fachlehrers/-lehrerin ab. In meinem Fall konzentrierten sich die Interessen auf folgende Themen, die in Kleingruppen erarbeitet wurden:

Unmittelbarer Anlaß der Therapie: Die Familie Berger ‘hat’ ein Problem

Dieses Problem kann mit Hilfe des *Stockwerksmodells* auf unterschiedliche Art beschrieben werden. Die folgende *Abbildung* zeigt zunächst in allgemeiner Form drei unterschiedliche Sichtweisen eines Problems:

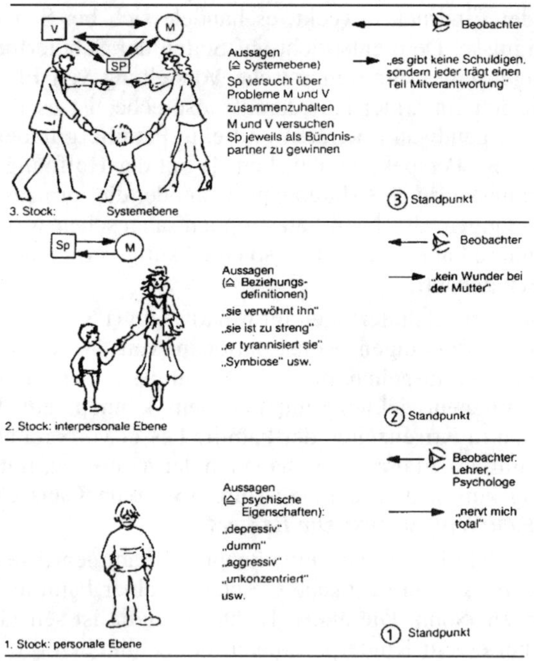

Quelle: Hennig, C. / Knödler, U., ‘ Problemschüler....’, a.a.O. S. 32

Auf der *personalen Ebene* ist bei den Bergers zunächst Claudia das Problem und unmittelbarer Anlaß für eine Familientherapie. Sie ist ca. 16 Jahre alt und wird als eine Jugendliche beschrieben, die u.a. streitsüchtiges Verhalten zeigt, sich trotzig gegenüber ihrer Mutter verhält, über somatische Beschwerden klagt und Angst davor hat in der Familie verrückt zu werden. Nach Auseinandersetzungen in der Familie läßt sie sich mehrere Tage lang zu Hause nicht blicken. Sie hat mehrfach mit Suizid gedroht und der Familie damit Anlaß zur Sorge gegeben.

Zusammensetzung und Struktur der Familie Berger

Nach S. MINUCHIN ist „die Familie ...ein System, das mit Hilfe von transaktionalen Mustern operiert. Wiederholte Transaktionen führen ihrerseits zu Mustern... und diese Muster stützen und erhalten das System.“ (MINUCHIN 1992, 67) Die Beziehungen der einzelnen Familienmitglieder untereinander lassen sich zunächst gut mit Hilfe eines Genogramms darstellen. Dabei fällt auf der *interpersonalen Ebene* vor allem die enge Beziehung zwischen Claudia und ihrer Mutter ins Auge. Diese ist geprägt durch häufige Streitereien, durch gegenseitige Vorwürfe und Provokationen, die immer nach dem gleichen Muster ablaufen: Kommt es zu diesen Auseinandersetzungen, findet Claudia in ihrem Vater Unterstützung, der meint, ihr in diesen Situationen helfen zu müssen.

Auf der *Systemebene* befinden sich damit diese drei Familienmitglieder in einer *Triangulation*, d.h., ein unausgesprochener Ehekonflikt wird „in einen Angriff auf eines der Kinder umgeleitet. Dadurch wird zwar die Gefahr für das eheliche Subsystem reduziert, das Kind (in diesem Fall Claudia) aber belastet.“ (MINUCHIN 1992, 69) Auf diesem Hintergrund gewinnt dann im Verlauf der Therapie die Beziehung zwischen den beiden Ehepartnern zunehmend an Bedeutung: beide müssen lernen, über ihre eigenen Ängste, Schuldgefühle Frustrationen und Hemmungen miteinander zu reden. Für beide ist es schmerzlich zu erkennen, wie wenig Gemeinsamkeiten sie noch haben, und wie stark ihre Beziehung durch Eifersüchteleien geprägt ist. In dem Maße, wie es nun gelingt, das *eheliche Subsystem* zu stärken, verändert sich auch die Situation für alle anderen Familienmitglieder, besonders auch für Claudia, die ihre Macht (durch die Triangulation) verliert. Als sie merkt, daß ihr Vater auf die ‘andere Seite’ (nämlich zur Mutter) wechselt, erlebt sie das als absoluten Zusammenbruch und will — nach bewährtem Muster — aus dieser konfliktbeladenen Situation fliehen. Als ihr das — durch einen Zufall — nicht gelingt, kommt es zum positiven Wendepunkt in der Krise.

Die Arbeit der Familientherapeuten

Deren Arbeit läßt sich nach SELVINI-PALAZZOLI durch Hypothetisieren, Neutralität und Zirkularität in der methodischen Vorgehensweise charakterisieren. Da aus systemischer Sicht die Familientherapeuten Teil des Familiensystems sind (Kybernetik 2. Ordnung), arbeitete eine SchülerInnengruppe am Text das Verhältnis der Familientherapeuten zu den einzelnen Familienmitgliedern heraus. Durch die Arbeit dieser Gruppe konnten dann in einem weiteren Schritt einige Grundlagen und Prinzipien systemischen Arbeitens, z.B. an Hand des o.g. Aufsatzes (SELVINI-PALAZZOLI in: SELVINI 1992, 278) entwickelt und mit anderen bereits bekannten Therapieansätzen verglichen werden.

Aus meiner Sicht bietet das Buch die Möglichkeit eines doppelten Lerneffektes:
Es beschreibt sowohl eine ganz normale Krise im Lebenszyklus einer Familie, indem es auf spektakuläre Ereignisse verzichtet. Es werden m.a.W. exemplarisch Phasen der Veränderung dargestellt, die jede Familie durchläuft, wie folgende *Abbildung* zeigt:

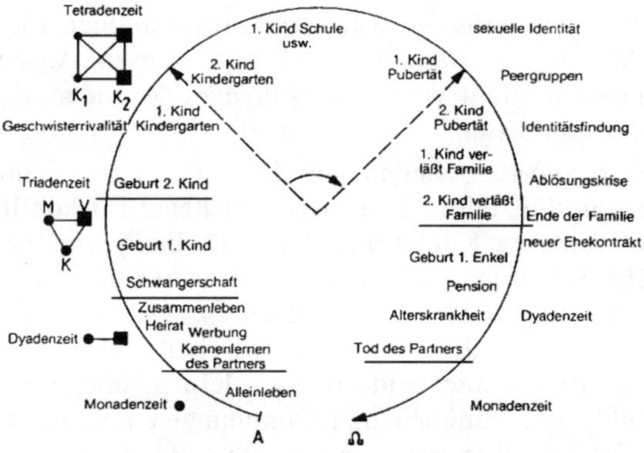

Erläuterung:
Der Ausschnitt des Lebenszyklus zeigt an, mit welchen Themen die Familie sich beschäftigen muß. Je größer der Ausschnitt, desto mehr Flexibilität wird von der Familie verlangt.

Quelle: Hennig, C. / Knödler, U., ' Problemschüler....', a.a.O. S. 72

Dieses Buch zeigt aber auch, wie normale Krisen sich „zu einer akuten Gefährdung des familiären Zusammenhalts oder einzelner Familienangehöriger auswachsen... " können (vgl. OSWALD/MÜLLENSIEFEN 1986, 33).

Damit kann die Arbeit mit diesem Buch einen Beitrag dazu leisten, den Anspruch des Curriculums für das Fach Erziehungswissenschaft einzulösen, nämlich den SchülerInnen „Einblicke in Abläufe und Bedingungen von (familiären W.H:) Entwicklungs- und Sozialisationsprozessen" zu vermitteln, und damit Voraussetzungen zu schaffen, „für verantwortliches Handeln im privaten und öffentlichen Lebensbereich.“ (RICHTLINIEN FÜR DAS FACH ERZIEHUNGSWISSENSCHAFT NRW 1981, 28)

Literatur

Bubolz, G. (1991[2]): Normen und Ziele in der Erziehung. Frankfurt a.M.

Burkard, C. (1995): Selbstevaluation — Ein Beitrag zur Qualitätsentwicklung von Einzelschulen? Soest

Gehring, T. (1993): Familiensystemtest, Manual. Weinheim; Basel

Gerlinghoff, M.; Backmund, H. (1994): Magersucht. München

Gröne, M. (1995): Wie lasse ich meine Bulimie verhungern? Heidelberg

Hennig, C; Knödler, U. (1987[2]): Problemschüler-Problemfamilien. Weinheim-Basel

Joint Committee on Standards for Educational Evaluation (1994[2]): How to Assess Evaluation of Educational Programs. London

Köhle, K.; Simons, C. (1981): Anorexia nervosa, in: Uexküll v., T. (Hrsg): Lehrbuch der psychosomatischen Medizin. München

Kultusminister des Landes NRW (Hrsg.) (1981): Richtlinien für die gymnasiale Oberstufe: Erziehungswissenschaft, Heft 4719. Köln

Minuchin, S. (1992[9]): Familie und Familientherapie, Theorie und Praxis struktureller Familientherapie. Freiburg

Napier, A.; Whitaker, C. (1988): Die Bergers — Beispiel einer erfolgreichen Familientherapie. Reinbek

Oswald, G.; Müllensiefen, D. (1986[2]): Psychosoziale Familienberatung. Freiburg

Selvini, M. (1992): Mara Selvinis Revolutionen. Heidelberg

Simon, F.; Stierlin, H. (1993[3]): Die Sprache der Familientherapie. Stuttgart

Weber, G.; Stierlin, H. (1989): In Liebe entzweit. Reinbek

Weiß; Haertel-Weiß (1991): Familientherapie ohne Familie. München

Kinder mit Lernbeeinträchtigungen Systemisch-konstruktivistische Perspektiven für (sonder-)pädagogisches Handeln

Rolf Werning

Kinder mit Lernbeeinträchtigungen haben besondere Bedürfnisse. Im Rahmen der (sonder-)pädagogischen Förderung sind ihre erschwerten Lern- und Entwicklungsbedingungen zu berücksichtigen. Im folgenden werden die Möglichkeiten systemisch-konstruktivistischer Perspektiven für die Gestaltung pädagogischen Handelns dargestellt und anhand konkreter Unterrichtserfahrungen des Autors an einer Schule für Lernbehinderte verdeutlicht.

1 Vorbemerkung

SchülerInnen mit Lernbeeinträchtigungen sind Kinder und Jugendliche mit besonderen Bedürfnissen („special needs", vgl. SANDER 1985), die sich aus vielfältigen Erschwerungen ihrer personalen und sozialen Lernbedingungen ergeben. Wie schon Paul MOOR (1965, 273) schrieb, ist „Heilpädagogik Pädagogik und nichts anderes". Pädagogische Förderung von SchülerInnen mit Lernbeeinträchtigungen, die eine Schule für Lernbehinderte besuchen, unterscheidet sich keineswegs prinzipiell von der pädagogischen Förderung von Kindern an Regelschulen. Genauso wenig unterscheiden sich Schüler der Schule für Lernbehinderte prinzipiell von Schülern an Regelschulen. Die folgenden Überlegungen zu den Möglichkeiten, die systemisch-konstruktivistische Perspektiven für sonderpädagogisches Handeln bieten, unterscheiden sich demnach auch nicht prinzipiell von den Möglichkeiten, die sie an Regelschulen eröffnen. Die sonderpädagogische Perspektive sollte jedoch die besonderen Anforderungen eines Lernens unter erschwerten Bedingungen (vgl. SCHMETZ 1986) berücksichtigen und thematisieren.

Eine umfassende Darstellung systemisch-konstruktivistischer Ansätze in ihren Auswirkungen auf (sonder-)pädagogisches Handeln kann hier nicht geleistet werden. Sowohl die moderne Systemtheorie (vgl. z.B. LUHMANN 1984, WILLKE 1993 und 1994) als auch der Ansatz des Konstruktivismus in seinen verschiedenen Spielarten (vgl. SCHMIDT 1987 und 1992) sind so vielschichtig, daß an dieser Stelle nur einige Überlegungen skizziert werden können, die sich hieraus für die Förderung von Kindern mit Lernbeeinträchtigungen ergeben.

2 Systemisch-konstruktivistische Orientierungen für die Förderung von Kindern mit Lernbeeinträchtigungen

Im folgenden sollen aufgrund der eigenen Erfahrungen als Lehrer an einer Schule für Lernbehinderte drei systemisch-konstruktivistische Orientierungen (sonder-)pädagogischen Handelns vorgestellt werden. Dazu zählen didaktisch-methodische Überlegungen zur Gestaltung von Unterricht, die Fokussierung des LehrerInnen-SchülerInnen-Verhältnisses sowie die Möglichkeiten im Umgang mit besonderen Problemen im Lern- und/oder Verhaltensbereich von SchülerInnen.

2.1 Pädagogisches Handeln bedeutet Anregung von Lernprozessen

Aus einer systemisch-konstruktivistischen Perspektive sind sowohl kognitive als auch soziale Systeme durch Selbstreferenz, Nicht-Linearität und Selbststeuerung gekennzeichnet. Diese Sichtweise hat weitreichende Auswirkungen auf die Überlegungen, wie man andere Personen (z.B. durch pädagogisches Handeln) beeinflussen kann. Dazu zählt die Überzeugung, daß ein/e SchülerIn oder eine Gruppe von Schülern nicht direkt von außen, z.B. durch den/die LehrerIn, zu einem Verhalten bzw. zu einer Verhaltensänderung — als weiteste Umschreibung von Lernen — veranlaßt werden können. Komplexe Systeme können aus dieser Perspektive nur zu je eigenen, durch ihre interne Struktur vorgegebene Operationen angeregt aber nicht determiniert werden. Hieraus leitet sich eine prinzipielle Unsicherheit pädagogischen Handelns ab. Diese Einsicht ist jedoch keineswegs neu, denn schon SPRANGER (1962, 14) sprach von der „Unsicherheitsrelation" zwischen dem Wollen des Erziehers und seinem realen Ergebnis und betonte die Eigengesetzlichkeit der Außenwelt, in die wir hinein handeln.

MATURANA und VARELA gehen in ihrem Autopoiese-Konzept, daß sie Anfang der 70er Jahre entwickelten, noch einen Schritt weiter. Sie konstatieren, daß unser zentrales Nervensystem operational geschlossen ist und als autopoietisches System (*autos* = selbst; *poiein* = machen) durch sein fortwährendes operieren seine eigene Struktur erzeugt und erhält. Ein autopoietisches System kann dabei nicht von außen zu einer bestimmten Reaktion veranlaßt werden. Aufgrund der Selbstreferentialität können Umweltkontakte ein solches System nur zu Selbstkontakten anregen (vgl. ausführlicher: MATURANA/VARELA 1987; BÖSE/SCHIEPEK 1989; KRÜLL/LUHMANN/MATURANA 1987).

Folgen wir dieser Orientierung müssen wir als LehrerInnen akzeptieren, daß SchülerInnen sich die angebotenen Lerninhalte nach ihren Regeln und Vorerfahrungen, nach ihren eigenen Verständniszugängen und im Kontext ihrer je individuellen Lebenswelt aneignen. Grundlage jeder pädagogischen Handlungsmöglichkeit ist dabei jedoch die prinzipielle Umweltsensibilität komplexer Systeme.

„Auch an ein autopoietisches System brandet demnach also nicht einfach der Lärm der Welt an. Vielmehr schreibt das System in diese Lärmwand seine eigenen Muster ein und filtert aktiv dasjenige aus, was es finden oder vermeiden, konfirmieren oder negieren möchte. Diese umweltsensible Aktivität des Systems ist der prekäre Ansatzpunkt jeder Intervention." (WILLKE 1994, 103)

Unterrichten ist somit der Versuch der Anregung von komplexen Systemen, die nach ihrer eigenen Logik operieren. D.h., es ist prinzipiell unmöglich zu lehren, sondern es ist nur möglich, Lernprozesse anzuregen. Besonders bei Kindern und Jugendlichen mit Lernschwierigkeiten ist hier ein sensibler pädagogischer Umgang angezeigt. Die Unterscheidung von Schülerleistungen in „richtig" und „falsch" wird damit z.B. problematisch. „Richtig" und „Falsch" sind Beobachterkategorien des Lehrers. Aus einer Perspektive der Lernförderung ist es viel interessanter, die Operationen nachzuvollziehen, die ein Schüler macht, um zu einem bestimmten Ergebnis zu gelangen. Die Fehleranalysen (vgl. SUHRWEIER/HETZNER 1993, 140ff.) im Kontext förderdiagnostischen Handelns sind hier ein guter Ansatzpunkt. Erst wenn ein/e LehrerIn die Fehler des Schülers versteht, d.h. die individuellen Logiken und Problemlösungskonstruktionen nachvollziehen kann, ist es ihm/ihr möglich, geeignete Förderkonzepte zu entwickeln. Dann ist es natürlich auch notwendig, den Schüler/die Schülerin zu unterstützen, „richtige" (im Sinne von intersubjektiv akzeptierten und durch Wissenschaft fundierte) Problemlösungen zu finden oder aber diese bewußt zu überschreiten. Fehler des Schülers sind somit Anregungen für das kognitive System des Lehrers, um Hypothesen über die Funktionsmodalitäten der kognitiven Struktur des Schülers zu bilden. Statt die Aussage „das ist falsch" zu treffen, wäre es hilfreicher zu fragen: „Kannst du mir erklären, wie du zu dieser Lösung gekommen bist?"

Lernschwierigkeiten können aus einer konstruktivistischen Perspektive als Nicht-Passung zwischen der vorhandenen kognitiven Struktur des Schülers/der Schülerin und den angebotenen Lerninhalten verstanden werden. Solche Nicht-Passungen können sehr vielfältig sein. So ist es z.B. für einen Schüler kaum möglich, einfache Zahlenoperationen zu erlernen, wenn er bisher keinen Zahlbegriff aufgebaut hat.

Einem Kind mit einer akustischen und/oder visuellen Differenzierungsschwäche nutzt es wenig, Rechtschreibregeln zu lernen. Vielmehr müssen zuvor die grundlegenden Fähigkeiten im Bereich der Wahrnehmung gefördert werden, ohne die weitere Fortschritte im Rechtschreibprozeß kaum möglich sind. Dieser Aspekt wird auch von dem entwicklungslogischen bzw. strukturbezogenen Ansatz der Förderdiagnostik besonders herausgestellt (vgl. z.B. BUNDSCHUH 1994, 41ff.).

Bei all dem ist ferner zu berücksichtigen, daß neben den kognitiven Anteilen auch die emotionalen Dimensionen Auswirkungen auf Lernen haben. Die enge Verknüpfung hat CIOMPI (1982) in seiner „Affektlogik" herausgearbeitet. Die affektive Struktur des Individuums spielt in den Interaktionsbeziehungen mit der Lebenswelt eine entscheidende Rolle. Ob Lernprozesse gelingen oder gestört bzw. dauerhaft blockiert werden, hängt somit auch von der affektiven Deutung des Lerngegenstandes bzw. -kontextes ab. Schüler der Schule für Lernbehinderte haben z.B. eine Vielzahl von Versagenserlebnissen im Laufe ihrer schulischen Entwicklung gesammelt. Besonders in den Kernfächern Deutsch und Mathematik hat sich nicht selten eine starke emotionale Abneigung, ja manchmal massives Vermeidungsverhalten durch Angst vor weiterem Versagen, aufgebaut. Die Schule insgesamt wird oft vom Schüler als Ort angesehen, an dem es ihm schlecht geht, wo er nur verlieren kann. Um hier individuelle Entwicklungsmöglichkeiten anzuregen, muß zunächst einmal die Konstruktion der schulischen Wirklichkeit des Schülers als feindseliger Ort verändert werden. Deshalb ist es gerade für Kinder mit Lernschwierigkeiten wichtig, in der Schule eine Lern- und Unterrichtskultur vorzufinden, in der sie sich sicher und geborgen fühlen können. In der sie erfahren, daß nicht ihre Schwächen angeprangert, sondern ihre Stärken gefördert werden.

Im folgenden sollen drei (sonder-)pädagogische Handlungsorientierungen skizziert werden, die sich aus der vorgestellten konstruktivistischen Prämisse ergeben:

2.1.1 Schaffung einer vielfältig anregenden Lernumwelt

Statt einen Lerngegenstand für alle Schüler in der gleichen Weise in den Mittelpunkt des Unterrichts zu stellen, müssen viele Lernangebote vorhanden sein, aus denen sich die SchülerInnen ihre Lernanlässe aussuchen können. Dies ist im Rahmen der Wochenplanarbeit sowie der Freiarbeit sehr gut zu organisieren. Daneben sollten jedoch auch gemeinsame projektorientierte Aktivitäten stehen, in die die Schüler ihre je eigenen Stärken und Kompetenzen einbringen können. So sind die verschiedensten Kompetenzen bei der Einrichtung eines Schülercafés notwendig. Dazu gehört u.a. den Raum ausgestalten und einrichten; überlegen, welche Speisen angeboten werden und was sie kosten sollen; die Erstellung einer Speisekarte und die Bewirtschaftung. Jede Schülerin/jeder Schüler kann hier ihre/seine besonderen Fähigkeiten und Fertigkeiten einbringen. Beispiele: Ein Schüler, der große Probleme im Rechnen hat, konnte erfahren, daß seine künstlerischen Fähigkeiten gebraucht und geschätzt werden. Eine Schülerin, die mit ihren Eltern in Deutschland Asyl sucht und erst seit zwei Monaten in der Klasse ist, konnte viel Zuwendung bekommen, weil sie ein interessantes Kochrezept mit ihren Mitschülern ausprobiert hat — und das obwohl sie zu dieser Zeit nur wenige Worte Deutsch beherrschte.

2.1.2 Entdeckendes Lernen

Eine weitere Chance zur Anregung von Lernprozessen liegt in der Förderung des entdeckenden Lernens (vgl. AKTIF 1986; WERNING/BANNACH 1992; WERNING 1996). Indem Schüler angeregt werden, sich aktiv mit ihrer Umwelt auseinanderzusetzen, haben sie die Möglichkeit, eigene Fragen zu formulieren, Hypothesen über Lösungsmöglichkeiten zu bilden, durch spielerisch-exploratives bis hin zu quasi-experimentellem Handeln Antworten zu finden, die neue Fragen in der Auseinandersetzung mit der Umwelt aufwerfen. Problemlösungen werden somit nicht vorgegeben, sondern die SchülerInnen erfahren, daß Lernen ein aktiver Prozeß der Auseinandersetzung mit ihrer Umwelt ist. Sie erfahren auch, daß es durchaus nicht immer nur eine „richtige" Lösung gibt, sondern verschiedene Wege zu gleichen Ergebnissen führen können, aber auch gleiche oder ähnliche Lösungswege durchaus nicht im selben Ergebnis enden müssen. Es hat sich gezeigt, daß vielfältige Lernerfahrungen angeregt werden, wenn der Unterricht an das Handlungsbedürfnis der SchülerInnen anknüpft und entdeckendes Lernen im Rahmen eines aktivitätsorientierten Unterrichts ermöglicht wird. Besonders SchülerInnen mit Lernschwierigkeiten, die sich oft mißerfolgsorientiert zeigen und vermeiden, sich mit problemhaltigen Situationen auseinanderzusetzen, erfahren hierdurch neue Anregungen in der Auseinandersetzung mit der Umwelt. Die Erfahrung „Ich mit meinen Fähigkeiten habe das geschafft!" oder „Wir gemeinsam haben dieses Problem bewältigt!" führt zu einer Stärkung der Ich-Identität und damit zu neuen Möglichkeiten, Problemsituationen als Herausforderungen anzusehen und aktiv anzugehen.

2.1.3 Der Unterricht sollte an der Lebenswelt der Kinder und Jugendlichen ansetzen

Besonders bei Kindern und Jugendlichen der Schule für Lernbehinderte, deren außerschulische Lebenswelt oft deutlich von den schulischen Bedingungen, Normen, Regeln und Beziehungsmustern abweicht, ist die Berücksichtigung ihrer kontextuellen Einbettung außerhalb der Schule wichtig. Um Schüler in ihren Schwierigkeiten verstehen zu können ist es für den Lehrer/die Lehrerin hilfreich, die Erfahrungen, Ängste, Träume, Wünsche —

sprich die relevanten Wirklichkeitskonstruktionen — der Schüler wahrzunehmen und ernstzunehmen. In Formen des freien Gesprächs, des Wochenanfangs- oder Morgenkreises, durch freies Spiel, freies Gestalten und durch die Förderung des freien Ausdrucks müssen die Kinder und Jugendlichen die Möglichkeit erhalten, ihre Erlebnisse und Erfahrungen, das, was sie bewegt und belastet, einbringen zu können. Der Autor hat mit Schülern einer Schule für Lernbehinderte sehr gute Erfahrungen mit offenen Fragerunden gemacht, in denen die Kinder alle Fragen ohne Einschränkung stellen dürfen und gemeinsam im Gespräch nach Antworten gesucht wird. Hierbei wurden Themen angesprochen wie:

- „Unsere Nachbarin hat ein geistigbehindertes Kind. Wie kommt es, daß Kinder Behinderungen haben?“
- „Warum heißt diese Schule Schule für Lernbehinderte? — Wir sind doch nicht behindert!“
- „Warum haben die Kinder in unserer Klasse einen unterschiedlichen Glauben?“
- „Wieso gibt es so unterschiedliche Namen und welche Bedeutung haben Namen?“

Bei der Auseinandersetzung mit diesen für sie relevanten Fragestellungen erfahren die SchülerInnen, daß es verschiedene Wirklichkeitsvorstellungen gibt. Sie erfahren, daß die Wirklichkeit auch von den Wünschen und Ängsten, den Voranannahmen, den kulturellen und gesellschaftlichen Einbettungen etc. mitkonstruiert wird. Sie lernen, daß es nicht immer möglich ist, sofort nach „wahr“ oder „unwahr“, „richtig“ oder „falsch“ zu unterscheiden, sondern zu überlegen, welche Auswirkungen verschiedene Perspektiven haben; was das gemeinsame und das unterschiedliche daran ist und welche Gründe aus der eigenen Perspektive dafür oder dagegen sprechen.

Auch im Umgang mit den SchülerInnen selbst ist es natürlich bedeutsam, ihre Lebenswirklichkeiten, in denen sie leben, nicht als defizitär anzusehen. Es ist wichtig, an den positiven Fähigkeiten und Fertigkeiten der Schüler anzusetzen. Gerade Kinder, die in schwierigen sozialen und materiellen Verhältnissen aufwachsen, haben viele Fähigkeiten entwickelt. Vielleicht können sie gut Streit schlichten, vielleicht haben sie eine ausgeprägte Vorstellungsfähigkeit, vielleicht wissen sie, wo man interessante Plätze und Flächen im Stadtteil findet, vielleicht kennen sie gute Rezepte (deutsche, türkische, italienische etc.), vielleicht können sie Defekte am Fahrrad geschickt reparieren usw.

Die Erforschung der Stärken, der Fähigkeiten und Potentiale der Schüler, ihre Einbeziehung in den Unterricht sind wichtige Anknüpfungspunkte, um ihre Kenntnisse zu erweitern. Ferner kann so die Anstrengungsbereitschaft gefördert werden, die notwendig ist, Problemstellungen aktiv anzugehen, bisherige Einstellungen und Wertungen zu hinterfragen, neue Erkenntnisse und Erfahrungen — sprich andere Vorstellungen von Wirklichkeit — zuzulassen. Für uns Lehrer bedeutet es, die Defizitbrille, mit der wir Schüler häufig betrachten, gegen eine Fähigkeitenbrille einzutauschen.

2. 2 Pädagogisches Handeln heißt Verantwortung für die Konstruktion von Wirklichkeit im Interaktionskontext Schule zu übernehmen

Wirklichkeit, diese Einsicht verdanken wir insbesondere den Erfindern des sozialen Konstruktivismus, wird im sprachlichen Diskurs hergestellt (vgl. GERGEN 1985, 1986, 1989). BAECKER u.a. (1992) sprechen von einem „kommunalen Diskurs", zu dem sie alles zählen, „was in einem bestimmten kommunalen System von den Beteiligten an gestischem, sprachlichen, mimischen Verhalten gezeigt wird, einschließlich der Regeln, nach denen dies geschieht" (121). Was heißt dies für pädagogisches Handeln im Kontext der Schule für Lernbehinderte?

Zunächst sei hier auf die schon klassisch zu nennende Studie von ROSENTHAL und JACOBSEN (1971) an der Oak School in South San Francisco hingewiesen. Sie zeigten, daß eine Veränderung der LehrerInnenerwartung Auswirkungen auf die intellektuelle Leistungsfähigkeit der SchülerInnen hat. LehrerInnen wurde erklärt, daß ein Test, der mit den Schülern in den Klassen K (Kindergarten) bis 5 durchgeführt wurde, Aufblüher identifizieren könne, die im folgenden Jahr mit großer Wahrscheinlichkeit ungewöhnliche Fortschritte in der Schule wie auch im intellektuellen Verhalten allgemein machen würden. Es handelte sich bei dem Test jedoch nur um einen nichtverbalen Gruppenintelligenztest. Den LehrerInnen wurde nach der Testdurchführung eine Liste mit den SchülerInnennamen vorgelegt, die als „Spurter" bezeichnet wurden. Die Auswahl dieser SchülerInnen erfolgte rein zufällig. Bei der Wiederholung des Gruppenintelligenztests nach ein und nach zwei Jahren zeigte sich bei diesen Kindern (den „Spurtern") eine überdurchschnittliche Zunahme des Intelligenzquotienten, die auf die — künstlich erzeugten — Vorannahmen der LehrerInnen zurückgeführt wird. Für die Reflexion des eigenen pädagogischen Handelns ist es somit notwendig zu berücksichtigen, daß die eigenen Erwartungen bestimmte Kommunikations- und Interaktionsprozesse im schulischen Kontext anregen, die eine negative oder positive Anregungsvariable für die Entwicklung der Kinder darstellt. Wenn Wirklichkeit im Prozeß der sozialen Interaktion, insbesondere durch kommunikative Prozesse geschaffen wird, dann kommt dem Handeln der Lehrerin/des Lehrers eine zentrale Rolle bei der Konstruktion der Entwicklungsbedingungen der SchülerInnen im Kontext Schule zu. Die Einstellungen und Erwartungen, die LehrerInnen haben, ihr Bild von einem Schüler, sind relevante Konstruktionsbausteine für die gemeinsame Schaffung der schulischen Wirklichkeit.

Besonders für SchülerInnen der Schule für Lernbehinderte ist aufgrund der Stigmatisierungsprozesse, die sie durchlaufen haben, eine entwicklungsbehindernde Konstruktion von Wirklichkeit vorgegeben. Sie tragen das Label der „Dummheit", und dieses Label hat ihre soziale Wirklichkeit insbesondere durch die Aussonderung aus der Regelschule gravierend verändert. Positive Entwicklungsmöglichkeiten können jedoch nur dann ermöglicht werden, wenn der Schüler diese selbst für möglich hält, wenn er wieder anfängt, „an sich zu glauben". Für den/die LehrerIn bedeutet dies, die eigenen Beobachtungen, Bewertungen, Urteile immer wieder in Frage zu stellen. Austausch über die eigenen Sichtweisen mit KollegInnen durch Team-Teaching, Unterrichtshospitationen, gemeinsame Arbeitsgruppen oder auch durch Praxisberatung (vgl. WERNING 1989a) sind aus dieser Perspektive notwendig.

Als LehrerIn ist es ferner hilfreich, die eigene Beteiligung an der Konstruktion der schulischen Wirklichkeit und die damit verbundene Schaffung von entwicklungsfördernden oder aber auch einschränkenden Bedingungen zu berücksichtigen und somit auch die eigene Verantwortung für diese Prozesse zu übernehmen. Nicht das ständige Bewerten und die Herausstellung von Defiziten, sondern das Sehen und das Mitteilen von Stärken und Fähigkeiten schafft neue Entwicklungsoptionen. Der Konstruktion der Lernbehinderung muß die Konstruktion der Lernfähigkeit entgegengesetzt werden. Damit ist die Förderung eines positiven und stabilen Selbstbildes, das auch die Akzeptanz der eigenen Schwächen umfaßt, eine zentrale pädagogische Aufgabe. Ein Kind, das internalisiert hat, nicht lesen lernen zu können, wird nicht lesen lernen. Es wird versuchen, seine Wirklichkeit so zu konstruieren, daß es nicht lesen muß. Erst wenn das Kind genug Vertrauen in sich selbst faßt und sich der Herausforderung stellt, kann eine effektive Förderung der Lesefähigkeit beginnen. Um dieses Vertrauen aufzubauen müssen oftmals die kommunikativen Beziehungsstrukturen in der Lebenswelt des Kindes verändert werden. Bevor eine Leseförderung beginnen kann, ist es notwendig, daß das Kind seine Rolle als Versager überwindet. Dazu ist häufig auch eine Veränderung der Perspektive der Eltern und der Mitschüler (vgl. BETZ und BREUNINGER 1993) erforderlich.

2.3 (Sonder-)pädagogische Förderung muß das Kind in seinem lebensweltlichen Kontext wahrnehmen

Um ein Kind mit einem besonderen Förderbedarf angemessen zu unterstützen, reicht eine individuumzentrierte Förderung nicht aus. So konstatierte HOBBS (1979, 795f.): „It soon became clear that the only way we could help a child was to involve the child, his family, his school, and his community in a cooperative assessment of the problem and a shared design for its solution." Konkretisierungen dieser Position finden sich bei APTER 1982, APTER/CONOLEY 1984, CAMPION 1985, WERNING 1989. Kinder entwickeln sich im Kontext ihrer familiären, schulischen und wohnortbezogenen Lebensumwelt. Sowohl die Beziehungsstrukturen innerhalb der Lebensweltkontexte (z.B. innerfamiliär, innerschulisch) als auch zwischen den Lebensweltkontexten (Familie-Schule, Familie-Wohnumfeld, Schule-peergroup) können die Entwicklung des Kindes fördern oder behindern. Dies zu beachten ist Voraussetzung für eine effektive pädagogische Unterstützung. Auch wenn ein Lehrer die familiären bzw. wohnortspezifischen Lebenskontexte des Kindes nicht direkt beeinflussen kann, ist es notwendig, Einblicke hierin zu haben. So ist zu fragen, was das Kind aufgrund seiner aktuellen Lebenssituation, mit seinen Fähigkeiten und Schwierigkeiten braucht, um sich weiterentwickeln zu können, um neue Kompetenzen zu erwerben und Schwierigkeiten zu überwinden.

Als Beispiel möchte ich hier meine Erfahrung mit Simone skizzieren. Simone wohnt mit ihren Eltern und fünf Geschwistern in einer Schlichtwohnung mit vier Zimmern in einem sozialen Brennpunkt einer Stadt im Ruhrgebiet. Ihr Vater ist seit mehreren Jahren arbeitslos. Die Familie lebt von der Sozialhilfe. Simone fiel auf, weil sie ihre Mitschülerinnen und Mitschüler an manchen Tagen gleich zu Unterrichtsbeginn grundlos — aus meiner anfänglichen Sicht — schlug und beschimpfte. Erst als ich — nach einigen Gesprächen mit ihr — erfuhr, daß ihr Vater manchmal nachts betrunken nach Hause kommt und die ganze Familie verprügelt, konnte ich nachvollziehen (wenn auch nicht akzeptieren), warum sie morgens „so unter Strom stand“ und auch zuschlug. Ich konnte anfangen, Hypothesen darüber zu bilden, welche Anregungen Simone helfen könnten, neue Entwicklungsschritte zu tun. Dazu war es hilfreich zu fragen, welcher (subjektive) Sinn hinter Simones Handeln stehen könnte, wozu sie sich so und nicht anders verhielt, welche Regeln ihr Verhalten leiteten. Meine Hypothesen lauteten bei ihr, daß sie das Bedürfnis nach Anerkennung und Zuwendung nur aggressiv ausdrücken konnte. „Nur wer sich durchsetzt und sich mit Gewalt Respekt verschafft wird akzeptiert“, könnte eine ihrer Regeln gewesen sein, die sie zu Hause beobachtet und gelernt hat. Zudem könnte ihr das aggressive Verhalten helfen, ihre Demütigungen, die sie zu Hause erlebte, zu überdecken. In der Schule war sie die Starke. Gleichzeitig zeigte sie aber auch sehr fürsorgliches Verhalten, als es um die Aufnahme eines Kindes mit sehr großen Lernschwierigkeiten in die Arbeitsgruppe ging. In ihm sah sie wahrscheinlich keinen Konkurrenten. Meine Vorstellung war, diese pro-sozialen Eigenschaften zu stärken und zu unterstützen. Durch die Einrichtung eines „Helfer-Systems“ in der Klasse erhielt Simone, die eine gute Rechnerin ist, die Möglichkeit, anderen Unterstützung und Zuwendung zu geben; sie lernte mit ihrer Kompetenz akzeptiert und gewertschätzt zu werden. Gleichzeitig erhielt sie Hilfe bei der Abfassung freier Texte, da sie Unterstützung bei der Formulierung ihrer Gedanken brauchte. Sie lernte, Hilfe und Unterstützung anzunehmen. Auf ihre aggressiven Ausbrüche wurde konsequent reagiert, indem sie die Klasse verlassen mußte. Dies geschah jedoch nur noch zweimal. In einem Gespräch vereinbarten wir, daß sie — wenn sie voller Wut in die Schule kommt — sich in die Leseecke zurückziehen darf und das Recht hat, allein zu sein.

Das Kind in seinem lebensweltlichen Kontext wahrnehmen heißt hier, Lernstörungen oder Verhaltensauffälligkeiten nicht als individuelles Problem des Kindes festzuschreiben, sondern die Wechselwirkungen im sozialen Kontext zu betrachten. Zu berücksichtigen ist, daß die/der SchülerIn aus ihrer/seiner Perspektive unter den gegebenen Bedingungen versucht, das beste aus der Situation zu machen. Statt das Problem in das Zentrum der pädagogischen Förderung zu stellen, scheint es sinnvoller zu sein, eine erweiterte Perspektive einzunehmen. Bildlich gesprochen ist es hilfreich, einen oder zwei Schritte zurückzutreten, damit sich der Blickwinkel vergrößert. Erst dann ist es eventuell möglich, das problematische Verhalten im Kontext der Interaktions- und Kommunikationsprozesse zu verstehen.

3 Schlußbemerkung

Es ist versucht worden, einige systemisch-konstruktivistische Perspektiven für (sonder-)pädagogisches Handeln darzulegen. Zum Abschluß soll jedoch darauf hingewiesen werden, daß die vorgestellten Orientierungen besonders im Rahmen einer integrativen Förderung in einer „Schule für alle Kinder", wie sie durch zahlreiche Integrationsversuche praktiziert wird, sinnvoll sind.

Die Aussonderung von Kindern und Jugendlichen mit besonderem pädagogischem Förderbedarf aufgrund von Lern- und/oder Verhaltensauffälligkeiten entspricht einer linearen, individuumbezogenen pädagogischen Sichtweise. Statt zu fragen, „Wie können wir die Kind-Lebenswelt-Beziehungen so gestalten, daß diese SchülerInnen sich optimal entwickeln können?", wird bei der Überweisung in eine Sonderschule vorwiegend gefragt, welche Defizite ein Kind aufweist und warum es an der Regelschule nicht hinreichend gefördert werden kann. Systemisch-konstruktivistisches Denken durchbricht diese Begrenzung. Hierzu liegen wichtige Ansätze vor (vgl. z.B. MEISTER/SANDER 1993; WERNING 1995).

Sonderpädagogisches Wissen und sonderpädagogisches Handeln geben wichtige Anregungen für die Entwicklungsförderung von Kindern mit besonderen pädagogischen Förderbedürfnissen. Wenn sie in kooperative professionelle Strukturen in integrativen Schulen eingebracht werden, können so — gemeinsam mit den Erfahrungen und Kompetenzen der RegelschullehrerInnen — wichtige pädagogische Perspektiven für die entwicklungsfördernde Gestaltung von schulischen und außerschulischen Kind-Lebenswelt-Beziehungen entwickelt werden. Die systemisch-konstruktivistische Sichtweise kann hier vielfältige Orientierungspunkte für integratives pädagogisches Handeln einbringen.

Literatur

AKTIF-Kommentarband (Hameyer, U.; Strenge, B.) (1986): Lernangebot Sachunterricht und naturwissenschaftliche Fächer 3.-7. Klasse. Kiel

Apter, S .J. (1982): Troubled children-troubled systems. New York

Apter, S. J.; Conoley, J. C. (1984): Childhood behavior disorders and emotional disturbance. Englewood Cliffs. New Jersey

Baecker u.a. (1992): Sozialer Konstruktivismus — eine neue Perspektive in der Psychologie. In: Schmidt, S. J. (Hrsg.): Kognition und Gesellschaft. Der Diskurs des Radikalen Konstruktivismus 2. Frankfurt a.M.

Betz, D.; Breuninger, H. (1993[3]): Teufelskreis Lernstörungen. Weinheim

Böse, R.; Schiepek, G. (1989): Systemische Theorie und Therapie. Ein Handwörterbuch

Bundschuh, K. (1994[2]): Praxiskonzepte der Förderdiagnostik. Bad Heilbrunn

Campion, J. (1985): The child in context. Family-system theory in educational psychology. London-New York

Ciompi, L. (1982): Affektlogik. Über die Struktur der Psyche und ihre Entwicklung. Ein Beitrag zur Schizophrenieforschung. Stuttgart

Gergen, K. J. (1985): Social Constructionist Inquiry: Context and Implications. In: Gergen, K. J.; Davis, K. E. (Eds.): The social Construction of the Person. New York

Gergen, K. J. (1986): „Correspondance versus Autonomy in the Language of Understanding Human Action“. In: Fiske, D.; Shweder, R. (Eds.): Metatheory in Social Sience. Chicago

Gergen, K. J. (1989): Social Psychology and the Wrong Revolution. In: European Journal of Social Psychology. 19, S. 463-484

Heyer, P u.a. (1990): Wohnortnahe Integration. Weinheim-München

Hobbs, N. (1979): Families, schools and communities: An ecosystem for children. In: Teacher's college record, 79, 4, S. 485-498

Krüll, M.; Luhmann, H. R.; Maturana, H. R. (1987): Grundkonzepte der Theorie autopoietischer Systeme. In: Zeitschrift für systemische Therapie, 5 (1), S. 4-25

Luhmann, N. (1984): Soziale Systeme. Grundriss einer allgemeinen Theorie. Frankfurt a.M.

Maturana, H. R.; Varela, F. J. (1987): Der Baum der Erkenntnis, München

Meister, H.; Sander, A. (1993): Integrative Förderung behinderter Kinder und Jugendlicher in allgemeinen Schulen — Einführung. Studienbrief der Fernuniversität-Gesamthochschule-Hagen

Moor, P. (1965): Heilpädagogik. Ein pädagogisches Lehrbuch. Bern; Stuttgart

Rosenthal, R.; Jacobson, L. (1971): Pygmalion im Unterricht. Weinheim u.a.

Sander, A. (1985): Zum Problem der Klassifikation in der Sonderpädagogik. Ein ökologischer Ansatz. In: Vierteljahresschrift für Heilpädagogik und ihre Nachbargebiete 54, 1, S. 15-31

Schley, W. u.a. (Hrsg.) (1989): Integrationsklassen in Hamburger Gesamtschulen. Hamburg

Schmetz, D. (1986): Reflexionen zur Konzeption einer Interaktionspädagogik für erschwerte Lernsituationen. In: Zeitschrift für Heilpädagogik, 2

Schmidt, S. J. (Hrsg.) (1987): Der Diskurs des Radikalen Konstruktivismus. Frankfurt a.M.

Schmidt, S. J. (Hrsg.) (1992): Kognition und Gesellschaft. Der Diskurs des Radikalen Konstruktivismus 2. Frankfurt a.M.

Spranger, E. (1962): Das Gesetz der ungewollten Nebenwirkungen in der Erziehung. Heidelberg

Suhrweier, H.; Hetzner, R. (1993): Förderdiagnostik für Kinder mit Behinderungen. Neuwied u.a.

Werning, R. (1989): Das sozial auffällige Kind. Lebensweltprobleme von Kindern und Jugendlichen als interdisziplinäre Herausforderung. Münster; NewYork

Werning, R. (1989a): Systemische Praxisberatung von Lehrer/innen und Sonderpädagog/innen. In: Benkmann, K. u.a. (Hrsg.): Neue Wege in der Erziehungshilfe. Siegburg

Werning, R.; Bannach, M. (1992): Möglichkeiten des entdeckenden Lernens im Sachunterricht der Primarstufe der Schule für Lernbehinderte. In: Zeitschrift für Heilpädagogik 43, S. 606-615

Werning, R. (1996): Gleichheit, Verschiedenheit, Integration — Lehrer lernen ihre Kinder neu sehen. In: Pädagogik, 47. Jg., Heft 10

Werning, R. (1995a): Überlegungen zum Sachunterricht für Kinder mit Lernbeeinträchtigungen. In: Schmetz, D.; Baudisch, W. (Hrsg.): Sonderpädagogische Beiträge. Band 4: Mathematik- und Sachunterricht für Schülerinnen und Schüler mit sonderpädagogischem Förderbedarf. Frankfurt a.M. u.a.

Willke, H. (1993[4]): Systemtheorie. Stuttgart; Jena

Willke, H. (1994): Systemtheorie II: Interventionstheorie. Stuttgart; Jena

A8H

Der Schulzirkus Möglichkeiten der Vernetzung von Jugendhilfe, Schule und Familie

Günter Engel

Der Schulzirkus der Gesamtschule Saarbrücken Bellevue erprobt seit Januar 95 das Zusammenwirken psychomotorischer Bewegungsschulung und systemischer Beratung für Kinder und Jugendliche im Rahmen eines freiwilligen Angebotes der Schule. Nach den ersten Erfahrungen erweist sich die Einbeziehung von Jugendhilfe, Schule/Schulbehörde und Familie als notwendige Vorgehensweise bei einer lebensweltbezogenen Entwicklungsförderung von Kindern und Jugendlichen. Das Zirkusprojekt zeigt außerdem Möglichkeiten eines eigenständigen „Unternehmens" in der Schule als Beitrag zur Autonomiediskussion von Schule und Schulgestaltung von „unten".

Start in die Erlebniswelt Zirkus

Mit Feuerkeulen jonglieren, auf Laufkugeln balancieren oder auf einem 1,80 m hohem Einrad durch die Fußgängerzone fahren, wirkt auf viele Kinder und Jugendliche so faszinierend, daß sie sogar für einige Zeit die virtuellen Welten der Computerspiele vergessen. Wenn dazu noch der Applaus des Publikums nach einer gelungenen Straßenvorführung hinzukommt, die lokale Presse die besonderen Künste der Artisten und Artistinnen hervorhebt und die Schülerinnen und Schüler auch materiell für ihre Leistungen belohnt werden, ist die Begeisterung bei ihnen und deren Eltern groß.

Akrobatische Kunstfertigkeiten, Inszenierung kleiner Showeinlagen regen Schüler an, sich selbst im täglichen Training zu disziplinieren und ihre körperlichen Grenzen zu erfahren. Sie können ihren natürlichen Bewegungsdrang und Erlebnishunger auf spielerische Art stillen (vgl. KIPHARD 1990).

Das Zirkusprojekt der Gesamtschule Saarbrücken Bellevue wurde im Rahmen des Pilotprojektes „Wege zur Gewaltlosigkeit, Gruppenerfahrungen durch alternativen Schulsport" gegründet und wird neben einer Judogruppe und einer Gruppe für Sportklettern von der Sparkasse Saarbrücken und der Verkehrsgemeinschaft Saar (VGS) bis 1996 finanziell unterstützt.

Dank dieses Startkapitals konnte die Zirkusgruppe attraktive Sportgeräte und Requisiten einkaufen und nach einigen Übungswochen bereits kleinere

Vorführungen zeigen. In einem erstaunlichen Tempo wurde die Zirkusgruppe in den folgenden Monaten im Raum Saarbrücken bekannt und konnte im Zeitraum Januar bis September bereits 35 Vorführungen aufweisen. Erster Höhepunkt der Saison 95 war eine Einladung auf der „Ferien & und Erlebnisbörse für Kids" in Berlin. Damit war ein kleines „Unternehmen" in der Schule gegründet. Sind solche alternative Sportarten und Aktionen ausreichend für eine gesunde Entwicklungsförderung von Kindern?

Einflüsse der Familie und der Schulbehörde auf den Schulzirkus

Obwohl die SchülerInnen sehr motiviert, und 10-12 Artisten regelmäßig beim Training und den Vorführungen anwesend sind, treten immer wieder Situationen auf, die unseren Blickwinkel vom einzelnen Schüler auf andere soziale Systeme richten. Offenbar reicht das alternative Sportprogramm nicht aus, um der komplexen Problemsituation mancher Schüler gerecht zu werden. Die Einflüsse anderer Systeme (Familie, Schule, Schulbehörde) werden permanent spürbar.

Beispiel „Familiensystem"

Claudia, eine 13jährige Schülerin, lebt mit ihrer Mutter und ihren 3 Geschwistern in einem sozial benachteiligten Stadtteil. Sie nimmt begeistert an der Zirkusgruppe teil und will bereits nach wenigen Tagen unbedingt auf dem Hochrad fahren. Zitternd und sichtlich überfordert treibt sie sich selbst permanent an. In einem Gespräch über die Gefahren und Risiken, denen sie sich aussetzt, teilt sie mit, daß sie unbedingt ihren Eltern zeigen will, was sie schon alles kann. Im Gegensatz zu anderen Eltern erscheinen weder ihr getrennt lebender Vater noch ihre Mutter beim Training oder bei den Vorführungen. Nachdem die Mutter keinerlei Interesse zeigte, zu einer Vorführung zu kommen, wurde Kontakt mit dem Vater aufgenommen. Er wurde vom Leiter der Zirkusgruppe gebeten, beim Transport der Geräte behilflich zu sein. Nach einigem Zögern entschloß er sich, seine Tochter zu begleiten.

Strahlend und zitternd fährt Claudia auf dem Hochrad zu ihrem Vater, der jedoch nur zögerlich Begeisterung für die Leistungen seiner Tochter zeigen kann. Allerdings erscheint er zusammen mit seiner neuen Lebensgefährtin zu einigen Vorführungen. 2 Wochen später fehlt Claudia beim Training und bei den Vorführungen. In einem Gespräch teilt sie mit, daß sie sehr gerne kommen würde, allerdings hätte ihre Mutter etwas dagegen und sie müsse jetzt auf ihre Geschwister mehr aufpassen.

Wie dieses Beispiel zeigt, ist eine Entwicklungsförderung von SchülerInnen ohne Einbeziehung des Familiensystems zum Scheitern verurteilt.

Allerdings sollte hier nicht der Fehler begannen werden, eine Ursachenzuschreibung auf die Familie zu richten. Dies wäre ein Rückschritt in monokausales Denken und würde eine einseitige Schuldzuschreibung zur Folge haben. Biographie und Lebenswelt der Familie aus diesem Beispiel müßten näher in den Blickwinkel der Betrachtung gezogen werden, um den Sinn der Reaktionsweisen der Mutter oder des Vaters etwas besser verstehen zu können.

Ein weiteres Beispiel soll verdeutlichen, wie Einrichtungen des Schulsystems auf Projekte zur gesunden Entwicklungsförderung von Schülerinnen und Schülern Einfluß nehmen können.

Beispiel: „Schulsystem“

Die Zirkusschule plante einen Besuch bei dem bekannten Schulzirkus „Zappelino“ der Gesamtschule Köln-Hohlweide. Der Besuch sollte den Schülerinnen und Schülern erste Kontakte mit anderen ArtistInnen ermöglichen. Außerdem war eine Einradtour durch die Kölner Fußgängerzone geplant. Nachdem die Finanzierung der Fahrt gesichert war, die Eltern ihre Zustimmung gegeben hatten und der Schulleiter sein Einverständnis gab, waren alle Zirkusmitglieder auf den Ausflug gespannt. 2 Tage vor Abfahrt wurde die Durchführung dieser Fahrt von der zuständigen Schulbehörde untersagt. Die Fahrt konnte nicht durchgeführt werden.

Auch an diesem Beispiel wird offensichtlich, wie andere Systeme mit dem Entwicklungsprozeß der Zirkusschule gekoppelt sind.

Diese Erfahrungen unterstreichen die Notwendigkeit, systemische Wahrnehmungs- und Handlungsmöglichkeiten in die ganzheitliche Förderung von SchülerInnen mit einfließen zu lassen.

Besonders in hierarchisch gegliederten Schulsystemen, in denen Entscheidungsprozesse häufig von „oben“ nach „unten“ gesteuert werden, können innovative Ansätze leicht gebremst werden. Systemische Sichtweisen und vernetztes Denken wären eine Herausforderung für SchulorganisatorInnen und PädagogInnen und könnten einer Verbesserung der lebensweltbezogenen Förderung von SchülerInnen dienen.

Konzeption des Schulzirkusses Bellevue

Der Schulzirkus Bellevue ist eine freiwillige Arbeitsgemeinschaft der Gesamtschule Saarbrücken Bellevue. 12-16 SchülerInnen trainieren durchschnittlich 4 mal pro Woche nach der Schule und in den Pausen. Die Vorführungen finden in der Regel an Wochenenden statt. Die meisten SchülerInnen kommen aus den Jahrgängen 5 und 6. Eine psychosoziale Beratung erfolgt über systemische Konsultationen, die in der Schule oder auch in der Familie, bzw. Wohngruppe oder Jugendamt stattfinden können.

Die Zirkusgruppe verfolgt zunächst folgende Ziele:

— Aufbau und Selbstfinanzierung einer Zirkusschule,

— Ganzheitliche Förderung von Schülerinnen und Schülern unter Einbeziehung ihrer Lebenswelt,
— Zirkuläre Vernetzung von Jugendhilfe, Schule, Familie und Schulorganisation.

Mit Hilfe eines Merkmalkataloges sollen einige wichtige Faktoren der Konzeption und Arbeitsweisen des Schulzirkusses Bellevue beschrieben werden.

Systemische Sichtweise auffälligen Verhaltens in der Zirkusschule

Aus systemischer Sicht werden Symptome nicht als Defizite eines Individuums gesehen, sondern als kreative Lösungsstrategien zur aktuellen Lebensbewältigung (vgl. KRON-KLEES 1994). Auffälliges Verhalten, wie Gewalttätigkeit, überhöhtes Risikoverhalten oder Schulversagen, fordern Familiensystem und Schulsystem zum Handeln heraus. Symptome können Signale dafür sein, daß eine gesunde Entwicklung bei der bisherigen Biographie und in der momentanen Lebenswelt des Symptomträgers nicht möglich zu sein scheint. Wir gehen davon aus, daß Kinder, die mit einem symptomatischen Verhalten selbst- oder fremdzerstörerische Impulse zeigen, gleichzeitig einen Appell an uns richten, Unterstützung für das System zu leisten. Diese Sichtweise symptomatischen Verhaltens verändert nicht nur die Beziehung zu SchülerInnen (Verhalten wird positiv konnotiert), sondern wir werden als Pädagogen aufgefordert die Sinnhaftigkeit des Symptoms im Kontext der SchülerInnen zu erforschen (vgl. BALGO/VOSS 1995).

Kooperation mit den Familien

Das Projekt lebt von den Eigenleistungen der Eltern. Viele Eltern begleiten ihre Kinder bei den öffentlichen Vorführungen. Die Zirkusgruppe bekommt von den Eltern regelmäßig ein Feedback über die Effektivität der Vorführungen. Die Eltern (z.T. auch Großeltern) engagieren sich beim Herstellen neuer Geräte oder organisieren neue Aufträge. Teilweise nehmen die Eltern auch an den Trainingsstunden teil. Über diese enge Zusammenarbeit entsteht eine *Identifikation der Familie mit dem Zirkusprojekt* und eine tragfähige Beziehung zu den Familien, die eine Beratungsarbeit erleichtern.

Systemische Beratungsangebote

SchülerInnen und Familien erhalten bei auftretenden Schwierigkeiten (z.B. Schulschwierigkeiten, familiäre Konflikte) eine psychosoziale Beratung. Zeit, Umfang und Organisation der Beratung wird mit den betroffenen

Familien vereinbart. Es wird z.Z. darauf verzichtet, ein therapeutisches Beratungsangebot anzubieten, da ein entsprechendes Setting nicht hergestellt werden kann und auch nicht erwünscht ist. Die Beratungsgespräche finden in Form von Konsultationsgesprächen statt, die auf eine unkomplizierte Weise in der Familie, in der Schule oder in der Zirkusgruppe stattfinden können. Damit wird ein „Therapeut-Klient-Verhältnis" vermieden. Der systemisch geschulte Pädagoge und die Familie oder andere Systeme stellen sich einem gemeinsamen Beratungsprozeß zur Lösung auftauchender Probleme. Reichen diese Maßnahmen zur Konfliktlösung nicht aus, können Experten aus anderen Beratungsinstitutionen (Jugendhilfe, Schulpsychologischer Dienst) herangezogen werden. Zur fachlichen und persönlichen Unterstützung soll auf professionelle Supervisionsangebote des Jugendamtes und anderer Institutionen zurückgegriffen werden (vgl. VOSS 1990).

Gesundheitsförderung/Prävention

Akrobatische und äquilibristische Zirkuspraktiken haben eine immense Bedeutung für die Gesundheitsförderung von Kindern. Das regelmäßige und mit viel Spaß und Erfolg verbundene Training hat eine positive Auswirkung auf Körperhaltung und Gewandtheit. Selbstdisziplinierende und selbststärkende Erfolgserlebnisse tragen zu einem *psycho-physischen Gleichgewicht* der Kinder bei. Die intensive Teamarbeit bei den Vorführungen und den Proben führt zu einem starken Wir-Gefühl und leistet damit einen wichtigen Beitrag zum solidarischen Verhalten in der Gruppe (vgl. KIPHARD 1992). Das Zirkusprojekt als eine *persönlichkeitsfördernde Maßnahme* bietet so auch einen gewichtigen Beitrag zur *Sucht- und Gewaltprävention.* Darüber hinaus plant die Zirkusschule einen Vortragszyklus über Gesundheitsförderung in Schulen und im Stadtteil selbst zu organisieren und mit Hilfe der Einnahmen aus den Vorführungen selbst zu finanzieren.

Kooperation mit anderen Schulen des Stadtteiles

Die Zusammenarbeit mit anderen Schulen aus dem Stadtteil und dem näheren Einzugsgebiet kann für das Projekt positive Auswirkungen haben. So ist für den Beginn des Schuljahres 1995/96 insbesondere eine Zusammenarbeit mit verschiedenen Grundschulen des Einzugsgebietes der Gesamtschule Saarbrücken Bellevue vorgesehen. Mit der Initiierung von Zirkusgruppen in diesen Grundschulen können „neue Talente" für die Zirkusgruppe „Bellevue" gefunden und für einige SchülerInnen eine gewisse *Kontinuität* beim Übergang von der Grundschule zur Gesamtschule erbracht werden.

Schulische Förderung

Wichtiges Ziel des Zirkusprojektes ist eine schulische Förderung der Zirkusmitglieder. Grundbedingung für die schulische Förderung ist eine enge Zusammenarbeit mit den einzelnen FachlehrerInnen und TutorInnen. Auftretende Konfliktfälle sollen in *„Helferkonferenzen“* bearbeitet werden. In Einzelfällen können besondere Fördermaßnahmen eingerichtet werden (z.B. Integrationsmaßnahmen, Förderunterricht oder Nachhilfe).

Fächerübergreifende Arbeit

Das Zirkusprojekt bietet vielfältige Möglichkeiten, auf verschiedene Schulfächer zurückzugreifen. Bis jetzt wird mit folgenden Fächern zusammengearbeitet: *Musik* (Zirkusmusik, Einbeziehung von Musikinstrumenten, Zusammenarbeit mit der „Samba AG“), *Fremdsprachen* (über die Auftritte im Ausland und der Begegnung mit ausländischen „Artisten“ werden die Schüler mit ihren Sprachkompetenzen konfrontiert), *Arbeitslehre* (einige Zirkusrequisiten werden in dem Fach Arbeitslehre hergestellt), *Deutsch* (Sprecherziehung wird für eine gelungene Aufführung gefordert, Anfertigen eines Tagebuches wird empfohlen) und *Bildende Kunst* (Requisiten, Transparente für Auftritte).

Erlebnisorientierung

Die Erlebniswelt Zirkus hat für Kinder eine magische Anziehungskraft. Erleben und Lernen, eigene Grenzen in Aktionen erfahren und Erlebnisse reflektieren können, gehören zu den wichtigen Merkmalen des Zirkusprojektes. Neue Ansätze *erlebnispädagogischer Konzepte* werden in die Zirkusschule integriert (vgl. HOMFELDT 1993; SCHOEL/PROUTY/RADCLIFFE 1989).

Eigenständigkeit der Zirkusgruppe

Das Projekt hat das Ziel, sich selbst zu erhalten und weiter zu expandieren. Die Kontinuität der pädagogischen Arbeit soll über einen längeren Zeitraum garantiert werden. Dazu sind einige organisatorische Maßnahmen notwendig. Ein wichtiger Faktor ist die *Eigenfinanzierung* des Projektes. Über Auftritte, social sponsoring und Teilnahme an Wettbewerben werden die notwendigen finanziellen Mitteln von den Zirkusmitgliedern selbst erwirtschaftet. Ein anderer Faktor ist die enge Kooperation mit der Schulleitung und übergeordneten Schulbehörde, von denen eine längerfristige Förderung erwartet wird.

Öffentlichkeitsarbeit

Für das eigene Selbstwertgefühl ist es für SchülerInnen besonders wichtig, die selbsterarbeiteten Fähigkeiten und Fertigkeiten in der Öffentlichkeit zu zeigen. Dazu bietet der Zirkus ein ideales Medium. Kinder erhalten eine direkte Rückmeldung vom Publikum.

Zur Öffentlichkeitsarbeit zählt jedoch auch eine Zusammenarbeit mit den *öffentlichen Medien* und eine regelmäßige Veröffentlichung in den einzelnen Fachzeitschriften. Es ist ebenfalls vorgesehen, das Projekt auf Fachtagungen und Kongressen vorzustellen.

Vernetzung mit dem Stadtteil

Die meisten „Artisten" kommen aus der unmittelbaren Umgebung der Schule und können bei verschiedenen Anlässen im Stadtteil und der näheren Umgebung der Stadt Saarbrücken auftreten. Dadurch lernen sie die unterschiedlichsten Organisationen und Vereine der Stadt kennen und kommen aus den teilweise sozial benachteiligten Wohngebieten heraus.

„Bellevue" — „schöne" Aussichten

Wie schön die weiteren Aussichten der Zirkusschule sein werden, hängt im Wesentlichen ab von dem Grad der Vernetzung mit anderen Systemen (Familie, Schule, Ministerium, Gemeinwesen, Jugendamt). Die bisherigen Erfahrungen zeigen, daß eine solche Vernetzung für die Expansion des „Unternehmens" Zirkus Bellevue wertvoll ist. Der bisherige Erfolg der Zirkustruppe ist besonders auf das Zusammenwirken verschiedener Kräfte aus unterschiedlichen sozialen Systemen zurückzuführen.

Allerdings steckt die systemische Beratung für die Mitglieder der Zirkusgruppe noch in den Kinderschuhen. Insbesondere die Zusammenarbeit mit der Schule und der örtlichen Jugendhilfe bedarf einer Ausweitung. Außerdem wird entscheidend sein, mit welchen Mitteln das Ministerium für Bildung, Kultur und Wissenschaft eine systemische Beratung in der Schule unterstützen wird.

Literatur

Balgo, R.; Voß, R. (1995): Kinder, die sich auffällig zeigen. Die systemisch-konstruktivistische Wende in der Psychomotorik. In: Kiphard, E. J.; Olbrich I. (Hrsg.): Psychomotorik und Familie. Psychomotorische Förderpraxis im Umfeld von Therapie und Pädagogik. Dortmund, S. 167

Ballreich, R.; Grabowiecki v., U. (Hrsg.) (1992): Zirkus-Spielen. Ein Handbuch für Artistik, Akrobatik, Jonglieren, Äqulibristik, Improvisieren und Clownspielen. Stuttgart

Homfeldt, H. G. (Hrsg.) (1993): Erlebnispädagogik. Hohengehren

Huschke-Rhein, R. (Hrsg.) (1990): Systemische Pädagogik, Bd. 1-5. Köln

Kiphard, E. J. (1990): Mototherapie. Teil II. Dortmund

Kiphard, E. J.; Olbrich I. (Hrsg.) (1995): Psychomotorik und Familie. Psychomotorische Förderpraxis im Umfeld von Therapie und Pädagogik. Dortmund

Kron-Klees, F. (1994): Claudia — oder öffentliche Jugendhilfe als heilsamer Impuls. Ein systemisches Wahrnehmungs- und Handlungskonzept. Dortmund

Lüpke v.,H.; Voß, R. (Hrsg.) (1994): Entwicklung im Netzwerk. Systemisches Denken und professionsübergreifendes Handeln. Pfaffenweiler

Schoel J.; Prouty D.; Radcliffe P. (1989): Islands of Healing. A Guide to Adventure Bases Counseling. Hamilton

Voß, R. (1990): Systemische Konsultation und interdisziplinäre Kooperation. In: Huschke-Rhein, R. (Hrsg.): Systemische Pädagogik, Bd. IV. Köln, S. 15

IV Systemische Supervision und Organisationsentwicklung in der Schule

Lebenserfahrung passiert, wenn Geschichten zu Personen passen
Supervision mit berufs- und lebenserfahrenen LehrerInnen*

Reinhard Voß

Die systemisch orientierte Supervision stellt eine (geleitete) Gruppenkonsultation dar, in der lebens- und berufserfahrene LehrerInnen in einen lösungs- und kompetenzorientierten Erfahrungsaustausch treten. Die vielfältigen Erfahrungen ihres BerufsLEBENs stellen eine Ressource dar, die im Sinne von Kontext-, Kompetenz- und Teamorientierung genutzt werden soll.

Asiik und sein Traum

In Krakau lebte vor Zeiten ein armer Jude, der hieß Asiik. Dem träumte eines Nachts, er solle nach Prag wandern, und dort an der Brücke über die Moldau solle er graben. Er würde dann einen Schatz finden. Weil ihm das dreimal hintereinander träumte, packte er das Bündel seiner wenigen Habseligkeiten und wanderte von Krakau nach Prag. Dort angekommen, an der berühmten Brücke über die Moldau mit ihren Statuen links und rechts und der Burg und dem Veitsturm auf der anderen Seite, sah er sofort, daß er doch hier unmöglich graben könne. Kaufleute zogen mit Pferden, Bauern mit Eselsgespannen, Frauen mit ihren Einkäufen und Krügen auf dem Kopf über die Brücke. Überall herrschte emsiges Treiben, und auf beiden Seiten des Stromes standen Soldaten, um all diesen Verkehr zu überwachen und die Brücke zu schützen. „Was werden die Leute sagen", fragte sich Asiik, „wenn ich hier zu graben anfange?" Weil er nun aber den weiten Weg von Krakau bis nach Prag gewandert war, kam er jeden Tag an die Brücke, stand dort herum und überlegte: „Gesetzt den Fall, ich könnte hier graben, wo würde ich das denn tun, wo könnte mein Schatz liegen?" Allmählich fiel das der Wache auf. Bald war Asiik eingestuft als verdächtiges Subjekt, Terrorist vielleicht des 17. Jahrhunderts, als einer, der irgend etwas ausspionieren, vielleicht gar einen Anschlag auf die Brücke vorbereiten wollte. Schließlich ging der Hauptmann der Wache zu Asiik und fuhr ihn an: „Was treibst du

*Schriftliche Fassung meines Vortrages auf dem Forum der IGST, Systemische Supervision, vom 2.12.-3.12.1994 in Heidelberg

dich hier herum, wir beobachten dich schon tagelang, scher dich gefälligst weg." Darauf erzählte Asiik seinen Traum. Der Hauptmann lachte: „Wo kämen wir hin, wenn wir Träumen trauen würden. Mir zum Beispiel träumt nun schon Wochen lang, ich solle nach Krakau wandern und dort unter dem Ofen eines armen Juden graben, dann würde ich einen Schatz finden." Asiik verneigte sich, bedankte sich höflich, wanderte zurück nach Krakau, nahm die Steine unter seinem Ofen heraus, grub dort und ... da lag der Schatz. Später als Asiik der berühmte und heilige Rabbi Asiik des Chassidismus, der osteuropäischen jüdischen Mystik, geworden war, pflegte er, wenn er diese Geschichte erzählte, anzufügen, „Grab nicht woanders, grab bei dir!" (E. BEHRENDT, Nada Brahma, Die Welt ist Klang)

Balint-Gruppen, Einzel-, Gruppen-, Teamsupervision, Organisationsberatung: Das Bewußtsein für die Notwendigkeit gezielter Praxisberatung innerhalb der medizinischen und psychosozialen Berufsgruppen ist deutlich erkennbar. Doch wie steht es um die LehrerInnen (dies gilt übrigens in gleicher Weise für die ErzieherInnen)? In einer gesellschaftlichen Situation, in der die Zahl krisenhafter Phänomene (vgl. BECK 1986) ständig ansteigt, werden diese von immer mehr LehrerInnen, gerade auch auf der Bühne Schule bekundet. Stichworte wie „burn out", steigende Zahlen von längerfristigen Erkrankungen von Lehrkräften, die in steigendem Maße zum vorzeitigen Ausscheiden aus dem Dienstverhältnis führen, u.a.m. verdeutlichen diese Situation.

Doch nicht nur diese Entwicklungen unterstreichen die Notwendigkeit von Supervision für LehrerInnen aller Schulstufen (vgl. EHINGER/HENNING 1994; MUTZECK/SCHLEE 1995). Mit Blick auf den Versuch, die Arbeit in den Schulen zu qualifizieren, die Teamarbeit unter LehrerInnen zu fördern, die Öffnung der Schule zur Stadtteilschule zu realisieren, die notwendige Vernetzung der verschiedenen Förderinstitutionen einer Gemeinde zu leisten oder die anwachsende Beratungsarbeit zu ermöglichen, muß der Supervision im Rahmen einer systemischen Kontext-, Kompetenz- und Teamorientierung ein besonderer Stellenwert beigemessen werden. Dem Hinweis, daß Supervision immer auch als „Opium" mißbraucht werden kann (vgl. SCHWEITZER 1994), wird dabei nicht widersprochen.

Mein Verständnis von Supervision, das sich besser als Inter-Vision bezeichnen läßt, basiert auf der systemischen Perspektive, die seit Beginn der 80er Jahre im Kontext der Supervisionsdiskussion die Aufmerksamkeit immer stärker vom Supervisanden hin auf die Vernetzung von Individuum, Gruppe, Institution, Gesellschaft gerichtet hat. Bei der Supervision dieser Art, sei es nun Einzel-, Team- oder Gruppensupervision, geht es um die Reflexion des Beziehungsgeflechtes von Privat- und BerufsLEBEN, um so Veränderungen zu ermöglichen (intra- und interpsychisch, individual- und familiengeschichtlich, professions- und institutionsspezifisch), die zu einer Reflexion und Veränderung persönlicher und berufsspezifischer Konfliktsituationen führen können.

Geschichten aus dem BerufsLEBEN

Seit vielen Jahren beschäftigt mich die Frage, warum erfahrene LehrerInnen, warum ganze Kollegien, in weiten Teilen nicht in der Lage sind, ihre vielfältigen Lebens- und Berufserfahrungen zu nutzen, um anstehende Konflikte ihres Schulalltages gemeinsam zu lösen. Der Begriff der Lebenserfahrung zielt doch genau darauf ab: Verfügung über besondere Kompetenzen, Befähigung zu besonderen Problemlösungsstrategien. Wird diese enorme Ressource im Sinne eines modernen Jugendkultes in unserer Gesellschaft, der die Lebenserfahrenen oder gar Weisen in Altenghettos verkümmern läßt, nicht mehr wahrgenommen? Oder handelt es sich eher um ein grundlegendes Problem, daß Lebenserfahrungen nicht vermittelbar sind, wie dies auch schon von KANT und SPRANGER unterstrichen wurde. Vor dem Hintergrund des mir zunächst vermittelten Verständnis von Lebenserfahrung folgte ich zunächst der Vorstellung einer instruktiven Vermittlung. Zugleich mißtraute ich der Vermittlung von Lebenserfahrung in Form von Ratschlägen, die bekanntlich erschlagen können.

„Unterschiede, die Unterschiede machen“, „autopoietische Systeme“, „Strukturdeterminiertheit“, „Perturbation“, „stillstehende Systeme“, diese neuen Begriffe und Positionen ermöglichten mir einen Gestaltswitch, der mir einen anderen Zugang zum Thema Lebenserfahrung öffnete. Im Nachhinein wird mir auch die ursprüngliche Bedeutung des Wortes „Erfahrung“, im Sinne von Fahren, Reisen verständlich, bekommen Alltagssituationen wie Gespräche im Familien- oder Freundeskreis, am Arbeitsplatz oder im Wirtshaus, einen anderen Stellenwert. Wir müssen herumreisen (das kann auch die große Welt eines kleinen Dorfes sein), wir müssen vielen verschiedenen Menschen und Ideen begegnen, um dann in einem „schöpferischen Akt“, so Oswald SPRENGLERs Definition, jene Kompetenz zu erarbeiten, die wir als Lebenserfahrung bezeichnen. In diesem Prozeß spielen Geschichten eine besondere Rolle. Geschichten, die uns erzählt wurden, ohne jede Absicht, etwas bewirken zu wollen oder gar belehrend sein zu müssen, die wir übernehmen oder auch nicht, sie modifizieren. Geschichten, die wir dann wiederum zu einem späteren Zeitpunkt, in anderen sozialen Kontexten erzählen, ohne je sicher sein zu können, ob auch nur eine dieser Geschichten von einer anderen Person erhört wird. Lebenserfahrung passiert, wenn Geschichten zu Personen passen. (Lebens-)Wirklichkeiten werden nach H. VON GLASERSFELD so konstruiert, daß sie gangbar, nützlich, brauchbar, passend, viabel sind.

Nichts wollen und alles geschieht, das erinnert mich an den Taoismus: bei LAOTSE heißt es: „Also, auch der Berufene: er verweilt im Wirken ohne Handeln, er übt Belehrung ohne Reden.“ Auf der Reise entsteht so ein Schatz von erlebten, überarbeiteten Geschichten des Lebens, der von Anbeginn etwas von seiner magischen Bedeutung verliert, da ihn möglicherweise, außer dem Reisenden selbst, niemand für wertvoll erachtet. Ein einfacher

Stein wird dadurch zum Schatz, indem ihm diese Be-deutung verliehen wird. („Even a stone can be a teacher“, KOPP 1985). Eine ganz alltägliche Geschichte wird erst durch die persönliche Bewertung und die Annahme durch einen Menschen zur Lebenserfahrung. Dieser Schatz von Lebenserfahrungen, die LehrerInnen während ihres BerufsLEBENS erworben haben, kann für die Supervision von besonderer Bedeutung sein.

Daneben unterstreicht das mexikanische Sprichwort „Erfahrung ist eine stachelige Frucht“ einen anderen wichtigen Aspekt dieses Themas. Für berufs- und lebenserfahrene Menschen ist es offenSICHTlich, daß neue Erfahrungen oft an schmerzhafte Gefühle gekoppelt sind. Es ist in vielen Fällen erst der subjektiv empfundene Leidensdruck, der die Betroffenen unterstützt, das Risiko des ersten Schrittes in eine andere Richtung zu wagen. Diese Bewegung aus den einengenden und problemerzeugenden, aber auch den sicheren, vertrauten, schützenden Denk- und Verhaltensmustern heraus in eine fremde, gerade auch mit Blick auf die Konsequenzen, unbekannte Welt, geschieht oft erst dann, wenn ein sicherer Rahmen gegeben ist, der ein Ausprobieren, ein Abwägen der Risiken ermöglicht. Erst dann, wenn psychologisch gesehen, die Chancen der Veränderung, die Hoffnung auf den Genuß der Frucht ähnlich groß ist, wie die Einschätzung der Gefahr, die Angst vor dem Stachel, erst dann werden neue Erfahrungen möglich werden. Verdeutlicht wird dies auch in der chinesischen Sprache, in der sich das Wort Krise aus zwei Zeichen zusammensetzt: aus Chance und Gefahr.

Supervision als (geleitete) Gruppenkonsultation

Angeregt durch die Arbeiten von Tom ANDERSEN, der zusammen mit seinen MitarbeiterInnen das Konzept des „reflecting team“ für einen therapeutischen Kontext entwickelte, stellt meine Arbeit den Versuch dar, seine Ideen auf einen nicht-therapeutischen, lebensweltbezogenen Kontext zu übertragen. Nach der Erarbeitung der systemischen Konsultation (VOSS 1990; v. LÜPKE/VOSS 1994) als einem lebensweltbezogenen und professionsübergreifenden Beratungsprozeß in der Arbeit mit Systemen, in denen sich Kinder und Jugendliche auffällig zeigen, stellt die geleitete Gruppenkonsultation den Versuch dar, reflektierende Gruppen für die Supervision mit LehrerInnen zu nutzen (vgl. ausf. VOSS 1996, 1995a, 96).

Die Supervision als Inter-vision ist eine (geleitete) Gruppenkonsultation (consultare lat.: sich gemeinsam beraten), in der lebens- und berufserfahrene Menschen in einen gemeinsamen lösungs- und kompetenzorientierten Erfahrungsaustausch treten. Die systemische Ausrichtung der Intervision fokussiert die wechselseitige Verknüpfung aller Systemebenen (Kontextorientierung), in denen die Betroffenen leben (Familie, Beruf, Freundes- und Bekanntenkreis etc.). Zugleich bekundet sie ein anderes Verständnis auffälligen Verhaltens von LehrerInnen, das sich deutlich von individualisierenden

Schuldzuweisungen in der öffentlichen und wissenschaftlichen Diskussion abhebt. Lustloses, aggressives, gestreßtes, hilfloses, überfordertes, entmutigtes, störendes, gewalttätiges Verhalten bis hin zu Formen von physischen, psychosomatischen oder körperlichen Erkrankungen bei LehrerInnen sind passende, „viable" (V. GLASERSFELD) Reaktionen auf die jeweils vorgegebene soziale Lebenswelt. Sie sind aktive Ausdrucksformen, um sich handelnd mit einer konfliktbeladenen, bedrückenden Lebenssituation auseinanderzusetzen. Sie sind als Lösungsversuche zu verstehen, die es den LehrerInnen in ihrem konkreten, z.T. äußerst belastenden Berufsalltag ermöglichen, die jeweiligen Konfliktsituationen zu bewältigen. Auf dem Boden kollegialer, partnerschaftlicher Teamarbeit bietet die geleitete Intervision die Möglichkeit der fachkundigen Reflexion und Lösung bestehender Fragen und Konflikte des BerufsLEBENS durch die TeilnehmerInnen (Teamorientierung). In Unterscheidung zur Therapie konzentriert sich die Intervision auf den privaten bzw. persönlichkeitsorientierten Bereich nur insoweit, wie er einen Bezug zur beruflichen Tätigkeit erkennen läßt.

Die Zusammenarbeit von berufs- und lebenserfahrenen LehrerInnen in der Gruppenkonsultation zielt somit auf die Anregung von Veränderungen (Perturbationen) für die von den LehrerInnen gegenwärtig als problematisch definierten Situationen. Diese wird dadurch gekennzeichnet, daß ihre vorhandenen Wahrnehmungs-, Denk- und Handlungsstrategien zur Zeit nicht ausreichen, die bestehenden Probleme befriedigend zu bewältigen. Ausgehend von der Vorstellung, daß alle TeilnehmerInnen ihre je spezifischen „Bilder" von den vorgestellten Problemsituationen haben (die im Einzelnen weder richtig noch falsch sind), wird im Rahmen der Intervision ein Raum geschaffen, in dem ein Austausch dieser unterschiedlichen Sichtweisen möglich wird. Die Erfahrung, daß eine Situation von verschiedenen Personen ganz anders gesehen bzw. bewertet wird, kann dazu ermutigen, die eigene Perspektive zu verändern, die (problematische) Konstellation von einem anderen Blickwinkel aus zu betrachten und anzugehen. Aus dem so entstehenden Pool von Perspektiven, Ideen, Fragen, Handlungsorientierungen gibt es vielleicht einige Ansichten, die bisher so noch nicht gesehen, einige Gedanken, die bisher noch nicht gedacht , einige Fragen, die noch nicht gestellt, Handlungsalternativen, die so noch nicht wahrgenommen oder praktiziert worden sind. Die enorm große Zahl von „Bildern", die die LehrerInnen vor dem Hintergrund ihres BerufsLEBENs einbringen können, stellen gewaltige Ressourcen dar, die in dem gemeinsamen Konsultationsprozeß nutzbar gemacht werden können (Kompetenzorientierung). Dieser reiche „Erfahrungsschatz" kann von allen TeilnehmerInnen in ihre jeweiligen Wahrnehmungs-, Verstehens- und Handlungsebenen integriert werden. Der gemeinsame Austausch über die als problematisch definierte Situation, der geleitete Versuch, möglichst viele neue Verstehens- und Lösungsstrategien zu cokreieren und in ihren Auswirkungen zu bedenken, führt zu einer Situation, die die Erweiterung der Interaktions- und Kommunikationsmöglichkeiten der TeilnehmerInnen im Sinne von Multiversen ermöglicht, die neue sinnstiftende Geschichten entstehen lassen.

Primus inter pares: Zur Rolle des Supervisors

Im Rahmen einer koevolutionären Intervision wird die Hilfe zur Selbsthilfe unterstrichen, indem die vorhandenen Kompetenzen der berufs- und lebenserfahrenen TeilnehmerInnen genutzt und der „Supervisor" der traditionellen Rolle des „Über"-Menschen entbunden wird. In diesem Gruppenprozeß agiert der Intervisor als primus inter pares. Er stellt einen Kontext her, der einen cokreativen Konsultationsprozeß aller TeilnehmerInnen ermöglicht. Er handelt aus dem tiefen Bewußtsein heraus, daß man Menschen nicht belehren kann, aber als Lernförderer (facilitator, engl.: der, der das Lernen erleichtert) wichtige Impulse für eigenverantwortetes Lernen der TeilnehmerInnen ermöglichen kann. Die Charakterisierung des Intervisors als primus inter pares erfordert eine Rollenbeschreibung, die sich auf die beiden Teile seiner Aufgabenstellung bezieht. Zunächst ist der Intervisor, wie alle anderen TeilnehmerInnen auch, ein berufs- und lebenserfahrener Mensch, der seine Erfahrungen, Denk- und Handlungsstrukturen in den Diskussionsprozeß miteinbringt. Seine Aussagen sind nicht mehr oder weniger richtig bzw. falsch, sondern auch sie sind persönliche Konstruktionen seiner „Wirklichkeit". Darüberhinaus nimmt er aufgrund seiner speziellen Ausbildung natürlich eine Stellung ein, die ihn als Primus, als den Ersten, in diesem Gruppenprozeß ausweist. Er ist für den organisatorischen Ablauf der Sitzungen verantwortlich. Er strukturiert sie, achtet auf Zeitbegrenzungen und versucht, Rahmenbedingungen für einen förderlichen und effektiven Ablauf herzustellen. Er ist maßgeblich für die Schaffung eines wertschätzenden Gruppenklimas verantwortlich.

Da nicht alle ErzählerInnen gute Geschichten erzählen können, besteht im professionellen Rahmen die Notwendigkeit, das Erzählen auch zu üben, zu verbessern. Da gibt es wiederum Unterschiede, die Unterschiede deutlich werden lassen, ohne jedoch über diese Erfahrung, die Bedeutung der Lebens- und Berufserfahrungen relativieren zu wollen. Das bedeutet: Wenn die Gruppenkonstellation dies erfordert, sollte der Intervisor, mit Zustimmung der TeilnehmerInnen über Art und Umfang, Trainingselemente anbieten, die die kommunikativen Handlungskompetenzen der LehrerInnen erweitern können. (An dieser Stelle wird deutlich, daß für einzelne Gruppen, von einem bestimmten Punkt der Gruppenentwicklung an, die externe Leitung aufgehoben, die Supervision in eine kollegiale Gruppenkonsultation überführt werden kann.):

— Erhöhung der Wahrnehmungssensibilität (Hören, Sehen),
— Einfühlendes Verstehen stärken,
— Hilfreiches Fragen trainieren,

— Denken in Systemen lernen,
— Einübung in Hypothesenbildung,
— Umdeuten üben,
— Wahrnehmung und Nutzung von Kompetenzen und Ressourcen fördern.

Immer dann, wenn die reflektierende Gruppe das Thema der Protagonisten aus den Augen verliert, indem sie eigene Themen diskutiert oder solche in die vorgetragene Problemsituation „hineindichtet“, ist die Korrektur durch den Intervisor gefordert. Gerade in den beiden zentralen Phasen der Gruppendiskussion weist er die LehrerInnen darauf hin, eine klare Trennung zwischen dem Verstehen der Problemsituation und dem Entwurf neuer Handlungsoptionen einzuhalten. Dies stellt eine wichtige Aufgabe dar, da die KollegInnen vor dem Hintergrund ihrer Alltagserfahrungen geneigt sind, diese beiden Bereiche vermischt zu diskutieren. Eine besondere Aufgabe übernimmt er, indem er versucht, lineare, auf einfache Ursache-Wirkungs-Mechanismen beruhende Beschreibungen von Konfliktsituationen, in systemische, kontextbezogene Perspektiven zu transformieren. Er muß der Gefahr widerstehen, bestimmte Äußerungen oder Konstruktionen der LehrerInnen zu bewerten. Obwohl er den Gruppenprozeß leitet, ist er nicht im Besitz von Wahrheit. Eine solche Einstellung würde auch seine Neugierde auf möglichst viele neue, alternative Denk- und Handlungsorientierungen verhindern.

Eine weitere Funktion des Intervisors besteht darin, die Öffnung für eine mehrperspektivische Diskussion zu fördern bzw. zu initiieren. Über die Neudefinition bestimmter Beziehungen oder über die Neukonstruktion sozialer Situationen kann er als (Ver-)Störer wirksam werden, der Bewegung in bestehenden, festgefahrenen Verstehens- und Handlungsmustern i.S. von anstoßen, provoziert. „Der Supervisor ist ein Provokateur aus Liebe, der zwar das Beste für seine Supervisanden will, der aber nicht wissen kann, was ‘objektiv’ das Beste für seine Supervisanden ist.“ (KERSTING 1992, 173) Sein vorrangiges Ziel besteht darin, die LehrerInnen dahingehend zu unterstützen, den „Eigen-Sinn“ (vgl. VOSS 1995) in ihrem BerufsLEBEN (wieder) zu entdecken, Einsicht in ihre komplexen Lebensbedingungen zu gewinnen und diese eigenverantwortlich zu gestalten. Neue Ideen und Hypothesen, spekulative Fragen, ja sogar Phantasien, die zu einem neuen Verständnis bzw. zu einer neuen Handlungsorientierung beitragen können, sollen in der Gruppendiskussion ermöglicht werden. Diese können jedoch nur bedeutsam sein, wenn vom Intervisor auf die Angemessenheit der angebotenen Unterschiede für die jeweiligen Akteure geachtet wird. Die Passung der gemeinsam erzeugten Bilder spielt eine wichtige Rolle. Dabei dürfen diese nicht zu nah, aber auch nicht zu fern von den subjektiven Konstruktionen der einzelnen TeilnehmerInnen sein. Ferner besteht sein Interesse darin, die vorhandenen potentiellen Ressourcen und Fähigkeiten der GruppenteilnehmerInnen immer wieder zu thematisieren, um dann aber auch, auf der Basis seiner Berufs- und Lebenserfahrungen, eigene Verstörungen, mögliche

Handlungsoptionen in die Diskussion einzuführen. Negative Bewertungen von Personen bzw. Situationen oder Entweder-Oder-Aussagen sind von ihm in einen anderen Kontext (Reframing) zu transformieren. Gerade dann, wenn bestimmte Themen eines Protagonisten in der Gruppenreflexion mit Äußerungen wie, „liegt doch auf der Hand“, „das ist doch kein Problem“, oder „ich sag dir, wie du das machen mußt“ etc. kommentiert werden, ist seine Kompetenz gefordert. Neben der Erhaltung von Mehrperspektivität und von Neugierde, besteht eine wichtige Aufgabe darin, daß er nie den Respekt vor der Integrität der einzelnen LehrerIn verliert. Die Schaffung eines Rahmens, in dem ein respektvoller Austausch zwischen allen TeilnehmerInnen stattfinden kann, muß als zentrales Anliegen für das Rollenverständnis des Intervisors angesehen werden. Im Bewußtsein dessen, daß man Menschen nicht instruieren kann, stehen Geduld, Offenheit und Kreativität in der Schaffung von möglichen Alternativen im Vordergrund seiner Handlungsorientierung. Dies kann zu einer enormen Entlastung des Intervisors führen, der nicht länger die Verantwortung dafür übernehmen muß, ob und inwieweit, in welchem Tempo, zu welchem Zeitpunkt die einzelnen LehrerInnen eine Veränderung ihrer als problematisch definierten Situation herbeiführen wollen. In einer zusammenfassenden Charakterisierung des Intervisors resümiert KERSTING (1992, 175) treffend: „Konstruktivistische Supervisoren sind (Ver-)Störer, sind Beunruhiger, sind Provokateure, sie sind Umdeuter, sie sind Erfinder neuer Wirklichkeiten und neuer Möglichkeiten *zusammen mit* (Hervorhebung d. Verf.) all den anderen Umdeutern und Erfindern, die selbst in neuerer Literatur immer noch despektierlich ‘Klienten’ genannt werden.“ Ihr letzter, grundlegend paradoxer Auftrag besteht darin, sich entbehrlich zu machen. Die, wie ich finde, größte Herausforderung für all jene, die professionell, in pädagogischen oder psychosozialen Kontexten, kompetente Menschen in ihrem BerufsLEBEN begleiten wollen.

ERFAHRUNGsberichte von TeilnehmerInnen

Die Rückmeldungen bezüglich der persönlichen Erfahrungen durch die beteiligten LehrerInnen in der Supervision beziehen sich stark vereinfacht vor allem auf folgende Bereiche: Zunächst ist es die erfahrene Akzeptanz ihrer Person und ihrer Berufssituation, die die TeilnehmerInnen immer wieder positiv hervorheben, wie es die folgende Aussage eines Lehrers unterstreicht: „Wir Lehrer werden von allen Seiten stets angegriffen und kritisiert. Hier habe ich endlich einmal eine Situation erlebt, in der ich mich akzeptiert fühle, wo ich *neben* meinen Problemen auch zeigen kann, daß ich etwas gelernt habe und zu leisten vermag.“ LehrerInnen erleben es in der Schule häufig, daß derjenige, der im Kollegium zugibt, Probleme mit bestimmten SchülerInnen, Klassen oder auch einzelnen KollegInnen zu haben, mißtrauisch betrachtet und als problematische, inkompetente Person etikettiert wird. In der Intervision machen sie dagegen die Erfahrung, daß sie trotz eingestandener Probleme nicht als Person negativ bewertet werden. Ihnen wird wieder bewußt, wie groß ihr Erfahrungsschatz ist, der neben den vorhandenen Schwierigkeiten, ohne diese verharmlosen zu wollen, weiterhin besteht. Darüber hinausgehend wird positiv bemerkt, daß ihre Berufs- und Lebenserfahrungen nicht nur für sie von Interesse sind und wertgeschätzt werden, sondern zugleich bedeutsam und hilfreich sein können für die Bewältigung der Konfliktsituationen anderer TeilnehmerInnen. Ferner wird immer wieder die Erfahrung einer anderen wertschätzenden Grundstimmung in der Gruppensituation betont: „Es ist die permanente Negativität, die unseren Schulalltag prägt. In den Pausen, im Lehrerzimmer, vor und nach der Schule, immer dreht sich alles um die Diskussion über aggressive oder faule Schüler, desinteressierte Eltern etc. Hier in der Gruppe haben wir über ähnliche Dinge geredet, dennoch war die Grundstimmung eine andere." Die Konzentration auf positive Erlebnisse im BerufsLEBEN, die Blickrichtung ausgerichtet auf Entwicklungen, die sich verbessert haben, die Erfahrungen von vielfältigen, durch kompetenz- und ressourcenorientiertes Handeln dargestellte Lösungswege, schaffen im Laufe des Gruppenprozesses einen Wechsel in der allgemeinen Wahrnehmung und Bewertung von Konfliktsituationen. Diese Veränderungen haben bei einer großen Anzahl von KollegInnen zu einer entsprechenden Veränderung in ihrem Alltag beigetragen.

Zum anderen sind es die erfahrenen Auswirkungen der anderen Wahrnehmungs-, Denk- und Handlungsmuster, die nach den Beschreibungen der LehrerInnen vor allem in spürbarer Entlastung im BerufsLEBEN erkennbar werden. Dazu eine Lehrerin: „Meine Magengeschwüre waren es, die mich letztlich dazu bewegten, in die Supervision zu gehen. Hier habe ich gelernt, meine Kollegin in der Parallelklasse nicht mehr als meine Konkurrentin anzusehen, sondern sie eher als Mitbetroffene zu betrachten. Entscheidend war der erste Schritt. Ich bin auf sie zugegangen, ich weiß es noch genau, es war der letzte Schultag vor den großen Ferien. Es hat eine Zeit gedauert, aber heute sind wir fast ein Tandem. In unseren beiden Korrekturfächern bereiten wir vieles gemeinsam vor, tauschen aus, besprechen auch andere Fragen des Schulalltags und vor allem, wir gehen in unregelmäßigen Abständen — ohne unsere Männer — aus." Der in der Intervision praktizierte Wechsel der Perspektiven, die Befähigung über Probleme anders zu denken, die Bereitschaft, Konflikte als eine gemeinsame Herausforderung zu betrachten und die Erkenntnis der Eigenverantwortlichkeit für die Veränderung bestehender Konfliktsituationen können dazu beitragen, sensibler, offener, schneller und wirkungsvoller auftretenden Schwierigkeiten im BerufsLEBEN zu begegnen.

Damit will ich enden. Lassen Sie uns beginnen, gemeinsame Erfahrungen über gemeinsames Handeln zu machen, um zu erfahren, so die etwas ironische Formulierung eines Jugendfreundes Goethes, „daß die wahre Erfahrung ganz eigentlich ist, wenn man erfährt, wie ein Erfahrener die Erfahrung erfahrend erfahren muß.“

Literatur

Beck, U. (1986): Die Risikogesellschaft. Frankfurt a.M.

Ehinger, V.; Henning, C. (1994): Praxis der Lehrersupervision. Weinheim-Basel

Kersting, H. J. (1992): Beratung und Supervision aus kostruktivistischer Sicht. In: Huschke-Rhein, R. (Hrsg.): System-ökologische Pädagogik, Band V. Köln

Kopp, S. (1986): Even a Stone can be a Teacher. Los Angeles

Lüpke v., H.; Voß, R. (Hrsg.) (1998[3]): Entwicklung im Netzwerk – Systemisches Denken und professionsübergreifendes Handeln in der Entwicklungsförderung. Pfaffenweiler

Mutzeck, W.; Schlee, J. (Hrsg.) (1996): Kollegiale Supervision. Modelle zur Selbsthilfe für LehrerInnen. Heidelberg

Schweitzer, J. (1994): Teamsupervision — Opium fürs Volk. Vortrag auf dem Forum der IGST, Systemische Supervision, vom 2.-3. 12. 1994 in Heidelberg

Voß, R. (1990): Systemische Konsultation und interdisziplinäre Kooperation. Förderung sozialer Netzwerke durch professionelle Unterstützung. In: Huschke-Rhein, R. (Hrsg.): Systemische Pädagogik, Bd. IV. Köln

Voß, R. (Hrsg.) (1995[5]): Das Recht des Kindes auf Eigensinn. München; Basel

Voß, R. (1996): Reflektierende Gruppen. Der Versuch, einen anderen Dialog zwischen betroffenen Eltern und Professionellen anzuregen. In: Voß, R. (Hrsg.): a.a.O.

Voß, R. (1996): Berufs- und lebenserfahrene Menschen im Gespräch — Reflektierende Gruppen in der Supervision von LehrerInnen. In: Mutzeck, W.; Schlee, J., (Hrsg.): a.a.O.

Konstruktivistische Handlungsansätze zur Organisationsentwicklung in der Schule

Rolf von Lüde

Im Unterschied zu anderen Organisationen unterliegt die Schule sehr heterogenen, z.T. auch widersprüchlichen Anforderungen. Aufgrund wechselhafter Vorgaben des Gesetzgebers, wandelnder gesellschaftlicher Ansprüche, einer inhärenten Reflexivität von Bildungszielen sowie der eigenen Werthaltungen und Überzeugungen der Mitglieder der Schule müssen sie immer wieder neu ausgehandelt werden. Da unsere subjektive Wahrnehmung der Welt, in der wir leben, also auch der Organisation, in der wir arbeiten, immer nur eine von uns selbst konstruierte Sicht von Wirklichkeit und keine objektive Beschreibung darstellt, kommt es in jeder Organisation notwendigerweise zu abweichenden, möglicherweise konfliktären Ansichten über deren innere Gestaltung. Eine an konstruktivistischer Sichtweise orientierte Organisationsentwicklung ermöglicht es, den organisationalen Zustand zu analysieren und Handlungsempfehlungen für die innere Entwicklung der Schule selbst sowie der in ihr arbeitenden und lernenden Menschen zu geben. Praktiziertes „Sinnmanagement" durch Anerkennung der „mentalen Welt" aller Beteiligten sowie Eröffnung von Selbstorganisationsspielräumen sind notwendige Rahmenbedingungen für die Weiterentwicklung einer an den Interessen ihrer Mitglieder orientierten Schulkultur.

1 Wahrnehmung ist Interpretation und Erinnerung ein Akt der Phantasie: Zur subjektiven und kollektiven Konstruktion von Wirklichkeiten

Wir erzeugen buchstäblich die Welt, in der wir leben, in dem wir sie leben (MATURANA 1982, 269). Diese zentrale Interpretation des (radikalen) Konstruktivismus ist Ausgangspunkt der Überlegungen für konstruktivistische Handlungsansätze in der Organisationsentwicklung (OE) an Schulen, wie sie hier vor allem unter einer praxisverändernden Perspektive erörtert werden sollen. Der hier vertretene Ansatz orientiert sich an einer Kombination des kognitionstheoretischen Konstruktivismus mit Aspekten der Systemtheorie, der für eine handlungsorientierte Organisationsentwicklung wichtige Einsichten in die innere Befindlichkeit von Organisationen und für deren Weiterentwicklung liefern kann. Zur Beschreibung und Analyse dessen, was in Organisationen geschieht, wird auf zentrale Merkmale des Sozialkonstruktivismus von Berger/Luckmann zurückgegriffen — trotz der inhärenten *theoretischen* Probleme einer gleichzeitigen Verwendung beider Konstruktivismusmodelle, ein Vorgehen, das durch das Erkenntnisinteresse an praxisrelevanten Lösungsvorschlägen legitimiert wird und deshalb auch Widersprüchlichkeiten aushalten muß (zu den unterschiedlichen *Spielarten des Konstruktivismus* vgl. den gleichnamigen Artikel von Knorr-Cetina 1989). *Ziel ist dabei die Erhöhung von bewußter Handlungskompetenz in der Organisation Schule und die Weckung eines Verständnisses für den systemischen Charakter des Handelns in Organisationen, der sich in den Interaktions- und Kommunikationsformen der Mitglieder der Schule, in den gelebten Wertorientierungen und sehr praktisch im Profil oder bewußten Programm der Schule niederschlägt.*

In erster Annäherung entspricht in der literarischen Verarbeitung der *Alte vom Wandernden Berge* in Michael Endes *Unendlicher Geschichte* dem konstruktivistischen Weltbild: Durch das Handeln der Bewohner Phantasiens — also indem etwas geschieht — wird eine veränderte Welt erschaffen, im gleichen Augenblick im Buch des Alten aufgezeichnet und damit Wirklichkeit; und Bastian Balthasar Bux kann sogar ausschließlich Kraft seiner Vorstellung eine neue Realität entstehen lassen.

Während es einsichtig scheint, daß Handeln auch in unserer Welt zu einer sich verändernden Wirklichkeit beiträgt, ist es nicht unmittelbar nachvollziehbar, wieso bereits die eigene *Vorstellung* von Wirklichkeit Realität beeinflussen können soll. Um das zu verstehen, muß man sich mit einer der Grundannahmen des Konstruktivismus vertraut machen, nach der *jede* Wahrnehmung bereits einer subjektiven Wertung unterliegt und wir deshalb gar nicht in der Lage sind, uns selbst, unsere Gesprächs- und Interaktionspartner sowie unsere Welt objektiv zu beschreiben. Diese Aussage ist nicht nur metaphorisch zu verstehen. Die neuere Gehirnforschung zeigt, daß wir dazu auch physiologisch nicht in der Lage sind. Wahrnehmung ist vielmehr immer Bedeutungszuweisung zu an sich bedeutungsfreien neuronalen Prozessen, ist immer Konstruktion und Interpretation (Roth 1986, zit. n. Schmidt 1987, 14). Schlimmer noch: Wir müssen uns verabschieden von der Vorstellung, daß unsere eigene Biographie gleichsam fotografisch und dokumentarisch in unserem Gehirn gespeichert sei. Wir erzeugen und *re*konstruieren sie vielmehr ständig neu vor dem Hintergrund neuer Wahrnehmungen und neuer Erfahrungen. Der amerikanische Neurophysiologe und Nobelpreisträger für Medizin, Gerald M. Edelman, umschreibt diese neue Sicht der Hirnforschung wie folgt: „Es gehört zu den zentralen Aufgaben des Nervensystems, Wahrgenommenes in *adaptiver Weise* zu kategorisieren — in einer Welt ohne apriorische Struktur, in der die makroskopische Erscheinung von Objekten und Ereignissen, mögen diese auch den Gesetzen der Physik gehorchen, für den Organismus nicht präfiguriert sein kann.“ (EDELMAN 1993, 33; Hervorheb. d. Verf.) Weil jede Wahrnehmung bis zu einem gewissen Grade einen Akt der Schöpfung und jede Erinnerung einen Akt der Phantasie darstellt (EDELMAN 1993, 460), sind wir gleichsam alle Autoren des eigenen Lebens und revidieren stets vor dem Hintergrund neuer Erfahrungen unsere autobiographische Erzählung.

Dabei stützen wir uns auf sogenannte ‘Mind-Cards’, eine bunte Mischung aus Fakten und Glaubensmustern. Jeder Mensch baut solche Mind-Cards auf. Dabei verwischen sich zufällige Ereignisse, die z.B. eine Person in eine leitende Stellung getragen haben, mit der ex post Konstruktion eines schon immer tüchtig und erfolgreich gewesenen Subjektes. Derartige Mind-Cards — und dies ist in unserem Zusammenhang besonders wichtig — existieren auch, wie die neuere Organisationsforschung bestätigt, in ‘globalen Gehirnen’, die jede Organisation, also auch jede Schule darstellt. Gegenüber derartigen inhärenten individuellen und kollektiven Glaubensmustern gilt es diejenigen alternativen Mind-Cards im „kollektiven Gehirn“ zu programmieren, die es einer Organisation ermöglichen, eine veränderte und sich ändernde Realität wahrzunehmen und neue mentale Räume zu betreten.

Weil bereits jeder Akt des Wahrnehmens ein Akt der Interpretation ist (RICHARDS und VON GLASERSFELD 1984, 18) und daher Perzeption und gleichzeitige Deutung untrennbar miteinander verwoben sind, ist niemand und nichts anderes als der Mensch selbst verantwortlich für sein Denken, Wissen und Tun. Die Welt, in der wir leben (streng konstruktivistisch: in der wir zu leben *meinen*), haben wir deshalb auch ausschließlich uns selbst zu verdanken (VON GLASERSFELD 1985, 17) und können nicht der Natur oder der vorgegebenen Ordnung und Struktur in Organisationen die Verantwortung für das angeblich Unabänderliche zuweisen.

Ganz ähnlich haben bereits Mitte der 60er Jahre die beiden Soziologen Peter L. BERGER und Thomas LUCKMANN in ihrem grundlegenden Werk über *Die gesellschaftliche Konstruktion der Wirklichkeit* die Frage nach der Entstehung von Gesellschaft beantwortet. Ihre Antwort lautet, daß die Gesellschaftsordnung nicht aus Naturgesetzen abgeleitet werden kann, sondern ganz allein *ein Produkt menschlichen Tuns ist* (BERGER/LUCKMANN 1969, 55). Allerdings fällt uns die Wahrnehmung dieser gesellschaftlich bedingten Konstruktion nicht immer auf, weil uns die soziale, also von Menschen *gestaltete* Ordnung als *objektivierte* Ordnung gegenübertreten kann. Das hängt mit Prozessen der Gewöhnung, der Institutionalisierung und Typisierung zusammen, die uns die Orientierung in einer sonst im Alltag nicht mehr zu bewältigenden unübersichtlichen und vielschichtigen Welt ermöglichen. In diesem Widersinn kommt der Doppelcharakter der Gesellschaft als objektive Faktizität *und* als subjektiv gemeinter Sinn zum Ausdruck (BERGER/LUCKMANN 1969, 20).

Akzeptiert man diese hier nur stark verkürzten Ausgangsbedingungen einer konstruktivistischen Auffassung (es liegt an der eigentümlichen Sichtweise dieser Theorie, daß man sie — trotz ihrer hohen Plausibilität — nicht beweisen kann), resultieren daraus gerade auch für soziale Organisationen nachhaltige Konsequenzen. Wir wollen sie hier mit dem Aspekt der Organisationsentwicklung verbinden und aufzeigen, welche Chancen für die innere Weiterentwicklung von Schulen mit diesem Ansatz verbunden sind.

2 Das Organisations-Paradoxon von Schulen

Schulen und ihre Leitungen unterliegen mehr denn je sehr heterogenen, z.T. auch widersprüchlichen Anforderungen.

So sollen z.B. Schulleitungen einerseits den „Betrieb am Laufen halten", manchmal — und leider mit zunehmender Tendenz — auch den Mangel verwalten, andererseits aber dafür Sorge tragen, daß zusätzliche und neue Aufgaben in der fachlichen Ausbildung sowie der Erziehung in der Schule wahrgenommen werden, in denen ein verändertes Bild der schulischen Organisation zum Ausdruck kommt.

Bei Schulen handelt es sich um ein hochkomplexes organisationales Gebilde mit ausgeprägten arttypischen Strukturen. Einerseits sind Schulen in ein bürokratisches System eingeordnet, in dem Entscheidungen „top down" vom Kultusminister über die zuständigen Schulaufsichtsbehörden, die kommunalen Schulträger und schließlich die Schulleitungen auf die unterste Ebene — die Lehrerinnen und Lehrer — weitergegeben werden. Anderseits verfügen sie in bezug auf ihre zentrale Unterrichts- und Erziehungsaufgabe über weitgehende Freiheitsgrade in der Ausgestaltung. Das gleiche gilt für die innere Organisation von Schule, für deren äußeren Rahmen zwar Mindestvorschriften bestehen, deren gestaltende Bedeutung jedoch ganz allein von der Schulleitung, dem Kollegium und den übrigen Mitgliedern der Schule — den Schülerinnen und Schülern und den Eltern — abhängt.

Beide Aspekte, nämlich Verwaltungshandeln einerseits sowie Verantwortung für die Wahrnehmung und Umsetzung von Neuerungen andererseits, sind Ausdruck der selben Organisationswirklichkeit von Schulen.

Diese Unterschiedlichkeit in Zielen und Anforderungen will ich als das *Organisationsparadoxon* (V. LÜDE 1995) von Schulen benennen. Es beschreibt eine Situation, die durch heterogene Interessen und höchst gegensätzliche Strukturen gekennzeichnet ist. Schulen sind in eine bürokratische Ordnung eingebettet, in der der Gesetzgeber, die Kultusverwaltungen, die Schulträger und die Schulaufsicht das Schulgeschehen durch Gesetze, Erlasse und Verordnungen beeinflussen. Eingebunden in eine Hierarchie von

Ämtern trägt die Schulleitung die Verantwortung für die Umsetzung der äußeren Vorgaben. Max WEBER bezeichnet diesen für alle Bürokratien geltenden Grundsatz als *Prinzip der legalen Herrschaft*.

Während der Gesetzgeber zu Recht darauf besteht, seine grundlegenden Vorstellungen von Bildung und Erziehung — die sich allerdings im Zeitablauf und mit politischen Mehrheitsverhältnissen wandeln und schon deshalb ständige Änderungen generieren — in den Bildungseinrichtungen verwirklicht zu sehen, geht es Lehrerinnen und Lehrern vor allem darum, *ihre* spezifische Sicht von Unterricht und Lernen und den dafür nach ihrer eigenen Einschätzung und Erfahrung am besten geeigneten Methoden in der Schule zu realisieren. Das Problem wird dadurch noch erschwert, daß die individuellen Auffassungen über Unterricht und Erziehung jedes einzelnen Kollegiumsmitglieds sowohl von den Zielen des Gesetzgebers als auch den Vorstellungen aller übrigen Lehrerinnen und Lehrer abweichen kann, so daß im Extremfall ein zersplittertes Bild über das organisatorische und pädagogische Profil der eigenen Schule entsteht.

Beide Aspekte sind zentral für die Organisationswirklichkeit von Schulen und ohne Berücksichtigung der heterogenen und widersprüchlichen Rahmenbedingungen ist es nicht möglich, deren innere Organisation zu beschreiben und Empfehlungen für ihre Weiterentwicklung zu entwerfen. Deshalb auch verbietet sich eine einfache Übertragung von Modellen, wie sie für die Entwicklung von Unternehmen in Industrie und Dienstleistung bereitgestellt werden. Das schließt nicht aus, Erfahrungen, die sich in anderen Kontexten bewährt haben, zu berücksichtigen. Im Gegenteil: Ohne ein profundes soziologisches Wissen über das Verhalten von Organisationen könnten wir sicherlich keine Empfehlung für ein an der Praxis der Schule ausgerichtetes Management geben.

Die beschriebene Vielfalt von heterogenen Anforderungen an Schule und die Verschiedenartigkeit der Motive und Interessen der in ihr handelnden Akteure macht deutlich, daß die Verantwortung für die innere Gestaltung von Schule nicht auf die Schulleitung begrenzt sein kann, sondern Angelegenheit aller Mitglieder der Schule sein muß. Ein systemisch-konstruktivistisches Organisationsverständnis erleichtert es, diese neue Sichtweise von Schule in praktisches Handeln umzusetzen und Schulen dazu zu befähigen, sich veränderten Umweltbedingungen anzupassen und eigene Vorstellungen sowohl im inneren Gefüge der Organisation als auch in ihrem von außen sichtbaren Profil zum Ausdruck zu bringen.

3 Voraussetzungen für Veränderungen der Organisation

3.1 Der organisationale Zustand des Systems Schule

Wenn (Organisations-)Wirklichkeiten subjektiv konstruiert sind, gilt es zu tolerieren, daß neben den eigenen noch andere — gleichberechtigte — Wirklichkeitsvorstellungen bestehen. Denn die Welt, die jedermann sieht, ist nicht *die* Welt, sondern nur *eine* Welt, die mit anderen geteilt wird (vgl. MATURANA/VARELA 1987, 263f.).

Weil hinter jeder Wirklichkeit also keine unstrittige Objektivität, sondern Motive, Ziele und Interessen stehen, ist auch eine scheinbar objektive Beschreibung einer Organisationsrealität nur eine vorherrschende Ansicht davon. Andere Wirklichkeitsdefinitionen können ebenso wahr sein. Die Schule als soziales System neigt, wie alle anderen Organisationen auch, dazu, sich in ihren inneren Haltungen zu verfestigen, „Mind-Cards" auszubilden und einmal eingeschlagene Wege beizubehalten. In vielen Schulen kann man das Phänomen beobachten, daß ein Kollegium, dessen Mitglieder zum größten Teil zu Beginn der 70er Jahre eingestellt wurde, gemeinsam älter wird, weil jüngere Kollegen wegen der bekannten Einstellungspraxis nicht mehr nachrückten. In der Einstellungsphase wurde die Institution Schule — bewußt oder unbewußt — von allen als sozial konstruierte und intersubjektiv geteilte Wirklichkeit verstanden, vor allem dort, wo es galt, neue Formen des Lernens und Lehrens zu erproben. „Die Gründergeneration bringt ihre subjektiven Erfahrungen und Wirklichkeitskonstruktionen in die Institution ein, und so entsteht ein Basiskonsens über Zwecke und Ziele der Institution." (KLIMECKI/PROBST/EBERL 1991, 121) Prozesse der Habitualisierung und der Ausbildung von nicht mehr hinterfragten Mind-Cards tragen schließlich zu unreflektiertem Gebrauch und zur systemtypischen Institutionalisierung bei, so daß sich eingeschliffene Verhaltensmuster des Umgangs miteinander und den institutionellen Ausprägungen des Systems verfestigen.

Es ist schwer für eine soziale Organisation, aus eigener Kraft und eigenem Anstoß heraus derartige Verfestigungen aufzubrechen. Oft bedarf es eines äußeren Anlasses — z.B. eines Wechsels in der Leitung oder des unumgänglich gewordenen Nachrückens junger Lehrkräfte, die die etablierten Grundüberzeugungen in Frage stellen. Manchmal genügt aber auch eine geäußerte Unzufriedenheit, die Infragestellung des Alltagstrotts, um das Bedürfnis zu wecken, sich zunächst mit einer Zustandsanalyse der eigenen Organisation auseinanderzusetzen. Dann kann man z.B. zu klären versuchen, wieweit denn die eigene Organisation noch offen ist für Veränderungen und Neuerungen. Prüfkriterien für den inneren Zustand der eigenen Organisation bietet dabei die folgende Übersicht, die jeder für sich anwenden oder die kollektiv erarbeitet werden kann.

Merkmale retardierender und dynamischer Organisationskulturen

Merkmale erstarrter Systeme	**Merkmale dynamischer Systeme**
Diskutieren und Argumentieren	Erarbeiten und Entdecken
Reden, Rhetorik und Monolog	Zuhören, Verstehen und Dialog
Arbeiten, Definieren, Abgrenzen	Öffnen, Annähern, Begreifen und Entwerfen
Perfektionismus und Vollständigkeitsdenken	Offene Entwicklungsprozesse mit Fehlern und Schwächen
Indirekte Botschaften	Klartext und Offenheit
Betonung von Abhängigkeit	Betonung von Autonomie
Linear-kausales Denken	Phänomenologisches Betrachten und Strukturelles Erfassen
Detailversessenheit	Komplexitätsreduktion
Bewertungsmentalität und Kränkbarkeit	Akzeptanz, Souveränität und Toleranz
Lösungsdruck: Wir „müssen", als Diktat	Erkennen von derzeit Unlösbarem
Flucht in Aktionismus	Stehenlassen offener Fragen
Orientierung auf die Sache (Systematik und Logik)	Bedürfnisorientierung, Problembezug und Entwicklungsfähigkeit (Situationslogik)
Kontrolldenken (negativer Kontext)	Vertrauensprozesse (positiver Kontext)

Quelle: V. LÜDE 1996, nach SCHLEY 1993, 307

Diese aus konkreten und langjährigen Beratungserfahrungen in Schulen gewonnenen Merkmale dokumentieren unterschiedliche Ausprägungen sehr heterogener Organisationskulturen, die sich zu Merkmalsclustern von „erstarrten" oder „dynamischen" Systemen gruppieren lassen. Nun wird man in der Schulrealität sehr selten Merkmale nur eines Clusters vorfinden; aber zur Beurteilung der vorgefundenen Schulkultur kann die Analyse der durch die Schulmitglieder — Lehrer, Eltern und Schüler — attribuierten Beschreibung dennoch Auskunft darüber geben, ob es sich um eine lebendige und aufgeschlossene Schule oder um eine in Konflikten oder Denkstilen verfestigte Organisation handelt. Wird von einzelnen oder sogar mehreren Lehrerinnen und Lehrern der Wunsch nach Veränderung offenkundig, so bieten die Methoden der Organisationsentwicklung Möglichkeiten zum Wandel kultureller Systeme (vgl. für die Schule z.B. DALIN/Rolff 1990; SCHLEY 1993; ROLFF 1993; PHILIPP 1994; V. LÜDE 1994; DALIN/

ROLFF/BUCHEN 1995), auf die hier unter Bezugnahme auf deren Sinnbezug — d.h. nicht auf das OE-Konzept im einzelnen — verwiesen werden soll.

Nun ist es eine Sache, den Umgangsformen in einer Organisation auf den Grund zu gehen und ggf. zu versuchen, andere Verhaltensformen miteinander zu erproben. Weit schwieriger noch ist es, die Mitglieder einer Organisation dazu zu bewegen, sich an deren Gestaltung zu beteiligen.

3.2 Der systemische Reifegrad

Ob sich die Organisationsmitglieder an Entwicklungsprozessen beteiligen oder nicht, hängt sowohl von der individuellen Verfaßtheit als auch von der inneren Befindlichkeit der Organisation ab. Unter dem Stichwort des *entwicklungsorientierten Managements* haben KLIMECKI/PROBST/EBERL (1994) den Begriff des *systemischen Reifegrades* entwickelt. Weil eine Fehleinschätzung der in einem System bestehenden Regulierungsmechanismen und Defensivroutinen zu Verteidigungsreaktionen der Akteure führen, stellt der systemische Reifegrad einen zentralen Aspekt bei der Beurteilung der Entwicklungsfähigkeit einer Organisation dar; dabei wird zwischen Überforderungs- und Unterforderungssituationen bei den beteiligten Akteuren unterschieden, die beide dem Ziel der Partizipation möglichst aller Beteiligter am Organisationsentwicklungsprozeß zuwiderlaufen können.

So stellt es eine Überforderung dar, wenn eingesetzte Gestaltungsmaßnahmen die Akteure nicht erreichen, weil sie von ihnen nicht verstanden und damit als „sinnlos" empfunden werden. Dann werden z.B. auch wohlgemeinte, partizipativ angelegte Gesprächszirkel als Bluff empfunden, wenn alle bisher im System angesetzten Instrumente einen autoritären Charakter aufwiesen. Aber auch ernstgemeinte Partizipationschancen können überfordern, wenn die Beteiligten keine Erfahrung mit partizipativen Entscheidungsprozessen mitbringen und nicht gelernt haben, sich argumentativ in solche Prozesse einzubringen.

Eine Unterforderung kann eintreten, wenn für die Akteure keine Anreize bestehen, an einem Entwicklungsprozeß teilzunehmen, weil die gebotenen Entwicklungschancen keine Herausforderung darstellen oder als nicht fortschrittlich genug angesehen werden.

Da sich entwickelnde Systeme sowohl auf die Partizipationsbereitschaft der Individuen als auch auf die Fähigkeit des Systems, die Partizipation der Individuen anzunehmen, angewiesen sind, kann man versuchen, den Reifegrad des Systems anhand von konkreten Beurteilungskriterien festzulegen. Dabei wird zwischen einem *individuellen* und einem *prozessualen* Reifegrad unterschieden.

Der folgende Testbogen kann dazu beitragen, die individuellen Konstruktions-, Lern- und Selbstorganisationsfähigkeiten zu überprüfen (KLIMECKI/ PROBST/ EBERL 1994, 101).

Individuelle Reifegradanalyse

Beispielhafte Testfragen

— Wie hoch ist die Toleranz gegenüber divergierenden Auffassungen und die Fähigkeit, im Team zu arbeiten?

— Werden die eigenen Handlungen reflektiert, und gibt es die Bereitschaft, auch bei eigenen Fehlern Verantwortung zu übernehmen?

— Können Konflikte konstruktiv bewältigt werden?

— Wie hoch ist das Analysevermögen in fachlicher und sozialer Hinsicht sowie die Fähigkeit, ganzheitlich und vorausschauend zu denken?

— Werden Probleme kreativ und flexibel angegangen?

— Ist die Bereitschaft, immer wieder neue Fähigkeiten zu erlernen, gegeben?

— Kann Partizipation zugelassen und gestaltet werden, so daß eine faire Auseinandersetzung möglich wird?

— Inwieweit ist fürsorgliches und hilfreiches Handeln gegenüber anderen Akteuren erkennbar?

— Ist eine Übereinstimmung zwischen Reden und Handeln vorhanden?

Das Handlungspotential eines sozialen Systems wird aber nicht schon durch hohe Einschätzungen der jeweiligen *individuellen* Reifegrade hervorgebracht. Es ist vielmehr durch Interaktionsprozesse in der Organisation sowie die Fähigkeit gekennzeichnet, Ansichten, Meinungen, Werthaltungen und Einschätzungen der jeweiligen Subkulturen eines Systems in das Gesamtsystem konstruktiv zurückzumelden. In der Terminologie von KLIMEKKI/PROBST/EBERL handelt es sich hierbei um die Analyse des *prozessualen* Reifegrades einer Organisation, dem man sich ebenfalls wieder durch Testfragen annähern kann.

Prozessualer Reifegrad

Beispielhafte Testfragen

— Verlaufen die Entscheidungsprozesse eher partizipativ oder „einsam“?

— Werden die Mitarbeiter demokratisch oder autoritär geführt?

— Diffundiert das relevante Wissen über das ganze System oder ist es auf einzelne Akteure konzentriert?

— Ist das öffentliche Wissen in Geschichten oder in Anweisungen gespeichert?
— Wird die Umwelt- und Problemwahrnehmung der Gruppe durch Viele oder Wenige beeinflußt?
— Wechseln die informellen Machtstrukturen und Koalitionsbildungen oder sind sie starr?
— Ist das Wertebewußtsein eher am Kollektiv orientiert oder auf individuelle Leistungen ausgerichtet?
— Wie sind die Kontroll- und Sanktionsmechanismen gestaltet?
— Sind diese werte-, ziel- oder verfahrensorientiert?

Beide Fragebogen ermöglichen es einer Schule, z.B. anläßlich einer pädagogischen Konferenz der Frage nachzugehen, warum das *Schulklima* — gemeint ist damit die innere Befindlichkeit sowie der „Zustand" der internen Interaktions- und Kommunikationsprozesse — von einem Großteil des Kollegiums als unbefriedigend oder auch nur verbesserungsbedürftig angesehen wird. Dies kann zum ersten Ansatzpunkt dafür werden, sich weitergehenden Fragen der Entwicklung der *Schulkultur* zuzuwenden. Im Unterschied zu *Klima* oder *Organisationsphilosophie* meint der Begriff der *Kultur* die *tieferliegenden* Grundanschauungen und Überzeugungen, die die Mitglieder einer Organisation allgemein vertreten und die sich so gut bewährt haben, daß sie schließlich als gültig anerkannt werden, im Unterbewußtsein wirksam sind und in einer grundlegenden, „als sicher angenommenen" Weise das Bild definieren, das eine Organisation von sich selbst und von ihrer Umgebung hat (SCHEIN, 1986).

Einer der wesentlichen Kerngedanken der neuen organisationskulturellen Prinzipien gründet sich auf die Vorstellung, daß *gemeinsame* Wahrnehmungen und *gelebte* Überzeugungen einen entscheidenden Faktor für den Erfolg einer Organisation darstellen. Derartige Grundüberzeugungen kommen z.B. in folgenden Bewertungen zum Ausdruck, in denen sich gemeinsame Deutungen widerspiegeln:

— LehrerInnen und SchülerInnen sehen die Schule als die ihre an.
— Die SchülerInnen stehen im Mittelpunkt der pädagogischen Bemühungen.
— Die Schule bemüht sich unter Berücksichtigung von Änderungen in Technik und Gesellschaft um ihre langfristige Weiterentwicklung.

Allerdings ist keineswegs sicher, daß alle Mitglieder der Schule tatsächlich einem gemeinsam erarbeiteten Werteprofil ihre Zustimmung geben. Deshalb kommt der Fähigkeit und Bereitschaft, behutsam mit diskursiven Interpretationen der Organisationswirklichkeit der eigenen Schule umzugehen, hohe Bedeutung zu. Eine zentrale Rolle spielt hierbei der Umgang mit Konflikten, weil sich wichtige Merkmale der Organisationsrealität gerade in und aus Konflikten heraus erkennen und deuten lassen.

3.3 Der konstruktive Umgang mit Konflikten

Wie bedeutsam die Organisationskultur für die innere Befindlichkeit von Organisation ist, kann man an der Art und Weise ablesen, wie mit Konflikten umgegangen wird. „Konflikt kann neue Arten von Interaktion zwischen Gegnern schaffen (...). Gewöhnlich tritt er innerhalb eines Normenbereichs auf und schreibt die Formen für seinen Ablauf vor. Konflikt wird zum Anreiz bei der Einsetzung von Normen und Regeln und Institutionen und wird so zum Agenten der Sozialisierung der beiden streitenden Parteien. Außerdem reaktiviert der Konflikt in Vergessenheit geratene Normen und verstärkt dadurch die Teilnahme am sozialen Leben. Als Anreiz zur Bildung und Modifizierung von Normen ermöglicht der Konflikt die Neuanpassung von Beziehungen an veränderte Bedingungen." (COSER 1972, 152)

Wertvorstellungen der beteiligten Akteure sind für die Form des Konfliktes von entscheidender Bedeutung: Zeigen Konfliktpartner ein gewisses Maß an Toleranz gegenüber divergierenden Werthaltungen, werden sie eher bereit sein, einen Konflikt auf konstruktive und diskursive Weise zu führen. Auch spielen Ressourcen, die der einen oder anderen Partei zur Verfügung stehen, eine entscheidende Rolle. Wer über mehr Ressourcen verfügt und vermeintlich am längeren Hebel sitzt, kann den Konflikt länger und auch härter durchstehen (KLIMECKI/PROBST/EBERL 1994, 124).

Darüber hinaus kommt persönlichen Beziehungen für den Konfliktverlauf eine entscheidende Rolle zu. Wird der Konfliktgegner nicht in seiner Person, seinen Werthaltungen und Grundüberzeugungen in Frage gestellt, führt dies eher zu einer fairen und sachbezogenen Konfliktaustragung, als wenn diese Voraussetzungen nicht gegeben sind. Hinzu kommt, daß die Chancen, die eigene Position im Konflikt durchzusetzen, dann steigen, wenn Koalitionspartner für die eigene Position gewonnen werden können, die dann bei der offenen Diskussion, z.B. im Rahmen einer Konferenz, die eigene Meinung unterstützen.

Ob Konfliktlösungen für beide Parteien zufriedenstellend sind und einen konstruktiven Beitrag für die Entwicklungsfähigkeit des Systems leisten können, hängt von der Beachtung einiger Regeln der Konfliktbewältigung ab (KLIMECKI/PROBST/EBERL 1994, 124).

- Ein Konflikt muß von beiden Seiten erkannt und die Ursache des Konflikts offengelegt werden.
- Es muß ein „Konfliktforum" geschaffen werden, in dem die Parteien Chancen zu einer möglichst „offenen" Kommunikation erhalten.
- Die Parteien müssen zu einer diskursiven und offenen Auseinandersetzung über den Konflikt bereit sein. Neben „hard facts" müssen auch die Wertemuster und Wirklichkeitsinterpretationen der Akteure kommuniziert werden.
- Verfahrensregeln für die Konflikthandhabungen müssen zwischen den beiden Parteien abgestimmt werden.

— Die grundsätzliche Veränderungsbereitschaft der Parteien muß gegeben sein.
— Die Sozialverträglichkeit der Lösung stellt das „Minimalziel“ für konfliktäre Aushandlungsprozesse dar.

Die Beachtung dieser Regeln führt keineswegs zu einem konfliktfreien Raum. Das wäre auch deshalb nicht erstrebenswert, weil Konfliktvermeidung auch ein Indiz für erstarrte Systeme sein kann. Die als Paradoxon beschriebene Organisationssituation von Schulen wird ohnehin dazu beitragen, daß äußere Vorgaben auf Widerstand in der Schule stoßen. Deshalb ist es für die beteiligten Akteure in der Schule wichtig, sich der Handlungszwänge einerseits und des damit verbundenen Widerstandes andererseits bewußt zu werden und zu lernen, konstruktiv mit Widerstand umzugehen (vgl. z.B. ROLFF 1993, 154ff).

4 Die Bedeutung konstruktivistischer Wirklichkeitsinterpretationen für eine subjektorientierte *und* systemische Organisationsentwicklung an Schulen

Wenn wir von einer systemisch-konstruktivistischen Organisationsentwicklung ausgehen, so ist damit das Ziel verbunden, einen Rahmen sowie Methoden und Verfahren für die innere Organisation der Schule zur Verfügung zu stellen. Für die praktische Umsetzung hat PHILIPP (1994) eine Reihe schulerprobter Methoden und Verfahren zusammengestellt.

Schulleitungen spielen in diesem Prozeß natürlich eine zentrale Rolle. Leitungen von sich selbstentwickelnden Schulen — so das Selbstverständnis — arbeiten nicht nur *in* der Schule, sondern ebenso *an* der Schule. Sie sind Gruppenmoderatoren, die Kooperation ermöglichen und gerade dadurch andere motivieren, die Gestaltung ihrer Schule in die eigenen Hände zu nehmen. Sie beteiligen ihr Kollegium an der Schulgestaltung, indem sie es partizipieren lassen an allen wichtigen Entscheidungen und Entwicklungsaktivitäten.

Dies stellt einen ganzheitlichen Ansatz der Organisationsentwicklung dar, der auf eine Einheit von Inhalt und Verfahren abstellt, womit gemeint ist, daß Analyse-, Entscheidungs-, psycho-soziale und inhaltliche Lernprozesse integriert werden sollen. *OE wird als eine pädagogische Veränderungsstrategie* begriffen: Sie geht vom mündigen Menschen aus und schafft systematisch und gezielt Lernanlässe. OE ist kein nur technisches, sondern ein personenorientiertes Konzept, das letztlich das Verhalten der Organisationsmitglieder ändern will. Diese Veränderung kann jedoch nur im Gleichklang mit der Modifizierung der Organisationsstruktur geschehen.

Wer Schule kennt, weiß, daß es zunächst erst einmal darum gehen muß, überhaupt ein *Bewußtsein von Schule als sozialer Organisation* zu entwikkeln, um die vielen divergierenden Positionen von sich als „Einzelkämpfer vor ihrer Klasse" verstehenden Lehrenden zu integrieren. Hinzu kommt, daß soziale Systeme dynamische Gebilde sind, deren Komplexität dafür verantwortlich ist, daß die Konsequenzen von Eingriffen in sie nicht mit Bestimmtheit vorausgesagt werden können, was *Behutsamkeit* im Umgang miteinander und den Rahmenbedingungen der schulischen Organisation zur Voraussetzung macht.

Neuere Ansätze der Organisationsforschung unterscheiden zwei Prozesse der Ordnungsbildung in sozialen Systemen: *Organisieren* und *Selbstorganisation (PROBST/SCHEUSS 1984).* Weil für die Managementwissenschaft bislang nur das Organisieren im Sinne des Gestaltens im Vordergrund des Interesses stand, wurden zwei wesentliche Aspekte ausgeblendet: *Symbolisches Gestalten* im Sinne von Sinnvermittlung, Handlungslegitimation, Motivationsmobilisierung, Implementieren von Innovationen usw. einerseits und *spontane Prozesse der Ordnungsbildung im Sinne der Selbstorganisation* andererseits. Konstruktivistisches Begreifen von Organisationen kann dazu beitragen, Schulleitungshandeln sowohl als Schaffung von materiell-bürokratischen wie symbolischen, d.h. geistig-sinnhaften Ordnungen zu betrachten und darüber hinaus Prozesse der Ordnungsbildung durch *Selbstorganisation* zu berücksichtigen und zu fördern. Das wird das Organisationsparadoxon zwar nicht aufheben, ermöglicht aber einen offenen und auf Weiterentwicklung bedachten Umgang mit der schulischen Organisation. Die folgende Übersicht verdeutlicht diesen veränderten Ansatz für Schulleitungshandeln.

Vom Übergang traditionaler Schulleitung zu einem konstruktivistischen Leitungsverständnis

Grundprinzipien tradierten Schulleitungsverständnisses

- Organisieren
- Substantielles Gestalten

Defizite tradierten Schulleitungsverständnisses

Ausblendung

- symbolischen Gestaltens — z.B. Sinnvermittlung, Handlungslegitimation, Motivierung, Implementation von Innovationen

Nichtdeutbarkeit

- spontaner Prozesse der Selbstorganisation

Ursachen aus konstruktivistischer Sicht

- Die Mechanismen der Entstehung, Aufrechterhaltung und Veränderung *spontaner Ordnungen* sind nicht eindeutig lokalisierbar.
  Sie bilden die Grenzen der Planbarkeit und Strukturierbarkeit bzw. der logisch-rationalen Steuerung sozialer Systeme.
- Soziale Organisationen werden nicht am „grünen Tisch" entworfen und dann durch Anweisung, Verfügung oder Erlaß realisiert.

  Soziale Organisationen sind gleichermaßen das Resultat
  — *bewußter* und *intentionaler* Gestaltungsprozesse
  sowie
  — *selbstinduzierten* und *selbstproduzierten* Entstehens.

Konsequenzen aus konstruktivistischer Sicht

Eine konstruktivistisch orientierte Schulleitung versucht, die inneren Zusammenhänge des Systems Schule zu beschreiben und zu deuten, um besser zu verstehen, wie und warum das System genau das tut, was es tut.

Eine der zentralen Fragen für Schulleitungsorgane bezieht sich deshalb darauf, wie vorgegebene Strukturveränderungen, die — wie z.B. das neue Schulmitwirkungsgesetz in NRW erweiterte Beteiligungsrechte der Schulmitglieder vorschreiben —, in die Organisationsrealität von Schulen umgesetzt werden können. Für das Kollegium und die Weiterentwicklung der Schule als sozialer Organisation ist es jedoch noch bedeutsamer, eigene Bedürfnisse und Zielvorstellungen in den Handlungszusammenhang von Schule einzubringen. Beide Aspekte müssen sich nicht widersprechen. So basiert die Schulleitungsfortbildung in NRW z.B. auf dem *INSTITUTIONAL DEVELOPMENT PROGRAMME* bzw. dem *INSTITUTIONELLEN SCHULENTWICKLUNGS-PROGRAMM (ISP)*, das versucht, „Bedingungen zu schaffen, damit Leitung und Kollegium sich selbst und ihre Organisation besser verstehen, eine neue Praxis ausprobieren, über Erfahrungen nachdenken und die wirklichen Bedürfnisse entdecken können. Ziel des ISP ist, die *Problemlösungsfähigkeit von Schule* zu erweitern, d.h. die Fähigkeit der Schule, intern oder von außen kommenden neuen Anforderungen in der Weise zu begegnen, daß sie die tatsächlichen Bedürfnisse treffen und die Entwicklungskapazität der Schule stärken" (DALIN/ROLFF 1990, 33).

Auf unsere Fragestellung übertragen bedeutet dies, bei allen Mitgliedern die Einsicht zu fördern, daß Schulen als soziale Organisationen nicht mehr nur als ein rational zu steuerndes und technokratisch verwaltbares System anzusehen sind, sondern als ein gewachsener und sich entwickelnder Sinnzusammenhang, in dem unausgesprochene Symbole, Regeln und Überzeugungen eine wichtige Rolle spielen (vgl. BERGER/LUCKMANN 1969, 124). So verstanden besteht der Schulalltag aus einem Netzwerk von Beziehungen, das aus heterogenen Werten und Normen, Ängsten, Wünschen und Vorstellungen der einzelnen Mitglieder der Schule gewoben ist. Nur ein ganzheitliches oder systemisches Organisationsverständnis wird deshalb den alltäglichen Handlungen gerecht, die den Alltag der Schule bestimmen, und zwar unabhängig davon, in welcher Form sie uns begegnen, denn Alltagshandeln geschieht sowohl formell wie informell, sichtbar wie unsichtbar, bewußt oder unbewußt, was in dem Bild vom *Organisatorischen Eisberg* bzw. dem *Titanic-Syndrom* in anschaulicher Weise zum Ausdruck kommt (V. LÜDE/PHILIPP 1994).

Ein *konstruktivistisches Verständnis* von Organisationen entspricht dieser Sicht am ehesten, weil es sich durch die Interpretation auszeichnet, daß *Organisation Kultur ist*: die an der Organisation beteiligten Interaktionspartner — Schulleitung, Kollegium, Schüler und Eltern — konstituieren ein Sinnsystem, in das der Schulleiter, wie alle anderen Beteiligten auch, „eingewoben“ ist. Betrachtet man Organisationen als Sinnwelten, die durch die in ihnen lebenden und arbeitenden Menschen hervorgebracht und reproduziert werden, ist Schule nicht durch Fremd-, sondern durch Selbstbestimmung gekennzeichnet. Einem konstruktivistisch orientierten Schulmanagement verbietet es sich, sich als Spitze der Unternehmenshierarchie zu verstehen und das System in instrumentalistischer Manier von oben herab — *top down* — programmieren zu wollen. Erwartet wird „symbolisches“ anstelle technokratischen Managements, daß die Organisationsmitglieder zum Handeln motiviert. „Symbolische Manager“ berücksichtigen die Corporate Culture (vgl. zur Deutung dieses Begriffes für die Schule V. LÜDE 1994), schenken den Mitarbeitern Vertrauen, setzen auf Kooperation, überlassen die Lösung von Problemen den dafür zuständigen Lehrern und konzentrieren sich auf Maßnahmen der Koordinierung von Prozessen. Dieses neue Verständnis findet seinen Ausdruck im *Sinn-Management* (vgl. zu diesem Begriff z.B. BARDMANN 1990, 180), womit zum Ausdruck gebracht werden soll, daß moderne Schulleitung — wie das Management erfolgreicher Unternehmen — gehalten ist, durch gesteigerte Sensibilität für die Vielfalt unterschiedlicher Mitarbeitertypen auf deren Individualität und auf die Empfindlichkeit der systemischen Zusammenhänge in der schulischen Organisation Rücksicht zu nehmen.

Dazu ist ein neuer Denk- und Handlungsrahmen mit einem Verständnis von Schule als lebendigem, sich wandelndem und lernendem System und der Notwendigkeit der Entwicklung einer neuen Lernkultur erforderlich (vgl. SCHLEY 1993, 304). Für Schulleitung wird deshalb die Aufgabe des *Sinn-Managements* zu einem zentralen Anliegen, um das kulturelle System

Schule mit den Zielen und Vorstellungen sowie heterogenen Persönlichkeitsstrukturen der beteiligten Akteure in Übereinstimmung zu bringen (V. LÜDE 1995, 317).

Deshalb sollen alte Organisationsprinzipien, die darauf aufbauen, einen „besten Weg" zu verfolgen und durchzusetzen, durch unterschiedlich brauchbare Wege ersetzt werden , die hier durch acht zentrale Thesen (vgl. zu den grundlegenden Annahmen und zu weiterführender Literatur V. LÜDE 1995) erläutert werden:

Schulleitung durch Sinn-Management von Schulen

— Statt eines „Top-Down-Modells" der Kommunikation werden ebenenübergreifende Kommunikationsnetze empfohlen.

— Statt einer weitestgehenden Kontrolle sollen Autonomie-, Kreativitäts- und Selbstorganisationsspielräume erhalten bzw. geschaffen werden.

— Statt einer strengen negativen Sanktionierung von Fehlern soll die Organisation aus Fehlern lernen.

— Statt die Kolleginnen und Kollegen in ein determiniertes Funktionsgefüge zu zwingen, sollen ihre Individualität, ihre Wertorientierungen, Sensibilitäten, Vorlieben und Abneigungen respektiert und produktiv genutzt werden.

— Statt kulturelle Faktoren als „notwendiges Übel" in Kauf zu nehmen, müssen alle Mitglieder der Schule erkennen, wie bedeutsam sie für erfolgreiches Schulmanagement sind und welche Chancen für Innovationen die Anerkennung und Berücksichtigung der *konzeptionellen Welt* der Organisationsmitglieder eröffnet.

— Statt täglicher Routinen sollen Visionen und Empathie das kulturelle Bild der Organisation prägen.

— Einer der wesentlichen Kerngedanken der neuen organisationskulturellen Prinzipien ist die Vorstellung, daß gemeinsame Wahrnehmungen und gelebte Überzeugungen einen entscheidenden Faktor für den Erfolg einer Organisation darstellen. Schulen sind nicht mehr nur rational zu steuernde und technokratisch verwaltbare Systeme, sondern gewachsene und sich entwickelnde Sinnzusammenhänge, in denen unausgesprochene Regeln und Überzeugungen eine wichtige Rolle spielen.

— Die Organisation „Schule" muß erkennen, daß verfestigte „Glaubensmuster" nur dann veränderbar sind, wenn sie die Interessenpositionen der Mitglieder der Schule berücksichtigen.

Kommunikationsformen im Schulalltag lassen sich treffend als ein Netzwerk von Beziehungen beschreiben, in das heterogene Werte und Normen, Ängste, Wünsche und Vorstellungen eingehen. Da die Organisations*wirk-*

lichkeit — deren konstitutiver Part die Schulleitung genauso ist, wie alle anderen Organisationsmitglieder auch — sich in Interaktionen manifestiert und immer wieder verändert, muß das Augenmerk der Schulleitung auf Sensibilität für Situationen, Zusammenarbeitsbewußtsein und Flexibilität gerichtet sein. Ein *ganzheitliches und systemisches Organisationsverständnis* wird — soweit es derzeit beurteilbar ist — den alltäglichen Anforderungen und Handlungen am besten gerecht, und zwar ganz unabhängig davon, in welcher Form sie in das Beziehungsgefüge des Systems Schule einfließen.

Wenn Schulen den Anschluß an zentrale gesellschaftliche Änderungen nicht verpassen wollen, in denen sich individuelle und kollektive Wertansprüche, Erwartungshaltungen, Verhaltensformen und Lebensstile relativieren und vermischen, die in Anlehnung an WELSCH mit *post modernem Wertepluralismus* beschrieben werden können, dann müssen auch Schulen sich diesen Veränderungen stellen, weil die neuen Lebensformen vor der Schule nicht Halt machen und auch dort sowohl auf der Ebene der Lehrerinnen und Lehrer als auch der Schülerschaft dem sozialen Kommunikationsgefüge Gestalt verleihen.

Literatur

Bardmann, Th. (1990): Wenn aus Arbeit Abfall wird. Überlegungen zur Umorientierung der industriesoziologischen Sichtweise. In: ZfS, S. 179-194

Berger, P. L.; Luckmann, Th. (1969): Die gesellschaftliche Konstruktion der Wirklichkeit. Eine Theorie der Wissenssoziologie. Frankfurt. Zitiert nach der unveränderten TB-Ausgabe von 1977

Buchen, H.; Horster, L., Rolff H.-G. (Hrsg.) (1994): Schulleitung und Schulentwicklung. Berlin

Coser, L. A. (1972): Theorien sozialer Konflikte. Neuwied; Berlin

Dalin, P.; Rolff, H.-G. (1990): Institutionelles Schulentwicklungs-Programm. Eine neue Perspektive für Schulleiter, Kollegium und Schulaufsicht; unter Mitarbeit von Herbert Buchen. Eine Veröffentlichung des Landesinstituts für Schule und Weiterbildung, Soest und von IMTEC, Oslo

Dalin, P.; Rolff, H.-G.; Buchen, H. (1995): Institutioneller Schulentwicklungsprozeß. Ein Handbuch. Bönen

Dülfer, E. (Hrsg.) (1991[2]): Organisationskultur. Phänomen-Philosophie-Technologie. Stuttgart

Edelman, G. M. (1993): Unser Gehirn-Ein dynamisches System. München

Ende, M. (1979): Die Unendliche Geschichte. Stuttgart

Glasersfeld v., E. (1985): Einführung in den radikalen Konstruktivismus. In: Watzlawick, P. (Hrsg.) (1985): a.a.O., S. 16-38

Glasersfeld v., E.; Richards, J. (1984): Die Kontrolle von Wahrnehmung und die Konstruktion von Realität. In: DELFIN III, August 1984, S. 4-25

Klimecki, R.; Probst, G.; Eberl, P. (1991): Systementwicklung als Managementproblem. In: Managementforschung 1. S. 103-162

Klimecki, R.; Probst, G.; Eberl, P. (1994): Entwicklungsorientiertes Management. Stuttgart

Knorr-Cetina, K. (1989): Spielarten des Konstruktivismus. In: Soziale Welt, Jg. 40, 1989, Heft ½, S. 86-95

Lüde v., R. (1994): Corporate Identity und Schulprogramm. In: Buchen; Horster; Rolff: a.a.O., Abschnitt B 4.1, S. 1-24

Lüde v., R. (1996): Die Reorganisation der Fabrik und die Wiederentdeckung der Arbeit. Perspektiven für Bildung und Qualifizierung in der Industriegesellschaft. Opladen

Lüde v., R. (1995): Intentionen und Verfahren staatlich organisierter Organisationsentwicklung. Das Beispiel Nordrhein-Westfalen. In: Fischer, M.; Uhlig-Schoenian, J. (Hrsg.): Organisationsentwicklung in Berufsschule und Betrieb. Bremen

Lüde v., R.; Philipp, E. (1994): Organisationsentwicklung — Theoretische Aspekte und praktische Realisierung des organisationalen Wandels an beruflichen Schulen. Gutachten im Auftrag des LSW. Soest

Maturana, H. R. (1982): Erkennen: Die Organisation und Verkörperung von Wirklichkeit. Braunschweig/Wiesbaden

Maturana, H. R.; Varela, F. (1987[2]): Der Baum der Erkenntnis. Bern

Philipp, E. (1994[2]): Gute Schule verwirklichen: Ein Arbeitsbuch mit Methoden, Übungen und Beispielen der Organisationsentwicklung. Weinheim, Basel

Probst; G. J. B; Scheuss, R. W. (1984): Die Ordnung von sozialen Systemen: Resultat von Organisieren und Selbstorganisation. In: Zeitschrift für Führung und Organisation, 8/84, S. 480-488

Rolff, H.-G. (1993): Wandel durch Selbstorganisation. Theoretische Grundlagen und praktische Hinweise für eine bessere Schule. Weinheim, München

Schein, E. H. (1986): Are you corporate cultured? In: Personnel Journal, 83-96. In deutscher Übersetzung „Organisationskultur: Ein neues unternehmenstheoretisches Konzept. In: Dülfer, E. (Hrsg.) (1991): a.a.O.

Schley, W. (1993): Innovation und Selbsterneuerung an Schulen — Anstöße zur Lehrerkooperation und Organisationsentwicklung als systemische Beiträge zur Gesundheitserziehung. In: Pelikan, J. M.; Demmer, H.; Hurrelmann, K. (Hrsg.) (1993): Gesundheitsförderung durch Organisationsentwicklung. Konzepte, Strategien und Projekte für Betriebe, Krankenhäuser und Schulen. Weinheim, München, S. 298-316

Schmidt, S. J. (1992): Der Diskurs des Radikalen Konstruktivismus. Frankfurt a.M.

Watzlawick P. (Hrsg.) (1985): Die erfundene Wirklichkeit. Wie wissen wir, was wir zu wissen glauben? Beiträge zum Konstruktivismus. München

V Systemisch-konstruktivistische Perspektiven in den FACHDIDAKTIKEN

Physikdidaktik unter konstruktivistischer Perspektive
Beobachtungen in einem Leistungskurs Elektrostatik

Elmar Breuer, Stefan von Aufschnaiter

Physikdidaktik unter konstruktivistischer Perspektive führt zu einer veränderten Einschätzung individueller Entwicklungen im Physikunterricht. Schüleräußerungen werden nicht als Reproduktionen faktisch bestehender physikalischer Gesetzmäßigkeiten bewertet. Sie werden vielmehr als Ausdruck eigenständiger, auf dem Hintergrund persönlicher Erfahrungen gebildeter Konstrukte verstanden. Schüler und Schülerinnen erhalten den Status von Forschern, die selbständig physikalische Erklärungen für Phänomene in ihrer Umgebung entwikkeln. Unter diesen Gesichtspunkten ist die Auseinandersetzung mit den Bedingungen der selbstbestimmten Entwicklung von Schülern und Schülerinnen von besonderem Interesse. Wir berichten von Ergebnissen einer Fallstudie, in der wir uns mit dem Einfluß relativ stabiler Elemente der kognitiven Struktur auf die Entwicklungen und Erklärungen eines Schülers beschäftigt haben. Diese stabilen Elemente bezeichnen wir als orientierende kognitive Systemelemente (OKSe). An Beispielen wird gezeigt, daß OKSe kontextabhängig eine Vielzahl unterschiedlicher Ausprägungen aufweisen können. Die Zusammenführung zweier unterschiedlicher OKSe zu einer systemischen Erklärung wird dokumentiert.

Beobachtung von Verhaltensdynamiken im Physikunterricht

Seit einigen Jahren beschäftigen wir uns im Bremer Institut für Didaktik der Physik mit Fallstudien zu Verhaltensdynamiken und Lernprozessen im Physikunterricht. Wir beobachten Schüler und Schülerinnen vor allem in Unterrichtskontexten, in denen sie die Möglichkeit zu freien Experimenten und ungestörter Kommunikation in Kleingruppen haben. In diesem Zusammenhang sprechen wir auch von „spielorientiertem Unterricht". Damit werden Unterrichtsformen bezeichnet, in denen Schüler und Schülerinnen in einem vom Lehrer/von der Lehrerin vorgegebenen Rahmen nach selbstgesetzten Zielstellungen handeln können. Der Lehrer/die Lehrerin stellt häufig nur

Arbeitsmaterial zur Verfügung, mit dem die Schüler und Schülerinnen experimentieren können.

Die Aktivitäten einzelner Schülergruppen werden mit Video aufgezeichnet und nach unterschiedlichen Fragestellungen ausgewertet. Unser Interesse besteht in der Untersuchung von Regelmäßigkeiten und Randbedingungen des Physiklernens einzelner Schüler und Schülerinnen.

Insbesondere haben wir uns in einer Untersuchung in einem Physik-Leistungskurs zum Thema Elektrostatik mit dem Einfluß von *Vorerfahrungen* auf die Entwicklung eines Schülers beschäftigt. Grundsätzliche Überlegungen dazu und Untersuchungsergebnisse werden im folgenden dargestellt.

Konstruktivistische Perspektive

Als übergeordnete Perspektive gehen wir bei unseren Beobachtungen von einer konstruktivistischen Theorie (V. GLASERSFELD 1987; ROTH 1991; MATURANA und VARELA 1991) der Wahrnehmung und der Verhaltenskontrolle der beobachteten Schüler und Schülerinnen aus. Kognitive Systeme werden in diesem Ansatz als semantisch abgeschlossene Systeme betrachtet, die ihre individuelle Wirklichkeit über ihre strukturelle Kopplung mit der Umwelt selbst hervorbringen.

Bedeutung als zentraler Begriff zur Beschreibung kognitiver Entwicklung

Die wesentliche Leistung des kognitiven Systems besteht nach unserer Auffassung darin, daß es zu Reizen, die es über seine sensorische Oberfläche aufnimmt, *Bedeutungen* autonom konstituiert. Erklärungen des Lehrers, Tafelskizzen oder der Ablauf eines physikalischen Experiments werden in dieser Betrachtungsweise zu Reizmustern, die im kognitiven System des Schülers in Abhängigkeit von dessen Vorgeschichte gedeutet werden. Die Äußerungen des Lehrers und physikalische Experimente haben keine Bedeutung per se, sie kommt ihnen erst durch die Interpretation des Individuums zu. Die jeweils erzeugte Bedeutung ist maßgeblich von der Entwicklungsgeschichte des Schülers oder der Schülerin abhängig. Die so erzeugten Bedeutungen bedingen die Handlungen, welche dann von uns als externen Beobachtern wahrgenommen und interpretiert werden können (vgl. auch WELZEL 1995).

Sieht man Schüler und Schülerinnen als „Produzenten" von Bedeutung an — und nicht so sehr als „Empfänger" bestehenden physikalischen Wissens -, so hat dies Konsequenzen für die Beurteilung von Schüleräußerungen. Die etablierte Physik der scientific community beziehungsweise des Physiklehrbuchs tritt als Maßstab in den Hintergrund. Die von Schülern und Schülerinnen entwickelten Theorien werden unter dem Aspekt ihrer Erklärungsmächtigkeit im Rahmen ihrer persönlichen Erfahrungen betrachtet.

Die Fähigkeit, zu physikalischen Phänomenen selbständig Theorien zu entwerfen, wird ein wichtiges Ziel des Physikunterrichts, während die Reproduktion und Anwendung des Lehrbuchwissens an Bedeutung verliert.

Orientierende kognitive Systemelemente (OKSe) als Generatoren von Bedeutung

Wie läßt sich nun in dieser Perspektive des kognitiven Systems der Einfluß von *Vorerfahrung* in angemessener Weise beschreiben?

Anknüpfend an die Tradition der Untersuchung von Schülervorstellungen (siehe z.B. DUIT 1993) beschreiben wir Erfahrungen durch Definition einzelner *Handlungsdispositionen*, die wir aus der Interpretation einer Vielzahl von Äußerungen *eines* Schülers gewinnen. Dispositionen, die die Handlungen und Äußerungen eines Schülers in besonderer Weise orientieren, bezeichnen wir als orientierende kognitive Systemelemente, kurz OKSe (BREUER und FISCHER 1994). OKSe sind nach unserer Vorstellung bei der Konstitution von Bedeutung und dem daraus erwachsenden Verhalten maßgeblich beteiligt. Sie sind zum Beispiel verantwortlich für das wiederholte Auftreten bestimmter Erklärungsprinzipien im Zusammenhang mit verschiedenen physikalischen Phänomenen und für immer wieder eingesetzte Strategien beim Experimentieren.

Das Modell der OKSe wurde an das Habituskonzept (PORTELE 1989; BOURDIEU 1993) angelehnt. Der Habitus setzt einen Rahmen für zukünftige Handlungen, er determiniert sie jedoch nicht. Dem Systemcharakter des Habitus entsprechend gehen wir davon aus, daß für die Verhaltensorganisation in einer Situation nicht nur ein einzelnes OKS maßgeblich ist. Entscheidend ist die Verbindung, die das OKS zu anderen Teilstrukturen des kognitiven Systems besitzt. Auch die innere Struktur eines OKS ist zu berücksichtigen: Ein in Verhaltensanalysen identifiziertes OKS ist in der Regel nicht elementar und kann sich somit kontextabhängig in variierender Weise auf aktuelle Bedeutungskonstruktionen auswirken.

Das Modell der OKSe wurde in die Theorie der subjektiven Erfahrungsbereiche (BAUERSFELD 1983; AUFSCHNAITER/FISCHER/SCHWEDES 1992) eingebettet. Die OKSe sind kognitive Teilstrukturen, die miteinander und mit subjektiven Erfahrungsbereichen bei der Handlungsorganisation konkurrieren. Ihre Aktivierung hängt von am Anfang einer Situation wahrgenommenen Merkmalen ab und sie selbst bestimmen, einmal aktiviert, was in einer Situation wie wahrgenommen wird und wie die Handlung organisiert wird.

Spielorientierter Unterricht im Leistungskurs Elektrostatik

Den Einfluß von orientierenden kognitiven Systemelementen auf die Entwicklung von Bedeutung haben wir in einem Physik-Leistungskurs zum Thema Elektrostatik untersucht. Um den Rahmen der Untersuchung verständlich zu machen, skizzieren wir zunächst die Grundzüge des Unterrichtskonzepts.

Aus einer Vielzahl von Interviews, die wir mit Schülern und Schülerinnen aus Physikleistungskursen durchgeführt haben, wissen wir, daß sie in der Mehrheit erhebliche Schwierigkeiten haben, Erklärungen für elementare elektrostatische Phänomene (z.B. das Anziehen von Styroporkügelchen mit einem geriebenen Plastiklineal) zu entwickeln.

Es spricht nach unserem Verständnis also vieles dafür, auch in einem Physik-Leistungskurs einige Stunden auf die Entwicklung eines grundlegenden Ladungsbegriffs und damit verbundener Phänomene zu verwenden. Neben einer Einführung in die Grundlagen der Elektrostatik verfolgt dieser Einstieg die Intention, den Schülern und Schülerinnen einen Einblick in physikalische Arbeitsprozesse zu ermöglichen.

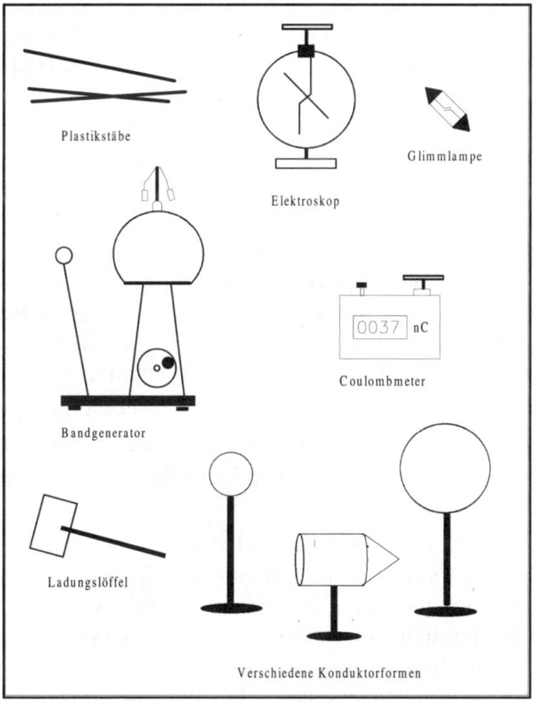

Eine Auswahl an Materialien, die für Schülerexperimente zur Verfügung stehen.

In unserer Unterrichtseinheit bleibt für die Schüler und Schülerinnen insbesondere in den ersten Stunden viel Raum für eigene Experimente und Diskussionen (jeweils in Gruppen von drei bis vier Schülern und Schülerinnen), die vom Lehrer wenig „gestört“ werden. In diesem spiel- oder handlungsorientierten Unterricht kann nach eigenen Zielstellungen mit den zur Verfügung stehenden Materialien experimentiert werden (siehe Abb. 1).

Bevor das Coulomb-Gesetz behandelt wird und bevor Feldstärken im Raum um geladene Metallkugeln herum berechnet werden, wird den Schülern und Schülerinnen ermöglicht, viele Phänomene, die mit den aufgeführten Materialien erzeugbar sind, in eigenen Versuchen zu erfahren. Mit diesem Material ist es möglich, die Bedingungen des Ladens und Entladens zu erkunden oder die Übertragbarkeit und das Verteilungsverhalten von Ladungen auszutesten. Die unterschiedlichen Eigenschaften der Isolator- und Leitermaterialien können erprobt werden. Mit den Glimmlampen können verschiedene Arten von Ladung voneinander unterschieden werden. Die Elektroskope erlauben erste quantitative Zugänge zur Ladung, die Digitalcoulombmeter können diese weiter verfeinern. Die Ladungslöffel ermöglichen die gezielte, portionsweise Überführung von Ladung. Phänomene zur Influenz und Polarisation können in unterschiedlichen Versuchsanordnungen untersucht werden. Besonders hilfreich sind die kleinen Bandgeneratoren, die eine verläßliche Erzeugung von Ladungen gewährleisten. Gut vorbereitet wird im Verlauf des Unterrichts ein Schülerexperiment zur Bestätigung des $1/r^2$ — Gesetzes nach Coulomb durchgeführt.

Der Lehrer übernimmt in den freien Experimentierphasen des Unterrichts die Rolle eines Beraters, der bei auftretenden Schwierigkeiten hinzugezogen wird oder der (zurückhaltend) Anregungen für Experimente gibt. Im Verlauf der Unterrichtseinheit nimmt der Lehrer zunehmend Einfluß auf die Theoriebildung und führt eine einheitliche Terminologie ein.

Angeregt durch Ideen von DÉSAUTELS und LAROCHELLE im Zusammenhang der Unterrichtsstrategie „Epistemological disturbance“ (DÉSAUTELS und LAROCHELLE 1990) haben wir das Konzept des spielorientierten Unterrichts durch forschungstypische Organisationsformen ergänzt:

— Förderung der Kommunikation innerhalb der Schülergruppen,
— Initialisierung von Kommunikation zwischen den Einzelgruppen,
— Aufforderung zur Ausarbeitung von Vorträgen und Demonstrationsversuchen,
— Anleitung zum Führen von Laborbüchern.

Gerade in der ersten Phase des spielorientierten Unterrichts zur Elektrostatik befinden sich die Schüler und Schülerinnen in einer Situation, die der eines Forschers ähnelt, der sich in einem in starker Entwicklung begriffenen Bereich seiner Wissenschaft bewegt. Die Theorien sind bruchstückhaft, widersprüchliche Beobachtungen werden gemacht, unterschiedliche Theorievarianten werden erprobt und zwischen konkurrierenden „Forschergruppen“ diskutiert.

Fallstudie im Leistungskurs Elektrostatik — die OKSe WISCHEN und MAGNETISMUS

Nach dem oben skizzierten Unterrichtskonzept haben wir in einem Physik-Leistungskurs der Stufe 11.2 unterrichtet. Unser Ziel bei der Auswertung des Unterrichts bestand in der Untersuchung des Einflusses von Vorerfahrungen (bzw. von OKSen, s.o.) auf aktuelle Bedeutungsentwicklungen. Dazu wurden zwei Schülergruppen über den gesamten Verlauf des Unterrichts mit Video beobachtet. Nach Transkription der Videos (sämtliche Schüleräußerungen wurden verschriftlicht; Handlungen, Gestik und Mimik wurden detailliert beschrieben) wurden die Äußerungen eines ausgewählten Schülers (Martin) ausführlich analysiert. Auf diese Weise konnten verschiedene, die Äußerungen und Handlungen Martins prägende orientierende kognitive Systemelemente herausgearbeitet werden. Besonderen Wert haben wir auf die Darstellung der *kontextabhängigen Variabilität* der einzelnen OKSe gelegt.

Zwei dieser für Martins Äußerungen maßgeblichen orientierenden kognitiven Systemelemente sollen nun vorgestellt werden. Wir bezeichnen sie mit WISCHEN und mit MAGNETISMUS. Beide OKSe prägen vor allem in den ersten Unterrichtsstunden sehr stark Martins Bedeutungsentwicklungen. In diesen Stunden wurden hauptsächlich elementare elektrostatische Phänomene bearbeitet. Wir stellen die unterschiedlichen, kontextspezifischen Ausprägungen dieser OKSe dar und führen insbesondere die Integration dieser OKSe vor, die von Martin in einem Erklärungsansatz für das Phänomen der Reibungselektrizität vorgenommen wurde.

Das OKS WISCHEN bezieht sich auf Martins charakteristische Behandlung des Phänomens der Reibungs- bzw. Kontaktelektrizität (vgl. auch /2/). Er faßt das Laden durch Reiben wie einen mechanischen Wischvorgang auf: Beim Reiben einer Plastikfolie mit einem Wollappen werden zum Beispiel nach Martins Vorstellung Elektronen *abgewischt*. Die Folie ist anschließend geladen und wirkt dadurch anziehend auf Papierschnipsel oder Styroporkügelchen. Orientierungen dieser Art treten vor allem in Martins Äußerungen während der ersten Unterrichtsstunden immer wieder auf.

Die unterschiedlichen Ausprägungen des OKSs WISCHEN in den einzelnen Szenen stellen wir durch die Formulierung von Leitideen (W1 — W8) dar. Mit Hilfe der Leitideen werden die in verschiedenen Kontexten von Martin entwickelten Bedeutungen rekonstruiert:

W 1 Beim Reiben eines Gegenstandes mit einem Wollappen werden Elektronen abgewischt.

W 2 Für eine physikalische Erklärung ist es unzureichend zu sagen, daß Elektronen beim Reiben eines Gegenstandes mit einem Wollappen abgewischt werden. Man müßte eigentlich etwas über die Vorgänge innerhalb des Gegenstandes aussagen.

W 3 Man kann Ladung mit einem Lappen von einer Metallplatte auf eine andere Metallplatte rüberwischen.

W 4 Zum gleichmäßigen Aufladen ist es wichtig, immer in *eine* Richtung zu wischen.

W 5 Häufigeres Wischen erzeugt eine stärkere Aufladung.

W 6 Wenn man einen Gegenstand durch Reiben auflädt, werden dabei Elektronen abgewischt. Unklar ist jedoch, wie die Elektronen so einfach entfernt werden können, da hierzu sehr viel Energie erforderlich ist. Zudem würde dadurch der Atomkörper verändert. Mit der beim Reiben entstehenden Wärme hat die Aufladung nichts zu tun.

W 7 Beim Laden eines Plastikstabes durch Reiben werden Elektronen von einer Seite des Stabes zur anderen Seite rübergewischt.

W 8 Das Grundprinzip eines Bandgenerators muß darin bestehen, daß Ladung vom Band abgewischt wird.

Bei W 1 und W 6 wird deutlich, daß Martin sein Prinzip des (Ab)wischens von Ladung, mit dem er immer wieder operiert, keinesfalls in jeder Hinsicht für physikalisch ausgereift hält. Die Idee des Abwischens korrespondiert mit einer Struktur, die in *pragmatischer* Weise Martins Handlungen und Erklärungen orientiert und nicht mit einer festen Vorstellung/Überzeugung in seinem Kopf. Besonders bemerkenswert ist die Variation des Abwischens in das Rüberwischen bei W 7: Diese Erscheinung wird im Abschnitt über „das Zusammenwirken von WISCHEN und MAGNETISMUS" erklärt!

Das OKS MAGNETISMUS bezieht sich auf die Verbindungen, die Martin immer wieder zwischen seinem Wissen über Magneten/magnetische Felder und Beobachtungen an elektrostatischen Phänomenen herstellt. Kontextabhängige Ausprägungen dieser Verbindungen im Laufe des Unterrichts werden wieder in Leitideen dargestellt:

M 1 Das magnetische und das elektrische Feld sind identisch oder ähnlich oder analog.

M 2 Die Form eines elektrischen Feldes läßt sich mit Hilfe von Metallspänen untersuchen.

M 3 Ein geladener Plastikstab hat — wie ein Magnet — zwei Pole an seinen Enden.

M 4 Ein *gleichmäßig* aufgeladener Plastikstab besitzt zwei Hauptpole an seinen Enden.

M 5 Die beiden Enden eines Plastikstabes sind *unterschiedlich* gepolt.

M 6 Die Polarität eines gleichmäßig aufgeladenen Plastikstabes müßte sich mit einem Kompaß nachweisen lassen.

M 7 Ladung polarisiert sich auf einem *leitenden* System (immer).

Die Verbindungen, die Martin zu seinem Wissen über magnetische Phänomene herstellt, sind sehr unterschiedlicher Art. Er überträgt seine Kenntnisse von der Wirkung eines Magneten auf Eisenfeilspäne auf das elektrische Feld. Martin deutet die in einem Experiment beobachtete Wirkung eines Plastikstabes auf ein Holundermarkkügelchen durch einen Bezug zum Dipolcharakter von Magneten: Der geladene Plastikstab zieht das Holundermarkkügelchen nur an seinen Enden an, in der Mitte ist ein Bereich, der nicht anzieht (siehe Abbildung).

In einigen Kontexten ist erkennbar, daß Magnete und (ruhende!) Ladungen nach Martins Ansicht miteinander wechselwirken (M 6). Auch die Annahme einer völligen Übereinstimmung magnetischer und elektrostatischer Phänomene wird in einem Zusammenhang geäußert (M 1).

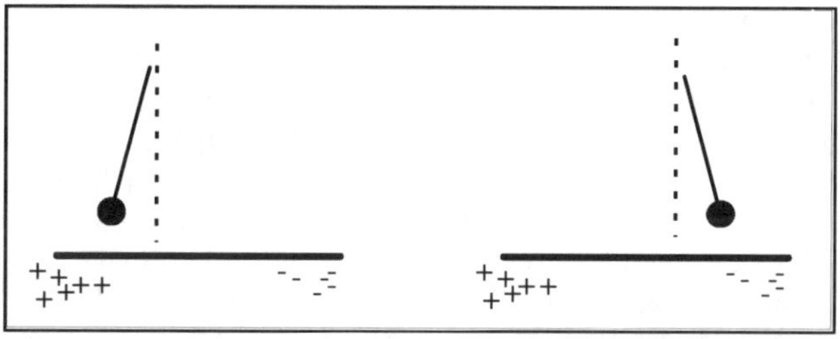

Martin deutet die beobachtete Wirkung eines geladenen Plastikstabes auf eine Holundermarkkugel durch eine Relation zu seinen Erfahrungen mit Stabmagneten: Ein Plastikstab hat nach Martin, wie ein Stabmagnet, zwei anziehende Pole an seinen beiden Enden.

An den Beispielen WISCHEN und MAGNETISMUS wird deutlich, daß es problematisch ist, OKSe durch eine einzige, allgemeingültige Formulierung zu umschreiben. Die kontextabhängige Variabilität ist bei der Charakterisierung unbedingt zu berücksichtigen.

Das Zusammenwirken von WISCHEN und MAGNETISMUS

In verschiedenen der von uns untersuchten Szenen kommt es durch die wechselnde Aktivierung verschiedener OKSe zu Widersprüchlichkeiten in den Äußerungen Martins (aus Beobachtersicht). Auf der anderen Seite führt die Integration von unterschiedlichen OKSen zu erheblichen „Fortschritten“ in der Bedeutungsentwicklung. Wir beschränken uns hier auf ein Beispiel der letzten Kategorie. Der Lehrer hat die Schüler aufgefordert, in ihren

Gruppen darüber zu diskutieren, was denn eigentlich mit einem Plastikstab passiert, wenn man ihn mit einem Wollappen reibt. In der Diskussion hat Martin einen Einfall.

Martins Äußerungen gemäß Transkript (Einwürfe anderer Schüler und Schülerinnen sowie einzelne Bemerkungen Martins sind durch (...) ersetzt worden):

Martin: Leute! *Ich* hab's. ... Wir hatten doch vorhin den *Stab*, hatten festgestellt, daß 's in der *Mitte* ähm ... ja irgendwie so'ne Art Umpolung gibt. Auf der *einen* Seite anders gepolt als auf der anderen. (...) Nämlich wir haben immer von *hier* nach *da* gewischt. (demonstriert: immer von einem Ende des Stabes zum anderen) Wir *haben* festge... Da haben wir uns *eben* überlegt, man *wischt* Elektronen *ab*. ... Aber die können sich ja nun nicht in *Luft* auflösen. (zu André) Was *hälst* Du davon, wenn man die Elektronen einfach von *dieser* Seite auf *jene* Seite gewischt hat? (von einem Ende des Stabes zum anderen) (...) Dann ist es hier ähm ... positiv, weil die negativen Ladungen fehlen, da negativ, weil die die *Elektronen* aufnehmen. (...) Jetzt *bräuchten* wir noch 'nen Kompaß. ...*Damit* könnten wir das *ausprobieren*.

Die erfolgreiche Kombination der OKSe MAGNETISMUS und WISCHEN gelingt Martin im Zuge einer leichten Modifikation seiner Idee vom Abwischen der Elektronen (vergleiche W 7). Aus dem Abwischen der Elektronen wird ein Wischen der Elektronen von einer Seite des Stabes zur anderen. Dadurch kommt es zu einem Polarisationszustand, den Martin, orientiert durch das OKS MAGNETISMUS, mehrfach zuvor für den geladenen Plastikstab postuliert hat. Eine Seite des Plastikstabes ist dann nach Martin negativ und die andere Seite ist positiv aufgeladen. Die enge Beziehung dieses, von Martin unterstellten Polaritätszustandes zu seinen Erfahrungen mit dem Magnetismus drückt sich in seinem expliziten Wunsch aus, den Polaritätszustand mit einem Kompaß zu überprüfen.

Für Martin ensteht aus der Integration von durch MAGNETISMUS auf der einen und durch WISCHEN auf der anderen Seite orientierten Prinzipien eine systemische Erklärung des Phänomens der Reibungselektritzität.

An dieser Stelle sei angemerkt, daß *diese* Erklärung natürlich nicht das didaktische *Ziel* eines Elektrostatikunterrichts zum Thema *Kontaktelektrizität* sein kann. Jedoch zeigt sich zum einen, daß sich Martins persönliche Erklärung im weiteren Unterricht nicht negativ bei seiner Handlungsorganisation auswirkt: Es tritt nie wieder erkennbar auf. Zum anderen vermuten wir, daß die Bildung von systemischen Erklärungen selbst erlernbar ist, etwa im Sinne des Lernen II nach BATESON (1990). Die Erfahrung im Erzeugen solcher Erklärungen (auch von „falschen") würde dann die Entwicklung adäquaterer Erklärungen in Zukunft befördern. Zur Überprüfung dieser

Vermutung wären allerdings weitere gezielte Untersuchungen mit Schülerinnen und Schülern erforderlich.

Fazit

Es hat sich gezeigt, daß die kognitive Entwicklung des Schülers Martin in hohem Maße von bereits früher gebildeten Orientierungen (OKSen) bestimmt wird. Experimente, die er erfindet und Erklärungen, die er entwikkelt, lassen sich mit solchen OKSen in Verbindung bringen. Ein wichtiges Ergebnis unserer Untersuchung besteht jedoch in der Festellung der *hohen Variabilität* der OKSe. Kontextabhängig kann ein OKS in sehr unterschiedlichen Ausprägungen auftreten. Die aktuell erzeugten Bedeutungen weisen eine große Bandbreite auf. In Einzelfällen kann es zu erfolgreichen Kombinationen verschiedener, zunächst separater OKSe kommen. In aller Vorsicht formulieren wir didaktische Konsequenzen unserer noch am Anfang stehenden Forschungsarbeit.

Unsere Ergebnisse stützen didaktische Konzeptionen, die der selbständigen Entwicklung von Schülern und Schülerinnen viel Zeit einräumen. Erst damit wird die vollständige Entfaltung ihres Potentials an Vorerfahrungen ermöglicht. Schüleräußerungen sollten nicht vorschnell als Ausdruck bestehender, stabiler Vorstellungen bewertet werden. Schüler und Schülerinnen müssen immer wieder in wechselnden Kontexten die Möglichkeit zur Entwicklung unterschiedlicher Bedeutungen erhalten.

Literatur

Aufschnaiter v., S.; Fischer, H. E.; Schwedes, H. (1992): Kinder konstruieren Welten. In Schmidt, S. J. (Hrsg.): Kognition und Gesellschaft. Frankfurt a.M., S. 380-424

Bateson, G. (1990): Ökologie des Geistes. Frankfurt a.M.

Bourdieu, P. (1993): Sozialer Sinn. Frankfurt a.M.

Bauersfeld, H. (1983): Subjektive Erfahrungsbereiche als Grundlage einer Interaktionstheorie des Mathematiklernens und -lehrens. In: Lernen und Lehren von Mathematik. Köln

Breuer, E. und Fischer, H. E. (1994): Vor- und Nachuntersuchungen zu einer Elektrostatik-Unterrichtseinheit. In Behrendt, H. (Hrsg.): Zur Didaktik der Physik und Chemie, Band L14. Alsbach/Bergstraße, S. 274-276

Duit, R. (1993): Schülervorstellungen und neue Unterrichtsansätze. In Didaktik der Physik, Vorträge — Frühjahrstagung 1993, Deutsche Physikalische Gesellschaft, Fachverband Didaktik der Physik, DPG GmbH, Bad Honnef, S. 183-193

Désautels, J.; Larochelle, M. (1990): A Constructivist Pedagogical Strategy: The Epistemological Disturbance. (Experiment and Preliminary Results). In Herget,

D. E. (ed.): More History and Philosophie of Science in Science Teaching. Proceedings of the First International Conference. Tallahassee, S. 236-257

Glasersfeld v., E. (1987): Wissen, Sprache, Wirklichkeit. Arbeiten zum radikalen Konstruktivismus. Braunschweig/Wiesbaden

Maturana, H. R.; Varela, F. J. (1991): Der Baum der Erkenntnis

Portele, G. (1989): Autonomie, Macht, Liebe. Frankfurt a.M.

Roth, G. (1991): Die Konstitution von Bedeutung im Gehirn. In Schmidt, S. J. (Hrsg.): Gedächtnis. Frankfurt a.M., S. 360-370

Welzel, M. (1995): Interaktionen und Physiklernen: Empirische Untersuchungen im Physikunterricht der Sekundarstufe I. (Didaktik und Naturwissenschaft, Band 6). Frankfurt a.M

Mathematikunterricht zwischen Skylla und Charybdis*

Erich Christian Wittmann

Die systemische Analyse von Lernprozessen zeigt, daß Eigenaktivität, Selbstorganisation und Selbstverantwortung der Lernenden unverzichtbare Bedingungen von verständnisvollem Lernen von Mathematik sind. Hilfen, wie eine Ausrichtung des Unterrichts an der Begriffsstruktur des Faches oder eine enge methodische Führung, sind zwar gut gemeint, stellen sich aber bei genauerer Betrachtung als Lernhindernisse heraus.

Die Wertlosigkeit von Büchern

Die Welt drückt ihre Wertschätzung des SINNS dadurch aus, daß sie Bücher wertschätzt. Doch Bücher enthalten nur Worte. Es gibt aber etwas, wodurch die Bücher wertvoll werden. Was die Bücher wertvoll macht, sind die Gedanken. Es gibt etwas, wonach sich die Gedanken richten; das aber, wonach sich die Gedanken richten, läßt sich nicht durch Worte überliefern. Die Welt aber überliefert um der für wertvoll gehaltenen Worte die Bücher. Obwohl die Welt sie wertschätzt, sind sie in Wirklichkeit der Wertschätzung nicht wert, weil Worte nicht wertvoll sind. Ach, daß die Weltmenschen Form und Farbe, Name und Schall für ausreichend erachten, das Ding an sich zu erkennen! Form und Farbe, Name und Schall sind wirklich nicht ausreichend, um das Ding an sich zu erkennen.
DSCHUANG DSI, Das wahre Buch vom südlichen Blütenland, Buch XIII, 10

Geoff GILES stellte 1973 in einem Vortrag die Frage „Ist Lehren ein Hindernis für Lernen?" André REVUZ ging 1980 noch einen Schritt weiter, als er ein Buch mit dem Titel schrieb „Ist es unmöglich, Mathematik zu lehren?" Beide Autoren kommen zu dem Schluß, daß ihre Fragen im wesentlichen mit „ja" zu beantworten sind. Damit bestätigen sie nicht etwa nur die alltägliche Erfahrung, daß das Lehren seine Grenzen hat und daß in vielen

*Dieser Beitrag erschien bereits in den „Mitteilungen der mathematischen Gesellschaft in Hamburg"; Band XII; Heft 3, 1991

Fällen selbst die höchste Lehrkunst nichts zu bewirken vermag, sondern sie behaupten, daß didaktische Interventionen des Lehrers schädlich sein können und es in einem Ausmaß auch sind, von dem man sich gewöhnlich keine Vorstellung macht. Die Idee, daß der Lehrer, auch der sogenannte „gute" Lehrer, seine Schüler behindern kann, während er glaubt, ihnen zu helfen, ist wie jede tiefe didaktische Idee keineswegs neu. Sie ist aber von den Didaktikern solange nicht beachtet und diskutiert worden, wie ein ungebrochener Optimismus über die prinzipiellen Möglichkeiten einer lehrerzentrierten Didaktik vorgeherrscht hat. Erst in den beiden letzten Jahrzehnten haben sich diejenigen verstärkt zu Wort gemeldet, die die Rolle des Lehrers im Unterricht und im Lernprozeß der Schüler kritischer sehen. Zu ihnen gehört Hans FREUDENTHAL. Er hat vor 20 Jahren einen Vortrag „Geometry between the Devil and the Deep Sea" gehalten (FREUDENTHAL 1971), der nicht nur mein eigenes Denken sehr stark beeinflußt, sondern auch den Titel des vorliegenden Beitrags inspiriert hat.

1 Eine Unterrichtsepisode

Ich beginne mit einem Beispiel aus meinem eigenen Hochschulunterricht, an dem man die Problematik von Lehren und Lernen gut studieren kann. Vor einigen Jahren habe ich eine Vorlesung „Raumgeometrie" für Primarstufenstudenten abgehalten, in der ich mich bemüht habe, den mathematischen Formalismus auf ein Minimum zu reduzieren und statt dessen inhaltlich-anschaulichen, aber gleichwohl stichhaltigen Überlegungen zu folgen. Der erste Satz, den ich zu beweisen hatte, war der Eulersche Polyedersatz, eingeschränkt auf konvexe Polyeder. Ich führte zu diesem Zweck den Begriff des Schlegeldiagramms eines konvexen Polyeders ein und veranschaulichte ihn mit Hilfe einer Gummihaut an einigen Polyedermodellen (Abbildung, vgl. WITTMANN 1987). Anschließend wurde die Beziehung $E + F - K = 2$ (wobei E, F, K die Anzahlen der Ecken, der Flächen und der Kanten eines Polyeders sind) am Schlegel-Diagramm operativ bewiesen, indem das Diagramm, ausgehend von einem Punkt, Kante für Kante rekonstruiert wurde. Ich habe dabei nicht viel gesprochen, sondern mehr meine Handlungen wirken lassen. Nach Beendigung der Beweisführung meldete sich eine Studentin zu Wort und fragte, ob das wirklich ein Beweis gewesen sei. Ich war ziemlich irritiert, weil diese Frage gewöhnlich gestellt wird, wenn ein Beweis nicht formal genug ist und ich bei dieser Studentengruppe ein Interesse an nichtformalen Beweisen erwartet hatte. Auf meine Rückfrage „Warum denn nicht?" kam aber dann die überraschende und m.E. didaktisch außerordentlich lehrreiche Antwort: „Weil ich es verstanden habe."

Schlegeldiagramm des Würfels

Für meinen Kollegen Gerhard MÜLLER und mich war diese Episode der Anlaß, das Bild von der Mathematik genauer zu studieren, das unsere Lehrerstudenten vom Schulunterricht mitbringen. Wir sind dabei zu dem Schluß gekommen, daß dieses Bild von formalistischen Vorstellungen überwuchert ist und daß diese das Verständnis für Mathematik stark behindern (WITTMANN/MÜLLER 1988). Die gut gemeinten Versuche des gymnasialen Mathematikunterrichts, mathematisches Verständnis durch begriffliche und formale Präzision zu gewährleisten, bewirken bei der großen Mehrheit der Schüler also gerade das Gegenteil, nämlich Unverständnis. Diesem scheinbar paradoxen Phänomen, das viele Lehrer nicht wahrhaben wollen, möchte ich im folgenden nachgehen.

2 Thesen zur Entwicklung von Verstehen im Mathematikunterricht

Unsere Beobachtungen und Überlegungen haben uns zu folgenden Thesen geführt, die in der neueren didaktischen Literatur immer stärker untermauert werden:

1. Mathematisches Wissen kann man in größerem Umfang nicht vermitteln, Verstehen kann man nicht lehren.

2. Ein Wissensbestand kann nur vom Schüler selbst erworben und Verständnis nur von ihm selbst aufgebaut werden.

3. Bei dem Erwerb von Wissen und dem Aufbau von Verständnis kann der Lehrer Hilfestellung leisten. „Hilfen“ sind aber prinzipiell zweischneidig. Auch in der besten Absicht gegebene Hilfen können das Verständnis behindern, wenn nicht sogar verhindern.

Den Thesen 1 und 2 liegt eine bestimmte Sicht des Lehr-Lern-Prozesses zugrunde, die ich zunächst kurz beschreiben möchte. Anschließend möchte ich These 3 für den Mathematikunterricht konkretisieren. Im letzten Abschnitt möchte ich aufzeigen, daß es nur einen einzigen Ausweg aus dem Dilemma gibt: die Förderung der Selbstorganisation der Schüler in einem aktiv-entdeckenden Unterricht, in dem sich der Lehrer möglichst zurücknimmt.

3 Die Oberflächen- und die Tiefenstruktur der mathematischen Kommunikation

In der Linguistik unterscheidet man zwischen der Oberflächen- und der Tiefenstruktur der Sprache. Diese Unterscheidung kann man auf die Kommunikation ganz allgemein übertragen. Jede Kommunikation bedarf äußerer Hilfsmittel, nämlich Systemen von Zeichen, Bildern und Handlungen. Diese sind aber nicht mit der Bedeutung, dem inneren Gehalt, dem Sinn der Mitteilung identisch. Für die didaktischen Interventionen des Lehrers ergibt sich daraus eine prinzipielle Schranke. H. von Foerster, der große Altmeister der Biokybernetik und Systemtheorie, hat dies in einem Vortrag wunderbar ausgedrückt:

„Die ursprünglichsten und zutiefst persönlichen Prozesse in jedem Menschen und in der Tat in jedem Organismus, nämlich ‘Information’ und ‘Erkenntnis’ werden gegenwärtig durchwegs als Dinge bzw. Waren aufgefaßt, also als materielle Güter. In Wirklichkeit ist Information der Prozeß, durch den wir Erkenntnisse gewinnen, und Erkenntnisse sind Prozesse, die vergangene und gegenwärtige Erfahrungen integrieren, um neue Tätigkeiten auszubilden, entweder als Nerventätigkeit, die wir innerlich als Denken und Wollen wahrnehmen können, oder aber als äußerlich wahrnehmbare Sprache und Bewegung. Keiner dieser Prozesse kann ‘weitergegeben’ werden, wie man uns immer wieder sagt, z.B. mit Sätzen wie ‘... Universitäten sind Horte des Wissens, das von Generation zu Generation weitergegeben wird ...’ usw., denn Ihre Nerventätigkeit ist Ihre Nerventätigkeit und — leider! — nicht meine.

Es ist kein Wunder, daß ein Bildungssystem, welches den Prozeß der Erzeugung neuer Prozesse mit der Verteilung von Waren, genannt ‘Wissen’, verwechselt, in den dafür bestimmten Empfängern große Enttäuschung hervorrufen muß, denn die Waren kommen nie an: es gibt sie nicht! Die Konfusion, die Wissen als materielles Gut auffaßt, geht historisch auf ein

Flugblatt zurück, das im 16. Jahrhundert in Nürnberg gedruckt wurde. Es zeigt einen sitzenden Schüler mit einem Loch im Kopf, in das ein Trichter gesteckt ist. Daneben steht ein Lehrer, der einen Kübel 'Wissen' in den Trichter gießt: Buchstaben des Alphabets, Zahlen und einfache Gleichungen. Was die Erfindung des Rades für die ganze Menschheit gebracht hat, brachte der Nürnberger Trichter für die Bildung: es kann nun noch schneller abwärts gehen.

Gibt es ein Heilmittel? Natürlich gibt es eines! Wir müssen Vorträge, Bücher, Diapositive, Filme usw. nicht als Information, sondern als Träger potentieller Information ansehen." (V. FOERSTER 1985, 4-5)

Obwohl die Unterscheidung zwischen der Oberflächen- und der Tiefenstruktur sehr alt ist (vgl. das Eingangszitat über die „Wertlosigkeit von Büchern"), ist diese Erkenntnis in der Didaktik nahezu ignoriert worden. Im Gegenteil: Die Geschichte der Didaktik, und namentlich die der Mathematikdidaktik, ist geprägt von planmäßigen Versuchen, Bedeutung, Sinn, Verstehen von außen, von der Oberfläche her, in den Griff zu bekommen. Diese Versuche stellen Musterbeispiele für gut gemeinte Hilfen dar, die das genaue Gegenteil von dem bewirken können, was man bewirken will, und dies oft genug tun. Im wesentlichen gibt es zwei solcher didaktischer Hilfsprogramme, die ganz unterschiedliche Wurzeln haben: den mathematischen und den methodischen Formalismus. Im folgenden möchte ich getrennt auf sie eingehen, obwohl sie einander in der Praxis oft genug in die Hände spielen.

3.1 Die Bedrohung des Verstehens durch den mathematischen Formalismus

Ich möchte zunächst an drei Beispielen aufzeigen, wie der Unterricht in die Fänge der Skylla des mathematischen Formalismus geraten kann und wie dadurch das Verstehen bedroht wird.

1. In einer Klassenarbeit für das 6. Schuljahr wurde folgende Aufgabe gestellt:

Begründe mit Hilfe der Teilbarkeitsregeln, daß alle Primfaktoren der Zahl $2 \cdot 3 \cdot 5 \cdot 7 \cdot 11 + 1$ größer als 11 sein müssen. (Jeder Primfaktor muß die Zahl teilen).

Kein einziger Schüler der Klasse konnte diese Aufgabe so lösen, wie es der Lehrer erwartet hatte, so daß die Lösung bei der Berichtigung der Arbeit vom Lehrer ausführlich angegeben wurde:

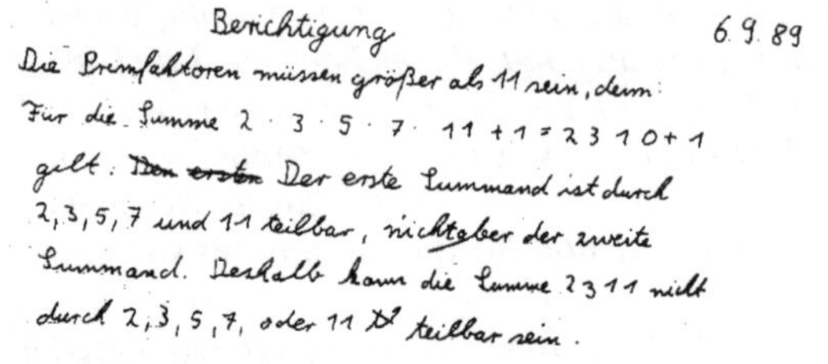
Berichtigung 6.9.89
Die Primfaktoren müssen größer als 11 sein, denn:
Für die Summe 2 · 3 · 5 · 7 · 11 + 1 = 2310 + 1
gilt: ~~Den ersten~~ Der erste Summand ist durch
2, 3, 5, 7 und 11 teilbar, nicht aber der zweite
Summand. Deshalb kann die Summe 2311 nicht
durch 2, 3, 5, 7, oder 11 ~~D~~ teilbar sein.

Zum Vergleich hier der Lösungsansatz eines guten Schülers:

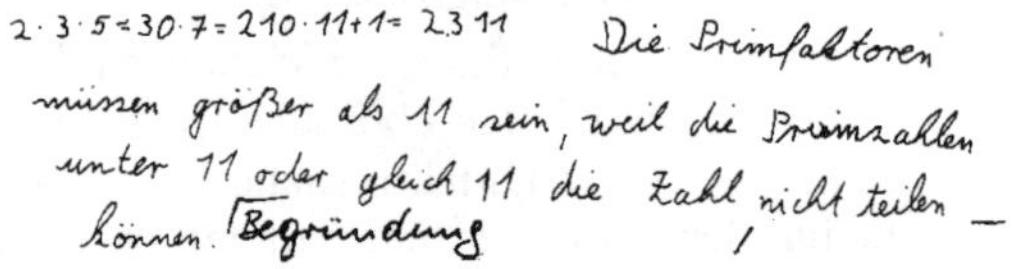
2 · 3 · 5 = 30 · 7 = 210 · 11 + 1 = 2311 Die Primfaktoren
müssen größer als 11 sein, weil die Primzahlen
unter 11 oder gleich 11 die Zahl nicht teilen
können. Begründung

Der Ansatz enthält Fehler und ist sicherlich nicht vollständig. Der Lehrer bemängelt mit Recht eine fehlende Begründung für die angegebene Behauptung. Gleichwohl erkennt man bei genauerem Hinsehen, daß sich der Schüler einige Gedanken gemacht hat. Stutzig macht besonders die Wendung „nicht teilen können“. Wir haben den Schüler nachträglich gefragt, was er sich bei der Lösung der Aufgabe gedacht hat. Seine Antwort lautete ungefähr so:

„Ich habe 2311 zuerst durch 2 geteilt und den Rest 1 erhalten. Dann durch 3. Wieder war der Rest 1. Dann durch 5. Erneut war der Rest 1. Dann ist mir aufgefallen, daß 2311 ja 2·3·5·7·11+1 ist und daß der Rest 1 auch herauskommen muß, wenn man durch 7 und 11 teilt.“

Ich halte es für tragisch, wenn der Unterricht solche verständnisvollen, inhaltlichen Überlegungen nicht aufgreift, sondern den Schülern stattdessen eine formale Sprache überstülpt, die für sie unverständlich ist.

2. In Schulbüchern der Mittelstufe findet man nicht selten ganze Abschnitte, in denen bestimmte Begriffe geradezu vorlesungsartig eingeführt werden. Als Beispiel sei die folgende Passage genannt:

> *Endgültige Definition für die Gleichheit von Termen:*
> f(x) und g(x) seien Terme mit denselben Variablen und den Definitionsmengen D_f und D_g. Die beiden Terme heißen *einsetzungsgleich* oder *äquivalent* in $D_f \cap D_g$, wenn sie bei jeder Einsetzung von rationalen Zahlen aus $D_f \cap D_g$ für die Variablen in eine Bezeichnung für dieselbe rationale Zahl übergehen.
> Wir schreiben: $f(x) = g(x)$ für $x \in D_f \cap D_g$

Solche belehrenden formalen Erklärungen in einer für Schüler völlig unverständlichen, wunderlichen Diktion mögen ja von den Autoren gut gemeint sein. Ein Verständnis für Terme gewinnt man durch sie nicht, sondern nur durch Verwendung von Termen in sinnvollen Zusammenhängen und durch Aufarbeiten der dabei gemachten Erfahrungen.

3. Vor einigen Jahren war ich in ein mathematisches Institut einer deutschen Universität zu einem Kolloquiumsvortrag eingeladen. Ich hatte ziemliche Mühe, mich in dem Gebäudekomplex zurecht zu finden, und bei meiner Suche kam ich zufällig an einem Hörsaal vorbei, dessen hintere, obere Tür offen stand und in dem, wie ich hören konnte, gerade eine Vorlesung stattfand. Da ich genügend Zeit hatte und ein wenig neugierig war, trat ich ein und setzte mich in die oberste Reihe. In der Vorlesung ging es um Mannigfaltigkeiten. Die Tafeln waren schon eng beschrieben. Der Dozent hatte gerade den Satz formuliert, daß auf jeder C^k-Mannigfaltigkeit eine Riemannsche Metrik existiert, und schickte sich an, ihn zu beweisen. Zu diesem Zweck mußte er eine Reihe von topologischen Begriffen und Hilfssätzen bereitstellen, an die ich mich nicht mehr im einzelnen erinnere, mit einer Ausnahme: der Zerlegung der Eins. Als er die Definition dieses Begriffs anschrieb, steigerte sich unter den etwa 30 Studenten die schon vorher spürbare Unruhe soweit, daß ein Student rief: „Wir verstehen überhaupt nichts mehr!“ Der Dozent, etwas verunsichert, wehrte sich mit der Bemerkung: „Es steht doch alles da!“, und wiederholte noch einmal Wort für Wort, Buchstabe für Buchstabe, die Definition. Dann ging die Vorlesung weiter.

Ich glaube, der Dozent war sich überhaupt nicht im klaren darüber, daß die formale Präsentation der Theorie, die für ihn selbst aufgrund seiner Erfahrungen als Forscher mit reichhaltigen Bedeutungen verbunden war, für seine Studenten, denen diese Erfahrungen fehlten bzw. vorenthalten wurden, einen bloßen, unverständlichen Formalismus darstellte.

Als ich den Hörsaal wieder verlassen hatte und mich mit dem Aufzug in ein höheres Stockwerk begab, sah ich zufällig unter den vielen Graffiti von Studentenhand eines, das mir besonders gut zu passen schien. Es lautete: „Tod dem Formalismus“.

Ich möchte hier nicht mißverstanden werden. Ich wende mich nicht gegen den Gebrauch einer formalen Sprache und Theorieentwicklung in der Mathematik an sich. Was ich als „Formalismus“ kritisiere, ist die Verwendung einer formalen Sprache in der Lehre und im Unterricht, die sich nicht auf bewußt entwickelte inhaltliche Vorstellungen bezieht oder nicht an diese angepaßt ist.

Es darf hierbei nicht übersehen werden, daß dieser didaktische Aspekt des mathematischen Formalismus keineswegs zufälliger Natur ist. Die zu Anfang des Jahrhunderts entstandene Doktrin des Formalismus war nämlich nicht nur von dem Wunsch genährt, die mathematischen Strukturen ausgehend von Grundlagen systematisch aufzubauen, sondern ganz entscheidend auch von Bemühungen der Mathematiker getragen, die Mathematik lehr- und verstehbar zu machen. Diese Bemühungen gingen von dem Glauben aus, eine mathematische Theorie ließe sich ausgehend von Grundbegriffen und Axiomen durch eine logische Kette von Definitionen und abgeleiteten Sätzen genau und vollständig darstellen. Das erste in dieser Richtung groß angelegte System war wohl der Wissenschaftskanon von Christian WOLFF im 18. Jahrhundert, der den universitären Stil der Vorlesungen und Lehrbücher für die folgenden Jahrhunderte wesentlich prägte. WOLFF selbst beschrieb seine „Lehr-Art" folgendermaßen (WOLFF 1726/1973, 52-54):

„In meinem Vortrage der Sachen habe ich hauptsächlich auf dreyerley gesehen, 1. daß ich kein Wort brauchte, welches ich nicht erkläret hätte, wo durch den Gebrauch des Wortes sonst eine Zweydeutigkeit entstehen könnte, oder es an einem Grunde des Beweises fehlte: 2. daß ich keinen Satz einräumete, und im folgenden als einen Förder-Satz in Schlüssen zum Beweise anderer brauchte, den ich nicht vorher erwiesen hätte: 3. daß ich die folgende Erklärungen und Sätze mit einander beständig verknüpffte und in einer steten Verknüpffung aus einander herleitete. Jedermann weiß, daß dieses die Regeln sind, nach welchen man sich in der Mathematick richtet...

Wer nun aber die mathematische Lehr-Art, wie sie daselbst von mir beschrieben worden, mit meiner Logick vergleichet, die ich den vernünfftigen Gedanken von den Kräfften des Verstandes abgehandelt; der wird finden, daß die mathematische Lehr-Art in einer sorgfältigen Ausübung der Vernunfft-Lehre bestehe. Und demnach ist es gleich viel, ob man nach der mathematischen Lehr-Art etwas ausführet, oder nach den Regeln der Vernunfft-Lehre, wenn nur diese ihre Richtigkeit haben. Ja da ich erwiesen, daß man in der Mathematick die natürliche Art zu gedenken behält und daß die Vernunfft-Lehre nichts anders ist als eine deutliche Erklärung derselben; so kan ich auch sagen, ich habe mir angelegen seyn lassen alles so vorzutragen, wie es sich auf eine natürliche Art gedenken lässet."

Der Versuch, Verständnis auf dem Weg formaler Begriffsklärung zu erreichen, führte im 20. Jahrhundert zu dem Lehrbuchwerk „Eléments de mathématique", das von einer französischen Mathematikergruppe unter dem Pseudonym N. BOURBAKI veröffentlicht wurde. Dieses Mammutunternehmen ist bezeichnenderweise aus einer Diskussion von A. WEIL und J. DELSARTE über die Frage hervorgegangen, wie Analysis am besten zu lehren sei. J. DIEUDONNÉ, einer der führenden Köpfe der Gruppe beschreibt die zugrundeliegende „Lehrtheorie" folgendermaßen (DIEUDONNÉ 1974, 404):

„Die Kommunikation unter den Mathematikern mit Hilfe einer gemeinsamen Sprache muß aufrecht erhalten bleiben ..., und die Übermittlung von Erkenntnissen kann nicht nur den Genies überlassen werden. In den meisten Fällen wird man sie Professoren anvertrauen, die ... entsprechend ausgebildet und vorbereitet sind, um die Beweisführungen zu verstehen. Da der größte Teil von ihnen wohl kaum die außerordentliche Gabe der „Intuition" der Schöpfer besitzt, kann ein hinreichend gutes Verständnis der Mathematik

und ihre Fähigkeit, diese an ihre Studenten weiterzugeben, nur dadurch erreicht werden, daß der Lehrstoff sorgfältig dargeboten wird: Definitionen, Voraussetzungen und Beweise müssen so präzise sein, daß Mißverständnisse vermieden werden können, und auf mögliche Trugschlüsse und Irrtümer ist erforderlichenfalls hinzuweisen."

Der Glaube, man könne mathematisches Verständnis durch eine logisch lückenlose Beschreibung des Stoffes mit Hilfe einer „hinreichend präzisen" mathematischen Sprache erzwingen, hat weitreichende didaktische Konsequenzen: Die logischen Analysen der Mathematiker bilden die natürliche, voll ausreichende Grundlage für die Lehre. Didaktik und Logik werden sozusagen identifiziert. Diese Auffassung hat sich im Zeitalter der „Neuen Mathematik" auch im Schulunterricht weit verbreitet und ist für den Formalismus verantwortlich, den man dort noch vielfach vorfindet (vgl. ANDELFINGER/VOIGT 1988). Unmittelbare Konsequenz dieser Sichtweise ist übrigens, daß Didaktik in der Lehrerbildung eigentlich überflüssig ist. Die Unfähigkeit vieler Mathematiker, den Sinn von Didaktik und von didaktischen Lehrstühlen einzusehen, beruht somit keineswegs auf Böswilligkeit, wie man manchmal meinen könnte. sondern auf der ideologischen Befangenheit in einer impliziten Lehr-Lern-Theorie, die in der Mathematik eine lange Tradition hat.

Es gibt seit einigen Jahren deutliche Anzeichen dafür, daß sich die Mathematiker weltweit der überragenden Bedeutung der nicht formalisierbaren Aspekte ihrer Tätigkeit und der Gefahren des Formalismus bewußt werden (vgl. hierzu OSSERMANN 1983; DAVIS/HERSH 1983; WITTMANN/MÜLLER 1988). Z.B. hat R. THOM (1973) in einem Hauptvortrag anläßlich des 2. Internationalen Kongresses über Mathematikunterricht, Exeter 1972, die „moderne" Mathematik einer grundsätzlichen Kritik unterzogen (THOM 1973) und die „Sinngebung, die 'Existenz' mathematischer Objekte", nicht die formale Strenge als das wirkliche Problem des Mathematikunterrichts bezeichnet. Auch bei den Bourbakisten selbst haben sich die Auffassungen über die Notwendigkeit der formalen Präzision für das Verständnis zu wandeln begonnen:

„Der Professor bereitet in vollem Bewußtsein einen schönen Kurs vor, streng und kristallklar wie das Wasser einer Quelle, und bei der Prüfung sieht er zu seiner Verwunderung, daß sich dieses klare Wasser in eine trübe Brühe verwandelt hat. Man kommt also nicht daran vorbei, daß die formale Schönheit der unterrichteten Materie und die Klarheit der Darstellung für das Verständnis nicht ausreichen und vielleicht

(G. CHOQUET, zitiert nach BOUVIER 1981, 134)

Weiter ist unübersehbar, daß, angeregt durch das Beispiel der Russen, neue Lehrbücher erscheinen, die sich deutlich von dem in den sechziger und siebziger Jahren üblichen formalen Stil absetzen. Gleichwohl meine ich, daß auch heute noch die Gymnasiallehrerausbildung unnötig formal ist. Zumindest wird zu wenig gegen den Formalismus als heimlichen Lehrplan unternommen. Trotzdem habe ich die Hoffnung, daß wir auf lange Sicht in Lehrerbildung und Unterricht der Skylla des mathematischen Formalismus entrinnen können, und daß didaktische Ansätze Boden gewinnen werden, die auf eine umfassendere Berücksichtigung der epistemologischen Struktur mathematischen Wissens ausgerichtet sind (STEINBRING 1988).

3.2 Die Bedrohung des Verstehens durch den methodischen Formalismus

Während der mathematische Formalismus mit der Entwicklung der Fachwissenschaft Mathematik eng verbunden war und dementsprechend in der Gymnasiallehrerbildung den größten Einfluß ausgeübt hat, geht eine zweite Bedrohung des Verstehens, der methodische Formalismus, mit bestimmten Entwicklungen der Psychologie und der allgemeinen Didaktik einher und ist am stärksten in der Volksschullehrerbildung wirksam gewesen, wo er zu einer ungeheuren Überschätzung der didaktischen Möglichkeiten, ja sogar zu einer „Überdidaktisierung“, geführt hat.

Der methodische Formalismus wurde entscheidend durch die Philosophie und die Psychologie des Empirismus geprägt, welche die Erkenntnisgewinnung bzw. die Entstehung von Wissen im Lernenden durch die sozusagen „mechanische“ Wirkung äußerer Ursachen erklären: In das anfangs „leere Kabinett“ des Geistes (J. LOCKE) strömen von außen (d.h. von der natürlichen und sozialen Umwelt und dem Lehrer) kommende Sinneseindrücke, prägen sich durch Wiederholung ein und schlagen sich in geordneten Vorstellungen und Verhaltensweisen nieder. In der lapidaren Sprache des Behaviorismus ist Lernen nichts anderes als ein relativ stabiler Zuwachs im Verhaltensrepertoire, der das Ergebnis von Übung und dabei erfolgender Verhaltenskontrolle ist. Der Lernende versucht nachzuahmen, was ihm vorgemacht wird, bleibt aber ansonsten passiv. Er läßt sich gewissermaßen wie ein Schiff beladen.

Dem Lehrer kommt in dieser Sichtweise die Aufgabe zu, den Wissensvermittlungsprozeß im Detail zu steuern und zu überwachen: durch Zerlegung des Stoffes in einzelne „Lernelemente“, durch „methodisch gestufte“ Lernsequenzen vom „Einfachen“ zum „Schwierigen“, durch Erklärung von Begriffen und Regeln anhand von Beispielen und Musteraufgaben, durch „aufbauende“ Serien von Übungs- und Anwendungsaufgaben, durch den ständigen Vergleich des Ist-Zustandes mit dem Soll-Zustand, durch didaktische Tricks (Folien, Farbstifte, …) usw. Die Didaktik als Berufswissenschaft des Lehrers hat entsprechende theoretische Rahmen, Lehrbuchwerke und Materialien zur Verfügung zu stellen, die dem Lehrer die Steuerung und die Kontrolle des Unterrichts ermöglichen und erleichtern. Die Geschichte der allgemeinen Didaktik weist bis heute eine Fülle instruktionsorientierter didaktischer Modelle auf, von denen die HERBART-ZILLERschen Formalstufen, der fragend-entwickelnde Unterricht, die Aufgabendidaktik, die Operationalisierung von Lernzielen, der programmierte Unterricht und die GALPERINsche Methode der etappenweisen Ausbildung geistiger Operationen die wohl bekanntesten sind. Bei allen Unterschieden verfolgt jedes dieser Modelle das Ziel, den Lernprozeß des Schülers durch die didaktische „Kleinarbeitung des Stoffes" (B. ANDELFINGER) und die kleinschrittige Unterrichtsführung möglichst weitgehend in den Griff zu bekommen.

Man muß auch hier deutlich sehen, daß der methodische Formalismus keine spätere Entartung von Ansätzen ist, die ursprünglich auf die freie Entfaltung der Schülerpersönlichkeit gerichtet waren, sondern daß er von Anfang an in der Didaktik angelegt war. Bei COMENIUS, dem Erzvater aller Didaktik, heißt es in einem der ersten Kapitel der 1651 erschienenen „Großen Didaktik" zwar noch:

„Es ist also nicht nötig, in den Menschen etwas von außen hineinzutragen. Man muß nur das, was in ihm beschlossen liegt, herausschälen, entfalten und im einzelnen aufzeigen."

Wenn aber COMENIUS gegen Ende der „Großen Didaktik" auf die praktische Lehrmethode zu sprechen kommt, hat er, offenbar ohne sich dessen bewußt zu sein, eine 180°-Wendung vollzogen. Von der Nutzung der Möglichkeiten der Kinder ist nichts mehr zu spüren, wenn er schreibt:

*„Wir wollen an der Ähnlichkeit (der Lehrkunst) mit der Buchdruckerkunst festhalten ... Dabei wird sich zeigen, daß das Wissen beinahe in derselben Weise dem Verstande eingeschrieben wird, wie es äußerlich auf das Papier aufgedruckt wird. Deshalb wäre es gar nicht unpassend, wenn man – auf das Wort Typographie anspielend – für die neue Lehrmethode den Namen „Didachographie" bilden würde ... Die Buchdruckkunst hat ihre besonderen Materialien und ihren besonderen Arbeitsgang. Die wichtigsten Materialien sind Papier, Typen, Druckerschwärze und Presse ... In der Didachographie ... verhält es sich folgendermaßen: Das Papier sind die Schüler, deren Verstand mit den Buchstaben der Wissenschaften gekennzeichnet werden soll. Die Typen sind die Lehrbücher und die übrigen bereitgestellten Lehrmittel, mit deren Hilfe der Lehrstoff mit wenig Mühe dem Verstande eingeprägt werden soll. Die Druckerschwärze ist die lebendige Stimme des Lehrers, die den Sinn der Dinge aus den Büchern auf den Geist der Hörer überträgt. Die Druckerpresse ist die Schulzucht, welche alle zur Aufnahme der Lehren bereit macht und ansporn*t".

An drei Beispielen möchte ich aufzeigen, wie die Charybdis des methodischen Formalismus den gesunden Menschenverstand von Schülern bedrohen kann.

1. Das erste Beispiel habe ich einem Buch einer Grundschullehrerin entnommen (ANDRESEN 1986, 196-197). Es geht dabei um die traurigen Erfahrungen des 7jährigen Sebastian bei der folgenden Textaufgabe:

Ein Piratenbuch kostet 14 DM. Erich hat 8 DM gespart. Den Rest bezahlt die Oma.

Hier ist die Lösung:

Ich weiß: 8 DM 14 DM

Ich frage: Wieviel DM bezahlt die Oma?

Ich zeichne:

Ich rechne: 14 DM − 8 DM = 6 DM

Ich prüfe: 6 DM + 8 DM = 14 DM

Ich antworte: Die Oma bezahlt 6 DM

Sebastians Vater schreibt dazu empört diesen Brief:

„Leichte Textaufgaben kann Sebastian im Kopf in wenigen Sekunden ausrechnen. Für die Aufgabe „Ein Piratenbuch kostet 14 DM. Erich hat 8 DM gespart. Den Rest bezahlt die Oma." brauchte er über eine halbe Stunde und hat dabei viel geweint.

Sebastian hat dabei gelernt, daß er sich auf seinen gesunden Hausverstand nicht verlassen darf und daß einfache Denkaufgaben nur sehr umständlich, kompliziert (6 Schritte) und schwierig zu lösen sind. Für mich als Vater ist dies ein schöner Beweis, wie es der Schule gelingt, durch gute Didaktik den Kindern Selbstvertrauen zu nehmen, Lerneifer und Lernfreude zu zerstören und die Lust an der Schule und am Lernen, die bei jedem Erstkläßler stark da sind, in kurzer Zeit in Unlust und Angst zu verwandeln."

Didaktische Zwangsjacken wie das obige Schema zur Lösung einer Textaufgabe sind im Mathematikunterricht vom 1. Schuljahr aufwärts sehr weit verbreitet, und sie werden für viele Schüler zu einer beherrschenden Randbedingung ihrer schulischen Existenz (SCHOENFELD 1988).

2. In einer Klassenarbeit für das 7. Schuljahr wurde folgende Aufgabe gestellt:

Eine Fabrik stellt Luftballons her. In dem Karton befinden sich 500 Luftballons. Mit der Wahrscheinlichkeit 1/20 kommen kaputte Luftballons in einem Karton vor.

a) Berechne, mit wie vielen kaputten Ballons man je Karton rechnen muß.

b) Aus technischen Gründen muß die Fabrik ihre Ballons in größeren Kartons abpacken. Jetzt passen 1000 Luftballons hinein. Wie groß ist jetzt die Wahrscheinlichkeit, einen kaputten Luftballon zu erhalten?

Zeichne zu dieser Aufgabe ein Baumdiagramm und schreibe Deine Rechnung auf. Antworte in einem Satz.

$$\frac{\overset{25}{\cancel{500}}}{500} = \frac{1}{\underset{1}{\cancel{20}}} = \frac{25}{500}$$

$$\frac{\overset{50}{\cancel{1000}}}{1000} \cdot \frac{1}{\underset{1}{\cancel{20}}} = \frac{50}{1000}$$

Lösungen der überwiegenden Mehrheit der Schüler:

a) Bei 500 Ballons hat man 25 kaputte.

b) Bei 1000 Ballons hat man 50 kaputte.

Die Lehrerin zeichnet a) mit „r" ab, b) mit „Ansatz f".

Bei der Berichtigung wird die folgende „Lösung" als richtig besprochen:

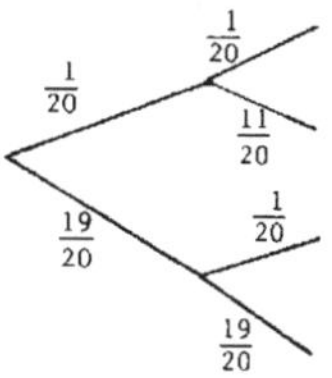

$$\frac{1}{20} \cdot \frac{1}{20} = \frac{1}{400}$$
$$\frac{1}{20} \cdot \frac{19}{20} = \frac{19}{400}$$
$$\frac{19}{20} \cdot \frac{1}{20} = \frac{19}{400}$$

$\left.\right\}$ $\frac{39}{400}$ kaputte Luftballons

$$\frac{19}{20} \cdot \frac{19}{20} = \frac{361}{400}$$

$\left.\right\}$ heile Luftballons

Dieser Ansatz beschreibt das Ziehen von 2 Luftballons aus je einem Karton und hat mit der Teilaufgabe b) nichts zu tun. Ich will hier nicht auf die Auseinandersetzung eingehen, die sich zwischen einigen Eltern und der Lehrerin abgespielt hat. Bemerkenswert scheint mir hier, daß 6 von 24 Kindern in der Klassenarbeit die falsche Lösung der Lehrerin hingeschrieben hatten, weil sie offenbar gewohnt sind, den Anweisungen der Lehrerin blind zu folgen – ein Musterbeispiel für die Ersetzung der „Sachlogik" durch die „Interaktionslogik" (J. VOIGT).

3. Das dritte Beispiel ist der Auszug aus einem Protokoll einer Unterrichtsstunde über Parallelverschiebungen (SCHNEIDER 1988, 74-76).

„*L: Wir fangen heute mit einem neuen Thema an. Das wird uns einige Wochen begleiten. Das Thema heißt: Die Verschiebung. Alle Kinder passen von Anfang an gut auf. Das hören wir jetzt nicht nur in der 4. Klasse, sondern das kommt immer wieder – immer wieder in abgewandelter Form und begleitet euch durch die nächsten Schuljahre. Solltet ihr einen technischen Beruf ergreifen, so begegnet euch die Verschiebung auch wieder. Wir legen jetzt den Grundstein dafür. Ihr überlegt euch jetzt 'mal, was wir mit diesem Begriff 'Verschiebung' anfangen können, was uns da durch den Sinn geht. (kurze Pause) Ich bilde eine Zwischenüber-*

schrift, das, was wir heute machen wollen. Und zwar: 'Verschieben von Gegenständen'. Da fällt euch, glaube ich, etwas mehr ein.

Anschließend werden von den Schülern einige Beispiele für das Verschieben von Gegenständen (Möbeln im Klassenraum) genannt. Die Lehrerin versucht dann zu erarbeiten, daß die Verschiebung geradlinig erfolgt.

L: *Wie können wir diese Gegenstände verschieben?*

S: *Nach rechts und links, vor und zurück.*

S: *Nach oben und unten.*

L: *Ja, das ist richtig, bei der Tafel. Wer kann denn das noch schöner formulieren? Nach oben oder unten, links oder rechts. Man könnte das noch anders bezeichnen.*

S: *Nach einer Seite.*

L: *Ja, nach einer Seite, oder wie kann ich es auch noch sagen? Denkt 'mal daran, was wir als letztes Thema hatten in Geometrie!*

S: *Man kann die Gegenstände senkrecht, waagerecht und schräg verschieben.*

L: *Ja, aber das war es nicht. Ich wollte einen anderen Begriff, 'mal seh'n, ob wir ihn finden.*

S: *Man kann auf einer Ebene verschieben.*

L: *Ja, auf einer Ebene, und noch etwas gehört dazu.*

S: *Man kann den Gegenstand parallel verschieben.*

L: *Dann müßte ich zwei Gegenstände haben. Ihr habt meine Handbewegung falsch verstanden.*

S: *Den Gegenstand gerichtet verschieben.*

L: *Ja, noch besser, nicht nur gerichtet, sondern …*

S: *Gerade.*

L: *Gerade, ja, oder wie können wir das noch formulieren? Gerade ist also richtig. Ich kann also verschieben, gerade oder geradlinig – gehört auch dazu. Und wir sprechen also von einer geraden, geradlinigen Richtung oder von einer geradlinigen Fortbewegung. Das müssen wir uns jetzt erst 'mal gut merken. Ich verschiebe also die Tafel – das ist also eine geradlinige Fortbewegung. Also, Gegenstände kann ich in geradliniger Richtung verschieben."*

Obwohl sich in der mathematikdidaktischen Forschung eindeutige Befunde über die oberflächlichen, verständnishemmenden Wirkungen eines kleinschrittigen, von äußerlichen Routinen geprägten Unterrichts häufen (BAUERSFELD 1980; VOIGT 1984; BOUVIER 1984; STEIN 1987), wird die heutige Unterrichtspraxis noch vielfach von den Prinzipien „der kleinen und kleinsten Schritte", „der methodischen Stufung" und „der Isolierung der Schwierigkeiten" beherrscht und die Charybdis des methodischen Formalismus ist namentlich in der allgemeinen Didaktik noch keineswegs überwunden. 1989(!) ist z.B. ein Buch „Didaktiksprache. Grundlagen einer strengen Unterrichtswissenschaft" erschienen (ECKEL 1989), das von folgenden Wahnsinnsvorstellungen getragen ist:

„Die (Didaktik)Sprache ermöglicht die Erstellung von Unterrichtsvorlagen, die erstens den Unterricht vollständig beschreiben und anhand derer zweitens eine eindeutige und bequeme Verständigung zwischen Unterrichtsfachleuten möglich ist. Es gibt einen universellen, in der Didaktiksprache beschriebenen Unterrichtsalgorithmus: Jeder Unterrichtsablauf ist ein Spezialfall von diesem."

Ich denke, daß es die spezifische Aufgabe der Mathematikdidaktik ist, diesem methodischen Formalismus ein anderes Konzept von Unterricht entgegenzusetzen, nämlich einen *lebendigen* Unterricht, der von einem *lebendigen* Bild von Mathematik ausgeht, der individuelle Lernprozesse, Aha-Erlebnisse, Vorgriffe, Sprünge, Brüche, Stillstände, Rückschläge ermöglicht und vom Lehrer daher nicht im einzelnen planbar ist.

3.3 Das didaktische Dilemma

Die bisherigen Überlegungen erlauben uns, die obige These 3 als „didaktisches Dilemma" oder „didaktischen Skin-Effekt" auszuformulieren (vgl. BROUSSEAU 1984; MASON/DAVIS 1988):

Der Lehrer kann dem Schüler zum Erwerb von Wissen und dem Aufbau von Verständnis nur dadurch Hilfestellung leisten, daß er sich äußerer Hilfsmittel bedient. Je expliziter er aber damit den Lernstoff beschreibt und je enger und kleinschrittiger er den Unterricht auf die angestrebten Lernziele ausrichtet, desto mehr wird der Schüler dazu verleitet, eigene Anstrengungen zum Aufbau von Verständnis einzustellen und nur oberflächlich zu lernen.

Natürlich stellt sich die Frage, ob und wie der Lehrer dem didaktischen Dilemma entrinnen kann. Dieser Frage wende ich mich im nächsten Abschnitt zu.

4 Die systemische-evolutionäre Sicht von Lehr-Lern-Prozessen: Eigenaktivität in komplexen Lernsituationen und Hilfe zur Selbsthilfe

Alle Versuche, das Lehren und Lernen von Mathematik auf dem Weg formaler Begriffsklärung oder auf methodische Weise in den Griff bekommen zu wollen, übersehen einen alles entscheidenden Punkt: Schüler sind *lebendige* Wesen, der Unterricht stellt ein *lebendiges* soziales System dar und die Mathematik ist ein *gewachsener* und sich *entwickelnder* Organismus.

Der Lehrer, der vor einer Klasse steht, befindet sich damit im Prinzip in derselben Situation wie ein Biologe, der ein ökologisches System wieder ins Gleichgewicht bringen soll, wie ein Manager, der einen Betrieb lebensfähig zu halten hat, wie ein Politiker, der eine Gesellschaft zu neuen Ufern führen will, wie ein Arzt, der seinem Patienten zur Wiedergewinnung der Gesundheit verhelfen möchte, wie ein Trainer, der seine Mannschaft zum Sieg führen will, usw. In allen diesen Fällen geht es darum, *lebendige Systeme* zu steuern, deren Besonderheit in ihrer hohen *Komplexität*, d.h. in ihrer unübersehaubaren und im Detail unzugänglichen Vielfalt an internen Abläufen und externen Austauschprozessen mit der jeweiligen Umgebung, liegt. Die entscheidende Frage ist dabei immer, wie man die Komplexität des jeweiligen lebendigen Systems beherrschen kann.

Von der Naturwissenschaft der vergangenen Jahrhunderte haben wir ein mechanistisches Weltbild geerbt, das die Analysierbarkeit und Mathematisierbarkeit der Welt beinhaltet und das in diesem Jahrhundert auch auf die Humanwissenschaften übertragen worden ist. Daraus hat sich geradezu zwangsläufig ein Paradigma der Komplexitätsbeherrschung ergeben, das der Schweizer Managementwissenschaftler MALIK als *„mechanistisch-technomorph"* bezeichnet und folgendermaßen umschreibt (MALIK 1986, 39):

„Komplexitätsbeherrschung im Lichte dieses Paradigmas bedeutet also die Herstellung einer an bestimmten, im voraus festzulegenden Zwecksetzungen zu beurteilenden und im Lichte dieser Zwecksetzung als rational geltenden Ordnung (von Elementen, Abläufen usw.) durch planvolles menschliches Handeln derart, daß das Resultat dieses Handelns aufgrund der dem Handeln inhärenten Zweckrationalität den vorgefaßten Absichten und Zwecken entspricht. Zu diesem Paradigma gehört weiter die Vorstellung, daß außer auf diesem Wege nichts Zweckmäßiges entstehen kann, daß also jede menschlichen Zwecken entsprechende Ordnung ausschließlich durch, im beschriebenen Sinne, zweckrationales und absichtsvolles Handeln zustandekommen kann."

Die diesem Paradigma entsprechende Form der Menschenführung ist dadurch charakterisiert, daß eine starke, vollinformierte Führungspersönlichkeit detaillierte Anweisungen gibt und die Ausführung dieser Anweisungen fortlaufend kontrolliert und korrigiert. Die oben beschriebenen Typen des lehrerzentrierten Unterrichts sind nichts anderes als Spezialfälle davon.

Heute machen uns, z.T. schmerzliche, Erfahrungen in verschiedensten Bereichen deutlich, daß Versuche, die Komplexität eines Systems auf direktem Weg von außen beherrschen zu wollen, unzureichend und sehr problematisch sind und mehr Schaden als Nutzen stiften. Den Grund für das Scheitern solcher Eingriffe hat die evolutionäre Systemtheorie klar herausgearbeitet: Lebendige Systeme sind so hochgradig komplex, daß sie sich einer Detailsteuerung von außen entziehen. Sie brauchen diese Steuerung auch nicht, weil sie die Fähigkeit haben, sich von innen heraus selbst organisieren zu können.

Für hochgradig komplexe Systeme gilt nämlich ein systemtheoretisches Gesetz, das ich als „Hauptsatz der Komplexitätsbeherrschung" bezeichnen möchte (WITTMANN 1988, 1990):

„Es ist unmöglich, ein System, das einer komplexen Umgebung gegenübersteht und selbst eine komplexe Struktur aufweist, von außen durch vollständige detaillierte Kontrolle zur Erreichung vorgegebener Ziele zu zwingen.

Die Komplexität läßt sich nur von innen heraus beherrschen, indem Verhaltensstrukturen zur Geltung gebracht werden, die im System selbst spontan entstehen. Der größte Zuwachs an interner Organisation tritt in der Symbiose teilweise autonomer, sich selbst steuernder Untersysteme ein.

Je komplexer die angestrebten Verhaltensweisen sind, desto mehr bedarf es zu ihrer Ausbildung der spontanen Kräfte im System. Je mehr die Kontrolle von außen verstärkt wird und je mehr die spontanen Kräfte übergangen oder gar unterdrückt werden, desto ärmere Verhaltensstrukturen bilden sich heraus."

Dieser „Hauptsatz" gibt eine tiefere Erklärung für das didaktische Dilemma: Die psychologischen Prozesse, die im einzelnen Schüler ablaufen, die sozialen Prozesse im Unterricht und der Unterrichtsstoff, selbst in seinen elementarsten Formen, sind so komplex, daß es völlig aussichtslos ist, verständnisvolles mathematisches Lernen durch eine bis ins Detail getriebene Formalisierung oder eine kleinschrittige, genau kontrollierte Folge von Lernanweisungen erfassen zu wollen. Wenn man einen solchen Unterricht dennoch durchsetzen will, muß die Komplexität notwendigerweise stark reduziert werden. Der Unterricht entartet dann in die Vermittlung von Rezepten, die an bestimmten Musteraufgaben eingeführt werden und auf ganz bestimmte Aufgabentypen zugeschnitten sind. Auf die Dauer muß ein solcher Unterricht bei der großen Mehrheit der Schüler die Fähigkeit zur Selbstorganisation und zu sozialem Lernen untergraben, wie vielfach zu beobachten ist.

Ins Positive gewendet stützt der „Hauptsatz" das *systemisch-evolutionäre Paradigma* der Menschenführung (MALIK 1986, 39), das darin besteht, Ziele zu setzen, Einsicht in die Ziele zu wecken und der Eigenaktivität für die Erreichung der Ziele bewußt Raum zu geben. Für den Unterricht bedeutet dies die Anwendung aktiv-entdeckender Lehr-Lernformen, wie sie m.E. am klarsten und prägnantesten Johannes Kühnel am Anfang dieses Jahrhunderts gefordert hat (zitiert nach KÜHNEL 1954, 70):

„Nicht Leitung und Rezeptivität, sondern Organisation und Aktivität ist es, was das Lehrverfahren der Zukunft kennzeichnet."

Das Rollenverständnis von Lehrer und Schüler ist hier grundsätzlich anders: Der Lehrer liefert den Schülern einen Zielrahmen und Orientierungspunkte. Er versetzt sie in komplexere Lernsituationen, mit denen sie sich längere Zeit beschäftigen und an denen sie mathematische Erfahrungen erwerben können. Der Lehrer zieht sich vom direkten Eingriff in den Unterricht möglichst zurück und verlegt sich mehr auf die Organisation und die *indirekte* Lenkung der Schüleraktivitäten. Insgesamt leistet er *Hilfe zur Selbsthilfe*. Die Schüler werden dadurch veranlaßt, ihre Selbstorganisationskräfte zu entwickeln, ihren Verstand zu gebrauchen und Verantwortung für ihr Lernen zu übernehmen.

Von den zahlreichen didaktischen Veröffentlichungen der letzten Jahre, welche die Überlegenheit dieses Ansatzes empirisch belegen, möchte ich die Arbeit von LOCHHEAD 1979 erwähnen, der aus einer gut gemeinten, aber dennoch gründlich mißlungenen didaktischen Intervention in einen Problemlöseprozeß von zwei Studenten fünf Folgerungen für den Unterricht zieht:

1. Lehrer reden zu viel. Sie müssen lernen, den Mund zu halten und zuzuhören. Eine der besten Methoden dafür besteht darin, eine ernsthafte Diskussion unter Schülern anzuregen.

2. Wir neigen dazu, die Leistungen von Schülern zu unterschätzen, weil wir uns zu wenig in ihre Denkprozesse hineinversetzen. Was im Unterricht auf den ersten Blick wie ein Auf-der-Stelle-Treten ohne irgendeinen Lernfortschritt aussieht, kann sich bei genauerem Hinsehen als beeindruckende Leistung der Schüler entpuppen.

3. Auch wenn die Schüler im großen und ganzen stetig vorankommen, kann ihr Erkenntnisstand zwischendurch immer wieder einmal absinken, und die Schüler können zeitweise schlechter arbeiten, als der Lehrer aufgrund der vorherigen Lernfortschritte erwarten würde. Die oszillatorische Natur des Lernens wird im Sport mittlerweile als Tatsache akzeptiert. Im schulischen Lernen wird sie noch viel zu wenig beachtet.

4. Schüler können mathematische Begriffe bilden und Formeln finden, wenn man ihnen dafür Zeit läßt. Der heutige Unterricht nimmt ihnen in aller Regel systematisch die Möglichkeit dazu und bringt Schüler hervor, die vollkommen unfähig sind, an neue Situationen selbständig heranzugehen.

5. Der korrekte Gebrauch der Terminologie ist eine natürliche Folge von Verstehen, aber Verstehen resultiert nicht aus der Fähigkeit, die Terminologie korrekt zu benutzen. Wir führen Schüler viel zu früh in die Fachsprache ein. Dieses Vorgehen ist völlig unnötig, weil Schüler neue Fachausdrücke ziemlich leicht aufnehmen können, wenn sie die Notwendigkeit dafür sehen.

Da es aus systemischen Gründen zu aktiv-entdeckenden Unterrichtsformen keine sinnvolle Alternative gibt, müssen wir alles daran setzen, um den Mathematikunterricht von der Grundschule bis zur Universität in diese Richtung zu entwickeln, auch wenn die Umstellung sehr mühsam sein und auf Widerstände unterschiedlichster Art treffen wird (WITTMANN 1990, 159-162, 165) – wie ja auch die entsprechende Neuorientierung im ökologischen, wirtschaftlichen, sozialen und politischen Bereich bekanntlich sehr schwer ist.

In der Vergangenheit ist die Position aktiv-entdeckender Unterrichtsformen dadurch geschwächt worden, daß ihre Anhänger als „Idealisten“ hingestellt wurden, die sich über die realen Bedingungen der Praxis hinwegtäuschten. Die systemisch-evolutionäre Sichtweise des Unterrichts erlaubt uns heute, die Dinge zurechtzurücken: Tatsächlich sind es die Vertreter der aktiv-entdeckenden Unterrichtsformen, welche die Möglichkeiten und Grenzen des Lehrens und Lernens realistisch sehen, und Idealisten, ja geradezu Phantasten, sind diejenigen, die das Boot „Mathematiklernen“ so über das Meer des Unterrichts steuern, als ob die Skylla des mathematischen Formalismus und die Charybdis des methodischen Formalismus nicht existierten.

Literatur

Andelfinger, B.; Voigt J. (1986): Vorführstunden und alltäglicher Mathematikunterricht – Zur Ausbildung von Referendaren im Fach Mathematik (S I/S II). Zentralblatt für Didaktik der Mathematik 86/1, S. 2–9

Bauersfeld, H. (1980): Hidden dimensions in the so-called reality of a mathematics classroom. Educational Studies in Mathematics 11, S: 23-41

Brousseau, G. (1984): The crucial role of the didactical contract in the analysis and construction of situations in teaching and learning mathematics. In: Steiner, H. G. (1984) u.a.: Theory of mathematics education. Occasional Paper Nr. 54. Bielefeld, S. 110-119

Bouvier, A. (1981): La mystification mathématique. Paris

Bouvier, A. (1987): The Right to make mistakes. For the Learning of Mathematics 7, S. 17-25

Davis, Ph.; Hersh, R. (1983): Erfahrung Mathematik. Basel; Stuttgart

Dieudonne, J. (1974): Sollen wir „moderne“ Mathematik lehren?. In: Otte, M. (Hrsg.) (1974): Mathematiker über Mathematik. Berlin; Heidelberg; New York, S. 403-418

Eckel, K. (1989): Didaktiksprache. Grundlagen einer strengen Unterrichtswissenschaft. Köln

Foerster v., H. (1985): Sicht und Einsicht. Braunschweig; Wiesbaden

Freudenthal, H. (1971): Geometry between the devil and the deep sea. Educational Studies in mathematics 3, S. 413-435

Giles, G. (1987): Ist Lehren ein Hindernis für Lernen? mathematik lehren 21, S. 6-10, (Übersetzung des englischen Originals: Does teaching inhibit learning? Mathematics Teaching 65 (1973), S. 33-38)

Kühnel, J. (1954[8]): Neubau des Rechenunterrichts. Bad Heilbrunn

Lochhead, J. (1979): On Learning to Balance Perceptions by Conceptions: A Dialogue between Two Science Students. In: Lochhead, J.; Clement, J. (eds.): Cognitive Process Instruction. Research on Teaching skills. Philadelphia, S. 147-178

Mason, J. H.; DAVIS, J. (1988): The importance of Weltanschauung in Teaching, In-service and Appraisal. Manuscript. Open University, Milton Keynes U.K.

Osserman, R. (1983): Structure vs. Substance: The Fall and Rise of Geometry. In: Zweng, M. u.a. (1983): Proceedings of ICME 4. Boston

Revuz, A. (1980): Est-il impossible d'enseigner les mathématiques? Paris

Schneider, S. (1988): Gedanken zu einem Unterrichtsgespräch über den Verschiebungsbegriff. In: Preprint Nr. 172 c (Neue Folge) Zu Fragen des Geometrieunterrichts der allgemeinbildenden Schule. Berlin, S. 74-76

Schoenfeld, A. H.: When Good Teaching Leads to Bad Results: The Disasters of „Well-Taught" Mathematics Courses. In: Educational Psychologist, 23(2), S. 145-166

Stein, K. S. (1987): Gresham's Law: Algorithm Drives out Thought. For the learning of Mathematics 7, S. 2-4

Steinbring, H. (1988): Nature du savoir mathématique dans la pratique de l'enseignement. In: Laborde, C. (ed.): Actes du Premier Colloque Franco-Allemand de Didactique des Mathématiques et de l'Informatique. Grenoble, S 307-316

Thom, R. (1973): Modern Mathematics — Does it exist? In: Howson, A. G. (ed.): Developments in Mathematical Education. Cambridge, S. 194-212

Voigt, J. (1984): Szenen und Analysen. mathematica didactica, S. 161-186

Wittmann, E. Ch. (1987): Elementargeometrie und Wirklichkeit. Einführung in geometrisches Denken. Braunschweig; Wiesbaden

Wittmann, E. Ch.; Müller, G. (1988): Wann ist ein Beweis ein Beweis? In: Bender, P.: Mathematikdidaktik – Theorie und Praxis. Festschrift für H. Winter, Berlin, S. 237-257

Wittmann, E. Ch. (1988): Das Prinzip des aktiven Lernens und das Prinzip der kleinen und kleinsten Schritte in systemischer Sicht. Beiträge zum Mathematikunterricht 1988. Bad Salzdetfurth, S. 339-342

Wittmann, E. Ch. (1989): Wider die Flut der „bunten Hunde" und der „grauen Päckchen". Die Konzeption des aktiv-entdeckenden Lernens und des produktiven Übens. In: Wittmann, E. Ch.; Müller, G. (1990): Handbuch produktiver Rechenübungen. Bd. 1. Stuttgart, S. 152-166

Wolff, Chr. (1973): Ausführliche Nachricht von seinen eigenen Schriften. Kap. 3: Von der Lehrart des Autoris, S. 52-124. Ges. Werke, I. Abt. Deutsche Schriften Band 9. Hildesheim; New York

Erziehung im und durch Sport in der Schule Systemtheoretisch-konstruktivistische Überlegungen

Klaus Cachay, Ansgar Thiel

Der Sporterziehung wird immer wieder eine hohe Bedeutung für eine „gelingende Entwicklung von Heranwachsenden" zugesprochen. Im folgenden Beitrag wird die Frage aufgegriffen, ob solche Hoffungen überhaupt berechtigt sind, d.h. ob und wie Erziehung im Sport möglich sein kann. Ausgehend von systemtheoretisch-konstruktivistischen Überlegungen zur grundsätzlichen Problematik intendierter Erziehung werden Bilder von Erziehungssituationen im schulischen Sportunterricht konstruiert, um darauf aufbauend tentative Vorschläge für die Gestaltung von Sporterziehung zu erarbeiten.

1 Problemstellung

In den letzten Jahren läßt sich eine verstärkte Selbstthematisierung der Sportpädagogik erkennen, deren Anlaß ihr offensichtlicher Bedeutungsverlust innerhalb der Sportwissenschaft ist (vgl. u.a. BECKERS 1987; GRUPE 1987b; Meinberg 1987; KURZ 1990/1992; SCHERLER 1992; CACHAY/BÄHR 1992; PROHL 1994).

Im folgenden wird diese Debatte aufgegriffen, allerdings nicht unter der Frage, ob und wie es möglich ist, die Sportpädagogik wieder als integrativen Kern der Sportwissenschaft zu etablieren (so KURZ 1992), vielmehr wird eine zentrale Ausschließung dieser Diskussion thematisiert, ohne deren Reflexion unserer Meinung nach der diskutierte Bedeutungsverlust nicht aufgehoben werden kann.

Betrachtet man die Selbstthematisierung der Sportpädagogik genauer, so fällt auf, daß eine sportpädagogische Grundannahme von kritischen Reflexionen weitgehend unberührt geblieben ist: die Annahme der Bedeutung der Sporterziehung für eine „gelingende" Entwicklung des Menschen. Ohne die Bedingungen der Möglichkeit von Erziehung zu reflektieren, werden vor diesem Hintergrund sportpädagogische Konzepte entwickelt, um erzieherische Leistungen zu erbringen: So soll Sport u.a. einen gesundheits- (vgl. u.a. BALZ 1992) und umwelterzieherischen (u.a. DIETRICH/LANDAU 1990,

243ff.) sowie einen politisch erziehenden (u.a. BUSS/GÜLDENPFENNIG 1987) Beitrag im Rahmen der Entwicklung eines Menschen leisten.

Die Hoffnungen, die in eine Erziehung durch Sport gesetzt werden, entsprechen der für die europäische Moderne typischen Vorstellung, das Individuum sei durch die „richtige" Erziehung zu vervollkommnen (vgl. dazu OELKERS 1989). Und diese Vorstellung scheint ungebrochen, ja derzeit noch zuzunehmen, wie die steigende Zahl der pädagogischen Modelle im Bereich der Gesundheits-, Umwelt- und Medienerziehung zeigt (vgl. THIEL 1994). In die Leistungfähigkeit von Erziehung wird offensichtlich große Hoffnung gesetzt, allgemein und auch im Sport. Doch sind diese Hoffnungen überhaupt berechtigt?

Betrachtet man die erwähnten Ansätze und Konzepte in der Sportpädagogik genauer, so zeigt sich, daß in der Regel zwar Vorschläge für eine praktische Umsetzung und Methodisierung vorhanden sind, es jedoch an überzeugenden theoretischen Ansätzen zur Erklärung dessen fehlt, *ob und wie* Erziehung durch Sport überhaupt möglich sein kann.

Dieses Reflexionsdefizit erscheint uns bedeutsam, denn allgemeine pädagogische Studien weisen darauf hin, daß die Hoffnung, durch Erziehung gesellschaftliche Probleme lösen zu können, nur in unzureichendem Maße erfüllt werden kann (u.a. OELKERS 1990; TENORTH 1992a/1992b). Vor allem die Schwierigkeit, auf einen anderen Menschen so Einfluß nehmen zu können, daß dieser in intendierter Weise Einstellungs- und Verhaltensweisen ändert, stützt diese Meinung.

Nun sind Zweifel an der Möglichkeit einer direkten Einflußnahme auf das Individuum nicht neu (vgl. BREZINKA 1969, 8). Von COMENIUS über HERBART bis zu SPRANGER wurde immer wieder darauf hingewiesen, daß die Erziehung eines Individuums letztendlich immer vom Individuum selbst vollzogen wird (vgl. TREML 1987, 147; vgl. auch TREML 1989, 9-16). Pädagogisches Handeln kann demnach kaum fruchtbar sein, beschränkt es sich auf eine oktroyierte Beeinflussung von außen.

Diese Erkenntnis der Pädagogik führte jedoch, was sich am Beispiel der Schulen zeigen läßt, zu keiner durchschlagenden Änderung pädagogischer Praxis.

Welche Schlüsse soll man daraus ziehen? Sicherlich nicht den, darauf zu verzichten, durch pädagogische Bemühungen bestimmte Erziehungsziele zu erreichen. Es gilt vielmehr, die Erkenntnis der Selbst-Erziehung zu radikalisieren, d.h., deutlich zu machen, daß pädagogische Interventionen in dem Maße chancenreich sind, in dem sie nicht auf direkte Beeinflussung zielen, sondern darauf, die Bedingungen zu schaffen, die eine Selbst-Erziehung des Individuums möglich machen. Dies gilt in besonderem Maße für die Sportpädagogik, in der ein Reflexionsdefizit im Hinblick auf die Frage, ob und wie Erziehung im Sport möglich ist, vorliegt.

Dieses Reflexionsdefizit liegt vor allem bezüglich des Sportunterrichts in der Schule vor. Hier (besonders in der Sekundarstufe) sind zwei Tendenzen zu beobachten: Einerseits eine Orientierung an der Vermittlung von Lerninhalten wie Sportarten, sportiven Fertigkeiten und Fähigkeiten (vgl. KULTUSMINISTERIUM NRW 1980), andererseits der Versuch, allgemeine pädagogische Zielsetzungen in den Sportunterricht einzuschleusen, um durch Sport Verhaltensänderungen der Schüler zu erreichen. Schüler sollen also im Sportunterricht nicht nur Vorgegebenes lernen, sondern sie sollen auch „erzogen“ werden (z.B. zu sozialem, gesundheitsbewußtem oder politisch bewußtem Verhalten). Unreflektiert bleibt allerdings, ob eine entsprechende Erziehung im Sportunterricht in der Schule überhaupt möglich ist.

Damit beschäftigt sich der vorliegende Beitrag. Dabei wird die Frage nach dem „Wie“ weitgehend ausgeklammert. Es geht uns vielmehr darum, grundsätzlich darüber zu reflektieren, ob die Applikation pädagogischer Zielsetzungen auf den Sportunterricht angesichts vorgegebener Rahmenbedingungen sinnvoll ist. Die Bedeutsamkeit dieser Reflexion ergibt sich aus der Zufälligkeit der Erfolge erzieherischer Maßnahmen. Denn eine konstatierte Notwendigkeit, dem Sportunterricht pädagogische Zielsetzungen zuzuschreiben, ist letztendlich nur dann plausibel, wenn anzunehmen ist, daß diese im Sportunterricht überhaupt umgesetzt werden können.

Im folgenden wird zunächst eine systemtheoretisch-konstruktivistische Beschreibung der Problematik pädagogischer Intervention vorgenommen, um davon dann Bedingungen der Möglichkeit intendierter Erziehung abzuleiten. Anhand dieser Bedingungen wird abschließend das „erzieherische Potential“ des Sportunterrichts reflektiert.

2 Zur Problematik und zu den Bedingungen pädagogischer Intervention

Was macht pädagogische Intervention so schwierig?

Um diese Frage zu beantworten, wird auf die „Theorie autopoietischer Systeme“ zurückgegriffen. Sogenannte „personale Systeme“ haben aus dieser theoretischen Perspektive (vgl. LUHMANN 1985) — wie auch biologische (vgl. MATURANA 1982) oder soziale Systeme (vgl. LUHMANN 1984) — autopoietischen Charakter, womit gemeint ist, daß diese „die Elemente, aus denen sie bestehen, durch das Arrangement der Elemente, aus denen sie bestehen“, produzieren (LUHMANN 1982, 374). Das heißt, autopoietische Systeme konstruieren ihre „Identität“, im Gegensatz beispielsweise zu Maschinen, deren Bau- und Operationsweise von vorneherein durch den Konstrukteur festgelegt wurde, grundsätzlich und immmer wieder selbst.

Autopoietische Systeme beziehen sich in ihren Operationen auf sich selbst, ohne durch 'Inputs' der Umwelt determiniert zu sein, und sie erzeugen durch ihr Operieren fortwährend ihre eigene zirkuläre Organisation, wobei die Organisation alles umfaßt, was die Ordnung des Systems bedingt. Sie sind in diesem Sinne erstens *selbstreferentiell*, woraus resultiert, daß „jeder Umweltbezug nur als Selbstbezug stattfinden kann" (SCHIMANK 1988, 57), und zweitens *transitorisch*, was bedeutet, daß sie ihre Elemente in einem „kontinuierlichen Vorgang der Selbstreproduktion" (1988, 60) ständig erneuern. D.h., „die je vorhandenen Systemelemente müssen beständig ihre Plätze räumen, um nachdrängenden neuen Platz zu machen" (SCHIMANK 1988, 60). Dabei wird die „Identität" des Systems jedoch nicht verändert. Vielmehr ist dieser ständige Wechsel von Systemelementen und Elementenrelationen sogar eine Bedingung für den Erhalt der Identität eines Systems im Laufe der Zeit und der damit verbundenen Veränderungen.

Die Interaktion des Systems mit der Umwelt wird durch die Organisation eines autopoietischen Systems vorgegeben. Denn jeder Impuls aus der Umwelt eines Systems wird nur gemäß den internen Strukturen des Systems verarbeitet und entlang dieser Relevanzkriterien in das System eingefügt. Damit werden autopoietische Systeme informational gegenüber der Umwelt geschlossen. Diese informationale Geschlossenheit beinhaltet, daß die „physikalischen Prozesse, welche die Sinnesorgane aktivieren, keinerlei vorgegebene 'Information', Bedeutung oder Wirkung besitzen; diese wird vollständig durch das kognitive System erzeugt" (SCHWEGLER/ROTH 1992, 40). D.h., daß die Bedeutung einer Wahrnehmung mit Hilfe des Gedächtnisses konstruiert wird, also mit Bezug auf früher erlebte Wahrnehmungen. Die Ergebnisse dieser Konstruktion gehen wiederum ins Gedächtnis ein, wo sie zu einem Teil der Grundlage (der Organisation und Struktur des Gedächtnisses) für die semantische Identifikation neuer Wahrnehmungen wird.

Will man personale Systeme verändern, dann kann dies nur geschehen in Form von „Veränderungen, die durch ihre Organisation und Struktur determiniert sind" (MATURANA 1982, 188). Dieser Sachverhalt weist auf die Problematik einer direkten Einflußnahme auf ein Individuum „von außen" hin. Eine direkte Einflußnahme im Sinne eines '*Inputs*', über den das Individuum, unabhängig davon, ob es diese Einflußnahme als sinnvoll ansieht oder nicht, *in verläßlicher Weise gesteuert* wird, ist somit kaum möglich, da die Impulse, die von einem Individuum aufgenommen werden, immer auch von diesem selbst interpretiert werden (vgl. SCHWEGLER/ROTH 1992).

Nun ist jedoch grundsätzlich anzunehmen, daß das Verhalten eines Individuums um so besser beeinflußbar ist, je mehr über die „inneren Variablen" des Individuums „einschließlich ihrer Vorgeschichte" bekannt ist, und wenn „dieses Wissen auf die Kontrolle der Eingabevariablen" angewendet werden kann (SCHWEGLER/ROTH 1992, 40-41; vgl. ROTH 1987). SCHWEGLER und ROTH sprechen in diesem Zusammenhang davon, daß der Grad der Steuerbarkeit des Verhaltens kognitiver Systeme von dem Wissen über die Vorgeschichte und die Anfangsbedingungen der kognitiven Systeme abhängt (1992, 40). So können, was SCHWEGLER und ROTH als Beispiele anführen, andere Menschen durch Überredung, Schmeicheln, Verlockungen beeinflußt werden. Erfolge dieser Versuche können damit erklärt werden, daß diese Impulse auf die systemspezifische Identität bezogen sind (vgl. u.a. LUHMANN 1981). D.h., daß die beeinflussende Person Informationen so formuliert (indem sie z.B. der zu beeinflussenden Person schmeichelt etc.), daß sie einen der Identität dieser Person entsprechenden Sinn beinhalten. Daraus läßt sich schließen, daß es möglicherweise in Einzelfällen, aufgrund eines besonderen Einfühlungsvermögens des Erziehers in den Erziehenden, gelingt, Impulse so zu geben, daß eine Konstruktion der Bedeutung dieser Impulse durch den Erziehenden im Sinne der Absicht des Erziehers zu erwarten ist. Doch zeigen sich genau hier auch die Schwierigkeiten, Menschen durch Erziehung zu lenken, bzw. die Zufälligkeit erzieherischer Erfolge: Das Wissen über die Vorgeschichte und die Anfangsbedingungen der kognitiven Systeme und auch die Möglichkeit, sich dieses Wissen durch Einfühlungsvermögen umfassend anzueignen, sind, mit Ausnahme von einzelnen Fällen, in der Regel zu gering, um daran in erzieherischer Absicht anschließen zu können.

Mit Schule und Unterricht (und besonders mit Sportunterricht, wie die Entwicklung dieses Faches zeigt; vgl. KLEINDIENST-CACHAY 1980) ist nun aber immer der Wunsch verbunden, möglichst auf alle Kinder eine erzieherische Wirkung auszuüben. Neben der reinen Vermittlung von Lerninhalten, sollen alle Kinder entlang bestimmter normativer Vorstellungen erzogen werden.

Wie kann dies — angesichts der beschriebenen Sachverhalte — gelingen? Oder, wie LUHMANN und SCHORR (1981, 46) fragen: Wie ist Erziehung trotzdem möglich? Um diese Frage zu beantworten, ist zunächst zu klären, ob und wie in der Schule überhaupt Erziehung stattfindet.

Betrachtet man das Interaktionssystem „Unterricht“, so fällt auf, daß dieses bei den Schülern systematische Effekte hervorruft, indem in bestimmter Weise mit den Möglichkeitsüberschüssen der Schüler umgegangen wird: Die Struktur des Interaktionssystems Unterricht, d.h. seine Regeln, Normen, Rollenzuschreibungen etc., ermöglichen bestimmte Erfahrungen, schließen andere dagegen aus.

Damit wird behauptet, daß „Strukturen erziehen“, indem sie einen bestimmten Rahmen für die Verhaltensmöglichkeiten von Individuen vorgeben.

In diesem Zusammenhang bedingen sich die internen Verarbeitungsstrukturen der Schüler und deren nach außen gerichteten Erwartungshaltungen und Einstellungen sowie die Strukturen der äußeren Realität gegenseitig. So werden die Verarbeitungsstrukturen und Erwartungshaltungen vom Individuum selbst konstruiert, indem es Impulse von außen aufnimmmt und diese in Abhängigkeit seiner biologischen Voraussetzungen in ihrem Bedeutungsgehalt konstruiert (vgl. dazu auch HURRELMANN 1983). Dabei beeinflussen die nach außen gerichteten Erwartungshaltungen und Einstellungen eines

Menschen und dessen internen Verabeitungsstrukturen die Impulsaufnahmefähigkeit der Person, und die Strukturen der äußeren Realität determinieren, welche Impulse ein Individuum aufnehmen kann.

Strukturen haben generell die Funktion, Komplexität zu reduzieren, um Erkenntnis- und Handlungsfähigkeit zu ermöglichen (vgl. LUHMANN 1971). Sie haben selektiven Charakter, indem sie die Aufmerksamkeit für bestimmte Erfahrungen erhöhen, andere dagegen systematisch ausschließen. Diese Wirkung von Strukturen auf individuelle Einstellungs- und Verhaltensweisen läßt sich als eine „Erziehung durch Strukturen" beschreiben, die mit dafür verantwortlich ist, daß Lebewesen ein gesetzmäßiges Verhalten zeigen, auch wenn dies auf den ersten Blick nicht immer so aussehen mag (vgl. v.a. TREML 1982; vgl. dazu auch Schwegler/Roth 1992, 39).

Nun sind jedoch die erzieherischen Wirkungen der Strukturen des Interaktionssystems Unterricht nicht unbedingt so, wie von den „Machern" dieses Interaktionssystems geplant. Treml meint dazu: „Man lernt das Wichtigste nebenbei, ohne sich das Gelernte bewußt aneignen zu müssen, sondern einfach durch ein Handeln in den bestimmten Strukturen" (1982, 138). Das „Wichtigste" ist aber nicht unbedingt das, was sich die Erzieher als Unterrichtseffekte erhoffen: „Trotz bester Intentionen: die Schule erzieht, aber nicht so wie gedacht" (LUHMANN/SCHORR 1981, 53). Denn indem bestimmte soziale Möglichkeiten ausgeschlossen werden, können Schüler nur die Handlungsmöglichkeiten erlernen, die von den Strukturen des Interaktionssystems eingeschlossen werden; die andern „verkümmern" und dies, „bevor sich die Frage der Konformität bzw. des Abweichens in bezug auf bestimmte Normen überhaupt stellt" (LUHMANN/SCHORR 1981, 53).

Diese Beobachtung muß allerdings nicht als ein Argument gegen Erziehung im Unterricht generell gewertet werden. Denn gerade der Sachverhalt, daß Strukturen erziehen, könnte konstruktiv genutzt werden, indem die Ein- und Ausschließungen der Strukturen des Interaktionssystems „Unterricht" zum zentralen Thema gemacht und hinsichtlich der intendierten Effekte kalkuliert werden. Ähnlich argumentieren auch LUHMANN und SCHORR: Ihrer Meinung nach ist die Struktur des Interaktionssystems „Unterricht" eine selbstgeschaffene Realität der Erziehung. Auf die Frage, wie Erziehung trotz allem noch möglich sei, geben sie angesichts ihrer Analyse schulischer Erziehungswirkungen die Antwort: „Als Korrektur selbstgeschaffener Realität" (1981, 54).

Blickt man auf die Strukturen des Interaktionssystems „Unterricht" in der Schule, so zeigt sich, daß (zumindest in der Sekundarstufe) aus der Vorgabe von Curricula und Notensystemen, aus der letztendlich immer „mächtigeren Position" des Lehrers und vor allem aus dem Prinzip der Selektion für den späteren Berufsweg eine zentrale Handlungslogik resultiert, die sich darauf bezieht, das Vorgegebene „so gut wie möglich zu lernen", um „so gute Noten wie möglich" für „bestmögliche Berufschancen" auf dem Arbeitsmarkt zu haben. Diese Handlungslogik ist dominant und prägt in diesem Sinne letztendlich konformes Verhalten von Schülern. Die Konstruktion des Bedeutungsgehaltes eines Inputs durch einen Schüler wird sich zwangsläufig an dieser Logik orientieren. Es ist daher kaum anzunehmen, daß pädagogische Zielsetzungen, die im Rahmen eines auf dieser Logik basierenden Interaktionssystems angestrebt werden, möglicherweise sich mit dieser Logik aber nicht vereinbaren lassen, von den Schülern im Sinne der Absicht des Erziehers verstanden werden. Wer dies annimmt, unterschätzt die Bedeutung der (dauerhaften) Ein- und Ausschließungen von Strukturen oder überschätzt die Bereitschaft von Individuen, gegen bestehende Strukturen zu handeln. Zumindest darf man letzteres nicht als den Normalfall sehen.

Es müßte vielmehr die Struktur des Interaktionssystems „Unterricht" geändert werden, um die Bedingungen der Möglichkeit für die Umsetzung von Erziehungszielen, die sich mit einer auf schulleistungsbezogene Selektion ausgerichteten Handlungslogik des Unterrichts *nicht* verbinden lassen, bereitzustellen. Denn wie soll z.B. dauerhaft zu sozialem Verhalten erzogen werden, wenn es beim „Kampf" um knapp verteilte Chancen in der Berufswelt um ein „Besser-Sein als die anderen" geht. Hier widerspricht ein entsprechendes Erziehungsziel doch offensichtlich der dominierenden Orientierung am Selektionskriterium der Schulleistung.

Faßt man die bisherigen Aussagen zusammen, so ist festzuhalten, daß pädagogische Intervention zu Effekten führt, die zwar der grundsätzlichen Handlungslogik des Interaktionssystems entsprechen, aber gerade deshalb häufig anders sind als intendiert. Dennoch wird davon ausgegangen, daß pädagogische Intervention trotz ihrer Schwierigkeit ein durchaus mögliches Unterfangen ist. Das Problem ist allerdings die Passung zwischen Intention der Intervention und erzeugter Wirkung. Und um die zu erreichen, sind bestimmte Bedingungen Voraussetzung.

Diese Bedingungen lassen sich, unter Berücksichtigung der Aussagen zur hochgradigen Autonomie personaler Systeme und der Erziehungswirksamkeit der Ein- und Ausschließung von Erfahrungsmöglichkeiten durch die Struktur von Interaktionssystemen, folgendermaßen zusammenfassen:

1. Sämtliche Erfahrungen, die zur Erreichung der gewünschten pädagogischen Zielsetzung (potentiell) notwendig sind, müssen von den Strukturen des Interaktionssystems ermöglicht, Erfahrungen, die der gewünschten Zielsetzung entgegenwirken, dagegen weitgehend ausgeschlossen werden.

2. Die eingeschlossenen Erfahrungen müssen den „personalen Erfahrungsfilter", d.h. den Ausschließungsmechanismus der internen Struktur des Individuums passieren können. Dies bedeutet, sie dürfen nicht nur den Sinn der pädagogischen Zielsetzung transportieren, sondern sie müssen sich auch auf die Identität des zu erziehenden personalen Systems beziehen.

3. Pädagogische Intervention muß sich auf die Gestaltung und Konstruktion der Strukuren des Interaktionssystems beschränken und nicht als Versuch einer direkten Beeinflussung der Schüler ablaufen.

4. Idealerweise sollen die Schüler die für die Erreichung der pädagogischen Zielsetzungen notwendigen Erfahrungen durch eigenes aktives Handeln machen, nicht durch die bloße Beschreibung der Erfahrungen durch ein „alter ego“. Falls es für das Individuum nicht sinnvoll oder sogar gefährlich ist, bestimmte Erfahrungen selbst zu machen (z.B. Warnung vor Drogenmißbrauch), sind Beschreibungen sinnvoll, die jedoch so gestaltet sein müssen, daß sie den Ausschließungsmechanismus der Struktur der Schüler passieren, sich also auf die Identität des Individuums beziehen (vgl. Punkt 2).

3 Folgerungen für die pädagogische Intervention im und durch Sport

Betrachtet man nunmehr die Praxis des schulischen Sportunterrichts, so werden diese Forderungen in dem Maße nicht erfüllt, in dem sich die Unterrichtsziele auf die Vermittlung sportartenspezifischer Lerninhalte beziehen und die Unterrichtsmethoden sich an funktionalen Kriterien, d.h. an einer möglichst effektiven Vermittlung dieser Lernziele, orientieren. Zwar sind zur Schulsport-„Wirklichkeit“ in diesem Zusammenhang keine repräsentativen Daten zu finden, doch liegt die Annahme nahe, daß ein solcherart konstruiertes Bild einer Schulsport-„Wirklichkeit“ in der Praxis durchaus weitverbreitet ist: So weisen u.a. Lehrplananalysen von ASCHEBROCK und HÜBNER (1988) darauf hin, daß für SportlehrerInnen trotz weiter Spielräume für eine „pädagogische Grundlegung“ eine „starke Einengung auf der inhaltlichen Ebene durch Sportarten, Kategorien, Unterrichtseinheiten, Fundamenta“ (108) vorgegeben ist.

Aus einer solchen Form des Unterrichts resultieren Probleme, die eine Umsetzung pädagogischer Zielsetzungen grundsätzlich erschweren: So hat z.B. der Pädagoge nur in eingeschränktem Maße die Möglichkeit, auf (vom Unterrichtszweck abweichende) individuelle Bedürfnisse im Unterricht zu reagieren. Weiterhin bedeutet der Sachverhalt, daß Schüler Übungen nachmachen müssen, deren optimale Ausführung fest vorgegeben ist, daß im Unterricht letztendlich eine hierarchische Lehrer-Schüler-Beziehung vorliegt, deren latente Wirkungen auf das Schülerverhalten hinreichend bekannt sind (vgl. u.a. GORDON 1977). Darüber hinaus benötigt ein Unterricht, in dem z.B. sportartspezifische Techniken erlernt werden sollen, einen hohen Zeitaufwand für das „Begreifen“ der Inhalte. Hier stellt sich das Problem, daß jeder Kommunikationsprozeß, der zum Begreifen führen soll, bezüglich der zu vermittelnden Inhalte stark reduzierenden Charakter hat (vgl. dazu insbesondere LUHMANN 1986, 99ff.). Z.B. benötigt die Vermittlung einer Übungsform wie der Laufkippe am Reck einen derart hohen Zeitaufwand, daß der Lehrer, um diese Übung überhaupt vermitteln zu können, andere Informationen, wie z.B. die Reflexion der Sinnhaftigkeit einer Vermittlung dieser Übung, grundsätzlich weglassen muß. Schließlich steht im Interaktionssystem „Sportunterricht", wie in den anderen Fächern auch, ein zentrales Steuerungsmedium zur Verfügung, nämlich das Notensystem, welches die Selektion anhand der Resultate des Lernprozesses regelt. Dieser Sachverhalt ist in verschiedener Hinsicht von Bedeutung: So ist in dem Maße, in dem die Leistungsbewertung auf der Basis der erlernten sportartspezifischen Fähigkeiten und Fertigkeiten, die im Lehrplan vorgeschrieben werden, erfolgt, diese nur eine Rückmeldung bezüglich sportartspezifischer Lerninhalte, nicht über den Grad sozialen, gesundheitsbewußten oder umweltfreundlichen Verhaltens. Nun betonen z.B. die Empfehlungen des Bayrischen Staatsministeriums für die Bewertungen von Schülerleistungen im Sportunterricht der Jahrgangsstufen 5 bis 11, daß neben einer reinen Berücksichtigung sportartspezifischer Lerninhalte auch Lernbereiche wie Gesundheit, Fairneß/Kooperation und Umwelt (in einem Verhältnis von 2 zu 1 im „Basissportunterricht"; in einem Verhältnis von 3 zu 1 im „differenzierten Sportunterricht") in die Bewertung miteinbezogen werden (vgl. BAYRISCHES STAATSMINISTERIUM 1994). Allerdings kann auch dieser Umstand nicht per se als eine Garantie für eine Umsetzung der intendierten Erziehungsziele angesehen werden. So bedeutet der Sachverhalt, daß Leistungen bewertet werden, es also um die quantitative Messung z.B. eines Wissens um gesundheitsspezifische Lerninhalte geht, noch nicht, daß daraus auch gesundheitsbewußtes Verhalten der Schüler resultiert. Eher kann davon ausgegangen werden, daß das Lernen z.B. gesundheits- oder umweltbezogener Inhalte, die durch Noten überprüft werden, einer Handlungslogik unterliegt, die ausschließlich leistungsbezogenen Charakter hat und deshalb nur für das Interaktionssystem gilt, in dem entsprechende Leistungen bewertet werden. Denn letztendlich geht es gar nicht um gesundheits- oder umweltbewußtes Verhalten im „täglichen Leben" (was aus pädagogischer Sicht angestrebt wird), sondern um ein Verhalten, das für möglichst gute Noten sorgt.

All diese Folgeprobleme werden in dem Maße verstärkt, in dem ein „klassisches" Sportverständnis favorisiert wird, dessen „allgemeiner Sinn (..) im 1:0 des Sports" (GRUPE 1987a, 59) liegt, das also eindeutig wettkampfbezogenen Charakter hat. Inwieweit dies in der Schulsport-„Wirklichkeit" der Fall ist, läßt sich nicht sagen, da keine repräsentativen empirischen Befunde vorliegen. Auch hier läßt der Blick auf Richtlinien für das Fach Sport jedoch vermuten, daß ein solches Sportverständnis häufig anzutreffen ist, da vor allem Sportarten wie Sportspiele, Leichtathletik, Turnen, Schwimmen, die traditionell wettkampfgeprägt sind, für den Unterricht vorgegeben werden. ASCHEBROCK und HÜBNER (1988) stellen in diesem Zusammenhang fest, daß in den Richtlinien des Landes Nordrhein-

Westfalen zwar für die Bereiche Turnen, Gymnastik und Schwimmen eine mehrperspektivische Erweiterung dieser Sportarten gelungen sei, in den Sportspielen und der Leichtathletik die „zweckrationalen Sachstrukturen und Regelsysteme der Sportarten" (108) nach wie vor nahezu unverändert vorhanden seien.

Das zentrale Merkmal von Schülerinteraktionen in einem Interaktionssystem, welchem ein solch „klassisches" Sportverständnis zugrunde liegt, ist das einer konkurrierenden Beziehung zwischen mehreren Teilnehmern. Die Strukturbildung des Interaktionssystems wird durch dieses zentrale Handlungsmerkmal geprägt und schließt daher alle Erfahrungen ein, die sich im weitesten Sinne auf die Erreichung des sogenannten 1:0, z.B. den Sieg im Wettkampf bzw. eine individuelle Leistungssteigerung, beziehen (z.B. Üben und Ausführen bestimmter sportartbezogener Bewegungsabläufe, Techniken, Taktiken etc.). Ausgeschlossen werden dagegen die Erfahrungen, die sich auch im weitesten Sinne nicht auf das zentrale Merkmal beziehen (vgl. CACHAY 1982, 93ff). Die z.B. für das Sportspiel oft als typisch beschriebenen assoziierenden Handlungen des Händeschüttelns, dem gefoulten Gegner zu helfen etc., von denen erwartet wird, daß die damit verbundenen Erfahrungen Transferwirkungen für ein faires Verhalten außerhalb des Sports hervorrufen, finden sich zwar auch bei einem stark wettkampforientierten Sportspiel, sind als Erfahrungswerte jedoch belanglos, da sich die zentrale Handlungsorientierung auf den Sieg im Wettkampf bezieht, wozu assoziierende Handlungen nicht beitragen können (vgl. dazu CACHAY 1981, 366ff.).

Ein solches „1:0-Sportverständnis" im Sportunterricht ist nun anschlußfähig an die auf dem Selektionsprinzip basierende generelle Handlungslogik der Schule, allerdings nicht an pädagogische Zielsetzungen, die dieser Handlungslogik widersprechen. Denn es ist davon auszugehen, daß die während des Spielvollzugs latent ständig erlebten Erfahrungen, die aus der wettkampfbezogenen Struktur des „1:0"-Sports resultieren, verhindern, daß bei einer Akzeptanz des Wettkampfprinzips Erfahrungen gemacht werden, die dem zentralen Prinzip des „Gewinnens" bzw. „Überbietens" widersprechen bzw. keinen semantischen Bezug dazu haben. Damit haben aber auch Erziehungsziele, die dieser zentralen Handlungslogik widersprechen, keinen Platz mehr. Denn wie kann z.B. eine Miteinbeziehung weniger begabter Spieler ins Spiel plausibel vertreten werden, wenn das zentrale, überragende Ziel das des Gewinnens ist, was wiederum durch die Einbeziehung „schlechter" Mitschüler potentiell gefährdet wird.

In dem Maße, in dem Lehrpläne, Unterrichtsvorgaben und Notensysteme durch ein wettkampf- und leistungsbezogenes Sportverständnis geprägt sind, haben die vielfältigen Sinndimensionen, die dem Sport zugeschrieben werden (vgl. u.a. KURZ 1986), nur sekundäre Bedeutung, denn es kommt ja vor allem darauf an, zu gewinnen oder „besser zu sein", unabhängig davon, ob die sportliche Handlung Abenteuer bietet, gesund, ästhetisch oder erregend ist (was z.B. GRUPE 1987a oder KURZ 1986 beschreiben). Die Forderung, daß Schüler lernen müssen, Sport mit sechs verschiedenen Sinnperspektiven zu belegen (vgl. KURZ 1977) ist damit ohne Bedeutung, da Schüler vor allem das lernen müssen, was ihnen die wettkampfsportliche Handlungslogik sowie die Bewertungskriterien zu lernen vorgeben.

In einem schulischen Sportunterricht, der dem von uns gezeichneten Bild entspricht, ist zusammengefaßt eine Umsetzung intendierter pädagogischer Zielsetzungen äußerst schwierig, denn die zugrunde liegenden Strukturen widersprechen in mehreren Punkten den oben genannten Bedingungen für eine funktionierende pädagogische Intervention: Die Messung des „Grades des Lernerfolgs" vorgegebener Inhalte durch ein Notensystem, die im Grunde hierarchische Lehrer-Schüler-Beziehung und ein wettkampforientiertes Sportverständnis bilden eine Struktur, die auf der zeitlichen, sachlichen und sozialen Ebene latente Wirkungen erzeugt, die der Handlungslogik des Interaktionssystems entsprechen. Diese Struktur läßt gemäß der damit verbundenen Ein- und Ausschließungen letztendlich jedoch nur die Umsetzung einer pädagogischen Zielsetzung zu: der Erziehung dazu, andere (oder sich selbst) zu überbieten.

Ein Interaktionssystem mit entsprechenden (ungewollt) eindimensionalen pädagogischen Wirkungen wird der zentralen Begründung der Sportpädagogik, daß Sport einen unabdingbar notwendigen Beitrag für die leiblich-seelische Entwicklung eines Heranwachsenden leistet, nicht gerecht (nicht einmal ein Verfechter einer Erziehung zur Überbietung und Eingliederung in leistungsorientierte Handlungskontexte könnte plausibel begründen, daß dieses pädagogische Ziel das einzige im und durch Sport anzustrebende sei).

Daß intentionale Erziehung im und durch Sport in der Schule funktioniert, kann also nicht einfach vorausgesetzt werden. In dem Maße, wie der Sportunterricht in der Schule dem von uns gezeichneten Bild entspricht, sind die Bedingungen für eine gelingende intentionale Erziehung nicht vorhanden.

Was bedeutet dies nun für den schulischen Sportunterricht?

Zeigt sich der Sportunterricht so, wie von uns beschrieben (was vermutlich, angesichts vorgegebener Lehrpläne, dem Zwang zur Notengebung und nicht zuletzt den Wirkungen eines wettkampfbezogenen öffentlichen Sportbildes, nicht selten der Fall ist), bleiben konsequenterweise letztendlich nur zwei Möglichkeiten offen:

1. Der Anspruch, im und durch Sport intentionale Erziehungsleistungen erbringen zu können, wird aufgegeben.

Ein Sportunterricht, der wie von uns beschrieben strukturiert ist, kann eine Befrachtung mit pädagogischen Zielsetzungen nicht plausibel begründen, da diese nur beschränkt umgesetzt werden können. Der Anspruch im und durch Sport in der Schule erziehen zu können, wäre ohne Veränderung des Sportunterrichts hinfällig, da die Erziehungsleistung immer eindimensional bleiben würde. Dies müßten konsequenterweise auch diejenigen akzeptieren, die trotz der Forderung nach einer Umsetzung pädagogischer Zielsetzungen im Sportunterricht am traditionellen Sportverständnis und etablierten Unterrichtsstrukturen festhalten. Gleichsam müßten Kritiker des Schulsports, die eine Umsetzung pädagogischer Zielsetzungen aufgrund gegebener struktureller Rahmenbedingungen für nicht möglich halten, den Schulsport als einen Ort erzieherischen Wirkens aufgeben.

Eine Entscheidung, den Schulsport zu belassen, wie er ist und erzieherische Ansprüche aufzugeben, würde trotz allem auch neue Chancen bieten: So könnte der Sportunterricht rein auf die Vermittlung von Lerninhalten reduziert werden, um optimale Lernerfolge zu erreichen. Pädagogische Aspekte wären soweit sinnvoll, solange sie zu einer Verbesserung der Lernleistungen beitragen würden.

2. Der Sportunterricht wird verändert, um die Umsetzung pädagogischer Zielsetzungen zu ermöglichen.

Hier stellt sich die Frage, *wie* das Interaktionssystem „Sportunterricht" umgestaltet werden müßte, um pädagogische Zielsetzungen umsetzen zu können, die sich nicht nur auf einen leistungsbezogenenen Kontext beziehen, sondern auf die Gesamtheit der Entwicklung und der daraus resultierenden Bedürfnisse eines Heranwachsenden. Wir gehen, in Anlehnung an die theoretischen Überlegungen, grundsätzlich davon aus, daß *erstens* Lehrpläne verändert und die Notengebung für sportliche Leistungen abgeschafft werden müßte. *Zweitens* wäre das den Lehrplänen und Notensystemen zugrunde liegende Sportverständnis zu verändern. Dies hat sich zum Teil bereits, wie HEINEMANN (1990) zeigt, zumindest bei den Sportlehrern selbst verändert, allerdings vor allem bei den Sportlehrern, die außerhalb der Schule eine Anstellung gefunden haben und nur in geringem Maße bei denen, die in den Schuldienst übernommen wurden (HEINEMANN 1990, 132f.). Bei einem veränderten Sportverständnis müßte im Gegensatz zum „klassischen" Merkmal sportlicher Handlung das zentrale Handlungsmerkmal innerhalb des Interaktionssystems „Sportunterricht", angesichts der Heterogenität und Vielfältigkeit der für die Entwicklung des Heranwachsenden sinnvoller pädagogischen Zielsetzungen, „polykontexturale" Erfahrungsmöglichkeiten bieten. D.h., daß die Strukturen des Interaktionssystems je nach pädagogischer Zielsetzung unterschiedlich gestaltet werden können, die Art der sportlichen Handlung es aber grundsätzlich immer ermöglicht, die im Kontext der jeweiligen Zielsetzung relevanten Erfahrungen zu machen (also nicht von vorneherein bestimmte Erfahrungsmöglichkeiten ausschließt, was bei einer grundsätzlich am Prinzip des „Überbietens" orientierten sportlichen Handlung aus den genannten Gründen der Fall ist). Darüber hinaus müßte *drittens* die Art der Lehrer-Schüler-Interaktion im Sportunterricht verändert werden. Nicht mehr vorgegebene Lerninhalte wären „nachzumachen", sondern eigenständiges, aktives Handeln des Schülers wäre gefordert.

Faßt man zusammen, so ist für eine gelingende intentionale Erziehung im Sportunterricht die Umsetzung der Erkenntnis unabdingbar, daß Erziehung letztendlich immer vom Individuum selbst gemacht wird und der Beitrag eines Pädagogen nicht mehr sein kann, als die Gestaltung der Rahmenbedingungen, die dem Individuum Erfahrungen ermöglichen bzw. vorenthalten. Entscheidend ist also nicht die direkte Steuerung des Verhaltens des Schülers, sondern die Steuerung des Kontextes. Versuche, die zumindest in eine ähnliche Richtung weisen, wurden mit dem Vorschlag, die Vorbildfunktion des Sportlehrers zu nutzen, um pädagogische Zielsetzungen umsetzen zu können (vgl. u.a. MESSING 1986), gestartet. Allerdings ist auch dieser Versuch bei einer gleichzeitigen Beibehaltung von Notensystemen und einer Orientierung an der Vermittlung „traditioneller“ Sportarten nur als eine „halbe Sache“ zu werten.

Im Bereich psychotherapeutischer Intervention wird in zunehmendem Maße akzeptiert, daß es wichtiger ist, den „Kontext“ — sei es den Lebenskontext des Klienten oder den therapeutischen Kontext der Therapeuten-Klienten-Interaktion — zu beeinflussen, als den Menschen (vgl. WILLKE 1994, 121). Auch in pädagogischen Überlegungen finden sich mittlerweile Ansätze, in denen explizit begründet wird, daß der Versuch pädagogischer Intervention im Grunde nur in Form einer Kontextsteuerung funktionieren kann (vgl. SPANHEL 1993; THIEL 1995). Denn da die Selbstreferentialität und informationale Autonomie des Menschen verhindern, daß eine der Identität des Menschen widersprechende Veränderung „von außen“ hervorgerufen werden kann, sind die Regeln und die kommunikativen Formen der Handlungssysteme des Menschen zu ändern, um damit zu erreichen, daß dieser seine eigenen internen Strukturen diesen äußeren Strukturen anpaßt und somit eine Selbstanpassung an die veränderten externen Strukturen vornimmt.

Wie kann nun aber eine Kontextsteuerung in bezug auf intentionale Erziehung im Sportunterricht erfolgen?

Dadurch, daß Sport zum Spiel gemacht wird.

4 Das Spiel als eine Form der Kontextsteuerung

Bei der Überlegung, wie Sport die Möglichkeit bieten könnte, daß das Individuum sich im Sinne vorgegebener pädagogischer Zielsetzungen selbst erzieht, gehen wir davon aus, daß eine bestimmte Form sportlicher Betätigung über Merkmale verfügt, welche die Bedingungen der Möglichkeit einer gelingenden intentionalen Erziehung bietet: Sport in einer spielerischen Form. Damit ist nicht etwa nur das Sportspiel oder das kindliche Spiel gemeint (diese sind als mögliche Ausprägungen des Spiels anzusehen), sondern gemeint ist (zunächst ganz allgemein) eine Form der Bewegung mit spielerischem Charakter. Diese Form der Bewegung kann Wettkampfcharakter haben, in Form des Sportspiels, sie kann aber auch einen „Charakter" haben, der auf andere Inhalte, wie z.B. soziales, gesundheits- oder umweltbewußtes Verhalten ausgerichtet ist.

Wie im folgenden begründet wird, sind wir der Meinung, daß körperliches Spiel polykontexturale Anschlußmöglichkeiten für verschiedene Erziehungsziele bietet, da erstens spielerische Erfahrungen grundsätzlich vom spielenden Individuum selbst gemacht werden und zweitens das Interaktionssystem „Spiel" vergleichsweise problemlos vom Pädagogen gestaltet werden kann. Darüber hinaus bietet das Spiel, als ein (notwendiger) Teil der kindlichen Erziehung und Entwicklung (wie es u.a. FLITNER 1980 oder SUTTON-SMITH 1978 beschreiben) bzw. als ein Beitrag zur Ich- und Selbstfindung des Heranwachsenden (worauf z.B. BITTNER 1970 oder ERIKSON 1971 hinweisen), den Vorteil, daß spielerische Grunderfahrungen, in welcher Form sie auch immer gemacht wurden, bei den meisten Menschen vorhanden sind, auch wenn nicht jeder alle möglichen Ausprägungen des Spiels beherrschen kann. Aufgrund dieser Grunderfahrungen sind auch neue Formen des Spiels relativ einfach zu lernen.

Das Spiel läßt sich als ein Interaktionssystem ansehen, in dem Beziehungen zwischen Menschen, zwischen Menschen und Dingen oder zwischen Menschen und deren imaginären Spielpartnern ablaufen. Die Ausprägung dieses Interaktionssystems, d.h. seine Struktur, kann dabei vom „Erfinder" des Spiels gemäß der jeweiligen, mit dem Spiel verbundenen Zielsetzung verschieden gestaltet werden.

Für eine pädagogische Intervention in Form einer Steuerung des Kontextes bietet das Spiel den Vorteil, daß die allgemeinen Merkmale der spielerischen Handlung unabhängig von der Struktur des Spiels, d.h unabhängig von räumlichen, zeitlichen und sozialen Regelungen, gleich bleiben, wogegen die Effekte der spielerischen Handlung sich entsprechend der jeweiligen Struktur unterscheiden können. Gleichbleibende Merkmale des Spiels sind, wie GRUPE (1982, 141ff.) aufzeigt, Zweck- und Nutzlosigkeit, Nicht-Alltäglichkeit, Nicht-Notwendigkeit, Freiheit und Freiwilligkeit, existentielle Erfahrung, lustvolle Spannung und unmittelbare Gegenwart. Diese Merkmale werden in unterschiedlichen Theorien und Konzepten zwar unterschiedlich benannt, tauchen jedoch in allen wissenschaftlichen Betrachtungen des Spiels immer wieder auf. Sie fügen sich zusammen in einem Charakteristikum spielerischen Handelns: Der Spielende erfährt in erster Linie im Vollzug der spielerischen Handlung durch ein „subjektives Sich-Verlieren im momentanen Tun" Befriedigung, erst in zweiter Linie durch Nachfolgeeffekte, wie z.B. Entspannung und Anregung. Das „subjektive Sich-Verlieren im momentane Tun" bedeutet, daß die mit der spielerischen Handlung verbundenen Erfahrungen gleichzeitig sehr intensiv (im „flow"; vgl. CSIKSZENTMIHALYI 1975), aber auch unbewußt gemacht werden. D.h., daß der Zweck der spielerischen Handlung selbst in erster Linie darin gesehen wird, die mit der spielerischen Handlung verbundene Erfahrung zu machen: Der Spielende hat Spaß und Freude an der augenblicklichen Tätigkeit (vgl. HECKHAUSEN 1978); in der Zukunft liegende Zielsetzungen treten auch dann in den Hintergrund, wenn sie mit dem Spiel verbunden werden (vgl. GRUPE 1984, 150f.). Es ist davon auszugehen, daß dieses Phänomen die Bereitschaft eines Schülers enorm erhöht, am Unterricht teilzunehmen, auch wenn er im Grunde Widerstand gegen die mit dem Interaktionssystem verbundenen pädagogischen Zielsetzungen empfindet. Weiterhin handelt der Spielende im Spiel, auch wenn die Strukturen des Interaktionssystems „Spiel" fremdbestimmt sind, grundsätzlich selbstbestimmt und autonom: Nur er selbst kann die mit dem Spiel verbundenen Erfahrungen machen; zwar können Anleitungen zum Spiel, aber nicht die Erfahrungen vom Lehrer weitergegeben werden.

Durch die Gestaltung der Strukturen des Interaktionssystems Spiel, d.h. durch räumliche, zeitliche und soziale Regelungen ist es nun jedoch möglich, bestimmte Erfahrungen von vorneherein zu ermöglichen, andere dagegen wiederum auszuschließen. Spielerische Arrangements können auf ein „Gegeneinander", auf ein „Miteinander", auf „Umweltbewußtsein" etc. ausgerichtet werden, indem die Struktur des Spiels im Kontext der jeweiligen pädagogischen Zielsetzung auf die Einschließung jeweils für die Erreichung des Ziels relevanter Erfahrungen und die Ausschließung der jeweiligen Zielsetzung widersprechender Erfahrungen unter Berücksichtigung der jeweiligen Zielgruppe vom Pädagogen konstruiert wird.

Das Problem der informationalen Autonomie des Schülers wird dadurch, daß dieser die möglichen Erfahrungen selbst macht, umgangen: Die Strukturen des Interaktionssystems Spiel erziehen latent im Sinne der jeweiligen pädagogischen Zielsetzung, die der Konstruktion der Struktur des Interaktionssystems zugrunde liegt. Die Kontingenz der Konstruktion des Bedeutungsgehaltes der im Spiel erfahrbaren Inhalte durch den Spielenden wird durch die Ausschließung von Erfahrungsmöglichkeiten eingeschränkt und es entstehen keine „Informationsverluste" aufgrund nichtgelingender Kommunikation zwischen Lehrer und Schüler.

Bei all diesen Vorschlägen soll allerdings explizit darauf hingewiesen werden, daß es bei dem Versuch, das Spiel als Medium der Erziehung zu nutzen, nicht damit getan sein kann, ein etabliertes Sportspiel (wie z.B. Fußball oder Basketball) im Unterricht unter einer anderen Zielsetzung als der für das Sportspiel konstitutiven (des Gewinnens) anzubieten (wie z.B. um ein „Miteinander-Spielen" zu erlernen). Dies zeigt die Aussage eines Gymnasiallehrers zum Ergebnis eines solchen Vorhabens: „Nach zwei Minuten ballern die Schüler aufs Tor oder auf den Korb und spielen wie im Verein oder beim Streetball". Im Gegensatz zu unseren obigen Vorschlägen wird bei einem solchen Vorhaben allerdings nicht ein „neues" Interaktionssystem konstruiert, sondern es wird nur versucht, ein bekanntes Sportspiel durch einfache Vorgaben umzugestalten Dies wird fast zwangsläufig scheitern, da die Ausübung des Sportspiels im Grunde (nicht zuletzt aufgrund seiner

Präsenz in Medien und Öffentlichkeit) untrennbar mit einer bestimmten Handlungslogik (zu versuchen, das Spiel zu gewinnen) verbunden ist. Ein ähnliches Phänomen zeigt sich auch in sogenannten alternativen Ligabetrieben: Hier wird versucht, ohne Schiedsrichter „fair“ und „ohne Leistungsdruck“ gegeneinander zu spielen, wobei das Ziel der Spiele weiterhin ist, zu gewinnen. So trifft ein Versuch des „Miteinanders“ auf eine vollkommen widersprüchliche Handlungslogik, die im „Härtefall“ (z.B. bei knappem Spielstand) die Umsetzung aller Verhaltensweisen, die dem Ziel des Gewinnens entgegenwirken, enorm erschwert. Dies zeigt sich z.B. darin, daß absichtlich gefoult wird, Regelverstöße häufig nicht zugegeben werden etc.

Faßt man zusammen, so bietet Sport als spielerische Form aus folgenden Gründen erfolgsversprechende Ausgangsbedingungen für die Möglichkeit intentionaler Erziehung:

1. Unabhängig von der Gestaltung des Spiels bleiben seine grundlegenden Merkmale gleich. Damit wird es möglich, die Strukturen des Spiels im Sinne einer Erreichung spezifischer Zielsetzungen jeweils neu zu konstruieren, ohne das Charakteristikum der Interaktion zu verändern.

2. Die Gestaltung der Struktur macht es möglich, Erfahrungen, die zur Erreichung der pädagogischen Zielsetzung förderlich sind, zu ermöglichen, andere dagegen, welche die Erreichung der Zielsetzung eher hemmen, von vorneherein auszuschließen.

3. Die mit dem Spiel verbundenen Erfahrungen macht der Spielende in jedem Falle selbst; „Informationen“ müssen daher nicht verbal gegeben werden, sondern werden durch eigenständiges, aktives Handeln gemacht.

4. Bei den meisten Menschen sind Erfahrungen mit dem Spiel vorauszusetzen, sie müssen nicht erst erlernt werden.

5. Das Charakteristikum eines subjektiven „Sich-Verlierens im momentanen Tun“ kann den zuweilen verpflichtenden und aufgesetzten Charakter einer pädagogischen Interventionssituation kompensieren; die mit der Zielsetzungen des Spiels verbundenen Erfahrungen haben „latenten Charakter“, im Vordergrund steht die Ausübung der spielerischen Handlung. Es ist zu erwarten, daß Spaß und Freude an der spielerischen Tätigkeit die Bereitschaft des Schülers, am Interaktionssystem teilzunehmen, stark vergrößern.

Soll Sportunterricht also intentionale Erziehung ermöglichen, so muß er unserer Meinung nach als Spiel gestaltet werden. Die Gestaltung des Spiels ist dabei in erster Linie abhängig von der zentralen pädagogischen Zielsetzung. Diese bedingt, je nachdem, ob sie nun z.B. „leistungsorientiert“, „orientiert an einer Verbesserung des Selbstkonzepts“ oder „gesundheitserziehend“ ist, die Strukturierung des Interaktionssystems, d. h. die Festsetzung von Regeln, kommunikativen Formen und Handlungskontexten. Die Antwort auf die Frage, ob es für sämtliche am Interaktionssystem teilhabende Schüler möglich ist, die mit der pädagogischen Zielsetzung verbundenen relevanten Erfahrungen zu machen, validiert schließlich die Gestaltung der Struktur des Interaktionssystems.

Mit dem vorliegende Beitrag war die Absicht verbunden, über die Bedingungen der Möglichkeit von Erziehung zu reflektieren, um Aussagen darüber treffen zu können, ob Erziehung im Sportunterricht überhaupt möglich ist. Die Antwort, die wir gegeben haben, mutet paradox an. Wer im Sportunterricht gezielt erziehen möchte, muß einen Kontext schaffen, der primär selbstbestimmend ist: das Spiel.

Ob Sportpädagogen diese Möglichkeit nutzen werden, können wir nicht abschätzen. Voraussetzung hierzu wäre allerdings, daß sie es mit der Aussage, die Bedeutung des Sportunterrichts liege (im Unterschied zu anderen Schulfächern) nicht in der Vermittlung von Inhalten, sondern in seinen Erziehungsleistungen, ernst meinen.

Literatur

Balz, E. (1992): Sport und Gesundheit. Sportwissenschaft 22, S. 257-282

Bayrisches Staatsministerium für Unterricht, Kultur, Wissenschaft und Kunst: Empfehlungen zur Bewertung der Leistungen im Sportunterricht der Jahrgangsstufen 5 bis 11 des Gymnasiums. Unver. Manuskript o.O.

Beckers, E. (1987): Durch Rückkehr zur Zukunft? Anmerkungen zur Entwicklung der Sportpädagogik. Sportwissenschaft 17, S. 241-257

Bittner G. (1970): Zur pädagogischen Theorie des Spielzeugs. In: Bittner, G.; Schmid-Cords, E. (Hrsg.): Erziehung in früher Kindheit. München, S. 219-233

Brezinka, W. (1969): Über Absicht und Erfolg der Erziehung. Probleme einer Theorie der erzieherischen Wirkung. Konstanz

Buss, W.; Güldenpfennig, S. (1987): „Sportpolitik" im Theorieunterricht der Sekundarstufe II — Ergebnisse und Erkenntnisse zu einem Unterrichtsversuch im Leistungskurs „Sport". In: Ausschuß Deutscher Leibeserzieher (Hrsg.): Sport — Planen — Durchführen — Auswerten. Schorndorf, S. 195-198

Cachay, K. (1981): Systemtheoretische Überlegungen zu einer Didaktik der Sportspiele. Sportwissenschaft 11, S. 359-385

Cachay, K. (1982): Strukturen als vorgegebene Bedingungen für Sozialisationsergebnisse. In: Becker, P. (Hrsg.): Sport und Sozialisation. Reinbek bei Hamburg, S. 83-102

Cachay, K.; Bähr, H. (1992): Sportpädagogik — wissenschaftliche Teildisziplin oder integrativer Kern der Sportwissenschaft. Sportwissenschaft 22, S. 283-303

Csikszentmihalyi, M. (1975): Boredom and Anxiety. The experience of play in work and games. San Francisco

Dietrich, K.; Landau, G. (1990): Sportpädagogik. Reinbek bei Hamburg

Erikson, E. H. (1971): Kindheit und Gesellschaft. Stuttgart

Flitner, A. (1980): Spielen — lernen. Praxis und Deutung des Kinderspiels. München

Gordon, T. (1977): Lehrer-Schüler-Konferenz: Wie man Konflikte in der Schule löst. Hamburg

Grupe, O. (1984): Bewegung, Spiel und Leistung im Sport. Schorndorf

Grupe, O. (1987a): Sport als Kultur. Zürich

Grupe, O. (1987b). Editorial. Sportwissenschaft 17, S. 3

Heckhausen, H. (1978): Entwuf einer Psychologie des Spielens. In: Flitner, A. (Hrsg.): Das Kinderspiel. München, S. 133-149

Heinemann, K. (1990): Einheit und Vielfalt des Sports — Daten zum Sportverständnis von Sportlehrern. In: Gabler, H.; Göhner, U. (Hrsg.): Für einen besseren Sport. Schorndorf, S. 114-134

Hurrelmann, K. (1983): Das Modell des produktiv realitätsverarbeitenden Subjekts in der Sozialisationsforschung. Zeitschrift für Sozialisationsforschung und Erziehungssoziologie 3, S. 91-193

Kleindienst-Cachay, Chr. (1980): Die Verschulung des Turnens. Schorndorf

Kultusminister des Landes Nordrhein-Westfalen (KM NW) (1980): Richtlinien und Lehrpläne für den Sport in den Schulen im Lande Nordrhein-Westfalen. Bde. I-V. Köln

Kurz, D. (1986): Vom Sinn des Sports. In: Deutscher Sportbund (Hrsg.): Die Zukunft des Sports. Materialien zum Kongreß „Menschen im Sport 2000". Frankfurt a.M., S. 44-68

Kurz, D. (1990): Sportpädagogik — eine Disziplin auf der Suche nach ihrem Profil. In: Gabler, H.; Göhner, U. (Hrsg.): Für einen besseren Sport. Schorndorf, S. 236-251

Kurz, D. (1992): Sportpädagogik als Teildisziplin oder integrativer Kern der Sportwissenschaft. Sportwissenschaft 22, S. 145-154

Luhmann, N. (1971): Sinn als Grundbegriff der Soziologie. In: Habermas, J.; Luhmann, N. (Hrsg.): Theorie der Gesellschaft oder Sozialtechnologie. Frankfurt a.M., S. 25-100

Luhmann, N. (1981): Politische Theorie im Wohlfahrtsstaat. München

Luhmann, N. (1982): Autopoiesis, Handlung und kommunikative Verständigung. Zeitschrift für Soziologie 11, S. 366-379

Luhmann, N. (1984): Soziale Systeme. Grundriß einer allgemeinen Theorie. Frankfurt a.M.

Luhmann, N. (1985): Die Autopoiesis des Bewußtseins. Soziale Welt 36, S. 402-446

Luhmann, N. (1986): Systeme verstehen Systeme. In: Luhmann, N.; Schorr, K. E. (Hrsg.): Zwischen Intransparenz und Verstehen. Frankfurt a.M., S. 72-117

Luhmann, N.; Schorr, K. E. (1981): Wie ist Erziehung möglich? Zeitschrift für Sozialisationsforschung und Erziehungssoziologie 1, S. 37-54

Maturana, H. (1982): Erkennen. Die Organisation und Verkörperung von Wirklichkeit. Wiesbaden; Braunschweig

Meinberg, E. (1987): Zum Ansatz einer „verstehend-beschreibenden Sportpädagogik". In: Brehm, W.; Kurz, D. (Hrsg.): Forschungskonzepte in der Sportpädagogik. Clausthal-Zellerfeld, S. 37-55

Messing, M. (1986): Der Sportlehrer als Vorbild bei der Erziehung zum Fair-Play. In: Köppe, G.; Kuhlmann, D. (Red.): Der Sportlehrer als Vorbild. Clausthal-Zellerfeld, S. 83-100

Oelkers, J. (1989): Die große Aspiration. Zur Herausbildung der Erziehungswissenschaft im 19. Jhdt. Darmstadt

Oelkers, J. (1990): Utopie und Wirklichkeit. Ein Essay über Pädagogik und Erziehungswissenschaft. Zeitschrift für Pädagogik 36, S. 1-13

Probst, G. J. B. (1987): Selbst-Organisation. Ordnungsprozesse in sozialen Systemen aus ganzheitlicher Sicht. Berlin; Hamburg

Prohl, R. (1994): Sportpädagogik als Beratungswissenschaft. Sportwissenschaft 24, S. 9-28

Roth, G. (1987): Autopoiese und Kognition: Die Theorie H. R. Maturanas und die Notwendigkeit ihrer Weiterentwicklung. In: Schmidt, S. J. (Hrsg.): Der Diskurs des Radikalen Konstruktivismus. Frankfurt a.M., S. 256-286

Scherler, K. (1992): Sportpädagogik — eine Disziplin der Sportwissenschaft. Sportwissenschaft 22, S. 155-166

Schimank, U. (1988): Biographie als Autopoiesis — Eine systemtheoretische Rekonstruktion von Individualität. In: Brose, H.-G.; Hildenbrand, B. (Hrsg.): Vom Ende des Individuums oder Individualität ohne Ende. Opladen, S. 55-72

Schwegler, H.; Roth, G. (1992): Steuerung, Steuerbarkeit und Steierungsfähigkeit komplexer Systeme. In: Bußhoff, H. (Hrsg.): Politische Steuerung. Baden-Baden, S. 11-50

Spanhel, D. (1993): Das erzieherische Verhältnis aus systemischer Sicht am Beispiel der Medienerziehung in der Familie. In: Brozio, P.; Weiß, E. (Hrsg.): Pädagogische Anthropologie, bibliographische Erziehungsforschung, pädagogischer Bezug. Festschrift zum 65. Geburtstag von Werner Loch. Hamburg, S. 241-283

Sutton-Smith, B. (1978): Die Dialektik des Spiels. Eine Theorie des Spielens, der Spiele und des Sports. Schorndorf

Tenorth, H. E. (1992a): Laute Klage, stiller Sieg. Über die Unaufhaltsamkeit der Pädagogik in der Moderne. Zeitschrift für Pädagogik 29. Beiheft. Erziehungwissenschaft zwischen Modernisierung und Modernitätskrise, S. 129-149

Tenorth, H. E. (1992b): Kritik alter Visionen — Ende der Utopie? Zur Einleitung in den Themenschwerpunkt. Zeitschrift für Pädagogik 38, S. 525-528

Thiel, A. (1995): Pädagogische Intervention im späteren Lebensalter. Systemtheoretisch-konstruktivistische Überlegungen unter spezieller Berücksichtigung einer planungstheoretischen Perspektive. Unveröff. Examensarbeit für den Aufbaustudiengang Psychogerontologie. Erlangen

Thiel, F. (1994): Die „ökologische Krise“ als pädagogisches Thema. Überlegungen zum Prozeß der Pädagogisierung einer gesellschaftlichen Krisenerfahrung. Dissertation. Berlin

Treml, A. K. (1982): Theorie struktureller Erziehung. Weinheim; Basel

Treml, A. K. (1987): Einführung in die Allgemeine Pädagogik. Stuttgart; Berlin; Köln; Mainz

Treml, A. K. (1989): Johann Wolfgang von Goethe und die Alternativpädagogik. In: Klemm, U.; Treml, A. K. (Hrsg.): Apropos Lernen: alternative Entwürfe und Perspektiven zur Staatsschulpädagogik. München

Watts, M.; Bentley, D. (1987): Constructivism in the Classroom: enabling conceptual change by words and deeds. British Educational Research Journal 13, S. 121-135

Willke, H. (1994): Systemtheorie II: Interventionstheorie. Stuttgart; Jena

Die Autorinnen und Autoren

Aufschnaiter v., Stefan, Prof. Dr. rer. nat., Jahrgang 1936, Diplom-Physiker, Studium der Physik in Freiburg und München, Promotion zum Dr. rer. nat. in Clausthal-Zellerfeld, 1967-1971 wiss. Oberrat am Institut für die Pädagogik der Naturwissenschaften (IPN) Kiel, seit 1971 Professor für Didaktik der Physik an der Universität Bremen

Balgo, Rolf, Dr. paed., Lehrer für die Fächer Sport und Biologie der Sekundarstufe I, staatlich geprüfter Motopäde/Mototherapeut, systemischer Therapeut, wissenschaftlicher Mitarbeiter am Institut für Sonderpädagogik, Abtl. Pädagogik bei Lernbehinderten, der Universität Hannover

Breuer, Elmar, Diplom-Physiker, Dr. rer. nat., Jahrgang 1963, Studium der Physik in Köln und Oldenburg, 1992-1994 wissenschaftlicher Mitarbeiter im Institut für Didaktik der Physik der Universität Bremen, seit 1995 Referendar im Schuldienst für die Fächer Mathematik und Physik

Brinkmann, Erika, wissenschaftliche Mitarbeiterin in der Arbeitsgruppe Primarstufe an der Universität/Gesamthochschule Siegen, Mitbegründerin der Lernwerkstatt „Büffelstübchen" in Stuhr bei Bremen, Publikationen zu Fragen des Schriftspracherwerbs, u.a. in den Jahrbüchern Lesen und Schreiben der Deutschen Gesellschaft für Lesen und Schreiben (DGLS e.V.)

Brügelmann, Hans, Prof. Dr. rer. pol., Jahrgang 1946, Jurist, Professor für Grundschulpädagogik und -didaktik an der Universität/Gesamthochschule Siegen, Leiter des Projekts „Kinder auf dem Weg zur Schrift", Arbeitsschwerpunkte: Schriftspracherwerb, Reformstrategien

Cachay, Klaus, Prof. Dr., Jahrgang 1946, studierte Sportwissenschaft, Pädagogik und Soziologie an der Universität Tübingen, seit 1992 Inhaber des Lehrstuhls „Sport und Gesellschaft" an der Universität Bielefeld, wichtige Veröffentlichungen zu den Themen: Soziales Lernen im Sport, Umwelt und Sport, Sport und Gesellschaft sowie Professionalisierung im Sport

Eberwein, Hans, Prof. Dr. phil, Jahrgang 1937, Studium der Pädagogik/Sonderpädagogik, Psychologie und Soziologie an den Universitäten Frankfurt, Mainz und Marburg; Diplom und Promotion in Frankfurt, Staatsexamen für das Lehramt an Grund-, Haupt-, Real und Sonderschulen; seit 1980 Prof. für Sonder- und Integrationspädagogik an der Freien Universität Berlin, Fachbereich Erziehungs- und Unterrichtswissenschaften, Arbeitsschwerpunkte: Integrationspädagogik, Förderdiagnostik, Didaktik, Ethnografische Schulforschung

Engel, Günter Gesamtschullehrer (Sport und Kath. Religion), familientherapeutische Ausbildung, 3jährige Fortbildung in Transaktionsanalyse, berufliche Erfahrungen in der Gemeinwesenarbeit und ambulanten

Rehabilitation für Alkohol- und Medikamentenabhängige, z. Zt. Lehrauftrag an der Universität Trier (Erlebnispädagogik), Leiter des Schulzirkusses der Gesamtschule Saarbrücken Bellevue

Foerster v., Heinz, Prof. Dr. phil. em., Physiker, Philosoph, als Professor für Schwachstromtechnik und Rechentechnik, für Biophysik und Physiologie war er zweimal Guggenheim Fellow, Präsident der Werner-Gren-Stiftung und der Society for General Systems Research. Publikationen zur Kybernetik und Erkenntnistheorie, Gründer und Leiter des Biological Computer Laboratory der Universität Illinois, USA. Heinz v. Foerster lebt jetzt mit seiner Frau in Kalifornien auf einem Hügel, dessen Stille durch das Brausen des Pazifischen Ozeans noch erhöht wird.

Gallin, Peter, Dr. sc. math., Jahrgang 1946. Lehrer an der Kantonsschule Zürcher Oberland und Lehrbeauftragter für Fachdidaktik der Mathematik an der Universität Zürich

Gieler, Jutta, Lehrerin für die Sekundarstufe I an der Heinrich-Böll-Gesamtschule in Dortmund mit den Fächern Englisch, Naturwissenschaften und Kunst, Unterrichtsbeauftragte an der Universität Dortmund

Holtmann, Werner, Jahrgang 1949, Dipl.-Päd., unterrichtet die Fächer Erziehungswissenschaft und Philosophie am Gymnasium Lohfeld, Bad Salzuflen, 1990 Ausbildung zum Beratungslehrer, 1992/93 Ausbildung zum Familientherapeuten, am IKS Detmold in der Lehrerfortbildung tätig seit 1989; z.Zt. Mitarbeiter in einem Schulentwicklungsprojekt (QUESS) des Landes NRW

Huschke-Rhein, Rolf, Prof. Dr. Dr., lehrt allgemeine Pädagogik an der Universität zu Köln. Vor dem Studium: Hilfsarbeiter im Hochofenwerk Dortmund-Hörde. Dann: Studium der Schulmusik an der Musikhochschule Köln. Studium der Theologie, Philosophie, Pädagogik und Psychologie. Promotion in Theologie (mit einer Arbeit über die Sozialethik Melanchthons). Lehrer an einer Hauptschule in Essen. Promotion in Pädagogik (bei Schaller), z. Zt.: Abschluß der Ausbildung in Systemischer (Familien-)Therapie

Kersting, Heinz J., Prof. Dr., Jahrgang 1937, Bacc. theol., Promotion in Erziehungswissenschaften, Professor für Didaktik und Methodik der Sozialen Arbeit am Fachbereich Sozialwesen der Fachhochschule Niederrhein, Geschäftsführender Direktor des Instituts für Beratung und Supervision, Aachen, 1991-1994 Koordinator des TEMPUS-Projektes SWEEL (Social Work Education on a European Level) der Europäischen Union in Ungarn, derzeitiger Forschungsschwerpunkt: Netzwerkmanagement im kommunikatonstechnologischen Umbruch

Kleber, Eduard W., Dr., Prof. an der Universität/Gesamthochschule Wuppertal, Studium für Lehrämter: Grund-, Haupt-, Sonderschulen —

Studium der Psychologie (Dipl. Psych.), Studium der Pädagogik, Biologie, Philosophie (Dr. phil). Praxis an Grund-, Haupt-, Sonderschulen (7 Jahre), Hochschule (23 Jahre)

Kösel, Edmund, Prof. Dr. phil., Jahrgang 1935, Professor für Schulpädagogik und Gruppenpädagogik an der Pädagogischen Hochschule Freiburg/Br., Arbeitsschwerpunkte: Subjektive Didaktik, Soziale Kompetenz, Supervision, Psychodrama, berufliche Aus- und Weiterbildung. Wissenschaftliche Leitung des Zentrums für neue Lernkulturen und Systementwicklung (ZLS), Freiburg/Br.

Krüssel, Hermann, Dr., Jahrgang 1957, Studium der Pädagogik, Philosophie, Soziologie und Psychologie, Promotion zum Dr. phil. 1991, tätig als Lehrer an einer Berufsfachschule und Lehrbeauftragter an der Universität Osnabrück, Arbeitsschwerpunkte: Methodologie und Didaktik

Leeb, Thomas, Dr.phil., Dipl.-Päd., Jahrgang 1950, Rektor der Brüder-Grimm-Grundschule im Berliner Bezirk Wedding, Lehrbeauftragter der Senatsschulverwaltung und Fortbildner beim Katholischen Erzbistum Berlin und Brandenburg im Bereich „Freie Arbeit und Schulmanagement"

Lüde v., Rolf, Prof. Dr. rer.pol., Professor für Soziologie am Institut für Soziologie der Universität Hamburg, Referent für Organisationsentwicklung in der Schulleitungsfortbildung, Arbeitsschwerpunkte in Forschung und Lehre: Arbeit und Betrieb, Wandel der Arbeit unter dem Einfluß neuer Produktionskonzepte; Bildungssystem und sozialer Wandel unter besonderer Berücksichtigung der Implementationswirkungen der Neuen Technologien in Arbeit, Bildung und Alltag; Organisationsentwicklung in Bildungsinstitutionen

Reich, Kersten, Prof. Dr. phil., Jahrgang 1948, Hochschullehrer für Allgemeine Pädagogik an der Universität Köln, Arbeiten zum interaktionistischen Konstruktivismus, zur Philosophie der Erziehung, zu methodologischen Fragen der Didaktik und Erziehungswissenschaft, vergleichende Forschungen zur Pädagogik Chinas

Ruf, Urs, Dr. phil., Jahrgang 1945, Lehrer für Deutsch und Philosophie an der Kantonsschule Zürcher Oberland und Lehrbeauftragter für Deutschdidaktik an der Universität Zürich

Scherer, Helios, Jahrgang 1960, Grund- und Hauptschullehrer, Beratungslehrer, wiss. Mitarbeiter an der PH Freiburg, Arbeitsschwerpunkte: ganzheitliche Unterrichtskonzepte, systemische Organisationsentwicklung in der Schule

Thiel, Ansgar, Jahrgang 1963, studierte Diplom-Sportpädagogik und Psychologie an der Universität Tübingen sowie Psychogerontologie an der Universität Erlangen/Nürnberg, Seit 1992 wissenschaftlicher Mitarbeiter am Lehrstuhl „Sport und Gesellschaft“ an der Universität Bielefeld, Veröffentlichungen zu den Themen: Professionalisierung im Sport, Alters- und Kindersport

Voß, Reinhard, Prof. Dr., Jahrgang 1947, Lehrer, Dipl.-Päd., Systemischer (Familien-)Therapeut, Promotion und Habilitation in Schulpädagogik, Professor für Grundschulpädagogik an der Universität Koblenz-Landau

Werning, Rolf, Prof. Dr. phil, Dipl.-Päd., Sonderschullehrer, Institut für Sonderpädagogik, Abtl. Pädagogik bei Lernbehinderten, der Universität Hannover. Arbeitsgebiete: Integrative Förderung von Kindern und Jugendlichen mit Lern- und Verhaltensauffälligkeiten, Gewalt in der Schule, Institutionsberatung und systemische Praxisberatung (Supervision) im pädagogisch-psychosozialen Bereich

Wittmann, Erich Ch., Prof. Dr., Jahrgang 1939, 1959-1964 Studium der Mathematik und Physik an der Universität Erlangen, 1964 1. Staatsexamen, 1966 2. Staatsexamen für das Höhere Lehramt, 1966-1969 Wiss. Assistent am Math. Institut der Universität Erlangen, 1967 Promotion zum Dr. rer. nat., seit 1970 Professor für Didaktik der Mathematik an der Pädagogischen Hochschule Ruhr Dortmund bzw. seit 1980 an der Universität Dortmund, seit 1987 Leiter des Forschungs- und Entwicklungsprojekts „Mathe 2000“ (zusammen mit G.N. Müller), Arbeitsgebiete: Grundlagen der Mathematikdidaktik, Entwicklungsforschung zum Mathematikunterricht, Elementargeometrie

Woltmann-Zingsheim, Bernd, Dipl. Päd., Dipl.-Soz. Päd., Jahrgang 1965, Stipendiat der Studienstiftung des deutschen Volkes, Groupworker AASWG, letzte Studie „Das Technologieproblem in der Pädagogik und seine systemtheoretische Reformulierung“